李会滨论著选

李会滨/著 王建国/编

华中师範大學
CENTRAL CHINA NORMAL UNIVERSITY
1903 - 2023

华中师范大学120周年校庆丛书

华大经典文库

HUADA
JINGDIAN WENKU

華中師範大學出版社
HUAZHONG SHIFAN DAXUE
CHUBANSHE

新出图证（鄂）字 10 号

图书在版编目（CIP）数据

李会滨论著选 / 李会滨著；王建国编. — 武汉：华中师范大学出版社，2023.8

（华大经典文库）

ISBN 978-7-5769-0199-3

Ⅰ. ①李… Ⅱ. ①李… ②王… Ⅲ. ①社会科学—文集 Ⅳ. ①C53

中国国家版本馆 CIP 数据核字（2023）第 144993 号

编 辑 室：综合编辑室
电　　话：027-67867370
责任编辑：王中宝
责任校对：罗　艺
封面设计：甘　英　胡　灿
出版发行：华中师范大学出版社有限责任公司
社　　址：湖北省武汉市洪山区珞喻路 152 号
销售电话：027-67861549
邮　　编：430079
网　　址：http://press.ccnu.edu.cn
印　　刷：湖北新华印务有限公司
督　　印：刘　敏
开　　本：710mm×1000mm　1/16
印　　张：24.75
字　　数：331 千字
版　　次：2023 年 8 月第 1 版
印　　次：2023 年 8 月第 1 次印刷
定　　价：99.00 元

目　录
CONTENTS

目　录

CONTENTS

目　录
CONTENTS

第一篇 科学社会主义的理论与实践

第一章 关于社会主义的认识与思考

对社会主义进行再认识这个命题是科学的。马克思、恩格斯是科学社会主义理论的创立者。他们在当时历史条件下，从剖析资本主义社会的矛盾运动中，从批判旧世界中，提出了关于未来社会的设想。这个设想中所包括的社会主义的基本特征或共同原则，已被社会主义实践证实是正确的，我们必须坚持；而其中有些设想不符合后来发展的实际，按照实践标准予以补正，这也就是对社会主义的再认识。

坚持社会主义，是对社会主义再认识的前提，也是再认识的基础。一旦离开社会主义这个前提和基础，就不是对社会主义的再认识，而是对社会主义的否定了。坚持社会主义，最重要的是坚持社会主义的基本特征。

社会主义在经济上的本质特征，是生产资料公有制、按劳分配和有计划的商品经济，其中生产资料公有制是社会主义生产关系的基础，是最根本的经济特征。在我国现阶段，由于生产力的不发达、多层次和不平衡，存在着以公有制为主体的多种经济成分，公有制本身也有多种形式。

社会主义在政治上的本质特征是社会主义民主政治。社会主义民主政治是社会主义国体与政体的统一。在我国，是人民民主专政的国家制度、人民代表大会制的政治制度，以及共产党领导下的政治协商和多党合作制度。社会主义民主政治的本质和核心，是人民当家作主，人民在共同占有生产资料的基础上，享有管理国家的政治、经济、文化和社会事务的权利。

社会主义在思想文化上的本质特征，是以马克思主义为指导的社会主义精神文明。马克思主义是工人阶级的科学世界观，它代表工人阶级和其他劳动人民的根本利益，对精神文明各个领域、各个方面都起着指导作用。它不但使教育、科学和文化事业获得强大的精神动力，而且切实保证它们为人民服务、为社会主义服务的方向；它引导社会成员不断提高思想、政治和道德水平，摆脱在剥削制度和生产资料私有制的基础上形成的旧思想、旧习惯，日益形成共同的理想、共同的道德和共同的纪律。再认识的目的是发展社会主义，就是以科学社会主义理论为指导，总结社会主义的实践经验，推进社会主义建设和改革，使社会主义制度不断发展和完善。发展社会主义必须反对两种错误倾向：既要反对思想僵化，又要反对资产阶级自由化。

第一节　关于社会主义理论的认识

一、马克思阶级斗争理论与现实社会主义“一定范围”的阶级斗争

（一）

马克思生活在资本主义社会。他研究阶级斗争的着重点，是研究资本主义社会无产阶级反对资产阶级的斗争。早在《共产党宣言》中，马克思、恩格斯就对他们的阶级斗争理论，作了全面的论述，特别是论述了资本主义社会阶级斗争的规律、特点、作用，无产阶级反对资产阶级斗争的发展阶段和斗争形式等一系列问题，为无产阶级推翻资本主义制度，夺取政权，制定了正确的理论和策略。随后，马克思、恩格斯又不

断地研究无产阶级运动中的新情况、新问题，进行新的总结和创造，丰富、补充和修正了无产阶级阶级斗争的理论和策略。1879年，当德国党内“苏黎世三人团”公开反对无产阶级进行阶级斗争时，马克思、恩格斯立即给德国党领导人写了《通告信》，郑重宣布：“将近四十年来，我们都非常重视阶级斗争，认为它是历史的直接动力，特别是重视资产阶级和无产阶级之间的阶级斗争，认为它是现代社会变革的巨大杠杆。”①

无产阶级夺取政权以后，阶级斗争并没有结束。但是，马克思由于受到所处的历史条件的限制，没有可能对这个时期的阶级斗争进行更多的研究，只是根据巴黎公社存在一个短暂时期的实践经验，作了一般性的原则性的论述，他指出：“公社并不取消阶级斗争，工人阶级正是通过阶级斗争致力于消灭一切阶级，从而消灭一切阶级统治。”② 并预见到在无产阶级专政条件下，还必须经历阶级斗争的“几个不同阶段”③。马克思的这些论述，对于我们正确认识从资本主义到社会主义的过渡时期的阶级斗争，乃至当今社会主义社会还存在的阶级斗争，都是很有价值的。

在无产阶级夺取政权，经过过渡时期进入社会主义社会以后，还有没有阶级斗争？马克思没有实践经验，也没有正面论述过。但是，我们从马克思、恩格斯关于未来社会的设想中，可以看出，他们是不承认社会主义社会还有阶级斗争的。

马克思、恩格斯所设想的社会主义社会，是从发达的资本主义社会脱胎出来的，还带有旧社会的痕迹，但在那里，生产力高度发达，生产资料归全社会所有，个人消费品实行“各尽所能，按劳分配”，没有商

---

① 《马克思恩格斯全集》第十九卷，人民出版社，1963年版，第189页。
② 《马克思恩格斯全集》第十七卷，人民出版社，1963年版，第593页。
③ 《马克思恩格斯全集》第十七卷，人民出版社，1963年版，第594页。

品生产和货币交换，消灭了“个人和其他一切人之间的敌对现象”①，不存在任何阶级、阶级差别和阶级统治，“每个人都像其他人一样只是劳动者”②，“政治意义上的国家也就不存在了”③。显然，这样的社会，不再存在剥削阶级和各种敌对分子，不再存在阶级斗争。同时，马克思、恩格斯对于社会主义社会的设想，完全撇开了国际条件。他们认为，社会主义革命必须在一切或者至少在英国、美国、法国、德国等发达的资本主义国家内同时发生，才能取得胜利，而胜利了的国家，“经过长久的阵痛”建立的社会主义社会，将不再存在资本主义的威胁。这就是说，马克思、恩格斯设想社会主义社会没有阶级斗争存在，是以国内外消除了敌视社会主义的势力为前提的。可是，当代进入社会主义社会的国家，都不具备这种国内和国际条件。中国共产党十一届六中全会通过的《关于建国以来党的若干历史问题的决议》指出：我们现阶段的社会主义社会，“由于国内的因素和国际的影响，阶级斗争还将在一定范围内长期存在”④。这个新结论，并不是对马克思的阶级斗争理论的否定，恰恰是它“结合具体情况并根据现存条件加以阐明和发挥”⑤ 的结果。

马克思科学地阐明了阶级斗争产生、发展和消灭的条件。阶级斗争作为一种社会历史现象，它不是从来就有的，也不是永远存在的。阶级和阶级斗争的存在“仅仅同生产发展的一定历史阶段相联系”⑥。当社会生产有了一定的发展而又发展不足时，就出现了一部分人占有另一部分人的劳动的现象，产生了剥削者和被剥削者，产生了阶级斗争。而当社会生产达到高度发展时，一部分人占有另一部分人的劳动就变成毫无

① 《马克思恩格斯全集》第二卷，人民出版社，1957 年版，第 608 页。
② 《马克思恩格斯全集》第十九卷，人民出版社，1963 年版，第 22 页。
③ 《马克思恩格斯全集》第十八卷，人民出版社，1964 年版，第 699 页。
④ 《三中全会以来重要文献选编》下，人民出版社，1982 年版，第 841 页。
⑤ 《马克思恩格斯全集》第二十七卷，人民出版社，1972 年版，第 433 页。
⑥ 《马克思恩格斯全集》第二十八卷，人民出版社，1973 年版，第 509 页。

意义的事情，也就彻底铲除了剥削和剥削分子存在的土壤。在我们现阶段的社会主义社会，之所以还存在形形色色的敌对分子，还存在阶级斗争，归根到底，是由于生产力落后造成的。历史表明，一个生产力落后的国家，无产阶级能够首先夺取政权，然后发展生产力，并运用生产关系一定要适合生产力发展的规律，完成生产资料私有制的社会主义改造，消灭剥削阶级和剥削制度，但要在生产力还没有得到充分发展的条件下，完全消灭形形色色的敌对分子，消灭阶级斗争，则是不可能的。在我国，正因为生产力水平较低，又极不平衡，所以，在很长的时期内还需要在坚持国营经济主导地位的前提下，发展多种经济形式。不仅存在劳动群众的集体所有制经济，而且允许城乡劳动者个体经济在国家规定的范围内和工商行政管理下存在和发展。社会主义社会的个体经济，是对公有经济的必要的、有益的补充，但它不可避免地存在某种自发倾向。我们的社会主义社会还存在商品生产、货币流通。社会主义社会的商品货币关系同资本主义社会的商品货币关系是有本质区别的，它本身不会产生资本主义，但有商品货币就有市场，这就给剥削分子进行走私贩私等活动提供了条件。我国现阶段，社会物质财富还不丰富，不能充分满足全体社会成员的需要。在这种情况下，也就难以防止某些人进行行贿受贿、损公肥私、贪污盗窃的活动。同时，我国的社会主义制度还不完善，还存在不少漏洞和薄弱环节。这些漏洞和薄弱环节，在一定条件下，就成为各种敌对分子滋生和活动的缝隙。

我国的社会主义制度，是在半殖民地半封建社会的基础上，经过七年由新民主主义到社会主义的转变时期而建立的。历史上的剥削制度和剥削阶级在各方面的遗毒还很深，不可能短时期内清除干净。正如列宁所说："旧社会灭亡的时候，它的死尸是不能装进棺材、埋入坟墓的。它在我们中间腐烂发臭并且毒害我们。"[①] 列宁在这里所说的旧社会的

① 《列宁全集》第二十七卷，人民出版社，1959 年版，第 407 页。

"死尸"，就是指的剥削制度和剥削阶级的遗毒，特别是指封建主义、资本主义和小生产思想意识的遗毒。在这些遗毒的毒害下，社会主义社会中的某些成员，就有可能发生腐化变质的现象，发生反社会主义的行为。事实上，我国社会中许多敌对分子正是人民内部中不坚定分子受到遗毒的毒害演变而成的。

我国还处于复杂的国际环境中。国际上资本主义势力以及某些敌视我国社会主义事业的势力必然要采取各种方式进行腐蚀和破坏。他们可能对我国进行赤裸裸的武装侵略；他们必定要到我国进行各种间谍活动；他们也会在我们国家内部寻找他们的同伙，与之相勾结进行捣乱；他们还要通过各种渠道传播资产阶级思想和生活方式，污染社会风气，腐蚀某些意志薄弱者，使他们走上犯罪的道路。

由于上述国内因素和国际影响，我国社会主义的目前发展阶段，还不能完全消灭极少数剥削分子和其他敌对分子存在和重新产生的条件，各种敌对分子还要在我国社会中长期存在。这些敌对分子，已经失去了剥削阶级赖以存在的那种经济、政治和社会基础，他们根本不是一个完整的剥削阶级，也不可能重新形成一个公开的完整的剥削阶级，而只能作为剥削阶级的残余存在。但是，他们集中反映了国内外敌对势力的愿望，进行着破坏社会主义事业的罪恶活动。广大人民同他们的利益是根本对立的，同他们的斗争是历史上被剥削者与剥削者之间阶级斗争的遗留和继续，是一种残余形态的阶级斗争。只要各种敌对分子还存在，社会主义社会内部这种阶级斗争，就不会熄灭。

（二）

在剥削制度和剥削阶级已经消灭的社会主义社会，阶级斗争的存在是一个客观事实。正确认识和估量社会主义社会的阶级斗争，是马克思主义在今天面临的一项重要任务。

1936年斯大林在《关于苏联宪法草案》的报告中，从苏联消灭了生产资料私有制的事实出发，分析了苏联社会阶级结构的变化，宣布苏联“所有的剥削阶级都消灭了”[1]，这个结论是正确的。但是，斯大林没有同时指出苏联还存在剥削阶级残余，还存在残余形态的阶级斗争。1937 年斯大林在《论党的工作缺点和消灭托洛茨基两面派及其他两面派的办法》的报告中，承认苏联还存在“被击溃了的剥削阶级残余”，还存在“阶级斗争”，但他又把剥削阶级残余分子简单地归结为受国外敌人支持和派遣的间谍、杀人凶手和暗害分子，并提出，“我们的进展愈大，胜利愈多，被击溃了的剥削阶级残余也会愈加凶恶，他们愈要采用更尖锐的斗争形式”[2] 这个结论，对于社会主义社会阶级斗争存在的原因、程度和发展趋势都作了错误的估计，没有看到阶级斗争存在的国内因素，把剥削阶级消灭之后的阶级斗争估计得过于严重，而且认为随着社会主义事业的胜利，阶级斗争越来越尖锐，结果导致苏联肃反扩大化，冤枉了许多忠诚的共产主义者和善良的公民，造成了严重的后果。1956 年我们党的八大和 1957 年毛泽东发表的《关于正确处理人民内部矛盾的问题》的讲话中，对于我国社会主义改造基本完成以后阶级关系的变化，作出了正确的分析，指出地主阶级除个别地区以外已经消灭，“无产阶级同资产阶级之间的矛盾已经基本上解决”[3]，“革命时期的大规模的急风暴雨式的群众阶级斗争基本结束”[4]。但后来由于种种原因，我们党在指导思想上夸大了我国社会确实存在的阶级斗争，提出并实行“以阶级斗争为纲”的方针，终于酿成“文化大革命”这样的历史悲剧，导致阶级斗争的严重扩大化，给党、国家和人民带来巨大的灾难。苏联、中国的历史经验教训证明，在社会主义制度确立之后，由于历史的、社会的和认识上的原因，容易陷入阶级斗争扩大化的迷误。能否正确估量社会主义社会的阶级斗争，决定着工人阶级执政党的路线正确与否，关系到社会主义事业的兴衰成败。

---

① 《斯大林选集》下卷，人民出版社，1979 年版，第 394 页。
② 《斯大林文选（1934—1952）》上，人民出版社，1962 年版，第 129 页。
③ 《学习“八大”文件参考资料》，吉林人民出版社，1956 年版，第 54 页。
④ 毛泽东：《关于正确处理人民内部矛盾的问题》，人民出版社，1964 年版，第 18 页。

中国共产党十一届三中全会以来，党中央认真总结历史经验，对于社会主义社会阶级斗争的实际情况作出了科学的分析和估量："在剥削阶级作为阶级消灭以后，阶级斗争已经不是主要矛盾。由于国内的因素和国际的影响，阶级斗争还将在一定范围内长期存在，在某种条件下还有可能激化。既要反对把阶级斗争扩大化的观点，又要反对认为阶级斗争已经熄灭的观点。"① 这个理论概括，是花费了二十多年时间和付出惨重代价所达到的对于社会主义社会阶级斗争的正确认识。

"阶级斗争已经不是主要矛盾。"② 在历史上一切阶级社会里，阶级矛盾始终是社会的主要矛盾，在整个社会生活中处于支配地位，成为历史发展的直接动力。因此，马克思、恩格斯指出自从原始社会解体以来，"至今所有一切社会的历史都是阶级斗争的历史"③。在我们的社会主义社会里，社会主要矛盾发生了变化。由于剥削阶级作为阶级已经消灭，阶级矛盾不再是主要矛盾，而转化为次要矛盾。阶级斗争不再在社会中处于支配地位，而退居为服从地位。社会主义社会的主要矛盾，是人民日益增长的物质文化需要同落后的社会生产之间的矛盾。阶级斗争要从属于这个主要矛盾，也就是说，要围绕着社会主义建设来进行，并为它服务。

"阶级斗争还将在一定范围内长期存在。"④ 历史上的阶级斗争，是"剥削阶级和被剥削阶级之间、统治阶级和被压迫阶级之间"⑤ 的斗争，是阶级对阶级的斗争。这种阶级斗争，是两个基本阶级围绕社会经济制度、政治制度的根本变革而展开的阶级对抗，必然要采用大规模的急风暴雨式的斗争方式，在全社会范围内激烈进行。社会主义社会的阶级斗争不同了，它的对象不再是完整的剥削阶级，而是极少数敌对分子。阶

① 《三中全会以来重要文献选编》下，人民出版社，1982 年版，第 841 页。
② 《三中全会以来重要文献选编》下，人民出版社，1982 年版，第 841 页。
③ 《马克思恩格斯全集》第四卷，人民出版社，1958 年版，第 465 页。
④ 《三中全会以来重要文献选编》下，人民出版社，1982 年版，第 841 页。
⑤ 《马克思恩格斯全集》第二十卷，人民出版社，1971 年版，第 198 页。

级斗争“主要表现为人民同这些敌对分子的斗争”①。这种阶级斗争，不需要也不应当沿用历史上那种大规模的急风暴雨式的斗争方式，而应该严格遵循社会主义法制的原则，按照法律程序在阶级斗争存在的一定范围内进行。所谓“一定范围”，主要是指“极少数敌对分子”这个范围。由于敌对分子的破坏活动渗透到经济、政治、思想文化和社会生活各个领域，所以，一定范围的阶级斗争，存在于社会的各个领域。我国社会主义社会的阶级斗争，除了主要表现为人民同极少数敌对分子的斗争以外，还表现为人民同国际上敌视社会主义的反动势力的斗争。社会主义社会人民内部是不存在阶级斗争的。从阶级斗争的科学含义来看，一是被剥削阶级同剥削阶级之间的斗争，即完整形态的阶级斗争，这是马克思、列宁所讲的阶级斗争，是阶级斗争的第一种含义；二是人民同极少数敌对分子之间的斗争，即残余形态的阶级斗争，这是我们党对马克思主义阶级斗争理论的发展，是阶级斗争的第二种含义。在社会主义社会里，剥削阶级消灭了，人民内部再也不存在被剥削阶级同剥削阶级之间的阶级斗争了，而残余形态的阶级斗争，又不属于人民内部的阶级斗争。所以上述两种含义的阶级斗争，都不存在于人民内部。尽管人民内部还存在这样或那样的矛盾，但他们之间不是被剥削和剥削的关系，不存在根本的利害冲突，建设社会主义是他们的共同利益。因此，这种人民内部矛盾，不属于阶级斗争形态。至于人民内部中极少数人蜕变为新剥削分子和其他敌对分子，当然不再属于人民内部的范围，我们同他们的斗争，是敌我之间的阶级斗争；但是，社会主义社会人民内部，还存在阶级斗争的反映或者说存在某些带有阶级斗争性质的矛盾。毫无疑义，我们必须坚持运用马克思主义的阶级观点去认识和处理这些社会矛盾和社会现象。

“在某种条件下还有可能激化。”马克思、恩格斯曾经指出：资本主

---

① 《中国共产党第十二次全国代表大会文件汇编》，人民出版社，1982年版，第48页。

义社会无产阶级的斗争，经历从自发斗争到自觉斗争，从经济斗争到政治斗争，最后通过暴力夺取政权。这就是说，资本主义社会阶级斗争的总趋势是越来越激化，直到资产阶级统治被推翻为止。但是这种激化，并不是直线上升的，而是在波浪起伏中日益激化的。社会主义社会阶级斗争的总趋势则是向缓和方向发展的，直至最后熄灭。因为随着社会主义事业的发展，各种敌对分子的数量将是逐渐减少的，力量将是逐渐削弱的。但是这种缓和，也不是直线下降的，而是时起时伏的，在某种条件下还有可能激化，重新尖锐起来。这正是社会主义社会阶级斗争的发展规律。这里说的"某种条件"，是一个原则性的、灵活性的提法。究竟阶级斗争在什么条件下激化呢？这需要根据当时国际和国内的、主观和客观的具体情况，进行具体分析。

"既要反对把阶级斗争扩大化的观点，又要反对认为阶级斗争已经熄灭的观点。"① 所谓阶级斗争扩大化的观点，就是把已经处于次要矛盾地位的阶级斗争当成主要矛盾，天天、月月、年年讲阶级斗争，处处、事事、时时讲阶级斗争。这种观点是不符合实际的。在我国社会中大多数矛盾都不属于阶级斗争的范畴，只有一小部分矛盾是属于阶级斗争或阶级斗争性质的矛盾。我们绝不能到处乱贴"阶级斗争"的标签，任意扩大阶级斗争的范围，重犯阶级斗争扩大化的错误。所谓阶级斗争已经熄灭的观点，就是不承认或者看不见我国社会存在的一定范围的阶级斗争。这种观点也是不符合实际的。我国社会阶级斗争并没有熄灭，当前打击经济领域中的严重犯罪活动，就是阶级斗争的一个重要表现。

我们党关于社会主义社会阶级斗争的科学分析和估量，具有重大的理论意义和实践意义。它将保证我们沿着马克思主义的轨道，妥善地处理社会主义社会中的阶级斗争问题，巩固人民民主专政，发展安定团结的政治局面，开创社会主义现代化建设的新局面。

---

① 《三中全会以来重要文献选编》下，人民出版社，1982年版，第841页。

（三）

马克思在谈到他的阶级斗争理论时，是把阶级斗争同无产阶级专政紧密联系在一起的。他指出“阶级斗争必然要导致无产阶级专政”①，而无产阶级专政则是“达到消灭一切阶级和进入无阶级社会的过渡”②。这就是说，阶级斗争同无产阶级专政是不可分割的。一方面，资本主义社会无产阶级反对资产阶级的斗争，必然要发展为无产阶级夺取政权的斗争，导致无产阶级专政的建立；另一方面，无产阶级专政的历史任务是要尽快地发展生产力，为消灭一切阶级和阶级斗争创造条件，一旦社会上阶级和阶级斗争不再存在了，无产阶级专政也就自然归于消亡。因此，在马克思看来，无产阶级革命胜利后建立的无产阶级专政，是同阶级斗争相联系而存在的。

马克思所设想的共产主义社会的第一阶段即社会主义社会不存在阶级斗争，当然也就不存在无产阶级专政了，尽管他提到“未来的共产主义的国家制度”，但那不是指无产阶级专政的国家。马克思认为，无产阶级专政是从资本主义到共产主义社会第一阶段的过渡时期的政权。他说：“在资本主义社会和共产主义社会之间，有一个从前者变为后者的革命转变时期。同这个时期相适应的也有一个政治上的过渡时期，这个时期的国家只能是无产阶级的革命专政。”③ 这里讲的共产主义社会，是包括它的第一阶段和高级阶段的整个社会形态的。政治上的过渡时期即无产阶级专政时期，实际上是指从资本主义到共产主义社会第一阶段这一时期，正如列宁所作的解释：“马克思说，无产阶级专政的整个时期是从资本主义到社会主义的过渡时期。”④ 过渡时期结束了，无产阶级专政时期也就随之结束。

---

① 《马克思恩格斯全集》第二十八卷，人民出版社，1973年版，第509页。
② 《马克思恩格斯全集》第二十八卷，人民出版社，1973年版，第509页。
③ 《马克思恩格斯全集》第十九卷，人民出版社，1963年版，第31页。
④ 《列宁选集》第三卷，人民出版社，1972年版，第857页。

列宁坚持和发挥了马克思的观点。列宁没有谈到社会主义社会还存在阶级斗争，因而也就没有谈到社会主义社会还要坚持无产阶级专政了，但他明确指出社会主义社会“还需要有国家来保卫生产资料公有制，来保卫劳动的平等和产品分配的平等”①。这个国家已经失去了政治性质，只是一个迫使人们遵守法权规范的机构，所以列宁称之为“没有资产阶级的资产阶级国家”或“非政治国家”。

斯大林根据他领导苏联建设社会主义的实践经验，明确提出社会主义社会需要保留“工人阶级专政”和全部国家机器，并批评当时苏联有人提出把国家“送进古物陈列所”，是“一种糊涂观念”②。这无疑是对马克思主义国家学说的发展。但由于斯大林不能正确估量社会主义社会的阶级斗争问题，因而也就不能正确处理无产阶级专政问题。1937年斯大林提出剥削阶级的残余随着社会主义事业的发展“愈加凶恶”，1939年他又提出“彻底消灭了剥削阶级的残余”③，并宣布工人阶级专政的“矛头已经不是针对国内，而是针对国外去对付外部敌人了”，国内“实行武力镇压的职能已经消失了，消亡了”④。事实证明，消灭剥削阶级残余是比消灭剥削阶级更为困难的任务，需要很长的时间，匆忙宣布国家对内职能的消失，是不正确的，也是办不到的。在实践上，斯大林则夸大无产阶级专政的专政职能，并把国内的敌对分子、反对派分子乃至思想上不同观点的人，都作为外国派遣的间谍分子加以镇压，使社会主义民主和法制遭到严重破坏。

我们党在十一届三中全会以后，从我国现阶段阶级斗争的实际情况出发，把坚持人民民主专政作为四项基本原则之一。人民民主专政实质上是无产阶级专政，是适合我国国情和革命传统的一种无产阶级专政形式。我国现阶段坚持的人民民主专政，既不同于马克思、列宁关于社会

① 《列宁选集》第三卷，人民出版社，1972年版，第252页。
② 斯大林：《列宁主义问题》，人民出版社1964年版，第699页。
③ 斯大林：《列宁主义问题》，人民出版社1964年版，第671页。
④ 斯大林：《列宁主义问题》，人民出版社1964年版，第705页。

主义社会不存在无产阶级专政的设想，也不同于斯大林关于社会主义社会无产阶级专政对内专政职能消失的结论。它不仅保留对外防御外部敌人侵略的职能，而且还要坚持它对内打击极少数敌对分子的专政职能和充分发挥它组织经济文化建设的职能；也不仅要保持它的专政职能，而且还要充分发展它的民主职能。这就是说，在我们的社会主义社会，人民民主专政作为无产阶级专政的一种形式，它的各种职能，不管是有的减弱了，还是有的发展了，但都没有消失。

列宁曾说："马克思一贯坚持阶级斗争的学说，并把它贯彻到政权学说、国家学说之中。"① 我国现阶段人民民主专政的政权，体现了马克思主义阶级斗争学说在我国社会主义社会政权建设中的贯彻和应用。它是建立在对社会主义社会阶级斗争的科学估量上，同时又是正确处理社会主义社会阶级斗争的有效工具。胡耀邦在党的十二大报告中指出："正确认识和处理我国当前仍然存在的阶级斗争，是保障最广大人民的民主权利，对极少数敌对分子实行有效专政的一个关键。"②

写于 1983 年 2 月

（原载于《社会主义文集》，湖北人民出版社 2004 年版）

二、我所理解的马克思关于共产主义社会的设想

（一）

有位同志在《光明日报》上发表了一篇题为《也谈正确理解马克思关于共产主义的设想》一文。文章说："马克思在《哥达纲领批判》和《致约·魏德迈》的信中，都非常明确地讲在共产主义低级阶段必须实行无产阶级专政。"③ 我认为，这个说法不是对马克思关于共产主义社会设想的正确理解。

---

① 《列宁选集》第三卷，人民出版社，1972 年版，第 191 页。
② 《中国共产党第十二次全国代表大会文件汇编》，人民出版社，1982 年版，第 40 页。
③ 于建勋：《也谈正确理解马克思关于共产主义的设想》，《光明日报》，1984 年 4 月 2 日。

大家知道，马克思在1852年3月5日《致约·魏德迈》的信中，论述了关于阶级、阶级斗争和无产阶级专政的重要原理，指出“阶级的存在仅仅同生产发展的一定历史阶段相联系”。“阶级斗争必然要导致无产阶级专政”，“这个专政不过是达到消灭一切阶级和进入无阶级社会的过渡”①。毫无疑问，马克思这些精辟论述，是我们今天在社会主义实践中坚持无产阶级专政的理论基础，它使我们清楚地看到，社会主义社会的目前发展阶段，无产阶级专政存在的必然性和必要性。但是，马克思在当时还没有形成关于共产主义社会两个发展阶段的思想，还没有低级阶段和高级阶段的划分。怎么能够说，马克思在这封信中已经“非常明确地讲在共产主义低级阶段必须实行无产阶级专政”呢？马克思第一次提出共产主义社会按其成熟程度划分为“第一阶段”或“低级阶段”“高级阶段”，是在1875年写的《哥达纲领批判》中。后来，列宁又把共产主义社会的第一阶段或低级阶段称作社会主义社会。马克思在《哥达纲领批判》中，是否“非常明确地讲在共产主义低级阶段必须实行无产阶级专政”呢？也没有。马克思认为，无产阶级专政是从资本主义到共产主义低级阶段的过渡时期政权。他说：“在资本主义社会和共产主义社会之间，有一个从前者变为后者的革命转变时期。同这个时期相适应的也有一个政治上的过渡时期，这个时期的国家只能是无产阶级的革命专政。”② 马克思在这里讲的共产主义社会，是包括它的低级阶段和高级阶段的整个社会形态的，而不是只指它的高级阶段。因此，按照马克思的原意，无产阶级专政只存在于从资本主义到共产主义低级阶段之间这个时期。正如列宁所解释的：“所以马克思说，无产阶级专政的整个时期是从资本主义到社会主义的过渡时期。”③ 过渡时期结束了，无

---

① 《马克思恩格斯全集》第二十八卷，人民出版社，1973年版，第509页。

② 《马克思恩格斯全集》第十九卷，人民出版社，1963年版，第31页。

③ 《列宁选集》第三卷，人民出版社，1972年版，第857页。

产阶级专政时期也随之结束。到了共产主义社会的低级阶段，还有没有国家呢？马克思在《哥达纲领批判》中提到“未来共产主义社会的国家制度”，但是没有作出进一步的解释。显然，马克思是把“未来共产主义社会的国家制度”和无产阶级专政，看作无产阶级夺取政权后两个不同历史阶段和不同意义上的国家制度。后来，列宁在《国家与革命》中，按照马克思的设想，明确提出共产主义低级阶段即社会主义社会还要有国家。他说：在共产主义社会的低级阶段，“资本家已经没有了，阶级已经没有了，因而也就没有什么阶级可以镇压了”，“但是，国家还没有完全消亡，因为还要保卫容许在事实上存在不平等的‘资产阶级法权’”①。这个国家是一个“能够迫使人们遵守法权规范的机构”②，可以称作“没有资产阶级的资产阶级国家”③ 或“非政治国家”④。作者以马克思说的共产主义低级阶段还带着它脱胎出来的那个“旧社会的痕迹”为理由，推论到马克思设想的共产主义低级阶段必须实行无产阶级专政。其实，马克思提出共产主义低级阶段存在旧社会的痕迹，是同共产主义高级阶段对比而言的，指的是脑力劳动与体力劳动的差别，分配上的“资产阶级法权”，劳动还没有成为人们生活的第一需要，等等。这些旧社会的痕迹，是不会导致无产阶级专政的。因此，作者的这种推论，是不符合马克思的话的原意的，也不符合列宁对马克思的话的上述解释。

为什么作者认为马克思设想的共产主义低级阶段存在无产阶级专政呢？我认为：一是混淆了“过渡时期”和共产主义社会的第一阶段或低级阶段的区别。马克思在《哥达纲领批判》中，是把无产阶级夺取政权后的社会发展分为三个阶段：一、从资本主义到共产主义社会的“过渡时期”；二、“共产主义社会第一阶段”；三、“共产主义社会高级阶段”。

---

① 《列宁选集》第三卷，人民出版社，1972 年版，第 252 页。
② 《列宁选集》第三卷，人民出版社，1972 年版，第 256 页。
③ 《列宁选集》第三卷，人民出版社，1972 年版，第 256 页。
④ 《列宁选集》第三卷，人民出版社，1972 年版，第 224 页。

作者却把“过渡时期”也看成共产主义社会的低级阶段。这一点，从作者谈在共产主义社会低级阶段实行无产阶级专政的重要性可以看得很清楚。他说：“一百多年来，特别是俄国十月社会主义革命以来的革命实践，反复证明马克思关于在共产主义低级阶段即社会主义阶段必须实行无产阶级专政的思想是无比正确的。只有实行无产阶级专政才能实行生产资料所有制的社会主义改造，才能建立社会主义公有制，才能镇压剥削阶级的反抗，才能建设社会主义，才能实现向无阶级的共产主义高级阶段过渡的条件。”① 用不着多加解释，这里提出的改造生产资料私有制，建立社会主义公有制，镇压剥削阶级的反抗等，都不是社会主义社会无产阶级专政担负的任务，而是“过渡时期”无产阶级专政担负的任务。二是想从马克思关于共产主义低级阶段的设想中，来寻找社会主义实践中坚持无产阶级专政的理论根据。作者是很重视在社会主义社会中坚持无产阶级专政的，根据我国社会主义实践，这是很对的。但是，重视无产阶级专政，并不需要把它塞进马克思关于共产主义低级阶段的设想中去，我们可以从社会主义实践中找到根据，并且可以从马克思的无产阶级专政学说中得到说明。

马克思关于共产主义社会低级阶段的设想为什么没有提到无产阶级专政呢？这要从当时的社会历史条件加以说明。恩格斯曾经说：“我们只能在我们时代的条件下进行认识，而且这些条件达到什么程度，我们便认识到什么程度。”② 马克思生活在资本主义上升时期，没有社会主义的实践经验，也没有预料到一些落后国家会首先进入社会主义。他所设想的社会主义社会，是从发达的资本主义国家的情况出发的。他设想这些生产力发达的国家无产阶级夺取政权，经过过渡时期进入社会主义社会以后，生产资料归全社会所有，没有商品生产和货币流通，不仅消

① 于建勋：《也谈正确理解马克思关于共产主义的设想》，《光明日报》，1984 年 4 月 2 日。

② 《马克思恩格斯全集》第二十卷，人民出版社，1971 年版，第 585 页。

灭了剥削制度和剥削阶级，而且消灭了阶级和阶级差别，“每个人都像其他人一样只是劳动者”①。显然，这样的社会内部是不再存在阶级斗争的。同时，马克思对于社会主义社会的设想，完全撇开了国际环境。这种情况，是同他们关于社会主义革命在一切或主要资本主义国家同时发生的革命论相联系的。这就是说，马克思设想共产主义低级阶段即社会主义社会不存在无产阶级专政，是以国内不存在阶级斗争、国外不存在资本主义势力威胁为前提的。可是，我们现在的社会主义社会，不具备这种国内和国际条件。其内部，还存在一定范围的阶级斗争，其外部，还有资本主义势力的侵袭和破坏。我们必须坚持无产阶级专政，严厉打击极少数敌对分子的破坏活动，保卫社会主义国家的安全，保障社会主义建设的顺利进行，并为消灭阶级斗争和阶级差别创造条件。由此可见，我们在社会主义社会里坚持无产阶级专政，不但不违背马克思关于无产阶级专政的理论，而且恰恰是这个理论“结合具体情况并根据现存条件加以阐明和发挥”② 的结果。

（二）

也有的同志认为，我国现阶段的社会主义远没有达到马克思设想的共产主义第一阶段（社会主义社会）的标准，实际上仍然处于过渡时期。我认为，这也不是对马克思关于共产主义设想的正确理解。

马克思在《哥达纲领批判》一书中关于共产主义第一阶段的设想的主要内容包括：①生产资料归全社会所有，即“一个集体的、以共同占有生产资料为基础的社会”③；②个人消费品在社会总产品中作了各项扣除之后实行按劳分配，劳动者一律通过表示劳动量的证书，“从社会储存中领得和他所提供的劳动量相当的一分消费资料”④；③没有商品

① 《马克思恩格斯全集》第十九卷，人民出版社，1963 年版，第 22 页。
② 《马克思恩格斯全集》第二十七卷，人民出版社，1972 年版，第 433 页。
③ 《马克思恩格斯全集》第十九卷，人民出版社，1963 年版，第 20 页。
④ 《马克思恩格斯全集》第十九卷，人民出版社，1963 年版，第 21 页。

生产和货币流通，“生产者并不交换自己的产品；耗费在产品生产上的劳动，在这里也不表现为这些产品的价值”①；④消灭了阶级、阶级差别，无产阶级专政不再存在，国家失去政治性质等。

如何看待马克思的这些设想呢？第一，这些设想，是马克思从当时西欧经济发达的资本主义国家的实际出发，通过对资本主义基本矛盾——生产社会化与资本主义私人占有之间矛盾的发展趋向进行科学分析而提出的，是“在批判旧世界中发现新世界”②；同时，马克思的设想只是提出关于未来社会一些基本原则和发展方向，并没有而且反对设计具体方案。这种设想是科学的，同空想社会主义者从“理性”出发，构想“详尽周密”新社会的具体方案有着原则的区别。第二，马克思的设想作为对未来社会的科学预测，受到时间、地点和条件的许多限制，受到客观过程的发展及其表现程度的限制，必须通过未来社会主义的实践进行检验、补充和修正。马克思的设想是以 19 世纪发达资本主义国家情况为出发点，以社会主义革命在主要资本主义国家同时胜利为前提的。然而，社会主义革命却在 20 世纪的俄国、中国等一系列经济比较落后的东方国家先后取得胜利。这些从落后国家产生出来的社会主义必然带有自己的特点。所以，十月革命后，列宁强调：“现在一切都在于实践……理论由实践赋予活力，由实践来修正，由实践来检验。”③ 他还说：“我们还不能阐述社会主义的特征；社会主义将来是个什么样子，什么时候达到完备的形式——这些我们不知道，也不能说。”④ 第三，马克思的设想不是衡量未来社会主义的标准尺度。马克思早就申明：“我们的任务不是推断未来和宣布一些适合将来任何时候的一劳永逸的决定。”⑤ 又说：“在将来某个特定的时刻应该做些什么，应该马上做些

① 《马克思恩格斯全集》第十九卷，人民出版社，1963 年版，第 20 页。
② 《马克思恩格斯全集》第一卷，人民出版社，1956 年版，第 416 页。
③ 《列宁选集》第三卷，人民出版社，1972 年版，第 398 页。
④ 《列宁全集》第二十七卷，人民出版社，1959 年版，第 134 页。
⑤ 《马克思恩格斯全集》第一卷，人民出版社，1956 年版，第 416 页。

什么，这当然完全取决于人们将不得不在其中活动的那个特定的历史环境。”① 恩格斯也告诫道：“我所在的党没有提出任何一劳永逸的现成方案。我们对未来非资本主义社会区别于现代社会的特征的看法，是从历史事实和发展过程中得出的确切结论；脱离这些事实和过程，就没有任何理论价值和实际价值。”② 这些论述表明：马克思、恩格斯从来没有提出任何现成方案来束缚未来社会主义者的手脚；他们建立在发达资本主义国家的“历史事实和发展过程”基础上的设想，不能照搬到经济落后的国家中来；未来社会主义者的活动完全取决于“那个特定的历史环境”。因此，我们不能把马克思的设想作为固定不变的公式，用以对现实社会主义进行衡量、裁剪，而必须坚持实践是检验真理的唯一标准，从实际出发，对社会主义进行再认识，丰富和发展科学社会主义。

十一届三中全会以来，中国共产党在领导全国人民建设中国特色社会主义的伟大实践中，不断深化对社会主义的认识。1982 年召开的党的十二大，运用马克思主义基本原理，总结中国社会主义和其他社会主义国家的实践经验，从经济、政治、思想文化等方面全面概括了社会主义基本特征。这个理论概括表明：社会主义在实践中一方面修改了马克思设想中没有商品、货币、没有阶级、阶级差别、国家消亡等预测；另一方面则证实了马克思关于未来社会设想的一些基本原则，如生产资料公有、按劳分配是正确的；同时反映了现实社会主义在经济、政治、思想文化等方面不成熟的特点。

有的同志以我国生产力落后为理由，否认我国社会主义性质。其实，生产力不发达，正是落后国家社会主义的根本特征。但是，社会制度的性质，是由占统治地位的生产关系主要是由生产资料所有制的性质决定的，并不直接取决于生产力的水平。1956 年，我国生产资料私有制的社会主义改造基本完成，标志着社会主义制度在我国基本上建立起

---

① 《马克思恩格斯全集》第三十五卷，人民出版社，1971 年版，第 154 页。
② 《马克思恩格斯全集》第三十六卷，人民出版社，1975 年版，第 419～420 页。

来。在现阶段，与生产力多层次、不平衡相适应，我国在改革中出现了多种所有制形式。生产资料公有制只能是一种占主体地位的所有制形式，还需要一定范围的个体经济、私营经济作为它的必要的有益的补充。由于社会主义公有制占主体地位，个体经济、私营经济的存在和发展，并不会影响社会主义社会的性质。诚然，我国社会主义脱胎于半殖民地半封建社会，生产力比较落后，社会主义制度缺乏充分的物质基础。但是，在我国进行社会主义改造前的 1952 年，标志生产力发展水平的工业产量，如钢产量 135 万吨，铁产量 193 万吨，煤产量 6649 万吨，石油产量 44 万吨。如果单从这些工业产量的总量来看，并不比当年马克思、恩格斯设想“同时胜利”的主要资本主义国家生产力水平低多少。到 1957 年，我国钢产量达到 535 万吨，居世界第 9 位；铁产量达到 594 万吨，居世界第 7 位；煤产量达到 13100 万吨，居世界第 5 位；石油产量达到 146 万吨，表明我国初步具备了建设社会主义的物质条件。党的十一届六中全会通过的《关于建国以来党的若干历史问题的决议》中明确指出：“尽管我们的社会主义制度还是处于初级的阶段，但是毫无疑问，我国已经建立了社会主义制度，进入了社会主义社会，任何否认这个基本事实的观点都是错误的。”①

有人说，我国现阶段的社会主义，经济上存在多种经济成分，政治上存在人民民主专政即无产阶级专政，这同过渡时期有什么不同?

按照马克思的设想，无产阶级和劳动人民取得政权后，便进入从资本主义到共产主义第一阶段（社会主义社会）的过渡时期，“这个过渡时期不能不兼有这两种社会经济结构的特点或特征”②，也就是多种经济成分并存时期。对资本主义不发达国家的过渡时期来说，更是如此。从 1949 年中华人民共和国成立到 1956 年社会主义改造基本完成，是我国的过渡时期。由于我国在民主革命胜利以前，是半殖民地半封建社

① 《三中全会以来重要文献选编》下，人民出版社，1982 年版，第 838 页。
② 《列宁选集》第四卷，人民出版社，1972 年版，第 84 页。

会，而不是资本主义社会，民主革命胜利后进入了五种经济成分并存的新民主主义社会。因此，我国过渡时期实现的不是从资本主义到社会主义的转变，而是从新民主主义到社会主义的转变。根据 1952 年底的统计材料，我国过渡时期五种经济成分的比重是：社会主义性质的国营经济为 19.1%，社会主义或半社会主义性质的合作经济为 1.5%，半社会主义性质的公私合营经济为 0.7%，私人资本主义经济为 6.9%，农业和手工业的个体经济为 71.8%。这表明社会主义和半社会主义性质的经济在国民经济中的比重还不到 1/4。然而我国现阶段，社会主义公有制在国民经济中始终占据主体地位，并决定我国占统治地位的生产关系的性质。我国现阶段的个体经济、私营经济，是在基本完成对农业、手工业和资本主义工商业的社会主义改造的基础上新产生的，同过渡时期的农业、手工业的个体经济和私人资本主义经济具有不同的面貌和特征。同时，我国过渡时期“不能不是衰亡着的资本主义与生长着的共产主义彼此斗争的时期”①。社会主义与资本主义“谁胜谁负”的问题还没有解决。尽管我国对资本主义工商业的社会主义改造，采取和平赎买方式，但始终贯穿着限制和反限制、改造和反改造的斗争。我国过渡时期结束后，社会主义与资本主义的矛盾已经基本解决，全国人民的根本任务是“在新的生产关系下面保护和发展生产力”②。

人民民主专政作为工人阶级和劳动人民的政权，在我国过渡时期和社会主义时期都有其存在的必要性和必然性，但过渡时期与社会主义时期的人民民主专政具有不同的特点和历史任务。过渡时期的人民民主专政，包括工人阶级同农民和其他劳动人民的联盟与工人阶级同资产阶级和其他可以团结的非劳动人民的联盟。前一个联盟是人民民主专政的基础；后一个联盟是在工农联盟基础上的更广泛的，并且是不可缺少的联盟。在社会主义时期，由于资产阶级作为剥削阶级已经消灭，劳动阶级

---

① 《列宁选集》第四卷，人民出版社，1972 年版，第 84 页。
② 《三中全会以来重要文献选编》下，人民出版社，1982 年版，第 802 页。

发生了深刻的变化，原来人民民主专政的两个联盟，已发展为一个工农联盟（包括知识分子）和另一个劳动者同一切爱国者的最广泛的联盟。人民民主政权的阶级基础、群众基础空前扩大。我国过渡时期的人民民主专政，担负着进行社会主义改造，建立社会主义制度的历史任务；而我国社会主义时期人民民主专政的历史任务则是：进行社会主义建设，为最终过渡到共产主义创造条件。

由此可见，我国过渡时期和现阶段社会，虽然在经济、政治等方面确有相似之处，但它们具有不同的社会性质，不能混同起来。

写于1984年5月

（原载于《社会主义文集》，湖北人民出版社2004年版）

三、恩格斯对社会主义理论的独特贡献

马克思主义的社会主义理论，是无产阶级和劳动人民进行革命，建设社会主义和实现共产主义的科学。恩格斯在同马克思创立、坚持和发展这一科学理论的过程中，作出了自己不可磨灭的巨大贡献。马克思曾经称赞恩格斯是“现代社会主义最杰出的代表人物之一”①。列宁认为：“把马克思和恩格斯两个人的名字作为现代社会主义奠基人的名字并列在一起是很公正的。”② 本文仅从五个方面，略述恩格斯对社会主义理论的独特贡献。

（一）恩格斯对社会主义从空想到科学发展的连贯性阐述

19世纪40年代，马克思、恩格斯运用他们所创立的科学的世界观和方法论，批判地继承了空想社会主义的优秀成果，创立了科学社会主义。但是，社会主义从空想到科学发展的连贯性阐述的任务，则是恩格斯在70年代后期完成的。

19世纪70年代以后，欧美各国资本主义处于相对和平发展时期，

---

① 《马克思恩格斯选集》第三卷，人民出版社，1995年版，第687页。

② 《列宁全集》第二十四卷，人民出版社，1990年版，第281页。

工人阶级队伍迅速壮大，工人运动得到广泛发展。欧美各国相继成立工人政党。在这种历史条件下，学习和研究科学社会主义，乃是工人运动发展和工人政党建设的迫切需要。恩格斯在1874年就明确提出了这个问题。他说："社会主义自从成为科学以来，就要求人们把它当作科学看待，就是说，要求人们去研究它。必须以高度的热情把由此获得的日益明确的意识传布到工人群众中去，必须日益加强团结党组织和工会组织。"① 为了实现这个目的，恩格斯于1880年应法国工人党领导人保尔·拉法格的请求，将《反杜林论》一书中"理论部分中最重要的部分"（即引论的第一章，第三编的第一、二章），加以改编，作为《社会主义从空想到科学的发展》一书单独出版，完成了社会主义从空想到科学发展的系统阐述。

首先，对空想社会主义学说进行了历史的全面的评述。科学社会主义，是人类先进的思想——社会主义思潮演变、发展的必然结果。它的直接思想来源是19世纪初期圣西门、傅立叶、欧文的空想社会主义学说。为了实现社会主义思想史上的变革，恩格斯对空想社会主义特别是对圣西门、傅立叶、欧文的论著，一一进行批判，从它的空想外壳中，深入发掘其中包含的科学真理，为科学社会主义提供了丰富的思想材料。同时，恩格斯又深刻揭示了这种学说空想的和虚幻的性质，指出这种"不成熟的理论，是和不成熟的资本主义生产状况、不成熟的阶级状况相适应的。解决社会问题的办法还隐藏在不发达的经济关系中，所以只有从头脑中产生出来"②。这种"从头脑中产生出来"的社会主义，是建立在抽象的理性原则之上的。它把社会主义看作个别天才人物理性作用的结果，解决社会问题的办法是发明一种合乎理性的尽善尽美的社会制度，并把它从外面强加于社会。因此，恩格斯提出一个著名的论

① 《列宁全集》第六卷，人民出版社，1986年版，第26页。
② 《马克思恩格斯全集》第二十卷，人民出版社，1971年版，第283页。

断："为了使社会主义变为科学，就必须首先把它置于现实的基础之上。"① 社会主义是置于现实之上，还是置于理性之上？是从客观实际出发，还是从理性原则出发？体现了科学社会主义与空想社会主义两种学说的根本区别。

其次，论证了唯物史观和剩余价值学说"两大发现"使社会主义从空想变成科学。唯物主义历史观用人们的社会存在说明他们的意识，指出历史发展的终极原因，不应当到人们的头脑中去寻找，而应当到社会生产方式的变更中去寻找，生产力是社会发展的最后决定力量，阶级斗争是阶级社会发展的直接动力；而剩余价值学说则揭开了资本主义生产的秘密，阐明了资本主义制度的本质，论述了无产阶级的真正地位和历史使命。由于这两个大发现，社会主义不再是空想家的主观臆造，而被看作资本主义生产方式矛盾运动的必然结果、两个历史的产生的阶级即无产阶级和资产阶级之间斗争的必然产物。

再次，探讨了这门科学的"细节和联系"。恩格斯指出，由于"这两个伟大的发现……社会主义变成了科学，现在首先要做的是对这门科学的一切细节和联系作进一步的探讨"②。科学社会主义的"细节和联系"，是这门科学的特殊矛盾和本质，即它的研究对象、内容和体系。恩格斯通过分析从资本主义到共产主义的客观历史进程，揭示了无产阶级运动产生、发展和胜利的一般规律，阐述了科学社会主义的基本原理，初步建构了这门科学的理论体系，并提出科学社会主义面临的任务。他指出："完成这一解放世界的事业，是现代无产阶级的历史使命。深入考察这一事业的历史条件以及这一事业的性质本身，从而使负有使命完成这一事业的今天受压迫的阶级认识到自己的行动的条件和性质，这就是无产阶级运动的理论表现即科学社会主义的任务。"③

① 《马克思恩格斯全集》第二十卷，人民出版社，1971 年版，第 22 页。
② 《马克思恩格斯选集》第三卷，人民出版社，1995 年版，第 740 页。
③ 《马克思恩格斯选集》第三卷，人民出版社，1995 年版，第 760 页。

（二）恩格斯对资本主义基本矛盾的科学分析

恩格斯在《共产党宣言》《资本论》对资本主义生产方式矛盾运动进行全面、系统剖析的基础上，第一次把资本主义社会的基本矛盾概括为“社会的生产和资本主义占有之间的矛盾”①。他在阐述这个基本矛盾时写道：资本家“是生产资料的所有者，当然就占有产品并把它们变为商品。生产已经成为社会的活动；而交换以及和它相伴随的占有，仍旧是个体的活动，单个人的活动；社会的产品被个别资本家所占有。这就是产生现代社会的一切矛盾的基本矛盾”②。恩格斯又把资本主义基本矛盾的表现概括为两个方面：在生产过程中，表现为个别企业生产的组织性和整个社会中生产的无政府状态之间的对立；在阶级关系上，表现为无产阶级和资产阶级的对立，并按照历史和逻辑相统一的原则，分析了资本主义基本矛盾的产生、发展到矛盾解决的运动全过程，进一步论证了资本主义必然灭亡的历史命运。

恩格斯逝世百年来，世界资本主义经历了从自由资本主义到垄断资本主义，又从一般垄断资本主义到国家垄断资本主义两大转变。资本主义基本矛盾及其表现形式也出现新的情况、新的变化。但是，只要资本主义生产方式还存在，它的基本矛盾也就始终存在，并不断引发各种对抗和冲突，直至资本主义制度的死亡。

20 世纪的上半个世纪，世界资本主义处于垄断资本主义阶段，它的基本矛盾有时也呈现相对缓和的状态，但总的说来异常激化。由于垄断组织的出现和发展，使生产进一步社会化，而生产资料却更加集中在少数垄断资本家手里。资本主义生产无政府状态和竞争不断加剧，经济危机愈益严重。在 1929—1933 年间，爆发了震撼资本主义世界的经济危机，使整个工业生产倒退二十多年，贸易总额缩小 2/3，失业半失业人数达 4500 万。与此同时，资本主义固有的三大矛盾，即无产阶级与

① 《马克思恩格斯选集》第三卷，人民出版社，1995 年版，第 750 页。
② 《马克思恩格斯选集》第三卷，人民出版社，1995 年版，第 758 页。

资产阶级的矛盾，宗主国与殖民地半殖民地人民之间的矛盾，以及帝国主义国家间的矛盾空前激化，其中帝国主义国家之间为重新划分势力范围的矛盾和斗争，引发了两次世界大战。战争削弱了帝国主义国家的力量，造成世界资本主义体系上出现薄弱环节，为社会主义在一批经济文化比较落后的国家取得胜利创造了有利条件。

20 世纪的下半个世纪，世界资本主义已进入国家垄断的新阶段。它的基本矛盾有时也很尖锐，但总的说来比以前缓和。恩格斯提出的资本主义基本矛盾的一个具体表现是个别企业生产的组织性和整个社会中生产的无政府状态。第二次世界大战后，由于垄断资本同国家政权相结合，国家垄断资本利用政权对国民经济进行干预，制定发展规划。科技进步特别是电子计算机的广泛应用，又为它制定这种发展规划提供了完备的物质手段，致使个别企业的组织性和整个社会生产的计划性都得到加强。资产阶级国家制定计划，虽然无法从根本上解决资本主义生产无政府状态的痼疾，但在一定程度上，抑制了资本主义生产的盲目性，适应了社会化生产的要求，促进了资本主义社会生产力的发展。与上述新情况相联系，战后资本主义经济危机也具有新特点：①经济危机比较频繁，但不像过去那样凶猛。战后 50 年间，美国、英国发生了经济危机 8 次，日本发生了 7 次，联邦德国发生了 6 次，法国发生了 5 次。每次危机，工业生产下降较轻微，破坏性不大。1974—1975 年危机是战后资本主义国家最严重的一次经济危机，其工业生产下降的幅度为美国 13.5%，英国 11.4%，日本 21.4%，联邦德国 13.2%，法国 14.9%。②资本主义再生产周期阶段不明显，萧条和复苏界限模糊。资本主义再生产周期运动的规律，一般是在一次经济危机过去之后，依次经过危机、萧条、复苏、高涨四个阶段，而战后再生产周期四个阶段症状不像过去那样清晰，尤其是萧条和复苏阶段难以划分。70 年代后高涨阶段也不明显，各国生产增长乏力，几乎近于停滞。③经济危机期间物价没有下跌反而上涨。战前经济危机期间，商品滞销，物价猛跌；而战后，

50 年代经济危机到来时，各国物价只是轻微下跌，60 年代反而有所上升，70 年代以后大幅度上涨。这是以往资本主义经济危机所没有的。④结构性危机更加突出。战前的经济危机，是由生产相对过剩引起的，而战后的经济危机，主要是由资本主义经济结构失调所造成的，表现为传统工业日益衰落，结构性失业增多，财政赤字不断扩大，债务负担越来越重，国际贸易严重失衡，等等。这种结构危机与周期危机相结合，使资本主义经济运行方式更加复杂化。恩格斯提出的资本主义基本矛盾另一个具体表现是无产阶级和资产阶级的对立和斗争。由于战后科技日新月异，劳动生产率不断提高以及资产阶级国家实行社会保障制度，工人阶级和劳动人民生活有相当改善，劳动条件有较大变化，尽管工人阶级的雇佣地位没有改变，他们同资产阶级的矛盾依然存在和发展，但远没有过去那样尖锐。因此，20 世纪的下半个世纪以来，社会基本矛盾缓和了，资本主义出现相对稳定的发展。

早在一百多年前，恩格斯就预见到自由资本转化为国家财产的必然性，并揭示了国家垄断资本的实质，指出国家垄断是资本家阶级被迫采取资本关系社会化的最高形式，它能够容纳新的生产力的发展，在一定时期、一定程度上可以缓和资本主义的基本矛盾，然而它不可能从根本上解决这个矛盾。因为国家垄断资本是在资本主义生产方式内部对资本关系的调整，并没有消除资本的属性，改变资本主义私有制，只是扩大了资本的范围，改变了资本主义私有制的形式，但它包含着解决这个矛盾形式上的“手段”和“线索”，为社会主义公有制取代资本主义私有制准备了条件。

（三）恩格斯对“现代国家”本质的深刻揭示

在马克思主义发展史上，恩格斯第一个对国家学说进行了系统阐述。他科学地考察了国家的起源，揭示了国家的实质、类型、职能以及国家消亡，并着重研究了现代资本主义国家的本质、职能和形式，为正确认识和解决无产阶级革命与国家的关系这个根本问题奠定了坚实的理论基础。

19世纪70年代以后，资本主义进入相对稳定发展时期，在主要资本主义国家政治经济生活中出现了一些新现象，如普遍推行议会民主制，实行普选制；托拉斯等垄断组织的产生，一些大的生产机构和交通机构转化为国家财产。如何正确认识资产阶级国家是一个重大的现实问题。恩格斯明确指出：资产阶级民主共和国的形式并没有改变国家的阶级实质。"现代的代议制的国家是资本剥削雇佣劳动的工具。"① "现代国家，不管它的形式如何，本质上都是资本主义的机器，资本家的国家，理想的总资本家。它越是把更多的生产力据为己有，就越是成为真正的总资本家，越是剥削更多的公民。"② "总资本家" 是恩格斯对现代资本主义国家本质的简明、形象、深刻的概括。

第二次世界大战后，由于一般垄断资本向国家垄断资本转变，资产阶级国家的职能和作用也发生了变化。首先，资产阶级国家不仅是政治上层建筑，而且是经济基础的组成部分，作为政治上层建筑，资产阶级国家为了适应垄断经济基础的需要，不断完善资本主义民主政治和法律制度及其运行机制，并运用政权对经济和社会生活进行全面干预和调节，推行"福利国家"政策等，以缓和社会矛盾，维护社会稳定，维护资本主义的生存和垄断财团的根本利益。作为经济基础的组成部分，资产阶级国家掌握愈来愈多的生产资料，直接参与社会资本的再生产过程，剥削更多的公民。战后，资产阶级国家已成为名副其实的最大资本所有者，它凭借手中掌握的强大经济力量渗入社会生产的各个环节，并形成一种新的机制，即与市场机制并存的国家宏观经济调节机制，从而使国家对经济的干预和调节经常化、稳定化、体制化，以维护资本的再生产过程和垄断资产阶级的统治。其次，资产阶级国家的政治职能即阶级职能仍然是基本职能，但它的社会职能更扩展和加强了。任何国家都

---

① 《马克思恩格斯选集》第四卷，人民出版社，1995年版，第172页。
② 《马克思恩格斯选集》第三卷，人民出版社，1995年版，第753页。

是阶级统治的工具，具有阶级职能同时，它又是社会的正式代表，行使一定的社会职能。但是，这两种职能在不同的社会形态的国家发挥的作用是不同的。在奴隶社会、封建社会里，奴隶主阶级、封建主阶级主要采用暴力手段把被剥削阶级控制在当时的生产方式所决定的那些压迫条件下，阶级职能大大强化，而社会职能受到削弱，甚至降到社会生存的最低限度。到了资本主义社会，随着人类文明的进步和资本主义的发展、成熟，资产阶级国家在执行阶级职能的同时，大大拓展了它的社会职能。当代资本主义国家打着为全社会服务的招牌，几乎统管了住房、教育、医疗、交通等一切社会公共事业。但是，这并没有改变资产阶级国家的本质。一百多年前，恩格斯就说过剥削阶级的“政治统治到处都是以执行某种社会职能为基础，而且政治统治只有在它执行了它的这种社会职能时才能持续下去”①。在当今时代，资产阶级国家只有更多地履行它的社会职能，才能继续进行阶级统治。资产阶级国家表面上代表整个社会，实际上代表资产阶级，是理想的“总资本家”。

恩格斯不仅深刻揭示了资产阶级国家的本质，而且对资产阶级民主共和国的形式进行了研究，认为这种民主制度既有利于资产阶级政治上的统治，同时也为无产阶级进行合法斗争提供了有利条件。1892 年 11 月，恩格斯在致拉法格的信中谈到法国无产阶级利用普选权取得市镇选举中的胜利时说：“只要善于使用，普选权在法国是多么好的武器！这要比号召革命缓慢而枯燥，但是要可靠十倍，而且更好的是，能最确切地指明哪一天应当号召武装革命。”② 到 1890 年，恩格斯在《卡·马克思〈1848 年至 1850 年的法兰西阶级斗争〉一书导言》中进一步指出：虽然普选制向来是资产阶级欺骗的工具，但可以使这个“历来是欺骗的手段变为解放的手段”③。他指出：“由于这样有成效地利用普选权，无

① 《马克思恩格斯选集》第三卷，人民出版社，1995 年版，第 523 页。

② 《马克思恩格斯全集》第三十八卷，人民出版社，1972 年版，第 521 页。

③ 马克思：《1848 年至 1850 年的法兰西阶级斗争》，人民出版社，1965 年版，第 13～14 页。

产阶级的一种崭新的斗争方式就开始发挥作用，并且迅速获得进一步的发展。”① 不仅如此，恩格斯还认为民主共和国可以成为未来无产阶级统治的政治形式。他在《1891 年社会民主党纲领草案批判》中说：“如果说有什么是无庸置疑的，那就是，我们的党和工人阶级只有在民主共和国这种形式下，才能取得统治。民主共和国甚至是无产阶级专政的特殊形式。”② 1894 年 3 月，恩格斯在致拉法格的信中又指出：“对无产阶级来说，共和国和君主国不同的地方仅仅在于，共和国是无产阶级将来进行统治的现成的政治形式。”③ 恩格斯这些新观点是研究资本主义民主制度的重大成果，不仅具有理论价值，而且对于当代资本主义国家（包括苏联、东欧国家）争取社会主义的斗争和社会主义国家健全、完善社会主义民主制度，都具有现实的指导作用。

（四）恩格斯对东方社会发展道路的探索

恩格斯在同马克思探索西方发达国家无产阶级革命道路的同时，也对东方落后国家社会发展道路进行了有益的探索。

恩格斯是杰出的唯物辩证法家。他不仅阐述了自然辩证法，而且深刻揭示了历史辩证法。他指出：“历史常常是跳跃式地和曲折地前进的。”④ 这说明了历史发展不是机械地按照五种社会形态依次单线行进的，在一定历史条件下，某个国家和地区可以跳过某一个甚至几个发展阶段。历史发展的一般过程和规律，并不排除个别发展阶段在发展形式或顺序上表现出特殊性。1875 年 4 月，恩格斯在《论俄国的社会问题》一文中，第一次提出了俄国农民公社所有制有可能转变为高级形式，并分析了实现这种转变的国内条件和国际条件。1881 年 3 月，马克思在给俄国女革命家查苏里奇的复信中，详细分析了俄国的特殊条件，指出

① 《马克思恩格斯选集》第四卷，人民出版社，1995 年版，第 517 页。
② 《马克思恩格斯选集》第四卷，人民出版社，1995 年版，第 412 页。
③ 《马克思恩格斯选集》第四卷，人民出版社，1995 年版，第 734 页。
④ 《马克思恩格斯选集》第二卷，人民出版社，1995 年版，第 43 页。

俄国是在全国范围内把土地公社占有制保存到今天的欧洲唯一国家，它和西方资本主义生产并存，“有可能不通过资本主义制度的卡夫丁峡谷，而占有资本主义制度所创造的一切积极的成果”①。到了 1882 年，在马克思、恩格斯合写的《共产党宣言》俄文版序言中，进一步阐述了他们关于俄国农民公社历史命运的看法，认为“假如俄国革命将成为西方无产阶级革命的信号而双方互相补充的话，那么现今的俄国土地公有制便能成为共产主义发展的起点”②。按照马克思、恩格斯的观点，俄国超越资本主义制度的卡夫丁峡谷，必须率先爆发民主革命并引发西方无产阶级革命，而西方无产阶级革命的胜利，又会带动俄国实现从民主革命到社会主义革命的转变。这样，俄国革命和西方革命“互相补充”，就能够使俄国公社公共占有制形式向高级的共产主义的公共占有形式过渡。马克思逝世后，恩格斯继续探讨东方社会发展之路。1894 年 1 月，恩格斯写了《〈论俄国的社会问题〉跋》的长篇文章，系统阐发了俄国等东方落后国家超越资本主义制度卡夫丁峡谷的可能性。恩格斯指出："当西欧各国人民的无产阶级取得胜利和生产资料转归公有之后，那些刚刚进入资本主义生产而仍然保全了氏族制度或氏族制度残余的国家，可以利用公有制的残余和与之相适应的人民风尚作为强大的手段，来大大缩短自己向社会主义社会发展的过程，并避免我们在西欧开辟道路时所不得不经历的大部分苦难和斗争。但这方面的必不可少的条件是：目前还是资本主义的西方作出榜样和积极支持。”③ 并指出：“这不仅适用于俄国，而且适用于处在资本主义以前的阶段的一切国家。”④ 恩格斯认为，俄国超越资本主义制度的卡夫丁峡谷“将最容易做到”，但在一定条件下，处在资本主义以前阶段的国家也有可能实现这种超越。鉴于当时东方落后国家工人力量薄弱、工人运动刚刚兴起、生产力水平低等

① 《马克思恩格斯选集》第三卷，人民出版社，1995 年版，第 769 页。
② 《马克思恩格斯选集》第一卷，人民出版社，1995 年版，第 251 页。
③ 《马克思恩格斯选集》第四卷，人民出版社，1995 年版，第 443 页。
④ 《马克思恩格斯选集》第四卷，人民出版社，1995 年版，第 443 页。

原因，恩格斯坚持把西方国家作出榜样和积极支持作为一个“必不可少的条件”，同时又加上限制词“目前还是”。到了20世纪初，列宁根据新的历史条件，提出社会主义可以单独在一国或几国首先胜利的新结论，大大丰富和发展了马克思、恩格斯的东方社会理论。

恩格斯晚年在他关于历史唯物主义的几封书信中，还创造性地提出历史发展表现为“一切因素间的相互作用”① 的新论断。他深刻地指出：“历史过程中的决定性因素归根到底是现实生活的生产和再生产……如果有人在这里加以歪曲，说经济因素是唯一决定性的因素，那么他就是把这个命题变成毫无内容的、抽象的、荒诞无稽的空话。”② 他强调指出：“经济状况是基础，但是对历史斗争的进程发生影响并且在许多情况下主要是决定着这一斗争的形式的，还有上层建筑的各种因素。”③在恩格斯看来，经济因素是历史发展的决定性因素，是从“归根到底”的意义上说的经济因素不是唯一决定因素，上层建筑的诸因素如阶级斗争、政治的法律的和哲学的理论等也影响历史进程并决定斗争的形式。因此，要从各种因素的相互结合中把握历史变革的动因。这个论断，对于东方生产力比较落后的国家的革命斗争具有极其重要的指导意义。20世纪上半个世纪一系列经济落后的国家革命的胜利，正是国际的和国内的，经济的、政治的、文化的各种因素相互作用的结果。

针对俄国民粹派所谓农民是天生的共产主义者，俄国农民公社会自发成长为社会主义的观点，恩格斯一再强调指出，俄国公社已深深陷入解体之中，“要想保全这个残存的公社，就必须首先推翻沙皇专制制度，必须在俄国进行革命”④。只有这样，才能使农民从农村的隔绝状态中解脱出来，认识外部世界，也认识自己，了解自己的处境和摆脱目前贫困的方法俄国革命还会给西方的工人运动以新的推动，从而加速西方无

① 《马克思恩格斯选集》第四卷，人民出版社，1995年版，第696页。
② 《马克思恩格斯选集》第四卷，人民出版社，1995年版，第695～696页。
③ 《马克思恩格斯选集》第四卷，人民出版社，1995年版，第696页。
④ 《马克思恩格斯选集》第四卷，人民出版社，1995年版，第450页。

产阶级革命的胜利。“没有这种胜利，目前的俄国无论从公社那里还是从资本主义那里，都不可能达到社会主义的改造。”① 这就说明俄国公社向高级社会形态过渡，绝不是俄国的村社制度和资本主义生产方式的“嫁接”，而必须对农民公社的生产方式进行革命改造。因此，俄国等东方落后国家走向社会主义必须首先通过革命手段，推翻本国的反动的专制制度，同时要取得西方无产阶级的援助，在取得革命胜利后，要吸取资本主义制度所创造的一切积极成果。

（五）恩格斯对社会主义认识的深化

19 世纪 70 年代以来，世界资本主义有了重大的变化，一是开始了第二次科技革命——电力革命，推动了生产力的发展；二是出现了托拉斯等垄断组织，自由竞争逐渐走向垄断。面对着资本主义的新发展、新变化，不仅引起恩格斯对无产阶级斗争策略的思考，也引起他对未来新社会的思考。同时，工人政党和工人运动内部，关于未来社会的认识又不时暴露出一些空想的观点、僵化的观点。在这种情况下，恩格斯谈到社会主义社会的生产力、所有制和发展动力等许多问题。

恩格斯强调发展社会主义社会生产力。他把发展生产力同消灭阶级差别、消灭旧的社会分工、实现人的全面发展紧密联系起来。在年代末，恩格斯就指出：“社会阶级的消灭是以这样一个历史发展阶段为前提的，在这个阶段上，不仅某个特定的统治阶级的存在，而且任何统治阶级的存在，从而阶级差别本身的存在，都将成为时代的错误，成为过时的现象。所以，社会阶级的消灭是以生产高度发展的阶段为前提的。”② 又说：“通过社会生产，不仅可能保证一切社会成员有富足的和一天比一天充裕的物质生活，而且还可能保证他们的体力和智力获得充分的自由的发展和运用。”③ 1891 年 4 月，恩格斯为马克思的《雇佣劳

---

① 《马克思恩格斯选集》第四卷，人民出版社，1995 年版，第 450～451 页。
② 《马克思恩格斯选集》第三卷，人民出版社，1995 年版，第 632 页。
③ 《马克思恩格斯选集》第三卷，人民出版社，1995 年版，第 633 页。

动与资本》写的导言中，又对未来社会写了这样一段话："在这个制度之下，现代的阶级差别将消失……通过有计划地利用和进一步发展现有的巨大生产力，在人人都必须劳动的条件下，生活资料、享受资料、发展和表现一切体力和智力所需的资料，都将同等地、愈益充分地交归社会全体成员支配。"① 恩格斯认为，只有生产力的高度发展，才能完全消灭阶级，消灭旧的社会分工（三大差别），保证全体社会成员拥有充裕的生活资料、享受资料和发展资料，从而人的体力和智力获得充分而自由的发展，人将成为自己的社会结合的主人、自然界的主人和自身的主人——自由的人。

恩格斯认为，社会主义制度同资本主义制度"具有决定意义"的差别在于，"在实行全部生产资料公有制……的基础上组织生产"②。坚持社会主义，必须坚持生产资料公有制，并要在公有制的基础上组织管理好生产，使公有制的优越性能充分发挥出来。恩格斯还指出，公有制形式不是单一的，合作社是走向完全的共产主义经济过渡必须采用的中间环节。按照恩格斯这个观点，在过渡时期和在共产主义的第一阶段即社会主义阶段都需要大规模采用合作社这种公有制形式，十一届三中全会以来，我国国民经济的发展也证明，现阶段合作经济具有强大的生命力。

恩格斯指出，社会主义社会和资本主义社会一样，是处于经常变化和不断发展的社会。1890 年 8 月，他在致奥托·伯尼克的信中说："我认为，所谓'社会主义社会'，不是一种一成不变的东西，而应当和任何其他社会制度一样，把它看成是经常变化和改革的社会。"③ 这是恩格斯运用辩证唯物主义观点分析人类社会的基本矛盾运动所得出一个重要结论。虽然当时恩格斯没有明确提出改革是社会主义社会发展的动力，但他明确把改革同社会主义社会的变化发展联系起来，说明社会主

① 《马克思恩格斯全集》第二十二卷，人民出版社，1965 年版，第 243 页。
② 《马克思恩格斯选集》第四卷，人民出版社，1995 年版，第 693 页。
③ 《马克思恩格斯选集》第四卷，人民出版社，1995 年版，第 693 页。

义的发展离不开改革，这就深刻启迪着我们的认识，提高我们贯彻执行党的基本理论和基本路线的自觉性。

（原载于《华中师范大学学报（哲学社会科学版）》1996年第1期）

四、社会主义理论学习若干问题

原编者按：华中师范大学科学社会主义研究所所长李会滨教授，最近应本刊的约请，就广大干部在当前社会主义理论学习中提出的若干疑难问题，作了回答。现刊发如下，供学习参考。

问：马克思、恩格斯得出社会主义必然代替资本主义的结论时，世界上还没有一个社会主义国家，这个结论是否带有空想的成分？

答：马克思、恩格斯关于社会主义必然代替资本主义的结论，是在1848年他们合著的《共产党宣言》中明确提出来的。尽管当时世界资本主义处于上升时期，不存在一个社会主义国家。但是这个结论已不再是空想家们头脑中的幻想，而是一个实实在在的科学结论了。

我们知道，空想社会主义学说之所以是空想的，最根本的一条是不懂得社会发展的客观规律，不了解社会主义代替资本主义是历史的大趋势。他们精心设计的理想社会的蓝图，是建立在抽象的“理性”原则之上的，也就是所谓自由、平等、人道、正义这些观念之上的。为什么要用他们的理想社会取代资本主义社会呢？就因为资本主义社会不合乎“理性”，而他们设计的理想社会则是合乎“理性”的社会。这种理想社会500年前就可以建立起来，只是因为当时没有天才人物去发现它，才使人类又遭受500年的迷误和痛苦。在他们看来，社会主义纯粹是天才人物头脑中的臆造，“并不是历史发展的进程所必然产生的、不可避免的事情”①。

同一切空想社会主义不同，马克思、恩格斯不是从抽象的“理性”

① 《马克思恩格斯全集》第二十卷，人民出版社，1971年版，第21页。

原则出发，而是从物质资料生产是人类社会生存和发展的基础这个最基本的事实出发，发现人类社会发展的终极原因在于生产力和生产关系的矛盾运动，生产关系一定要适应生产力的性质和水平是人类社会发展的根本规律。社会主义必然代替资本主义正是生产力和生产关系矛盾运动的结果，是生产关系一定要适应生产力的性质和水平的根本规律作用的结果。在资本主义社会里，生产力与生产关系的矛盾，直接体现为生产的社会化和资本主义私人占有的矛盾。这是资本主义的基本矛盾，是资本主义制度本身不可克服的不可调和的矛盾。资本主义社会的生产力是社会化的生产力，它具有排斥私有、要求公有的革命性质，它必然要求建立与之相适应的社会主义生产关系，而代表社会化生产力发展要求和方向的现代无产阶级，必将担负起这一历史使命，实现所有制的变革，建立社会主义制度。所以，社会主义必然代替资本主义这个结论，是从资本主义社会生产力与生产关系的矛盾运动中、是从生产社会化要求由社会占有和支配生产资料的发展趋势中得出的，也就是列宁所说的："资本主义社会必然要转变为社会主义社会这个结论，马克思是完全而且仅仅根据现代社会的经济运动规律得出的。"① 显然，这个结论，是不带有任何空想成分的。

问：这个分析无疑是合乎逻辑的，问题是现在发达的资本主义国家没有任何革命的征候，资本主义固有矛盾的发展只是促使了资本主义自身调整而更加稳定繁荣。经过七十多年的较量，社会主义不但没有取代资本主义，东欧一些社会主义国家反而被资本主义所取代。社会主义必然代替资本主义的规律还存在吗?

答：答案当然是肯定的。我们观察问题不能那么短视，要明确社会主义在世界范围内取代资本主义是一个漫长的曲折的历史过程。一方面，资本主义的衰亡过程是长期的曲折的。现在资本主义还是一个庞大

① 《列宁选集》第二卷，人民出版社，1972年版，第599页。

的世界体系，世界上大多数国家都处于资本主义体系之内。世界资本主义由强到弱、由多到少，最终为社会主义所取代，不是几十年，将需要延续几个世纪。社会主义代替资本主义是人类历史的大趋势，是不以人们主观意志为转移的客观规律，但资产阶级在自己的历史命运面前，并不是消极的、被动的，它必然要千方百计维护自己的统治，从而延缓资本主义的衰亡过程。大家知道，在 20 世纪上半叶，资本主义基本矛盾空前尖锐、激化，资本主义发展中出现了频繁的危机、大规模的战争和无产阶级革命的风暴，导致资本主义世界体系的局部崩溃和社会主义世界体系的初步形成；而 20 世纪下半叶以来，资产阶级则在资本主义范围内通过调整生产关系，以适应生产社会化的要求，从而使发达的资本主义国家社会生产力出现了相对稳定的发展。据有些经济学家预测，20 世纪的最后 10 年，世界资本主义经济既不会出现 50 年代到 70 年代的大发展，也不会出现大的萧条，也许还会低速增长。还要看到，随着资本主义的发展，资本主义自身的调节能力也在增强，即使将来资本主义基本矛盾反复重新尖锐、激化起来，只要人类社会的发展尚未达到彻底否定资本主义的最后阶段，只要资本主义生产关系所能容纳的全部生产力尚未充分发挥出来，资本主义仍将在自身的范围内通过自我调整而继续向前发展。但是，这种自我调整，只能是暂时地局部地适应生产社会化的要求，它没有也不可能根本解决生产社会化和资本主义私人占有之间的矛盾。如果解决了这个矛盾那就不是资本主义社会了，而是社会主义社会了。现在，发达的资本主义国家生产资料、生产过程和产品的社会化程度更高，而生产资料却仍然掌握在少数垄断巨头手里。举个例子来说吧，欧洲各国共同研制的“空中客车”A-300 型飞机，是由英国的发动机、法国的机头、德国的机身、荷兰的机翼、西班牙的机尾等零部件组装起来的，说明跨国公司的发展，使生产社会化的程度已经超越国界，但另一方面生产资料的占有越来越集中。如美国资产在 100 亿美元以上的大公司，1966 年首次出现，1986 年发展为 21 家。所以，生产社会化和资本主义私人占有的矛盾不是消失了，而是更扩大、更加深了。由于生产社会化要求生产资料公有的革命性质是不可改变的，因而社会主义代替资本主义的历史大趋势是不可逆转的。另一方面，社会主义的成熟过程也是长期的、曲折的。社会主义只有七十多年的历史，七十多年对于一个人来说已经步入老年了，然而对于一种社会制度来说，只能算是处于童年时代。历史上任何一种社会制度从新生到成熟，都要经历一个漫长的历史过程，还没有哪一种社会制度只有几十年就成熟的先例。资本主义经历了三百多年才发展到目前的阶段，而在这之前它有相当长期的曲折反复的斗争历史。英法等国资产阶级革命之后，都出现了旧王朝的复辟。英国资产阶级革命开始于 1640 年，经过两次内战，资产阶级于 1648 年初步确立了自己的统治，到 1660 年封建贵族就复辟了旧王朝，在全国实现白色恐怖，连已死的革命领袖克伦威尔的尸体也被挖出坟墓，重新施以绞刑。其后又经过二十多年的动荡，到 1689 年资产阶级和新贵族妥协，联合发动宫廷政变，推翻了复辟的旧封建王朝，建立了君主立宪的资产阶级专政。以后，封建势力又几次发动武装叛乱，直到 19 世纪中叶完成产业革命，才最终杜绝了封建王朝复辟的危险性。历史上一种剥削制度代替另一种剥削制度尚且如此艰难曲折，无产阶级革命是要消灭一切剥削制度，并且只能在夺取政权后才能建立社会主义生产关系，因此，社会主义制度的成长和成熟，更不可能一帆风顺，其间出现失误、曲折甚至倒退，都不足为怪。列宁说："把世界历史设想成一帆风顺的向前发展，不会有时向后作巨大的跳跃，那是不辩证的，不科学的，在理论上是不正确的。"① 1989 年东欧发生剧变，一些搞了四十多年社会主义的国家又回头去搞资本主义了，这种向后作巨大的跳跃，正是社会主义历史进程中曲折性的表现。它既遮盖不了社会主义创造的光辉业绩，也改变不了社会主义所代表的历史潮流。社会

---

① 《列宁选集》第二卷，人民出版社，1972 年版，第 851 页。

主义必然是也只能是在曲折和坎坷中前进。

总之，我们既要看到社会主义代替资本主义的必然性，又要看到社会主义代替资本主义的长期性和曲折性。必然性讲的是发展总趋势，长期性和曲折性讲的是发展过程。必然性是在长期的曲折的历史演变过程中实现的。只有把必然性同长期性、曲折性结合起来观察社会主义问题，我们才能掌握社会主义代替资本主义的客观规律，坚定社会主义的信念，不为资本主义相对稳定和发展的现象所迷惑，也不因社会主义的历史进程中遇到暂时困难和曲折而动摇。

问：经济落后的国家走上社会主义道路，是否具有历史必然性？

答：我认为，俄国、中国等许多经济落后的国家先于发达的资本主义国家走上社会主义道路，不是偶然的，而是20世纪历史发展的必然。

翻开20世纪的历史，我们可以清楚地看到，社会主义在20世纪的产生和发展，是同人类历史从资本主义发展到帝国主义阶段相联系的，是同帝国主义之间的矛盾引起两次世界大战相联系的。在19世纪中期，马克思、恩格斯曾经设想，社会主义革命将在一切资本主义国家至少是在英国、美国、法国、德国同时发生，这是因为当时资本主义处于自由竞争阶段，资本主义发展不平衡的规律还没有充分地起作用；同时，世界尚未瓜分完毕，资本主义国家可以“和平”地向外扩张，它们之间的矛盾冲突还不至于发生世界规模的战争。在这种历史条件下，任何一国无产阶级单独进行革命，就有可能遭到资本主义各国的联合镇压。于是马克思、恩格斯提出：西欧、北美几个主要资本主义国家的无产阶级联合起来，同时发动革命，大体同时取得革命胜利。然而，当人类历史跨入20世纪的时候，自由资本主义已为垄断资本主义所取代，也就是进入帝国主义阶段了。列宁没有拘泥于马克思主义的个别结论，他运用马克思主义的革命辩证法，对资本主义发展的新阶段进行了剖析，发现帝国主义阶段资本主义经济政治发展不平衡性空前加剧，一些后起的资本主义国家可以迅速地跳跃式地赶上甚至超过老牌的资本主义国家。由于世界领土已被列强瓜分完毕，后起的资本主义国家必然要求按照“实力”重新瓜分势力范围，因而帝国主义之间的矛盾空前激化，帝国主义之间的战争不可避免。这种战争使帝国主义各国彼此削弱，帝国主义链条中出现最薄弱的环节，无产阶级革命可以在这个最薄弱的环节首先爆发并取得胜利。20世纪社会主义从一国胜利到多国胜利的历史，已经充分证明了列宁社会主义革命新理论的正确性。

那么，为什么已经取得革命胜利、走上社会主义道路的国家大都是经济落后的国家呢？我想至少有四点原因：第一，经济落后的国家社会矛盾很多、很复杂、很尖锐。十月革命前的俄国是帝国主义体系一切矛盾的集合点。近代中国则是帝国主义殖民体系一切矛盾的集合点。矛盾的集合点也是矛盾的焦点。这些本来异常复杂尖锐的矛盾，在遇到世界性战争的条件下更加激化，达到顶点，使之成为帝国主义链条中最薄弱的环节，为无产阶级革命在这些国家取得胜利提供了现实可能性。第二，经济落后的国家革命力量广泛、强大。由于经济落后，资本主义不发达，无产阶级队伍的人数较少，但无产阶级受到帝国主义、封建主义和资本主义的重重压迫，具有很强的革命性；农民阶级人数众多，积极参加革命，是无产阶级革命可靠的同盟军；广大知识分子是无产阶级革命的一支重要力量；其他劳动者甚至包括一部分非劳动者也可能参加到革命队伍中来。第三，经济落后的国家无产阶级是民主革命的领导阶级。由于经济落后，资本主义的发展起步晚，资产阶级革命来得晚，无产阶级成了革命的领导者。无产阶级通过自己的先锋队——共产党实现领导。共产党是用马列主义武装起来的党，能够制定正确的战略和策略，领导全国人民，不失时机地夺取政权，赢得革命的胜利。第四，经济落后的国家革命胜利后必然走上社会主义道路。经济落后的国家面临着实现工业化、生产社会化和现代化，建立独立的国民经济体系并大大提高国民教育与文化水平的艰巨任务。只有走上社会主义道路才能够发展起来。同时，经济落后国家革命的胜利，工人阶级和劳动人民政权的建立，国营经济的领导地位，已为经济落后国家革命胜利后走上社会主义道路准备了条件。

问：既然如此，那么应该如何理解马克思、恩格斯讲的在资本主义充分发展的基础上实现社会主义呢？

答：这确实是一个很重要的理论和实际问题。我认为要正确理解马克思、恩格斯的这个设想，需要把握以下两点：

第一，马克思、恩格斯这个设想，是按照世界历史发展的一般规律提出来的，是以西欧、北美几个主要资本主义国家社会主义革命“同时胜利”为前提的。按照世界历史发展的一般规律，社会主义制度作为一个取代资本主义制度的崭新的社会形态，应该是在资本主义充分发展的基础上建立的，是以资本主义条件下工业化和生产社会化、商品化为物质基础的。因此，在俄国十月革命前，几乎所有的社会主义者对于在什么国家首先实现社会主义，“通常都这样回答：在工业比较发达的地方，在无产阶级占多数的地方，在文化水平较高的地方，在民主成分较多的地方”①。社会主义的历史进程是，社会主义革命在资本主义比较发达的国家首先发生和胜利，然后这些原来资本主义发展程度较高的国家，经过从资本主义到社会主义的过渡时期首先建立社会主义制度。但是，20世纪上半叶的特殊历史条件，打破了这种常规，突破了这种设想，使得一批经济文化比较落后的国家捷足先登取得革命胜利，并走上社会主义道路。

第二，马克思、恩格斯并没有把这种设想绝对化、凝固化。他们在谈论资本主义发达国家向社会主义过渡的问题时，并未否认经济文化落后国家，可以越过资本主义发展的“卡夫丁峡谷”而进入社会主义社会。19世纪80年代初，马克思、恩格斯曾经对经济文化比较落后的俄国革命寄予厚望，预言俄国革命在一定条件下，可以拯救俄国避免资本

① 《斯大林选集》上卷，人民出版社，1979年版，第205页。

主义的充分发展阶段而进入社会主义。恩格斯逝世前，还进一步提出，可以越过发达资本主义阶段进入社会主义社会这个结论，“不仅适用于俄国，而且适用于处在资本主义以前的发展阶段的一切国家”[①]。可见，马克思、恩格斯关于世界社会主义历史进程的思想，不仅包括发达的资本主义国家实现社会主义的设想，而且包括经济文化落后的国家在一定条件下可以越过发达资本主义阶段实现社会主义的预见。

经济文化落后国家的“跳跃”，并不违背历史发展的一般规律，而是历史辩证法的具体体现。恩格斯多次说过“历史常常是跳跃式地和曲折地前进的”[②]。

一种新的社会制度并不总是在旧制度中最发达的国家首先诞生，在特定的历史条件下，旧制度中相对落后的国家可以首先建立新的社会制度。俄国、中国等经济文化落后的国家，是在整个世界资本主义的矛盾已经充分暴露并开始向社会主义过渡的时代背景下走上社会主义道路的。它是遵循历史发展的一般规律，沿着人类社会发展的共同轨道前进的。

问：如何看待社会主义国家的“失误”？为什么社会主义国家不仅都有失误，而且许多失误都有惊人的相似之处，这究竟是偶然的，还是由社会主义制度本身造成的？

答：社会主义国家出现种种“失误”，是人们普遍感到困惑的问题，过去我们是没有料到的。长时期以来，人们是这样认识社会主义的：社会主义没有什么矛盾和冲突，有的是一帆风顺地向前发展；社会主义没有什么缺陷，有的是无可比拟的优越性。显然，这种认识是把社会主义理想化了，是不切合实际的、错误的。可是，当社会主义国家在实践中出现种种失误甚至出现严重失误时，又有人把这些失误不分青红皂白都归罪于社会主义制度，认为搞社会主义不行，要倒回去搞资本主义，显

① 《马克思恩格斯全集》第二十二卷，人民出版社，1965年版，第502～503页。
② 《马克思恩格斯全集》第十三卷，人民出版社，1962年版，第532页。

然这也是完全错误的。那么，应该怎样正确认识社会主义国家的失误呢？首先，要全面认识社会主义 70 年、40 年。我们在议论社会主义国家出现的失误时，不能忘记，社会主义在实践中不只是失误，还取得了巨大的成就，而且成就还是主要的、第一位的。我们既不能因为有了巨大的成就而讳言失误，也不能因为存在失误就看不见已经取得的巨大成就。就拿我国社会主义 40 年来说，我们的确出现了许多失误，包括“文化大革命”那样长时间的严重的错误，但我们所取得的成就也是举世瞩目的。到 1988 年，中国工业固定资产已达 10641 亿元，比 1949 年增长了 85 倍；中国国民生产总值，从新中国成立前居世界第四十几位上升到第 8 位；中国已经建立了独立的工业体系和国民经济体系；中国的粮食、棉花、钢铁、煤炭、电力、水泥、化肥等主要产品产量已跃居世界前列，有的居世界首位；中国在航天技术、核技术、计算机技术、生物工程、农业科学等高科技领域的某些方面已达到世界先进水平。所以，邓小平在 1979 年谈到这个问题时强调指出：“我们尽管犯过一些错误，但我们还是在三十年间取得了旧中国几百年、几千年所没有取得过的进步。”① 只有这样提出问题和认识问题，才是全面的、科学的、实事求是的。如果我们只讲失误，只看到失误，不讲成就，或者看不见成就，就会在失误面前丧失对社会主义的信念和信心。

其次，社会主义国家出现的失误并非是社会主义基本制度所造成的。例如我们在社会主义建设过程中犯了“左”的错误，在政治上实行“以阶级斗争为纲”的方针，搞阶级斗争扩大化；在经济建设上超越国力，急于求成，追求高速度；在生产关系的具体形式上盲目求纯，急于过渡，追求“一大二公”，等等，使我国社会主义建设事业遭受到严重的损失和挫折。这些“左”的错误，当然不是由于我国实行以公有制为基础的社会主义经济制度和人民当家作主的社会主义政治制度本身所带

① 《三中全会以来重要文献选编》上，人民出版社，1982 年版，第 90 页。

来的。相反，它是违背社会主义基本制度的巩固、发展和完善的要求。我想我国在社会主义实践中之所以屡犯“左”的错误是有多方面的原因的，要进行具体分析：一是长时期以来对于什么是社会主义缺乏科学研究和清醒认识。我们不懂得社会主义的根本任务就是发展生产力，而把阶级斗争这个非根本任务当作根本任务来抓；我们不认识经济文化落后的国家建设社会主义的长期性、艰巨性和复杂性，以为依靠“大跃进”式的群众运动，就可以使社会生产力迅速提高，一步登天；我们不去探索适应我国生产力发展要求的生产关系的具体形式，而认为所有制形式越大越公越是社会主义，分配方式越平均就越公平越是社会主义，管理体制越统一越集中越是社会主义。二是对于如何建设社会主义缺乏经验。社会主义事业是崭新的异常艰难的事业。我们既不能够从马列主义书本上找到现成答案，也不能够照搬别国模式，只有靠我们自己去探索，逐步认识和掌握建设社会主义的客观规律。过去我们认识和掌握中国革命的发展规律，是花费了很多时间，付出了高昂的学费的，现在我们要认识和掌握中国社会主义建设的发展规律，也许需要花费更长的时间，付出更高昂的学费。从这个意义上说，我们的失误不仅是难免的，而且是成功的先导。三是形成了一个高度集中的经济政治体制。我国这种体制同“左”的错误有着不可分割的联系。高度集中的体制，使得社会主义实践中各种“左”的错误得以在全国范围内推行和发展，同时这种体制本身又在推行“左”的错误的过程中得到强化，从而窒息了社会主义的生机和活力，使社会主义制度的优越性得不到充分发挥。四是党和国家主要领导人脱离实际，脱离群众，主观主义，独断专行，致使党和国家政治生活中的集体领导原则和民主集中制原则受到削弱和破坏，难以防止和制止这些“左”的错误的发生。

中国社会主义实践中发生的“左”的错误，在其他社会主义国家也不同程度地存在，其中一些错误确有惊人相似之处。例如在阶级斗争扩大化的问题上，苏联在 20 世纪 30 年代发生了“大清洗”，东欧 1948 年后也发生了“大清洗”，中国 1966 年发生了“文化大革命”。这些惊人相似之处，同社会主义的基本制度也没有必然的联系，只是同社会主义的具体制度、具体体制相联系，就是说，它不是人民当家作主的政治制度的产物，而是权力过分集中的政治体制酿成的恶果。历史和现实告诉我们，权力过分集中，就会走向个人专断、个人崇拜，就必然导致社会主义民主和法制的破坏，就有可能造成上述那些历史悲剧。所以，我们要把基本制度同具体制度、具体体制区别开来，不能把具体制度、具体体制的弊端及其后果看成是基本制度本身固有的。

最后，社会主义国家的失误，可以经过社会主义制度本身不断地予以解决。既然我们的社会主义制度是优越的，社会主义实践中的种种失误不是社会主义制度所造成的，因此要纠正失误，必须依靠社会主义制度本身的力量。例如要克服社会主义国家经济政治体制存在的弊端，必须进行社会主义改革。这种改革，是社会主义制度的自我完善和发展，它是在工人阶级政党和政府的领导下，依靠社会主义制度本身的力量来进行的。通过改革，使社会主义基本制度日益完善，使它的各项具体体制具有活力，从而推动社会主义社会的前进！

问：有人说，“社会主义理论好，资本主义现实好。社会主义将来好，资本主义现在好”。您对这个问题怎么看？

答：我想如果我们从理论与现实、将来与现在的辩证关系及对一种社会制度好坏优劣的评价尺度这三个方面科学认识这个问题，也许可以解开这一思想“扣子”。

第一，社会主义作为一种理论是从批判资本主义旧世界中产生的，作为一种实践是在一定历史基础上展开的，其间难免出现反差。

众所周知，以往我们对社会主义制度及其优越性的认识，主要来自马克思、恩格斯的有关未来社会设想。他们是通过对资本主义旧世界的批判中发现新世界的，他们设想社会主义社会的基本特征是：在社会化生产高度发展的基础上，实行全社会共同占有生产资料，根据社会需要有计划地调节社会生产，个人消费品的分配在社会总产品中作了各项扣除之后实行按劳分配，没有商品货币，没有阶级和阶级差别，人人都是劳动者，过着一天比一天更富裕的生活。这种理想社会主义社会，是从资本主义发达国家脱胎出来的，尽管它还带有旧社会的痕迹，但无论物质生产还是精神生产都比资本主义社会更为先进。然而，由于各种特殊的历史条件，社会主义首先在经济文化比较落后的东方国家取得胜利。例如我国 1949 年前基本上是一个农业国家，工业化、社会化生产的物质技术基础十分薄弱，文盲和半盲占全国人口的绝大多数，就是毛泽东说的“一穷二白”状态。由此就决定了现实社会主义与马克思、恩格斯设想的社会主义存在很大差距。我国的社会主义是从经济文化落后的旧社会脱胎而来，并在此基础上建设和发展，那么，它就不可能很快达到理想的社会主义社会的水平，在相当长时间，在生产力和物质生活水平方面还不能不落后于经过了数百年发展的资本主义。如果简单地将社会主义和资本主义这两种不同的历史起点上发展的社会放在同一时空天平上衡量其好坏优劣，是难以得出正确结论的。

第二，社会主义开辟了人类通向理想境界的道路，要最终实现理想则需要一个长期过程和持久不懈的努力。

包括中国在内的落后国家选择社会主义而不是资本主义并非“历史的误会”，它是历史的必然和人民的选择。事实证明，选择社会主义道路不仅有可能避免西方资本主义发展中那种人剥削人、人压迫人的悲惨景象，而且可以在国家独立的基础上使经济社会得到迅速发展。根据国外有识之士估计，即使当今发达国家停止发展，落后国家如果走传统资本主义道路，也要经过一百多年时间才能赶上发达国家。而中国在短短的 40 年时间内不仅建立了一个独立的国民经济体系，而且在某些方面开始接近或达到世界先进水平，人民的物质生活水平大为提高。这在近 10 年的改革开放期间尤为突出。举一个简单例子，国外发达国家家用电视由黑白向彩电转化和普及用了几十年时间，我国城市才仅仅数年。

事实证明，社会主义好不仅仅是在将来，而且已实实在在地体现在现实生活中。

社会主义开辟了通向人类理想境界的道路，但要在我们这样一个历史上十分落后的国家里最终实现理想，赶上或超过发达资本主义，毕竟需要一个长期过程和持久不懈的努力，是一项异常艰难而长期的历史任务。清醒地认识到这一点，有助于我们通过艰苦奋斗和不懈努力向理想境界迈进，如果一味沉浸在“资本主义现在好”的盲目羡慕中，不愿积极努力，那只会更加拉大与资本主义国家的距离。

第三，对社会制度好坏优劣的评价应是全面和总体性的，作为一种社会制度，社会主义优于和高于资本主义。

许多人在比较社会主义和资本主义时，大多只是立足于物质生活水平这一个方面。毫无疑问，物质生活是人们最基本的生活，社会主义优越性最终要体现在人民的物质生活水平的不断提高方面。但是，吃、喝、穿、住并不是人生活的全部内容，人们还需要更高层次的社会公正、民主平等、精神文明等。而且随着人类社会的发展，这几项指标在生活质量中的比重愈来愈大，在更高的水平上显示出人的解放程度。从社会制度看，社会主义能比资本主义更好地满足人的全面发展的需求。当今资本主义社会，人民的物质生活水平尽管较高一些，但被剥削被压迫的地位并没有改变。如《红楼梦》中的丫鬟，虽然能和主子一样吃喝穿戴，但终究还是被主子任意使唤的奴才。而社会主义在不断提高人民物质生活水平的同时，努力实现社会公正，发展人民当家作主的民主，创造健康的精神生活环境，促使人的全面发展和提高。两种社会制度全面加以对比，其好坏优劣不是可以一目了然了吗？所以，我们讲社会主义好，不仅理直，而且气壮。

问：新技术革命使资本主义社会的生产出现分散化、小型化、家庭化的现象，这是否意味着生产的社会化同资本主义私人占有之间的矛盾将逐步消失？

答：当然不会。在资本主义社会里，新技术革命使生产出现分散化、小型化、家庭化的现象的原因是：新技术革命产生的新兴工业属于知识密集型工业，新技术的普遍运用，可以迅速推出新产品，并进行小批量、多品种的生产，从而满足人们多方面的需要。于是，分散化、小规模，甚至为个别需要服务的生产便应运而生，促使生产规模和企业规模由大变小，小群体和以家庭为单位的生产组织结构快速崛起，大有取代以大企业为主干的工业结构的态势。例如，1982 年美国倒闭的企业有 25346 个，而新开业的技术密集型中小企业却多达 566942 家。这种由集中转向分散的变化，似乎同过去的由分散走向集中的资本主义生产方式相矛盾，好像资本主义生产社会化同生产资料资本主义私人占有之间的矛盾，因企业由集中向分散发展而消失了。其实不然，新技术革命并没有解决资本主义社会的基本矛盾。

首先，新技术革命没有也不可能消除生产的社会化。在新技术革命条件下出现的生产分散化、小型化、家庭化根本不同于传统的小生产条件下的那种生产分散化、小型化和家庭化。传统意义上的生产分散化、小型化、家庭化既与资本主义工业化时期生产的集中化、大型化相对立，也与生产的社会化相对立，它意味着生产局限在一个小范围内，没有实行分工、协作，因而生产本身是排斥了一系列社会行动的过程。由当代新技术革命引发的生产分散化、小型化却是建立在生产的工业化、专业化的基础上的，它只是与生产的集中化、大型化相对而言，而不与生产的社会化相对立。这样的分散化、小型化趋势是生产社会化的一种新的表现形式，就其实质来说，生产的社会化不但没有消失反而更加扩大了。美国《大趋势》的作者奈斯比特也不回避这一点。他说，协作生产将成为世界经济结合的流行方式。例如小型化的产品——美国的棒球手套，其中 95%在日本生产，但使用的是美国牛皮，在巴西鞣制。又如袖珍式计算器，其中微处理硅片来自美国，在新加坡、印度尼西亚或阿尔及利亚装配，钢制外壳来自印度，计算器运到横滨再把日本制的牌子钉上去。因此，新技术革命所引起的企业由集中向分散、小型方向发展，完全不是生产社会化的消失，而是生产进一步的整个社会化、国际化。

其次，新技术革命也没有引起生产资料所有制的变化。虽然，在发达资本主义国家新技术革命使分散化、小型化的中小企业大量涌现，改变了由大公司、大企业集中占有生产资料的情况，出现了资本由集中到分散的现象，但是，资本主义生产资料所有制的本质并没有变，生产资料归根到底仍然属于私人所有。在私有制下，人们在生产过程中的地位和相互关系仍然是雇佣和被雇佣、剥削和被剥削的关系。在分配形式方面，产品仍然归雇主、资本家、剥削者所有。不但如此，新技术革命对于这种资本主义产品分配方式的影响还在于它加剧了剥削程度。新技术的采用，使传统工业的技术得到了改造，极大地提高了劳动生产力、劳动效率和经济效益，节约了能源、材料与资金，改进了生产过程和生产管理，这就增加了资本家对产品的占有量。例如，日本的7家彩电公司，5年间减员近一半，产品却增加了1/4。按每年平均计算，公司的老板每年在减少10%的工资支出的同时，却从产品这一方面增加了5%的收益。新技术革命使资本主义的产品分配方式更加不合理。

可见，新技术革命使资本主义社会的生产出现分散化、小型化、家庭化的现象，既没有使生产的社会化消失，也没有使生产资料的私人占有得以改变，那么资本主义社会的基本矛盾就仍然存在和发展。这一基本矛盾，只有通过建立以公有制为基础的社会主义生产关系才能解决。

问：社会主义是讲民主的，那么，民主社会主义有什么不好，科学社会主义与民主社会主义有哪些本质区别？

答：我常常听到这类议论，有人说，在社会主义前面加上一顶“民主”的桂冠不是更能增加社会主义的吸引力吗？殊不知“民主社会主义”是一个特定的概念，有它特定的含义。民主社会主义是西方国家社会党（包括社会民主党、工党）的思想体系，又是他们的行动纲领和奋斗目标。民主社会主义同科学社会主义有着本质的区别，其主要表现在：

在走向社会主义的道路上，科学社会主义坚持通过无产阶级和劳动人民的革命斗争，建立无产阶级专政或人民民主专政，而无产阶级专政或人民民主专政则是新型的民主和新型的专政相结合的国家政权。民主社会主义则极力反对和攻击无产阶级革命和无产阶级专政，声称“通过民主手段建立一个自由的新社会”，他们把民主同专政对立起来，提出“民主高于一切”，“反对一切专政”。实际上民主社会主义是要把无产阶级和劳动人民争取社会主义的斗争，限制在资本主义制度的范围内，同时要求社会主义国家放弃无产阶级专政或人民民主专政。

在经济制度上，科学社会主义坚持在无产阶级和劳动人民取得国家政权以后，在“创造了所必需的大量生产资料”的基础上，废除生产资料私有制，逐步建立社会主义公有制或以生产资料公有制为主体的所有制结构；在个人消费品的分配上，坚持建立按劳分配或以按劳分配为主体的分配制度，实行共同富裕的原则。民主社会主义则认为私有制是“不可缺少”的，消灭了私有制就消灭了“个人自由”，主张在保留资本主义私有制的前提下，逐步扩大国有化和合作经济，实行以资本主义私有制为基础的“混合经济”。他们还提出通过经济政策和财政政策调整，实行“公平分配”，消灭贫富两极分化现象。事实表明，民主社会主义要在不触动资本主义基本经济制度的情况下，通过调整政策，填平贫富的鸿沟，是根本办不到的。

在政治制度上，科学社会主义坚持人民当家作主的社会主义政治制度，努力建设高度的社会主义民主。共产党的领导，是社会主义政治制度的基本特征，必须坚持党对国家政权的领导。民主社会主义则认为政治制度的基本原则是“权力的多中心”，极力鼓吹“多党制”，提出所谓反对“一党独裁”也就是反对共产党对国家政权的领导作用。他们大讲

"民主"，什么"经济民主""政治民主""社会民主"，却不把它和消灭资本主义私有制、消灭阶级联系在一起。实际上民主社会主义讲的"民主"，同资产阶级讲的"民主"，没有两样。

在意识形态上，科学社会主义坚持马克思主义在意识形态领域的指导地位，继承和发展人类社会所创造的一切优秀文化成果，不断提高全体人民的思想道德和科学文化素质，建设社会主义精神文明。民主社会主义则鼓吹"意识形态多元化"，反对以马克思主义作为统一的指导思想，主张把基督教学说、法国大革命的人权宣言、康德的伦理学、黑格尔的辩证的历史哲学、马克思的批判方法、伯恩施坦的修正主义，以及凯恩斯主义、福利经济学、综合经济学、自由市场经济思想和新康德主义、新费边主义的哲学政治学观点，都作为它们的指导思想和思想来源。实际上民主社会主义是以资产阶级的世界观、政治观、价值观、道德观作指导，并用来毒害人民，维护资产阶级的思想统治。

可见，民主社会主义作为一种思想体系，是非科学的改头换面的资产阶级的思想体系；作为一种实践中的社会制度，则是一种改良的资本主义制度。我们坚持科学社会主义，不能不同民主社会主义鲜明地划清界限。

这里需要指出，民主社会主义是当今社会主义流派中历史久远、较有实力的派别，许多国家如瑞典、德国、法国等国的社会党，都曾经长期单独或与其他政党联合执政，在国内外有较大的影响。我们对待民主社会主义和一切非科学的社会主义流派不能采取一概排斥的态度，而应该对它们的观点、学说和实践活动，客观地实事求是地进行剖析，既要同它们划清思想界限，又要从中吸取营养和一切有益的东西，以丰富、发展科学社会主义。

写于 1990 年 12 月

（原载于《社会主义文集》，湖北人民出版社 2004 年版）

第二节　对社会主义新发展的思考

一、论社会主义史上的三次飞跃

社会主义作为一种社会思潮、学说，源远流长。如果从近代空想社会主义奠基人托马斯·莫尔1516年出版的《乌托邦》一书算起，已有四百八十年的历史了。

纵观近五个世纪的社会主义发展史，社会主义从乌托邦的荒原到达科学的境界，从科学理论形成波澜壮阔的社会主义运动，从一国建设社会主义的实践、一种模式到多国建设社会主义的实践、多种模式，其间发生三次历史性的飞跃：马克思、恩格斯把社会主义从空想变为科学和社会主义运动在欧洲的兴起，是社会主义史上第一次飞跃；列宁、毛泽东关于帝国主义时代无产阶级革命的理论和社会主义在一批经济文化不发达国家首先胜利，是社会主义史上第二次飞跃；而邓小平建设有中国特色社会主义理论的创立与当代社会主义的发展和世界社会主义运动的复兴，则是社会主义史上第三次飞跃。

（一）

社会主义史上的飞跃，不是社会主义理论个别观点、个别结论的变动，而是它的内容和体系的根本性变革（第一次飞跃），全面系统的发展和创新（第二、三次飞跃）。这种历史性飞跃，是同一定的历史时代相联系的，正如马克思、恩格斯所说的，“一切划时代的体系的真正的内容都是由于产生这些体系的那个时期的需要而形成起来的”①。

第一次飞跃发生在19世纪中期到后期。从18世纪60年代起，英国首先开始了工业革命，机器生产逐渐取代手工劳动。到了19世纪40

① 《马克思恩格斯全集》第三卷，人民出版社，1960年版，第544页。

年代，资本主义在西欧和北美的先进国家已经历了简单协作和工场手工业两个阶段，而进入机器大工业阶段。由于机器大工业的发展，资本主义的基本矛盾——生产的社会化同生产资料私人占有之间的矛盾日益明显暴露，现代无产阶级迅速成长，形成独立的政治力量登上历史的舞台。同不成熟的资本主义生产状况和阶级状况相适应的空想社会主义，已经不能适应新的历史条件和欧洲工人运动发展的需要而日趋衰落。这就决定了空想社会主义必然要被科学社会主义所代替。同时，19 世纪上半期自然科学取得了突出的成就，尤其是细胞学说、能量守恒和转化定律、进化论这三大发现，表明人类对自然界的认识有了大踏步的前进。它为辩证的，又是唯物主义世界观，为科学社会主义的产生提供牢固的科学基础。

马克思、恩格斯的伟大历史功绩就在于，适应历史发展的要求和工人运动的迫切需要，亲自参加当时的社会实践活动，总结工人运动的经验，研究自然科学的最新成果，批判地继承人类优秀的文化遗产，创立了辩证唯物主义的世界观和方法论，进而发现唯物史观和剩余价值学说，使社会主义从空想变为科学。1848 年 2 月，马克思、恩格斯发表的《共产党宣言》一书，揭示了社会主义取代资本主义的客观规律性，论证了无产阶级的历史使命，阐明了实现社会主义的道路，论述了无产阶级政党的作用，制定了无产阶级革命的策略原则，并提出了关于未来社会的设想等。《宣言》的发表，标志着科学社会主义理论体系的初步形成。

科学社会主义诞生后将近半个世纪里，马克思恩格斯不断地总结欧洲工人运动、社会主义运动的历史经验，同时进行了浩繁的理论研究，进一步补充、丰富和发展了科学社会主义。马克思于 1867 年出版的巨著《资本论》第一卷、1871 年发表的《法兰西内战》、1875 年撰写的《哥达纲领批判》，恩格斯于 1876—1878 年撰写的巨著《反杜林论》以及 80 年代初将《反杜林论》中三章改编而成的一部独立的著作《社会主义从空想到科学的发展》，标志着科学社会主义理论体系的日臻完善和成熟。

第二次飞跃发生在19世纪末到20世纪中叶。从19世纪70年代起，自由资本主义开始向垄断资本主义过渡。由于电力技术革命——发电机、电动机和内燃机的发明和应用于生产，有力地推动了社会生产力的发展，加速了资本积聚和集中的过程，而资本积聚和集中的结果，又必然走向垄断。在70年代，垄断组织已经出现，但只是个别现象。到了19世纪末20世纪初，在发达资本主义国家，垄断组织已控制了各个工业部门特别是重工业部门，垄断成了资本主义经济生活的基础。这时，资本主义已从自由竞争阶段发展到垄断阶段，即帝国主义阶段。

进入帝国主义阶段以后，资本主义所固有的各种矛盾，特别是资产阶级同无产阶级的矛盾、帝国主义国家同殖民地附属国人民之间的矛盾以及帝国主义列强之间的矛盾日趋激化。巴黎公社以后开始的资本主义"和平"发展时期宣告结束，世界进入新的政治动荡和革命风暴时期。战争与革命成为时代的主题。帝国主义国家的资产阶级，为了维护自己的政治统治，从它们的巨额垄断利润中拿出一小部分，收买工人阶级队伍中的少数人，培植工人贵族阶层，腐蚀、分裂工人阶级队伍，破坏、瓦解工人运动。这些工人贵族阶层成为工人运动内部机会主义的社会基础。因此，随着资本主义从自由竞争向垄断阶段过渡，国际社会主义运动内部修正主义滋长、泛滥起来。

正是在这种历史条件下，列宁创立了帝国主义理论。列宁在领导俄国人民进行革命和对第二国际修正主义思潮的批判中，把马克思主义的基本原理同帝国主义时代相结合，对资本主义发展到帝国主义出现的许多新现象进行科学分析和综合研究，揭示了帝国主义的本质、基本特征及其历史地位，并提出社会主义可能首先在少数甚至单独一国胜利的新结论。列宁还提出民族殖民地问题理论、资产阶级民主革命转变为社会主义革命理论以及建设新型无产阶级政党的理论等。列宁创造性地解决了帝国主义时代无产阶级革命的一系列重大问题，解决了资本主义不发达的俄国首先胜利的理论和策略问题。

在半殖民地半封建的中国，毛泽东在领导中国革命的过程中，克服了党内曾经盛行的把马克思主义教条化和苏联经验神圣化的错误倾向，坚持把马克思列宁主义的基本原理同中国实际和帝国主义时代相结合，创立了无产阶级领导的、工农联盟为基础的、人民大众的、反对帝国主义、封建主义和官僚资本主义的新民主主义革命的理论，找到了中国人民克敌制胜三个主要法宝——统一战线、武装斗争、党的建设，开辟了以农村包围城市，夺取全国政权的革命道路，从而创造性地解决了帝国主义时代中国这样落后的国家如何革命的一系列基本问题，指引中国人民经过新民主主义革命走上社会主义道路。

列宁的帝国主义理论和“一国胜利”理论，毛泽东的新民主主义理论以及从新民主主义到社会主义转变的理论，同属帝国主义时代无产阶级革命的理论。列宁和毛泽东所处的时代特征和面临的历史课题是相同的。他们的理论正确地解决了帝国主义时代俄国、中国这样两种不同程度的落后国家革命的问题，把马克思主义社会主义理论推进到一个新的阶段，是社会主义史上第二次飞跃。

第三次飞跃发生在 20 世纪下半个世纪，并将延伸到 21 世纪。20 世纪中期以来，世界形势又发生变化。以电子信息、生物工程、新型材料为支柱的新科技革命迅速发展，并日益渗透于经济发展和社会生活各个领域，引起人类社会生产结构、产业结构、劳动结构和社会结构的深刻变革。在新的科技革命的推动下，资本主义生产进一步社会化、国际化，各种国际垄断组织大量涌现，使发达国家的依赖关系达到空前的程度，迫使它们避免沿用战争作为解决矛盾的手段；而战后世界人民反对世界战争的和平运动一浪高一浪地向前发展，参加和平运动的人越来越广泛，使世界和平力量的增长日益超过战争力量的增长，制止新的世界战争具有现实可能。与东西关系中和平因素增长的同时，南北关系中发展问题更加突出。由于殖民时代形成的极不平等的经济关系，战后南北之间的贫富差距不断拉大。南方迫切要求摆脱不发达、贫困的地位，加速发展自己，而北方的再发展，也需要南方的发展。这样，虽然霸权主义、强权政治依然存在，局部地区战争此起彼伏，世界还是很不安宁，但和平与发展逐步形成为世界的主题。1985 年 3 月 4 日，邓小平同志在会见外宾的谈话中明确指出："现在世界上真正大的问题，一个是和平问题，一个是经济问题或者说发展问题。和平问题是东西问题，发展问题是南北问题。概括起来，就是东西南北四个字。"①

由于世界主题转换，国际竞争的重点，已从军事、政治斗争转向为争夺综合国力优势的较量。综合国力的竞争，实质上是科学技术和经济实力的竞争。经济因素在国际关系中的作用愈益突出。这种形势，世界各国无论是发展中国家还是发达国家都不能不认真对待，制定面向未来的发展战略，把增强以科技、经济实力为基础的综合国力放在首位，以求在下个世纪到来的时候，能在世界上占有自己的位置。

在这种新的历史条件下，邓小平同志把马克思主义基本原理同当代中国实际和时代特征相结合，提出以发展社会主义社会生产力和改革开放为主要内容的一整套理论，创立了建设有中国特色的社会主义这一当代中国的马克思主义。这个理论，既是中国社会主义建设正反两个方面历史经验和改革开放实践中新鲜经验的理论概括，又是其他社会主义国家兴衰成败的历史经验的深刻总结。它第一次比较系统地回答了什么是社会主义，如何建设社会主义一系列当代社会主义实践中没有很好解决的基本问题，具有鲜明的时代特色。它为中国这样经济文化落后的国家在和平与发展成为时代主题的历史条件下，抓住机遇，加速发展，不断提高科技经济、综合国力和人民生活水平，建设社会主义现代化国家找到一条成功之路，从而在两种制度竞赛中赢得与资本主义相比较的优

---

① 《邓小平文选》第三卷，人民出版社，1993 年版，第 105 页。

势，向人类表明社会主义优于资本主义。

（二）

社会主义史上的飞跃，是一定历史时期的创造，是社会实践的产物，但它同其先前的社会主义思想理论有着继承关系。恩格斯说过，科学社会主义“同任何新的学说一样，它必须首先从已有的思想材料出发，虽然它的根子深深扎在物质的经济的事实中”①。因此，这种“飞跃”，既具有时代性、实践性、创造性，又具有连续性和继承性。它是社会主义理论的继承与发展的辩证统一。

社会主义史上的继承与发展的关系，有两种不同的性质和情况：一种是马克思、恩格斯对空想社会主义学说的继承与发展。这种继承是批判性的继承，而发展则是社会主义学说的根本变革。另一种是科学社会主义理论的继承与发展的关系，包括列宁主义对马克思主义的继承与发展，毛泽东思想对马克思列宁主义的继承和发展，邓小平建设有中国特色社会主义理论对马列主义、毛泽东思想的继承与发展等。这种继承就是坚持和运用（坚持和运用马克思主义的科学世界观和方法论与基本原理），发展就是总结和创新（总结实践经验，创立新的思想观点与理论体系）。社会主义理论的继承与发展二者的关系是统一而不可分割的。继承是发展的前提，发展是继承的结果。只有继承才能发展，也只有发展才是真正的继承。

马克思、恩格斯的科学社会主义，是批判地继承19世纪法国、英国空想社会主义的优秀成果而创立的。西欧三大空想家的学说，包括对资本主义制度的尖锐批判和对未来社会的天才猜测两个重要方面。它为科学社会主义的创立提供了宝贵的思想材料，是科学社会主义的直接思想来源。恩格斯曾经说：“德国的理论上的社会主义永远不会忘记，它是站在圣西门、傅立叶和欧文这三个人的肩上的。”② 但是他们的学说

---

① 《马克思恩格斯选集》第三卷，人民出版社，1995年版，第719页。
② 《马克思恩格斯选集》第二卷，人民出版社，1995年版，第635页。

含有十分虚幻和空想的性质，只是经马克思、恩格斯予以革命改造和科学论证，把它置于现实的基础上，从而发生质的飞跃，实现了社会主义从空想到科学的伟大变革。

列宁、毛泽东是马克思恩格斯之后的伟大马克思主义者。列宁创立的帝国主义理论和“一国胜利”理论与毛泽东创立的新民主主义理论以及从新民主主义到社会主义转变的理论，用新的思想观点继承和发展了马克思主义，是帝国主义时代的科学社会主义。

列宁的帝国主义理论，是马克思《资本论》的直接继承和进一步发展。马克思在《资本论》中，运用辩证唯物主义与历史唯物主义的世界观和方法论，极为详尽、周密、深入地解剖了资本主义的经济制度，揭示了资本主义经济运动的规律，分析了资本主义社会的内部矛盾，论证了资本主义灭亡和社会主义胜利的必然性，为无产阶级革命奠定了牢固的理论基础。半个世纪之后，列宁运用《资本论》阐述的基本原理和研究方法，写成了《帝国主义是资本主义的最高阶段》（简称《帝国主义论》）等著作，对资本主义发展的新阶段——帝国主义阶段进行了全面系统的剖析，创立了马克思主义的帝国主义理论。列宁指出：帝国主义是资本主义的特殊历史阶段，垄断是帝国主义的根本特征和实质。由于垄断产生寄生性和腐朽性趋向，加剧资本主义固有的矛盾，使帝国主义成为“无产阶级社会革命的前夜”①。列宁还提出社会主义革命的新理论。马克思、恩格斯在自由资本主义时代，根据“大工业使所有文明国家的社会发展大致相同”“彼此紧紧地联系起来”的情况，曾预测社会主义革命不能单独在某个国家内发生，“而是将在一切文明国家里，至少在英国、美国、法国、德国同时发生的革命”②。列宁根据他对帝国主义的研究，发现帝国主义阶段资本主义经济和政治发展不平衡规律作

① 《列宁选集》第二卷，人民出版社，1972年版，第737页。
② 《马克思恩格斯选集》第一卷，人民出版社，1995年版，第241页。

用特别突出，由此，得出结论："社会主义不能在所有国家内同时获得胜利。它将首先在一个或者几个国家内获得胜利。"① 这是因为，帝国主义经济和政治发展不平衡规律的作用，将导致重新瓜分世界和势力范围的帝国主义战争不可避免；而这种战争势必削弱世界帝国主义的力量，造成整个帝国主义链条上出现薄弱环节。无产阶级有可能在这个薄弱环节首先突破帝国主义战线，取得革命的胜利；而获得革命胜利的国家不一定是资本主义最发达的国家，也不一定是无产阶级占人口多数的国家，而是社会矛盾集中、有"一定程度的资本主义"的不发达国家。所以，"一国胜利"理论，实际上是关于帝国主义时代资本主义不发达国家首先胜利的理论。列宁认为，社会主义在不发达国家首先胜利，并不违背历史发展规律。列宁在历史发展和社会革命问题上，一贯坚持辩证法，反对机械论。他指出："世界历史发展的一般规律，不仅丝毫不排斥个别发展阶段在发展的形式或顺序上表现出特殊性，反而是以此为前提的。"② 他强调经济文化比较落后的国家可以首先赢得革命胜利，然后在工农政权和苏维政权制度基础上去创造社会主义物质基础，追上资本主义发达国家。列宁关于帝国主义理论和"一国胜利"的理论，把马克思主义推进到一个新的阶段——列宁主义阶段。

毛泽东的新民主主义理论以及从新民主主义到社会主义转变理论，是对马克思列宁主义的创造性运用和发展。马克思恩格斯创立科学社会主义学说时，资本主义还处在上升时期，当时德国等欧洲国家正孕育着资产阶级革命。马克思、恩格斯谈到德国革命时就指出："德国的资产阶级革命只能是无产阶级革命的直接序幕。"③ 以后，他们在总结 1848 年欧洲革命的历史经验中，进一步提出无产阶级在参加资产阶级革命时要保持思想上组织上的独立性、建立工农联盟和"不断革命"的思想。

① 《列宁选集》第二卷，人民出版社，1995 年版，第 722 页。
② 《列宁选集》第四卷，人民出版社，1972 年版，第 690 页。
③ 《马克思恩格斯选集》第一卷，人民出版社，1995 年版，第 307 页。

列宁在帝国主义和无产阶级革命的时代，第一次明确提出无产阶级要在资产阶级民主革命中掌握领导权，提出无产阶级必须把农民当作自己可靠同盟军，革命胜利后建立无产阶级和农民的革命民主专政，并及时从民主革命向社会主义革命过渡。毛泽东根据马克思列宁主义关于无产阶级革命的理论，从中国的历史状况和社会状况出发，深刻研究了中国革命的特点和中国革命的规律，创立了新民主主义理论。这个理论的主要内容包括：①中国社会性质决定了中国革命必须分为两个步骤。第一步，改变半殖民地半封建的社会形态，使之变为一个独立的民主主义社会。第二步，使中国革命向前发展，建成一个社会主义社会。②中国资产阶级民主革命从第一次世界大战和十月革命之后，不再是旧式的一般的资产阶级民主革命，而是新式的特殊的资产阶级民主革命。新民主主义革命，是无产阶级领导的、人民大众的、反对帝国主义、封建主义和官僚资本主义的革命。它与旧民主主义革命的根本区别在于无产阶级的领导权。③土地问题是中国革命的基本问题。农民是中国革命的主要力量，是无产阶级天然的、最可靠的同盟军。中国革命实质上是无产阶级（通过共产党）领导的农民革命。中国革命必须建立农村根据地，以长期的武装斗争为主要形式，走以农村包围城市的革命发展道路。④中国资产阶级分为依附于帝国主义的大资产阶级和既有革命要求又有动摇性的民族资产阶级两个部分。无产阶级领导的统一战线要争取民族资产阶级参加，并且在特殊条件下把一部分大资产阶级包括在内，以求最大限度孤立最主要的敌人。中国新民主主义革命胜利后，以毛泽东为代表的中国共产党人，把马克思主义过渡时期理论与中国实际相结合，提出了从新民主主义到社会主义转变的理论，开辟了一条适合中国特点的社会主义改造道路，大大丰富和发展了马克思主义关于社会主义改造的理论。从理论上和实践上解决了中国这样一个人口众多、经济文化落后的东方大国建立社会主义制度的艰难任务。

社会主义在一批经济文化比较落后的国家胜利之后，如何建设社会主义，是历史提出的新课题，也是历史的难题。十月革命后，列宁对俄国这个小农经济占优势的不发达国家建设社会主义道路，进行了艰苦的探索。在国内战争和外国武装干涉时期，列宁曾把马克思恩格斯关于社会主义不存在商品、货币的设想付诸实施，企图直接过渡到社会主义，结果遭到失败。1921 年春，列宁果断地决定用新经济政策取代战时共产主义政策。他指出："我们计划……用无产阶级国家直接下命令的办法在一个小农国家里按共产主义原则来调整国家的产品生产和分配，现实生活说明我们错了。"① 他从实践中认识到，在一个小农国家建设社会主义，需要经历一些特殊的过渡阶段，需要经过一系列中间环节，而不能直接向社会主义过渡。他第一次提出利用商品货币关系建设社会主义的思想，主张在国家计划范围内利用商业和商品货币关系，把市场当作改造旧的经济结构和建设社会主义的经济杠杆。他主张大胆利用资本主义的文明成果来发展社会主义，并提出以租让、租赁等国家资本主义形式，把某些国营企业租给外国资本家或私人经营。新经济政策是列宁探索俄国社会主义发展道路的良好开端和初步成果，它对于经济落后国家建设社会主义具有普遍的指导作用。可惜，由于列宁英年早逝，新经济政策的思路，还来不及展开和进一步发挥，使之成为指导苏联社会主义建设的基本理论和政策。同时，列宁提出新经济政策时，在很大程度上也是把它作为克服经济困难的一种"退却"，是用"迂回方法"向社会主义过渡。到了 20 年代末 30 年代初，斯大林便宣布结束新经济政策这种"退却"，逐步形成了单一的社会主义公有制经济和高度集中的经济体制与高度集权的政治体制。斯大林领导苏联人民迅速实现了国家工业化和完成了农业社会主义改造，取得了社会主义建设的巨大成就和反法西斯战争的伟大胜利。但同时暴露了斯大林在理论上和实践上的一系列重大失误，给苏联社会主义事业和世界社会主义运动带来严重的后

① 《列宁选集》第四卷，人民出版社，1995 年版，第 570 页。

果。中国革命胜利后特别是社会主义改造基本完成后，以毛泽东为核心的党中央开始探索中国社会主义道路，并取得重要成果。毛泽东同志于1956年发表了《论十大关系》，以苏联的经验为鉴戒，总结了我国的经验，提出正确处理“重工业和轻工业、农业”等十大关系，对适合我国国情的社会主义建设道路进行了初步的探索。1957年，毛泽东同志又发表《关于正确处理人民内部矛盾的问题》，提出社会主义社会的基本矛盾仍然是生产关系和生产力之间的矛盾、上层建筑和经济基础之间的矛盾，认为我国人民的根本任务是向自然开战，发展社会生产力，强调严格区分和正确处理两类不同性质的矛盾，调动一切积极因素，为社会主义事业服务。可惜，由于毛泽东同志晚年的“左”倾错误，这种探索曲曲折折，反反复复。毛泽东同志领导我国人民取得了社会主义建设事业的巨大成就，同时也使我国社会主义建设事业遭受严重的挫折，包括“文化大革命”那样长时期的全局性的严重失误。十月革命以来的社会主义实践表明，经济文化比较落后的国家如何建设社会主义，尽管从列宁到毛泽东进行了几十年的探索，取得了丰富的经验，但总的说来仍然是没有很好地解决问题。80年代末90年代初，苏联东欧社会主义失败也说明了这个问题。

在当代中国和世界社会主义运动的关键时刻，邓小平同志以开辟社会主义建设新道路的巨大政治勇气和开拓马克思主义理论新境界的巨大理论勇气，运用辩证唯物主义与历史唯物主义的立场、观点、方法，科学分析了新科技革命的发展和国际形势的变化，研究和吸取了列宁、毛泽东探索社会主义建设道路的宝贵成果，在认真总结了我国社会主义建设正反两方面的历史经验和十一届三中全会以来改革开放的新鲜经验，同时借鉴其他国家社会主义兴衰成败的历史经验的基础上，创立了建设有中国特色社会主义理论。这个理论，第一次比较系统地、初步地解决了中国这样经济文化比较落后的国家如何建设社会主义、如何巩固和发展社会主义的一系列基本问题。它内容丰富，博大精深，包括社会主义本质、发展道路、发展阶段、根本任务、发展动力、对外开放、社会主义市场经济、民主和法制建设、精神文明建设、社会主义建设的政治保证、社会主义建设的领导力量和依靠力量、“一国两制”以及时代主题等理论，构成一个科学体系。这个理论，是建立在科学的理论与当代实践基础上，是对社会主义建设基本规律的全面和整体性认识，是马克思主义的社会主义建设理论。

邓小平建设有中国特色的社会主义理论，是对马克思列宁主义、毛泽东思想的继承和发展。邓小平同志指出：“我们搞改革开放，把工作重心放在经济建设上，没有丢马克思，没有丢列宁，也没有丢毛泽东。老祖宗不能丢啊！问题是要把什么叫社会主义搞清楚，把怎么样建设和发展社会主义搞清楚。”① 这个理论，坚持马克思主义基本原则和基本方法，抛弃了对马克思主义某些原则、某些本本的教条式理解，澄清了对社会主义的一些不科学的甚至扭曲的认识，并根据变化了的实际和新的实践经验，科学、系统地回答了“什么是社会主义，怎样建设社会主义”这个首要的基本的理论问题。这就把马克思主义的继承与发展辩证地统一起来。这个理论，说了一些老祖宗没有说过的新话，甚至说了一些同老祖宗的话相悖的话，例如“社会主义也可以搞市场经济”②，“计划经济不等于社会主义，资本主义也有计划；市场经济不等于资本主义，社会主义也有市场。计划和市场都是经济手段”③。这不违背马克思主义基本原理，恰恰是马克思主义的精髓——实事求是思想路线的产物，是以新的思想观点继承和发展马克思主义。

（三）

社会主义思想理论的飞跃，必然引起社会主义实践的飞跃。

---

①《邓小平文选》第三卷，人民出版社，1993 年版，第 369 页。
②《邓小平文选》第二卷，人民出版社，1994 年版，第 236 页。
③《邓小平文选》第三卷，人民出版社，1993 年版，第 373 页。

1. 马克思恩格斯把社会主义从空想变为科学，指引社会主义运动在欧洲蓬勃兴起

19 世纪下半个世纪，科学社会主义是以西欧诸国作为发源地和主要活动舞台。它在实践上的胜利，主要表现在三个方面：一是科学社会主义同工人运动相结合产生了无产阶级政党，二是开展了无产阶级反对资产阶级的革命斗争，三是战胜了社会主义运动内部各种非科学的社会主义流派。

恩格斯指出："要使无产阶级在决定关头强大到足以取得胜利，无产阶级必须（马克思和我从 1847 年以来就坚持这种立场）组成一个不同于其他所有政党并与它们对立的特殊政党，一个自觉的阶级政党。"① 马克思、恩格斯为建立这样的政党奋斗了一生。1847 年 6 月，他们创建了第一个国际性无产阶级政党——共产主义者同盟，盟员 400 人左右。接着，爆发了 1848 年欧洲革命，马克思、恩格斯和同盟的其他领导人，都投身到这次革命中去，积极参加、支持和声援德国革命、法国革命，布拉格、维也纳人民群众起义和波兰、意大利、匈牙利人的民族解放运动。1848 年革命失败后，社会主义运动转入低潮。到了 19 世纪 60 年代初，随着工人运动的高涨，产生了国际工人协会，即第一国际。第一国际的基层组织遍布欧、美、非三大洲 118 个国家，会员人数达到 40 万人左右。马克思根据科学社会主义基本原理，从工人运动的状况出发，为第一国际起草了《成立宣言》和《共同章程》，规定了工人运动的斗争目标和行动路线。在国际的思想和精神的影响下，1871 年发生了巴黎公社革命，做出了打碎资产阶级国家机器和建立无产阶级专政的第一次伟大尝试。马克思指出："工人阶级反对资本家阶级及其国家的斗争，由于巴黎人的斗争而进入了一个新阶段。不管这件事情的直接结果怎样，具有世界历史意义的新起点毕竟是已经取得了。"② 巴黎公

① 《马克思恩格斯选集》第四卷，人民出版社，1995 年版，第 685 页。
② 《马克思恩格斯全集》第三十三卷，人民出版社，1973 年版，第 210～211 页。

社失败后，世界资本主义进入“和平”发展时期。各国无产阶级面临的任务是，在各民族国家范围内建立独立的工人阶级政党，学会参加议会斗争，团结和积蓄力量，准备迎接新的战斗。早在1869年德国建立了社会民主党。到了19世纪80年代，随着科学社会主义的广泛传播及其与各国工人运动相结合，在欧美各国相继建立了社会主义工人政党，党员人数达到300多万。在各国成立群众性的社会主义工人政党的基础上，1889年成立了第二国际。第二国际的前期，在恩格斯的指导下，实行正确的路线和政策，对推动世界社会主义运动的发展起了重大的作用。科学社会主义在它诞生时还只是社会主义派别中一个流派，通过对19世纪40年代封建社会主义、小资产阶级社会主义、资产阶级社会主义和批判的空想社会主义的批判，第一国际时期对普鲁东主义、工联主义、拉萨尔主义、巴枯宁主义的批判，到19世纪后期，科学社会主义已经战胜了形形色色的社会主义，在工人运动中确立了统治地位。

2. 列宁、毛泽东关于帝国主义时代无产阶级革命的理论，指引社会主义在俄国、中国等经济文化不发达国家首先胜利

20世纪初的俄国，是帝国主义一切矛盾的集合点。帝国主义制度的种种矛盾在俄国表现得特别集中、尖锐和突出。第一次世界大战爆发后俄国的社会矛盾进一步激化，沙皇统治岌岌可危，革命形势日趋成熟，俄国成为帝国主义链条上最薄弱的一环。在1915年、1916年，列宁两次提出“一国或几国首先胜利”论时，并未指明社会主义在哪些国家可能首先胜利，但当战争引发了俄国二月革命之后，列宁就明确提出，落后的俄国将首先冲破帝国主义阵线取得社会主义革命胜利。他说：“开始进行这个革命的伟大光荣已经落在俄国无产阶级身上了。”[①]正是在列宁社会主义革命新理论指导下，列宁为首的布尔什维克党及时制定了从民主革命转变为社会主义革命的正确路线和政策，利用战争所

① 《列宁全集》第二十四卷，人民出版社，1957年版，第197页。

造成的革命形势，并在广大工人、农民、士兵中进行宣传鼓动和周密的组织工作，终于在1917年11月7日（俄历10月25日）取得十月革命的伟大胜利，开创了人类历史的新纪元。可以设想，如果没有列宁社会主义革命新理论，仍然固守马克思、恩格斯在19世纪中期提出的社会主义革命"同时发生"论，就没有十月革命的发动和胜利。在第二次世界大战期间和以后，欧洲和亚洲又有一批经济文化比较落后的国家，在战胜法西斯的有利国际条件下，依靠本国人民的革命武装斗争或苏联红军的援助，脱离了资本主义体系，走上社会主义道路。近代中国是比俄国还要落后的半殖民地半封建国家，社会矛盾异常复杂而尖锐，其主要矛盾是帝国主义、封建主义、官僚资本主义同人民大众的矛盾。从鸦片战争到五四运动的近80年间，中国人民为了反抗帝国主义列强的侵略和封建势力的压迫，建立一个独立、富强、民主的新中国，进行了可歌可泣的斗争，但没有获得成功。只是在毛泽东的新民主主义理论的指引下和中国共产党的正确领导下，经过长达22年艰苦卓绝的武装斗争，终于推翻了帝国主义、封建主义和官僚资本主义的反动统治，取得新民主主义革命的伟大胜利，并在胜利后成功地实现了从新民主主义到社会主义的转变。邓小平同志在谈到中国革命的胜利时，高度评价毛泽东的理论与实践的贡献。他说："没有毛主席，至少我们中国人民还要在黑暗中摸索更长的时间。"① 继中国革命之后，在拉丁美洲古巴革命于1959年取得胜利。至此，20世纪初期开始的社会主义凯歌行进已告结束。

社会主义在一批经济文化比较落后的国家取得胜利，是20世纪最伟大的历史事件。它在占世界人口总数近1/3的国家中建立了崭新的社会主义制度，实现了劳动人民当家作主，推动了经济发展和社会进步；支持和促进了亚、非、拉民族解放运动的蓬勃兴起，沉重打击和瓦解了

① 《邓小平文选》第二卷，人民出版社，1994年版，第345页。

帝国主义殖民体系；并成为制止和战胜帝国主义侵略战争、打败德、意、日法西斯、保卫世界和平的伟大力量和中流砥柱。社会主义在20世纪的产生和发展，极大地改变了世界的面貌，推动了历史的前进。尽管本世纪末世界社会主义运动出现最严重的曲折，但它毕竟抹杀不了社会主义在20世纪所创造的光辉业绩，也改变不了社会主义所代表的历史发展的方向。

3. 邓小平建设有中国特色社会主义理论的产生和发展，不仅指引中国社会主义事业取得成功，而且将促进世界社会主义运动的复兴

邓小平建设有中国特色社会主义理论，是中国社会主义建设的科学指南。这个理论指导我们党拨乱反正，全面纠正“文化大革命”和以前的“左”倾错误，实现从以阶级斗争为纲到以发展生产力为中心、从固守成规和对外封闭到改革开放的两大转变，从而使中国社会主义从困境中奋起，走上健康发展的道路；这个理论指引我国改革开放和社会主义现代化建设取得举世瞩目的成就，经济建设、人民生活和综合国力都上了一个大台阶，从而使中国社会主义在国内和国际政治风波中经受了考验，稳住了阵脚。正当世界社会主义事业遭到严重挫折、“社会主义失败论”甚嚣尘上的时候，社会主义中国却生机勃勃，蒸蒸日上，巍然屹立在世界的东方；这个理论还将把一个经济健康发展、社会全面进步、充满活力和希望的中国带入21世纪。可以预料，到下个世纪中叶，中国将全面完成分三步走基本实现现代化的战略目标。我们这个不发达的社会主义国家将变成一个富强、民主、文明的社会主义现代化国家。邓小平同志指出：“中国要真正按计划实现第二个翻番，这也就是社会主义的一个成功。到下个世纪五十年，如果我们基本上实现现代化，那就可以进一步断言社会主义成功。”① 中国是一个拥有十二亿人口的东方大国，中国社会主义事业的成功，“不但是给占世界总人口四分之三的

① 《邓小平文选》第三卷，人民出版社，1993年版，第320页。

第三世界走出了一条路，更重要的是向人类表明，社会主义是必由之路，社会主义优于资本主义”①。这必将对世界社会主义运动产生重大而深远的影响。

邓小平建设有中国特色社会主义理论作为当代中国的马克思主义，它反映了社会主义建设的内在规律，具有普遍的意义。这个理论，不仅是从中国社会主义发展的角度提出的，而且也是从世界社会主义发展的角度提出的。例如，社会主义本质论、社会主义发展道路论、社会主义发展阶段论、社会主义改革开放论、社会主义市场经济论、时代主题论等，都是关系世界社会主义运动全局、具有普遍指导作用的科学理论。它是对世界社会主义兴衰成败的深刻总结，也是对社会主义在当代历史命运的科学回答。1992 年 12 月 7 日埃菲社发表一篇年终专稿中写道：“有中国特色社会主义，是邓小平为挽救已经解体的苏联的中央集权主义所面临几乎不可避免失事的社会主义大船而向马克思主义者所作的回答。”俄罗斯学者、莫斯科大学教授布坚科博士在《真理报》（1995 年 8 月 30 日）上撰文指出：“对那些面临相近任务的国家来说，建设中国特色社会主义理论的意义，怎么估计也不为过。”可以看出，邓小平建设有中国特色社会主义理论与实践，必将推动当代社会主义的发展，促进世界社会主义运动走上复兴之路。

（作者附记：本文写于 1995 年 10 月，现发表以悼念当代伟大的马克思主义者、建设有中国特色社会主义理论的创立者邓小平同志。）

（原载于《社会主义研究》1997 年第 2 期）

二、20 世纪社会主义的历史进程

人类正在告别 20 世纪，迈向 21 世纪。20 世纪是人类历史上最伟大的世纪之一。它不仅在人类认识和改造自然、发展科学与技术、提高

① 《邓小平文选》第三卷，人民出版社，1993 年版，第 225 页。

劳动生产率上取得一系列重大突破，创造了过去任何世纪难以想象的文明成果，而且在社会制度上发生了伟大、深刻的变革，开辟了人类社会从资本主义向社会主义过渡的新时代。20世纪是以社会主义制度的诞生、蓬勃兴起和曲折发展载入史册的。我们站在新旧世纪更替的门槛上，对即将过去的20世纪社会主义的历史进程、经验教训进行回顾、总结，对走向21世纪社会主义的发展前景进行探讨、瞻望，无疑是当代社会主义理论研究中一项具有重大历史、理论和现实意义的课题。

（一）20世纪社会主义的两个时期

根据20世纪时代特征的变化、社会主义运动的形势与特点以及重大历史事件，20世纪社会主义运动大体上可以划分为上半叶和下半叶两个时期。

1. 上半叶：社会主义在东方崛起、凯歌行进

20世纪初，资本主义已从自由竞争阶段发展到垄断阶段即帝国主义阶段，资本主义固有的三大矛盾空前激化，特别是帝国主义的野蛮掠夺和压迫促使被压迫民族的觉醒，推动东方落后国家民族民主革命运动蓬勃发展；帝国主义之间为争夺势力范围的矛盾加剧，导致帝国主义战争不可避免并造成帝国主义链条上出现薄弱环节，促使一些国家无产阶级革命条件的成熟。从20世纪初到60年代，更具体地说，从1905年俄国革命起到1959年古巴革命胜利止的半个多世纪，战争与革命成为世界的主题。

一方面，世界资本主义处于激烈的动荡和危机之中，发生了第一次世界大战，空前严重的经济大危机，德、日、意法西斯上台和第二次世界大战；另一方面，社会主义在资本主义世界大动乱年代实现了辉煌的胜利进军。社会主义国家破土而出，从无到有、从一国到多国，开始了人类社会伟大变革的历史进程。

1905年，俄国爆发了帝国主义时代第一次人民革命。这次革命揭开了世界革命的序幕。它宣告巴黎公社失败后开始的资本主义“和平”

发展时期已经结束，革命风暴和政治动荡时期已经开始。这次革命为俄国 1917 年的二月革命和十月革命作了“总演习”。

1914 年 7 月第一次世界大战爆发。以德、奥、意为首的一方和以英、法、俄为首的另一方为重新瓜分世界展开全球大厮杀。俄国是主要交战国中经济上、军事上、政治上落后腐朽的国家。在战争期间，沙皇军队节节败退，国民经济遭到严重破坏，人民生活极端痛苦，军队的厌战情绪和群众的革命情绪不断高涨，使沙皇统治岌岌可危，俄国成为帝国主义链条中最薄弱的一环。在列宁为首的布尔什维克党的领导下，俄国人民利用战争造成的革命形势，于 1917 年 3 月 12 日（俄历 2 月 27 日）推翻了沙皇的反动统治，取得二月革命的胜利。统治俄国 300 多年的罗曼诺夫王朝倒塌了。二月革命后，俄国出现工兵代表苏维埃和资产阶级临时政府两种政权并存的局面。以列宁为首的布尔什维克党又及时制定从资产阶级民主革命转变为社会主义革命的方针，并在广大工人、士兵、农民中进行宣传鼓动和周密的组织工作，审时度势，抓住时机，发动武装起义，终于在 1917 年 11 月 7 日（俄历 10 月 25 日）取得十月社会主义革命的伟大胜利，开创了人类历史的新纪元。列宁在谈到十月革命的世界意义时说过：“我们已经开始了这一事业。至于哪一个国家的无产者在什么时候、在什么期间把这一事业进行到底，这个问题并不重要。重要的是，坚冰已经打破，航路已经开通，道路已经指明。”①

十月革命后，苏联在资本主义包围的险恶国际环境下，进行一国建设社会主义的伟大实践。1921 年春，列宁根据几年的实践经验，果断地提出新经济政策，对俄国这个小农经济占优势的国家如何建设社会主义进行了大胆的探索，第一次提出利用商品市场关系和国家资本主义建设社会主义等新的思想观点和政策措施。后来，列宁在病中口授的文章和书信中，进一步阐发了他的建设社会主义的理论和计划。列宁后期对

① 《列宁选集》第四卷，人民出版社，1995 年版，第 568～569 页。

俄国建设社会主义的探索，不仅在当时指引苏联迅速恢复和发展国民经济，在新的基础上巩固工农联盟，向社会主义过渡，而且更新了社会主义观念，对后来经济文化比较落后的国家建设社会主义具有普遍的指导作用。列宁逝世后，在以斯大林为首的苏联共产党的领导下，苏联实现了农业集体化和社会主义工业化，于30年代中期基本上建立了社会主义制度，并形成了一个高度集中的经济体制和高度集权的政治体制，即苏联社会主义模式。1936年12月，苏联通过新宪法，将苏联的社会主义基本制度和体制用法律条文的形式固定下来。此后，人们通常把1936年的新宪法，作为苏联进入社会主义社会的标志，也可看作苏联社会主义模式形成的标志。苏联社会主义模式，是在特殊的历史条件下形成的。它对于苏联集中人力、物力、财力优先发展重工业，高速度实现工业化，在经济上迅速赶上和超过老牌资本主义国家，以及在第二次世界大战中赢得反法西斯战争的胜利，都发挥了重要的历史作用。但是，这种模式存在种种弊端，到了战后和平建设年代，这种模式就僵化了。

在第二次世界大战结束以后，在欧洲、亚洲和拉丁美洲又有一系列国家，脱离世界资本主义体系，建立人民民主政权，并走上社会主义道路。在欧洲，南斯拉夫、阿尔巴尼亚人民，40年代初就分别在本国共产党的领导下，建立民族解放军，同德意法西斯进行了殊死的斗争，配合苏军，解放了本国领土。1945年11月，成立南斯拉夫联邦人民共和国。1946年1月，成立阿尔巴尼亚人民共和国。在罗马尼亚、保加利亚以及匈牙利，共产党领导人民乘苏军追歼德军进入本土之机，举行武装起义，推翻投靠法西斯轴心国的反动政府，1947年12月成立罗马尼亚人民共和国，1946年9月成立保加利亚人民共和国，1946年2月成立匈牙利人民共和国。波兰和捷克斯洛伐克均是在国外建立革命武装，配合苏联军队打回本国，与国内反法西斯力量会合，争得民族的解放。1943年7月成立波兰民族解放委员会，标志波兰人民新政权的诞生。

1945 年 4 月，成立以捷共为领导的捷克斯洛伐克联合政府。德国的情况比较特殊，它是在苏军的占领区，组织革命力量建立民主政权，1949 年 10 月成立德意志民主共和国。在亚洲，随着日本法西斯的溃败和最后投降，胡志明领导越南人民于 1945 年举行“八月革命”，同年 9 月成立越南人民民主共和国；金日成领导朝鲜人民军在苏军配合下，1945 年 8 月解放朝鲜北部，1948 年 9 月成立朝鲜民主主义人民共和国；中国在以毛泽东为首的中国共产党的领导下，在抗日战争胜利后，经过三年的解放战争，1949 年 10 月成立中华人民共和国。这样，社会主义国家就越出欧洲范围在亚洲土地上建立起来，特别是东方大国——中国革命的胜利，更具有伟大的世界意义。江泽民指出：“中国革命的胜利，是俄国十月革命以后国际共产主义运动历史上最重大的事件，是第二次世界大战以后世界政治中最重大的事件。这个胜利，改变了世界的政治格局，鼓舞了世界人民的革命斗争，对人类进步事业做出了重大贡献。”① 在西半球的古巴，卡斯特罗率领的革命武装力量，在马埃斯特腊山坚持了两年游击战争，1959 年元旦解放首都哈瓦那，古巴革命取得胜利。至此，20 世纪初期开始的社会主义凯歌行进宣告结束。

综观 20 世纪上半叶，社会主义从理论到现实，从一国实践到多国实践，世界上三大洲 15 个国家取得革命的胜利，并走上社会主义道路。其中欧洲有苏联、民主德国、捷克斯洛伐克、波兰、南斯拉夫、罗马尼亚、保加利亚、匈牙利、阿尔巴尼亚九国；亚洲有中国、越南、朝鲜、蒙古国、老挝五国；拉丁美洲有古巴。这 15 个国家形成了一个强大的世界社会主义体系，极大地改变了世界的面貌，推动了人类历史的前进。这是 20 世纪最伟大的社会变革，是社会主义发展史上最辉煌的篇章。

2. 下半叶：社会主义在探索中前进、在曲折中发展

20 世纪中期以来，随着世界社会主义体系的形成和亚非拉一系列

① 《十三大以来重要文献选编》（中），人民出版社，1991 年版，第 611 页。

民族独立国家的诞生，从 1905 年俄国革命开始的世界革命风暴时期随之结束，世界和平力量空前增长，发展问题更加突出，到了 70 年代后期，和平与发展已成为世界的两大主题。在下半叶，世界资本主义出现了与上半叶不同的新情况新变化。战后资本主义发达国家普遍对生产关系进行调整，使一般垄断资本转变为国家垄断资本，扩大了私人资本的范围，加强了国家对经济的干预和宏观控制，在一定程度上适应了生产社会化的要求，特别是由于发达国家借助于新的科技革命，调整产业结构，更新技术设备，改变劳动手段，大大提高了劳动生产率，使资本主义发达国家经济在 20 世纪 50 年代到 70 年代大约 20 年的时间里，出现了历史上罕见的快速发展。此后，资本主义发达国家的经济，虽然在经济危机特别是 1974 年经济危机和 90 年代初期经济危机的打击下，出现经济衰退，增长速度减慢，甚至出现“滞胀”和负增长，但由于资本主义自身调节能力的增强，一次又一次地走出困境，步入新的发展周期。因此，在下半叶，资本主义发达国家的经济，基本上保持了相对稳定的发展态势。与此同时，科学技术突飞猛进，社会的经济结构、产业结构、阶级结构（包括工人阶级内部的结构）以及管理方式、劳动方式、生活方式等等，都发生了巨大而深刻的变化。面对资本主义发达国家的新情况新变化，西欧、北美发达国家的共产党、工人党，以“欧洲共产主义”各国党为显著代表，对发达国家社会主义革命的道路进行了艰难的探索，提出了从资本主义向社会主义过渡的一系列新观点，力图解决 20 世纪资本主义发达国家如何革命这一历史课题。然而，他们这种探索没有取得成功。

在下半叶，社会主义各国的社会主义建设，经历了跌宕起伏的曲折发展过程。

从 50 年代起，已获得胜利的社会主义国家，相继进入社会主义建设新时期，努力探索本国社会主义发展道路。苏联在迅速医治战争创伤、完成国民经济恢复工作的基础上，连续制定和执行了七个国民经济发展计划，各项建设有了新的发展。其他社会主义各国，都在进行社会主义改造的同时，特别是在基本完成社会主义改造以后，开展了大规模的社会主义建设并取得巨大成就，初步显示了社会主义制度的优越性。但是，由于建设社会主义缺乏实践经验与理论准备，对于什么是社会主义、经济文化比较落后的国家如何建设社会主义长期没有完全搞清楚，因而几乎所有国家都在社会主义建设过程中，发生这样或那样的失误，包括一些严重的失误，使下半叶各国社会主义建设受挫。

一是指导思想上的失误。许多国家的领导人在指导思想上发生"左"倾错误。表现在政治上，夸大社会主义社会存在的"一定范围"的阶级斗争，搞阶级斗争扩大化，伤害了许多干部和群众，破坏了社会主义民主与法制；在经济建设上超越国力，急于求成，追求高速度、高指标、高积累；在生产关系上盲目求纯，急于过渡，超越阶段；在文化上轻视知识和知识分子，甚至把知识分子看成异己力量，予以排斥和打击等。这些"左"的错误思想和政策，脱离国情，脱离群众，给许多国家社会主义建设事业带来严重后果。

二是体制上的失误。第二次世界大战结束后诞生的一系列社会主义国家，大都照搬了苏联社会主义模式，即高度集中的计划经济体制以及与之相适应的高度集权的政治体制。这种体制是在特殊的国际环境下形成的，它适应于社会主义工业化初期粗放式的经济发展，但随着国际形势的变化，新科技革命的兴起，现代经济增长方式的转变，它日益丧失生机和活力，阻碍了生产力的发展。同时，这种体制导致国家政治生活中权力过分集中，个人迷信、个人专断盛行，官僚主义严重，社会主义民主与法制遭到破坏。社会主义国家建设中许多失误，都同这种僵化的体制有着直接联系。

三是发展战略上的失误。许多国家在经济发展战略上重重工业、轻轻工业和农业，造成国民经济比例失调，制约了社会生产力的发展和人民生活水平的提高。苏联从 20 年代到 80 年代，始终把重工业尤其是军事工业放在优先发展的地位，而轻工业和农业则长期处于落后状态。据1981年的统计资料，苏联工业投资85%用于重工业和军事工业，苏联高科技人员60%以上从事军事工业。如果说在20—30年代险恶的国际形势下，采用这种服务于军事化经济发展战略是必要的话，那么到了60年代以后和平与发展逐渐上升为世界主题的历史条件下，再实行这种发展战略就铸成大错了。结果苏联军事力量空前膨胀，成了军事上的超级大国，然而整个国民经济畸形发展，综合国力和人民生活水平下降，苏联社会主义由此在同美国的竞争中败下阵来。

四是社会主义国家间关系上的失误。长期以来，苏联领导人在社会主义国家关系上推行大国沙文主义政策，利用共产党情报局粗暴干涉南斯拉夫和其他国家的内政，并把南斯拉夫开除出共产党情报局。它利用"华沙条约""经互会"组织全面控制东欧国家的经济、政治、军事，甚至出兵占领捷克斯洛伐克，强迫别的国家为苏联的政策和利益服务。它还企图控制中国，并把中苏两党之间的争论扩大到国家关系上，对中国施加政治上、经济上、军事上的压力。这不仅造成60年代以来国际共产主义运动大分裂，而且严重干扰了社会主义各国建设事业的发展。

上述一连串的失误，就是造成下半叶社会主义国家建设受挫的主要因素。

从50年代起，东欧和苏联先后进行改革，到了70年代末80年代初，改革全面展开，从经济体制改革发展到政治体制改革，出现改革新的浪潮。改革也取得一定成效，有些国家的改革开始突破苏联社会主义模式，并形成本国的模式，如南斯拉夫模式、匈牙利模式等。但总的说来，改革中失误甚多，没有达到预期的目的，并在经济、政治、文化和社会生活各方面引发了危机和混乱。1989年以来，东欧各社会主义国家政局动荡，变化剧烈，游行罢工不断，领导集团频繁更迭。许多国家执政党的领导人，屈服于西方国家和国内反对派的压力，对反对派妥协退让，甚至放弃社会主义原则，承认反对派的合法地位，与反对派召开

"圆桌会议"等等。反对派则乘机扩大势力，不断制造动乱与施加压力，向执政的共产党夺权，最后导致政权更迭。在苏联，1985 年戈尔巴乔夫上台后不久，提出"加速社会经济发展的战略"，由于种种原因，"加速"战略收效甚微，苏联经济恶化的状况仍未好转。1988 年 6 月，苏共召开第 19 次代表会议，戈尔巴乔夫在这次会议上提出"公开性、民主化、社会主义多元化"，强调"根本改革"苏联的政治制度，建立"人道的、民主的社会主义"。后来又提出政治多元化，实行多党制。由于苏联改革发生"改向"，苏共党内发生分裂，党内外派别林立，国内局势混乱，经济和社会危机日益深重，民族分立倾向加剧。1991 年苏联发生"8·19"事件，副总统亚纳耶夫等 8 人组成"国家紧急状态委员会"，宣布接管国家权力，试图"使国家和社会尽快摆脱危机"，但不到三天便告失败。不久，苏共自行解散，联盟瓦解，一个有着 74 年历史的社会主义国家发生演变。

同苏联、东欧社会主义失败相反，在世界的东方，有中国特色的社会主义却生机勃勃，蒸蒸日上，给处于低谷中的世界社会主义运动，带来了光明和希望。

（二）20 世纪社会主义的两次起伏发展

20 世纪社会主义运动不是一帆风顺的，而是起伏式发展、波浪式前进的。它经历了高潮—低潮—再次高潮—再次低潮两度辉煌与曲折的历程。

第一次高潮（1917—1923—1927 年）是以十月革命的胜利为标志的。

1917 年，在列宁主义的旗帜下，在列宁为首的布尔什维克党的领导下，俄国无产阶级和劳动人民通过城市武装起义，取得十月革命的伟大胜利，建立了世界上第一个无产阶级专政的社会主义国家。从此，社会主义在地球上由理想变为现实、由科学理论变为崭新的社会制度。这是世界社会主义运动史上一次伟大的历史性飞跃。

十月革命震撼了全世界。在十月革命的影响和号召下，欧洲掀起了无产阶级革命风暴。1918 年 1 月，毗邻俄国的芬兰首先爆发革命，同年德国爆发了十一月革命，1919 年 3 月，匈牙利又爆发了革命。捷克斯洛伐克、波兰、保加利亚也相继爆发了革命。特别是德国十一月革命，是继俄国十月革命之后发生在主要资本主义国家一次声势浩大的革命，也是 20 世纪社会主义运动第一次高潮的重要组成部分。这次革命虽然失败了，但它推翻了德国霍亨索伦王朝，使德国革命进入新的阶段；推动了欧洲革命高潮的发展，支援了俄国巩固苏维埃政权的斗争，并为世界社会主义运动的发展提供了极为宝贵的经验。在匈牙利、芬兰、德国巴伐利亚地区的无产阶级，还以俄国无产阶级为榜样夺取政权，成立了苏维埃共和国。在资本主义阵地比较稳固的西欧、北美和日本等国的工人群众，开展了大规模的罢工运动和“不干涉俄国”运动。在亚洲、非洲和拉丁美洲掀起了民族解放运动的新高潮。中国于 1919 年爆发了反帝反封建的五四运动，揭开了中国新民主主义革命的序幕。朝鲜于 1919 年 3 月 1 日爆发了反对日本殖民统治、争取民族独立的人民武装起义。印度从 1918 年起出现了争取民族独立运动的高潮。土耳其爆发了资产阶级民主革命。埃及于 1919 年爆发了争取民族独立、反对英国殖民统治的大规模抗议运动，并在一些城市发展成为武装起义。墨西哥、古巴、尼加拉瓜、阿根廷、巴西、秘鲁等国也出现了民族解放运动的新高潮。

在十月革命的推动下，在世界革命的风暴中，世界各大洲一系列国家的先进分子，把马克思列宁主义与本国工人运动相结合，先后建立了共产党。1919 年 3 月，共产国际（亦称第三国际）成立。它作为各国共产党的联合组织、统一的世界性的共产党，下属 76 个国家的共产党支部，拥有 400 多万共产党员。此后，社会主义运动从西欧、北美发达资本主义国家向亚、非、拉美不发达国家和地区扩展，使社会主义运动真正成为世界性运动。

这次世界社会主义运动高潮，以十月革命为标志和起点，到 20 年代中期 1923 年德国汉堡工人武装起义失败和 1927 年中国大革命失败后转入低潮。除苏联外，其他各国无产阶级革命都遭到失败，资本主义进入相对的、暂时的稳定状态，新的革命形势和条件尚处于孕育之中。

第二次高潮（1945—1949—1959 年）是以中国革命的胜利和世界社会主义体系的形成为标志的。

第二次世界大战结束以后，在世界人民反法西斯战争取得胜利的基础上，世界社会主义运动获得空前的发展。世界上三大洲占世界 1/3 人口、1/4 面积的 15 个国家，在共产党领导下取得革命的成功，并走上社会主义道路。从此，社会主义跃出一国范围，从一国建设社会主义实践发展到多国建设社会主义实践，形成了一个强大的世界社会主义体系，引起了世界格局的根本变化。这是 20 世纪社会主义最为兴旺的时期，是世界社会主义运动史上又一次伟大的历史性飞跃。

中国是世界上人口最多的半殖民地半封建的东方大国。在毛泽东思想的旗帜下，在以毛泽东为首的中国共产党的领导下，经过 28 年的英勇斗争，于 1949 年取得新民主主义革命的伟大胜利，并从新民主主义走上社会主义道路。这个胜利，是中国亘古未有的人民革命的大胜利，也是社会主义和民族解放具有世界意义的大胜利。它冲破了帝国主义的东方殖民体系，沉重打击了帝国主义的殖民统治，改变了世界社会主义与资本主义的力量对比，对国际格局、世界形势和世界人民争取人民民主、民族解放和社会主义事业的斗争，具有重大而深远的影响。中国革命的胜利，把二战后开始的世界社会主义运动的第二次高潮，推到一个新的高峰。

在世界社会主义运动新高潮的影响下，亚非拉美民族解放运动蓬勃高涨，一系列殖民地、附属国和半殖民地，摆脱了殖民主义枷锁，获得民族独立。值得注意的是，这些新独立的发展中国家，都是民族资产阶级或小资产阶级掌握政权的，自然是走资本主义道路，但其中许多国家却自行宣布走社会主义道路。这一方面是因为这些国家的人民长期受资本主义列强的欺凌，在思想感情上痛恨资本主义，向往社会主义。有些民族资产阶级或小资产阶级的代表人物，为了取得广大群众的支持，也打出社会主义旗号；另一方面是因为社会主义影响的扩大，特别是苏联社会主义建设的成功和中国革命的胜利，对他们有很大的吸引力。他们宣称搞社会主义，并不等于真正走上了社会主义道路，多数国家也不具备走社会主义道路的条件，但反映出社会主义已成为一股强大的历史潮流。

20 世纪世界社会主义运动第二次高潮，在 1959 年古巴革命胜利后宣告结束。从 60 年代起，世界社会主义运动开始向低潮转化。到了 90 年代就从鼎盛跌入低谷。第二次低潮的主要表现是：

（1）60 年代前期出现以中苏两党为主、其他一些政党分别参加的大论战，造成中苏关系破裂、社会主义阵营瓦解和国际共产主义运动大分裂。这场论战，冲击了苏共“老子党”的地位，促进了国际共产主义运动中独立自主潮流的发展，但它严重削弱了社会主义运动的力量。

（2）50 年代后期以来，苏联对外政策日益严重地脱离马克思列宁主义轨道，背离社会主义国家对外关系的基本原则。它从推行大国沙文主义发展到同美国争夺世界霸权，甚至出兵占领捷克斯洛伐克、入侵阿富汗等国。霸权主义作为一种对外政策，并不直接标明社会制度的性质，更不是社会主义制度中派生的，但它严重损害了社会主义国家的形象和声誉。

（3）二战后以来，社会主义各国的建设虽然取得巨大的成就，但却普遍遭受到严重的挫折，社会主义未能取得同资本主义相比较的优势。苏联从 60 年代起，经济增长势头开始减慢，到了 70 年代，经济增长呈下降趋势，到了 80 年代，苏联经济实际上处于停滞状态，不仅在经济效益上不如美国，而且在经济增长速度上也低于美国。中国在社会主义建设过程中，发生了 1958 年“大跃进”、人民公社化运动和 1966 年开始的“文化大革命”运动两次严重的“左”倾错误，特别是“文化大革命”这样长时期的全局性的错误，使中国陷入了十年内乱，国民经济遭受严重破坏。其他各国的建设，也都遇到许多困难，不同程度地遭到挫折和失败。

（4）二战后以来，由于资本主义发达国家在生产关系、上层建筑的各个领域进行全面调整和新科技革命的推动，世界资本主义进入相对稳定的发展时期。资本主义基本矛盾依然存在，有时也很尖锐，但总的说来比较缓和。经济危机虽然频繁发生，但经济危机不像战前那样来势凶猛，对资本主义打击那么沉重。工人阶级的雇佣地位仍然没有改变，但工人的劳动条件和生活条件有了很大的变化和改善，劳资矛盾得到缓解。因此，20 世纪下半叶工人运动和社会主义运动处于沉寂状态。

（5）80 年代末 90 年代初，东欧剧变，苏联解体。社会主义国家由 15 国缩小为 5 国，面积由占世界 24%缩小为占 7%，人口由占世界总人口的 32%减少为占 25%，共产党的数量由 180 多个减少为 130 多个，党员人数减少 1/3。苏东演变，是战后以来世界社会主义运动遭受最严重的挫折，也是 20 世纪社会主义运动第二次低潮的低谷和主要标志。

当前和今后相当长的时间内，世界社会主义运动仍将处于低潮，但在整体低潮中有局部的发展，外延缩小了有内涵的扩大和深化。有中国特色社会主义的蓬勃兴起，表明中国开创了社会主义建设的新道路、新局面、新时期。中国等国社会主义的存在和发展，必将促进世界社会主义运动从低谷走上复兴之路。

（三）20 世纪社会主义的四件大事

20 世纪对于社会主义来说，是一个极不平常的世纪。在这个世纪里，发生了四件震撼世界的大事。第一件事是，俄国十月革命的胜利；第二件事是，中国革命的胜利和世界社会主义体系的形成；第三件事是，东欧剧变，苏联解体和演变；第四件事是，有中国特色社会主义的兴起。这四件大事，展示了 20 世纪社会主义的胜利与挫折、困境与希望的历史进程和发展趋势。

在20世纪诞生的社会主义国家，基本上都是资本主义不发达、经济文化较落后的国家。这些国家不经过资本主义充分发展阶段而走上社会主义道路，是否具有历史必然性？在革命胜利后能否巩固和发展社会主义？这是20世纪社会主义史上过去和现在都存在争论的问题。

早在俄国二月革命后，要不要搞社会主义革命，列宁和孟什维克首领普列汉诺夫就展开过争论。普列汉诺夫认为，俄国生产力落后，3/4人口是文盲，不可能搞社会主义，并说列宁的《四月提纲》是“梦话”。列宁对普列汉诺夫死抱着社会主义革命只能在发达资本主义国家首先发生的教条不放进行了批驳，明确提出，“开始革命的巨大光荣落到了俄国无产阶级的头上”①。十月社会主义革命的胜利证明了列宁的观点和路线是正确的。但是十月革命后，第二国际的考茨基和俄国孟什维克苏汉诺夫等人又以“俄国生产力还没有发展到足以实现社会主义的水平”为借口，反对十月革命和苏维埃政权。考茨基攻击布尔什维克党在落后的俄国用暴力夺取政权，就像一个怀孕的妇女疯狂万分地猛跳而引起“早产”，并诅咒“这样生下来的孩子，通常是活不成的”。列宁于1918年1月撰写了《无产阶级革命与叛徒考茨基》一书，痛斥了考茨基的谬论。之后，列宁又在1923年1月撰写了《论我国革命》一文，系统地批判了第二国际及其在俄国的孟什维克苏汉诺夫等人在革命发展问题上的机械论。列宁说：“他们都自称马克思主义者，但是对马克思主义的理解却迂腐到无以复加的程度。马克思主义中有决定意义的东西，即马克思主义的革命辩证法，他们一点也不理解。”② 而按照革命辩证法，“世界历史发展的一般规律，不仅丝毫不排斥个别发展阶段在发展的形式或顺序上表现出特殊性，反而是以此为前提的”③。他还分析了俄国革命所处的具体环境，问道：“面对第一次帝国主义大战所造成的那种

① 《列宁全集》第二十九卷，人民出版社，1985年版，第339页。
② 《列宁选集》第四卷，人民出版社，1995年版，第775页。
③ 《列宁选集》第四卷，人民出版社，1995年版，第776页。

革命形势的人民，在毫无出路的处境逼迫下，难道他们就不能奋起斗争，以求至少获得某种机会去为自己争得进一步发展文明的并不十分寻常的条件吗？"①"既然建立社会主义需要有一定的文化水平（虽然谁也说不出这个一定的'文化水平'究竟是什么样的，因为这在各个西欧国家都是不同的），我们为什么不能首先用革命手段取得达到这个一定水平的前提，然后在工农政权和苏维埃制度的基础上赶上别国人民呢？"②历史已经证明并将继续证明，列宁上述革命辩证法思想是颠扑不破的。但在列宁逝世后，这场争论仍未结束。托洛茨基从"不断革命论"出发，认为"在农民占绝大多数的落后国家内，工人政府所处地位的矛盾，只有在国际范围内，即在无产阶级世界革命的舞台上，才能求得解决"，而在"没有欧洲无产阶级直接的国家援助"的条件下，俄国一国不能建成社会主义。斯大林对托洛茨基的观点针锋相对地予以驳斥。斯大林说："使我国社会主义建设依赖'欧洲无产阶级直接的国家援助'是什么意思呢？如果欧洲无产阶级在最近几年内不能夺取政权，那怎么办呢？能不能无限期地等待西方革命胜利而让我国革命开空车呢？……岂不是在西方革命不能迅速胜利的时候，我们党就逐步地把自己的阵地让给我国经济中的资本主义成分，然后放弃政权吗？"③ 斯大林在争论中把社会主义胜利问题，区分为"一国能否建成社会主义"和"社会主义能否在一个国家获得最终胜利"两个问题。他认为，经济文化比较落后的俄国，完全能够依靠自己的力量一国建成社会主义，但一国建成并不等于社会主义的最终胜利。斯大林的上述论述，是列宁"一国胜利"学说的直接继承和发展，具有重要的理论和实践意义。后来，苏联和二战后诞生的一系列经济文化比较落后的国家，都在本国共产党的领导下，创造了一定的"文化水平"，先后进入了社会主义社会。然而，在

---

① 《列宁选集》第四卷，人民出版社，1995 年版，第 777 页。
② 《列宁选集》第四卷，人民出版社，1995 年版，第 777 页。
③ 《斯大林全集》第九卷，人民出版社，1954 年版，第 108 页。

东欧剧变前后，有些人企图以此为据否定20世纪一系列经济文化比较落后的国家搞社会主义的历史必然性。早在80年代初，前波兰社会科学院哲学社会科学研究所所长亚当·沙夫从团结工会罢工事件中提出"原罪论"。他说："企图在不具备建设社会主义之主、客观条件的国家里建立社会主义，这是原罪。"[①] 一些前苏东国家的共产党人、学者也把东欧剧变的原因归结为"不具备建设社会主义的条件"，他们认为，苏东社会主义失败有主观和客观原因，"客观原因是十月革命后，苏联并不具备建成社会主义的条件，经济文化太落后，考茨基、普列汉诺夫、苏汉诺夫都指出过这一点，但列宁认为可以先夺取政权，利用苏维埃政权发展经济文化，创造建成社会主义的条件"[②]。这样，这个历史上曾经争论过的问题又成了现实社会主义必须回答的问题。

列宁指出："在分析任何一个社会问题时，马克思主义理论的绝对要求，就是要把问题提到一定的历史范围之内。"[③] 在上半叶，一批经济文化比较落后的国家率先取得革命的胜利，绝不是一系列"偶发"事件，而是同自由资本主义发展到垄断资本主义即帝国主义阶段的人类历史进程相联系，是由这些国家当时所处的国际环境和国内条件所决定的，是历史、时代的产物。在资本主义发展到帝国主义阶段以后，资本主义经济政治发展不平衡空前加剧，帝国主义之间的战争不可避免。这种战争，使帝国主义各国彼此削弱并在资本主义体系上出现薄弱环节，为无产阶级革命在"一国或数国"首先胜利准备了条件。在上半叶，帝国主义之间争斗引发了两次世界大战。世界战争犹如一架强大的加速器，大大加速了世界社会主义运动的历史进程。列宁在谈到十月革命胜利时明确指出："如果没有战争，俄国也许会过上几年甚至几十年而不

---

① ［波］亚当·沙夫著，奚戚、齐伍译：《论共产主义运动的若干问题》，人民出版社，1983年版，第163页。

② 转引自中共中央党校科学社会主义教研室编著：《社会主义理论专题研究》，大连出版社，1995年版，第9页。

③ 《列宁选集》第二卷，人民出版社，1995年版，第375页。

发生反对资本家的革命，但在有战争的情况下，这在客观上就不可能了。这时，要么是灭亡，要么是进行反对资本家的革命。问题就是这样摆着的。”①

在帝国主义阶段，资本主义列强凭借自己的经济和军事优势，加紧对东方落后国家和地区的侵略、掠夺和控制，造成这些国家和地区社会矛盾特别集中、突出和尖锐。十月革命前的沙皇俄国是帝国主义一切矛盾的集合点。近代中国则是帝国主义殖民体系一切矛盾的集合点。正是这些矛盾集合点上孕育着革命。矛盾集合点也是矛盾的焦点。一些国家本来异常复杂尖锐的种种矛盾，在遇到世界性战争的情况下更加激化，达到顶点，无产阶级革命必然爆发。

俄国、中国等国革命的胜利，不仅因为当时的国际国内环境有利，具有革命形势，而且还因为这些国家革命力量广泛、强大。虽然这些国家资本主义发展程度不高，无产阶级队伍的人数较少，但毕竟有了一定数量的现代工业和现代无产阶级。这些国家的无产阶级，受到帝国主义、封建主义和资本主义的重重压迫，具有革命的彻底性；农民阶级人数众多，革命性强，是无产阶级可靠的同盟军；知识分子是无产阶级的一支重要力量；其他劳动者甚至包括一部分非劳动者阶级、阶层也可能参加到革命队伍中来。如此广泛的革命力量，在无产阶级（通过共产党）的领导下，在工农联盟的基础上，汇合成一股强大的革命洪流，是冲破帝国主义阵线、取得革命胜利的基本力量。

由此可见，一批经济文化比较落后的国家革命的胜利，不是任何个人主观意志的产物，而是20世纪上半叶国内外各种因素相互作用的结果，是一个自然的历史进程。那种认为这些国家生产力水平低、不能搞社会主义的观点，不符合历史发展的辩证法。列宁当年对考茨基、普列汉诺夫、苏汉诺夫错误观点的批判，现在仍然有效。这里不妨引用恩格

① 《列宁全集》第三十卷，人民出版社，1985年版，第27～28页。

斯晚年在一封书信中讲的一段话，以加深对这些国家革命胜利的原因和历史必然性的认识。恩格斯在他晚年似乎预料到有人歪曲他和马克思关于社会发展的理论，他在致约·布洛赫的一封书信中明确指出："根据唯物史观，历史过程中的决定性因素归根到底是现实生活的生产和再生产。无论马克思或我都从来没有肯定过比这更多的东西。如果有人在这里加以歪曲，说经济因素是唯一决定性的因素，那么他就是把这个命题变成毫无内容的、抽象的、荒诞无稽的空话。经济状况是基础，但是对历史斗争的进程发生影响并且在许多情况下主要是决定着这一斗争的形式的，还有上层建筑的各种因素。"① 在恩格斯看来，经济因素作为历史发展的决定因素，是从"归根到底"的意义上说的；经济因素不是"唯一"决定因素，上层建筑的诸因素如阶级斗争、政治的法律的和哲学理论等也影响历史进程并决定斗争的形式；任何一个重大历史事件的出现，都不是单一原因，而是"一个总的平均数，一个总的合力"② 的结果。恩格斯上述观点的科学性，已为20世纪上半叶社会主义胜利前进的历史事实所证实。

然而，在20世纪后期，有些人又用"不具备建设社会主义的条件"来解释东欧、苏联政局动荡的原因和后果，并称这些国家建设社会主义为"原罪"，这是重弹第二国际机会主义的老调。应当指出，十月革命以来的70年间，苏联和东欧各国社会主义建设，尽管发生这样或那样的失误，造成经济建设受挫，但社会主义建设仍然取得举世公认的巨大成就。苏联在短时期内实现了社会主义工业化，奠定了社会主义的物质基础。十月革命前的俄国，工业总产值只有美国的6.9%，到了80年代，苏联工业总产值相当于美国的80%。俄国这个落后的农业国，一跃而成为仅次于美国的世界强国。东欧多数国家已进入中等发达国家行列。据1987年统计：保加利亚社会总产值为1952年的12倍，国民收

① 《马克思恩格斯选集》第四卷，人民出版社，1995年版，第695～696页。
② 《马克思恩格斯选集》第四卷，人民出版社，1995年版，第697页。

入增长10倍，人均国民收入为3000美元。罗马尼亚社会总产值为1950年的17倍，国民收入增长19倍，人均国民收入为2598美元。波兰国民收入为1950年的5.5倍，1980年人均国民收入为3800美元。匈牙利社会总产值为1950年的6倍，国民收入增长4倍，人均国民收入为4500美元。捷克斯洛伐克社会总产值为1951年的5.3倍，国民收入增长4.7倍，人均国民收入为5800美元。南斯拉夫社会总产值为1947年的8倍，人均国民收入为3000美元。在如此显著的成就面前，能够怀疑列宁提出的在工农政权和苏维埃政权的基础上，去创造建设社会主义条件的观点的正确性吗？能够把东欧剧变的原因归结为“不具备建设社会主义的条件”吗？当然，苏东国家经济建设后期受挫，未能取得同资本主义相比较的优势，的确是造成东欧剧变的一个深层次原因，但它不是最主要最直接的原因，更不是唯一的原因。事实上，苏东演变是由国际的和国内的，历史的和现实的，党内的和党外的，经济的、政治的、思想文化的多种原因造成的，而这些国家改革发生“改向”则是导致演变最主要、最直接的原因。

正当苏联和东欧社会主义由盛到衰最后失败之际，有中国特色的社会主义却在世界东方蓬勃兴起。它向人类表明，经济文化比较落后的国家不仅能够取得革命的胜利，而且在革命胜利后能够取得社会主义建设的成功，关键在于要把马克思主义普遍真理同本国实际和时代特征相结合，搞清楚什么是社会主义、如何建设社会主义这个首要的基本问题，找到一条适合本国国情的社会主义建设道路。它标志社会主义理论与模式在当代中国改革开放的伟大实践中，出现了一次新的历史性的飞跃，给世界社会主义运动注入了新的生机和活力，不仅扭转了本世纪末世界社会主义运动低落的趋势，而且必将对21世纪世界社会主义运动的复兴产生重大而深远的影响。

（四）20世纪社会主义的历史贡献

20世纪社会主义的诞生和发展，对推动人类历史的进程，促进殖民主义体系的瓦解，反对帝国主义战争、维护世界和平作出了不朽的贡献。

1. 开辟了人类社会从资本主义向社会主义逐步过渡的历史新时代

十月社会主义革命是人类历史的伟大转折点。这次革命与以往一种剥削制度代替另一种剥削制度的革命不同，它在俄国推翻了剥削阶级的统治，消灭了人剥削人的社会制度，建立了社会主义制度；它突破了世界资本主义阵线，改变了历史发展的方向，开辟了人类历史的新时代。列宁把这个“新时代”，称作马克思恩格斯两位伟大社会主义者的科学预见“开始实现的时代”①，即人类社会从资本主义向社会主义逐步过渡的时代。

列宁认为，“从资本主义过渡到共产主义是一整个历史时代”②，也就是“历史上的大时代”。它不是转瞬即逝的，而是一个漫长的历史过程。在这一“整个历史时代”，始终贯穿着社会主义与资本主义两种制度的并存、共处与竞争。由于社会主义是在资本主义世界体系中的薄弱环节，即经济文化比较落后的国家首先取得胜利的，以发达国家为主体的资本主义仍然是一个庞大的世界体系，特别是发达国家在经济实力、科技领域比社会主义国家占有明显的优势。这就在相当长的历史时期形成两种社会制度并存、共处与竞争的世界大格局。因此，人类社会从资本主义向社会主义逐步过渡的时代，也就是社会主义和资本主义长期并存、共处和进行历史性竞争的时代。

人类从资本主义向社会主义过渡以俄国十月社会主义革命为开端。中国革命和其他一系列国家革命的胜利，社会主义世界体系的形成，是十月革命的继续和发展，是十月革命开辟的历史新时代的产物。在东欧剧变特别是十月革命的故乡苏联发生演变后，有人认为，时代的风向变了，不是资本主义向社会主义过渡，而是社会主义向资本主义演变。这

① 《列宁选集》第三卷，人民出版社，1995年版，第574页。
② 《列宁选集》第三卷，人民出版社，1995年版，第612页。

是对我们时代的长期性、曲折性缺乏认识的表现。列宁曾经指出："每个时代都有而且总会有个别的、局部的、有时前进、有时后退的运动，都有而且总会有各种偏离运动的一般型式和一般速度的情形。"① "设想世界历史会一帆风顺、按部就班地向前发展，不会有时出现大幅度的跃退，那是不辩证的，不科学的，在理论上是不正确的。"② 东欧剧变这种历史"有时后退的运动""有时出现大幅度的跃退"现象，并没有也不可能改变时代发展的方向，改变社会主义代替资本主义的历史大趋势。

我们仍然处在从资本主义向社会主义逐步过渡的时代。这个历史大时代没有变也不会变，但时代的主题却出现了转换。在上半叶，时代的主题是战争与革命，而下半叶 70 年代以来，维护世界和平，促进发展已成为时代的主题。由于时代主题的转换，社会主义与资本主义共处与竞争的形式发生了显著的变化，即从主要争夺军事实力优势的斗争，转向争夺以经济、科技为基础的综合国力优势的较量。在这场斗争中，社会主义国家必须适应变化了的国际形势和时代特征，制定新的国际战略，从立足于准备打仗转移到搞好以经济建设为中心的社会主义现代化建设上来力争在综合国力的竞争中取得同资本主义相比较的优势，在 21 世纪的世界格局中处于有利的地位。

2. 支持和促进民族解放运动的发展和胜利

哪里有民族压迫，哪里就有民族反抗。资本主义、帝国主义侵略、掠夺和奴役殖民地半殖民地的过程，也就是殖民地半殖民地人民反抗资本主义、帝国主义侵略、掠夺和奴役的斗争过程。

资本主义的兴起，是和它推行殖民主义分不开的。早在资本主义原始积累时期，资本主义殖民国家通过海盗式劫掠、欺诈性贸易、海外移民特别是奴隶买卖，不仅从亚洲、非洲、拉丁美洲各国掠夺了巨额财

① 《列宁全集》第二十六卷，人民出版社，1988 年版，第 143 页。
② 《列宁选集》第二卷，人民出版社，1995 年版，第 694 页。

富，而且控制了这些国家的经济、政治和军事，使它们不同程度地丧失了独立和主权，逐步沦为殖民地和半殖民地。与此同时，这些国家兴起了反对殖民主义侵略、建立民族独立国家的民族解放运动。在资本主义发展到帝国主义阶段以后，世界领土已被帝国主义列强瓜分完毕，最终形成了帝国主义的殖民体系。于是“全世界已经划分为两部分，一部分是为数众多的被压迫民族，另一部分是少数几个拥有巨量财富和强大军事实力的压迫民族”①。从而扩大了民族问题的范围，把民族问题同殖民地问题联系起来，使民族问题由国内问题变成了世界问题，变成了反对和摆脱帝国主义殖民统治的问题。

1917 年俄国十月革命，开辟了民族解放运动的新时代。它在西方无产者和东方被压迫民族之间架起了一座桥梁，为全世界无产者和被压迫民族联合起来建立反对帝国主义的战线创造了条件。从此以后，被压迫民族的革命斗争进入觉醒时期，并同世界社会主义运动相配合，日益沉重地打击帝国主义殖民统治。第二次世界大战以后，欧洲、亚洲、拉丁美洲一系列国家取得民族民主革命的胜利，并走上社会主义道路。在它们的影响和支持下，被压迫民族的革命斗争进入解放时期。国家要独立、民族要解放，已成为不可抗拒的历史潮流。战后民族解放运动的风暴首先从亚洲兴起，随着中国等亚洲国家民族民主革命的胜利，万隆亚非会议的召开，沉睡的非洲大陆沸腾起来了，美国的后院拉丁美洲也起火了。到了 80 年代初，已有 126 个国家获得独立，30 多亿人口挣脱了殖民主义锁链，帝国主义殖民体系土崩瓦解，第三世界在国际舞台上崛起。这是 20 世纪世界史上继社会主义胜利进军之后，人类进步事业取得的又一伟大胜利。这个胜利，是殖民地半殖民地人民长期英勇奋斗的结果，也是同世界社会主义的兴起和社会主义国家的支持和援助分不开的。

---

① 《列宁全集》第三十九卷，人民出版社，1986 年版，第 229 页。

3. 反对帝国主义侵略战争，维护世界和平

20世纪上半叶，帝国主义在短短的30年中发动了两次世界大战，给人类带来空前的世界规模的战争惨祸。第一次世界大战，参战国33个，卷入战争的人口在15亿以上，伤亡人数达3000万人。第二次世界大战，卷入战争的计有41个国家和地区，仅死亡人数就有5500多万人。事实证明，帝国主义是现代战争的根源。社会主义国家的存在和发展，则是制止和战胜帝国主义侵略战争、维护世界和平的中流砥柱和伟大力量。20年代末30年代初，资本主义国家发生了空前严重的世界性经济危机，造成资本主义世界生产倒退二三十年。德国、意大利、日本等国的垄断资产阶级为了寻找出路，公然支持法西斯上台。不久，德、意、日法西斯悍然发动了第二次世界大战，妄图毁灭人类文明，把世界推向极端黑暗的深渊。苏联作为世界上第一个社会主义国家，在战胜穷凶极恶的法西斯、保卫人类文明的斗争中，起了决定性作用。苏联人民为此付出了最大的牺牲，作出了最大的贡献。在战争期间，苏联有2700万军民牺牲了生命。德国法西斯强盗破坏和洗劫了苏联的1700座城市和城镇居民点，焚毁了7万多个村镇，破坏了约3.2万个工业企业，6.5万公里铁路线，4000多个火车站；德寇还破坏和洗劫了9.8万个集体农庄1876个国营农场、2890个农业机器拖拉机站；数以万计的学校、医院毁于战火。总之，苏联在二战中人民生命和物质财富所遭受的损失是巨大的、惊人的。第二次世界大战后，中国等一系列社会主义国家诞生了，极大地增强了反对帝国主义侵略战争、维护世界和平的力量。在美国发动的侵朝、侵越战争中，中国人民同朝鲜人民、越南人民一道，粉碎了帝国主义的侵略，保卫了社会主义制度，维护了亚洲和世界和平。第二次世界大战结束后的半个多世纪，之所以没有发生新的世界大战，和平和发展所以成为当今世界的主题，决定性的因素就是社会主义力量的存在和发展以及在它支持下的第三世界的兴起。由于社会主义力量、第三世界力量和世界人民的共同努力，世界和平力量的增长超

过战争力量的增长，世界大战不再是不可避免的了，维护世界和平是有希望的。

［选自《20世纪社会主义的历史进程、基本经验、前景瞻望》（总论），原载于《社会主义20世纪的回顾与前瞻》，华中师范大学出版社1999年版］

三、20世纪社会主义的基本经验

在20世纪，世界社会主义运动取得了突破性的进展，创造了惊天动地的光辉业绩；也出现了严重的失误，甚至发生了举世震惊的重大灾变。它经历了战争与和平、革命与改革、高潮与低潮、胜利与挫折的种种考验和磨炼，积累了无比丰富的正反两方面的经验。无论是正面的经验还是反面的经验，都是世界社会主义运动的宝贵财富，值得认真思考、总结和吸取。这里，仅就20世纪社会主义几条基本经验作一初步分析和概括。

（一）各国革命和建设都必须把马克思主义基本原理与本国实际和时代特征相结合，走自己的道路

把马克思主义基本原理与本国实际和时代特征相结合，走自己的道路，是各国革命和建设取得成功的根本条件。20世纪社会主义事业的一切胜利、一切成就都是各国坚持马克思主义基本原理与本国实际和时代特征相结合、走自己的路的结果；而社会主义实践中的一切失误、一切挫折都是违背马克思主义基本原理与本国实际和时代特征相结合、走自己的路所造成的。

历史表明，坚持马克思主义基本原理与本国实际和时代特征相结合，并非是一蹴而就的事情，而是一个艰辛的探索过程。要真正实现这种“结合”，必须在实践中解决好以下三个问题。

第一，用科学的态度对待马克思主义。

马克思主义是随着时代、实践和科学的发展而不断发展的科学，必

须用科学的态度对待它。坚持马克思主义，并不是把马克思主义书本当教条，而是要掌握和运用马克思主义的基本原理与基本方法，去研究当代本国和世界的实际问题，从而使马克思主义适应不断变化了的新情况而获得新的发展。也只有在发展中，马克思主义才能得到真正的坚持，才能真正成为指导无产阶级革命和建设的科学。

列宁之所以是伟大的马克思主义者，就在于他不是固守马克思、恩格斯根据他们当时的情况所提出的个别结论，而是把马克思主义创造性地应用于帝国主义时代和俄国的具体实际，在揭示帝国主义的本质、特征、矛盾和批判第二国际修正主义的过程中，创立了帝国主义论，提出了社会主义可能首先在少数甚至单独一国内获得胜利的新结论，把马克思主义推进到一个新阶段——列宁主义阶段，为帝国主义时代无产阶级革命提供了科学指南，并指引俄国取得十月革命的伟大胜利。在中国，毛泽东之所以是伟大的马克思主义者，就因为他在同党内曾经盛行的教条主义作斗争中，把马克思列宁主义创造性地应用于中国的具体环境，使马列主义中国化，创立了毛泽东思想，开辟了中国革命自己的道路，把中国革命搞成功了，并顺利实现了新民主主义到社会主义的历史转变。同样，邓小平之所以是伟大的马克思主义者，邓小平理论之所以是马克思主义在中国发展的新阶段，也就因为他在新的历史条件下，破除了对马克思主义理论的教条式理解，在我国改革开放的实践中，坚持和发展了马列主义和毛泽东思想，创立了建设有中国特色社会主义理论，指引中国社会主义现代化建设取得举世瞩目的巨大成就，并对世界社会主义运动的发展作出了重大贡献。

列宁、毛泽东、邓小平在不同的历史条件下坚持和发展马克思主义的光辉范例昭示：用科学的态度对待马克思主义的过程，就是在实践中不断纠正对待马克思主义各种“左”的和右的错误观点和教条主义态度、实现马克思主义基本原理与本国实际和时代特征相结合的过程，也就是运用马克思主义立场、观点、方法解决各国革命和建设不同时期的历史任务从而把社会主义事业向前推进的过程。

第二，深入研究和认清本国的基本国情。

基本国情，主要包括社会性质、发展阶段以及社会主要矛盾即一个国家最大的实际。它是无产阶级和广大人民进行革命和建设的基本依据，是无产阶级政党制定战略策略的客观基础。如果无产阶级政党对本国的基本国情不甚了了，它在领导革命或建设事业的过程中，就无法制定正确的路线、方针和政策，就不可避免地要犯右倾或“左”倾错误。

在中国民主革命时期和社会主义建设时期，曾多次发生右倾和“左”倾错误，主要是“左”倾错误，就其认识根源来说，是以主观同客观相分裂，理论同实际相脱离为特征的。在民主革命时期，我们党内曾经发生三次“左”倾错误，其共同点都是脱离中国国情。他们把马列书本上若干词句当作教条和现成公式到处乱套，照搬别国夺取政权的模式，给中国革命造成巨大的损失。以毛泽东为代表的中国共产党人，从政治上思想上清算了“左”倾教条主义错误，经过深入调查研究，周密地、深刻地认识和把握当时中国的基本国情，从而正确解决了新民主主义革命的对象、性质、动力、道路和前途等一系列基本问题，引导中国革命取得伟大胜利。在社会主义建设时期，我国又发生了“大跃进”、人民公社化和“文化大革命”两次严重的“左”倾错误，其认识根源也就在于对社会主义改造基本完成后的中国基本国情缺乏清醒的认识和准确的把握。一是存在超越社会主义初级阶段的不正确的思想；二是存在超越国力急于求成的急躁冒进情绪；三是把我国过渡时期已经基本解决的阶级矛盾当成社会主义的主要矛盾，从而在经济上、政治上、思想文化上实行一系列“左”倾错误政策，使我国社会主义建设事业屡遭挫折。十一届三中全会以来，我国社会主义现代化建设取得巨大成就，其原因也是我们党重新确立了实事求是的思想路线，作出我国处于并将长期处于社会主义初级阶段的科学论断，一切从这个最大的实际出发，既克服了那些超越初级阶段的错误观念和政策，又抵制了抛弃社会主义基本制度的错误主张，从而使中国社会主义置于现实的基础上，显示了旺盛的生机和活力。

可见，深入研究和认清本国的基本国情，是马克思主义基本原理与本国实际相结合的必然要求，是各国革命和建设事业取得成功的一个首要问题。

第三，正确认识和把握时代特征的变化。

任何一国的革命和建设，都是在一定的国际环境下进行的。世界形势、时代特征，历来是无产阶级政党制定战略策略的重要依据。

20 世纪上半叶，一批经济文化落后的国家革命之所以取得成功，根本原因之一就在于这些国家的无产阶级政党，依据列宁对时代问题的科学分析，紧紧把握战争与革命的时代主题，从本国的实际出发，制定了正确的战略策略，领导无产阶级和劳动人民，利用帝国主义发动世界战争所造成的革命形势，抓住历史发展机遇，因势利导，夺取胜利。下半叶以来，社会主义各国建设之所以受挫的根本原因之一，也在于这些国家的无产阶级政党，对时代特征的变化缺乏正确的认识和把握，仍然固守列宁对时代特征的判断，从战争与革命的时代主题出发，制定建设社会主义的路线和政策，把大量人力物力耗费在战备上，造成国民经济比例长期严重失调，丧失新科技革命兴起而带来的发展机遇。而近 20 年来，我国改革开放和现代化建设之所以取得成功的根本原因之一，也就在于邓小平敏锐地把握时代发展的脉搏，提出和平与发展是世界主题，发展是核心问题的新论断，并以此为依据进行战略调整，制定了党在社会主义初级阶段的基本路线和一系列方针政策。正是在邓小平理论和党的基本路线指引下，中国特色社会主义的宏伟事业在世界东方蓬勃兴起。

历史和现实一次又一次地告诉我们，只有用科学的态度对待马克思主义，正确认识和准确把握本国的基本国情和时代特征，才能实现马克思主义基本原理与本国实际和时代特征的完美结合，找到一国自己的革命和建设道路。

（二）以经济建设为中心，以改革为动力，推动社会主义社会的全面发展

20世纪社会主义历史经验证明，经济文化较落后的国家革命成功之后，特别是社会主义改造基本完成之后，党和国家必须把工作重点转移到社会主义现代化建设上来，坚定不移地以经济建设为中心，通过社会主义改革，推动社会主义社会经济、政治和文化事业的全面发展。

马克思主义理论和历史事实都告诉我们，经济文化较落后的国家，可以不经过资本主义充分发展阶段而进入社会主义，但是，生产的商品化、社会化，生产力的充分发展过程是不可超越的。这些国家建设社会主义，必须有一个很长的初级阶段，去实现这些别的许多国家在资本主义条件下实现的任务。这就决定了落后国家建设社会主义，更要把经济建设放在中心位置上，以便尽快地摆脱贫穷落后的面貌，不断提高社会主义社会的生产力、综合国力和人民的生活水平，从而赢得与资本主义相比较的优势，使社会主义制度日益巩固和发展，并为最终实现社会主义向共产主义过渡创造条件。然而，在20世纪社会主义建设中，苏联、中国等国都曾夸大了社会主义时期存在“一定范围”的阶级斗争，忽视了发展生产力。苏联在30年代后期提出阶级斗争愈来愈尖锐的错误观点，造成苏联和后来东欧国家阶级斗争扩大化，严重影响了这些国家的经济建设和社会发展。中国从50年代后期起陷入“以阶级斗争为纲”的误区，终于酿成“文化大革命”的历史悲剧，使我国社会生产力遭到巨大破坏。党的十一届三中全会的历史功绩，就在于对社会主义时期的阶级斗争进行了科学估量，作出了从以阶级斗争为纲转变到以经济建设为中心的伟大战略决策，开创了我国社会主义建设的新局面。实践证明，能否正确认识和处理社会主义时期的阶级斗争，关系着经济建设的中心地位是否受到干扰或排斥，关系着社会主义建设的成败。

改革是社会主义社会发展的动力。为了发展生产力，必须通过改革解放生产力。邓小平指出："社会主义基本制度确立以后，还要从根本上改变束缚生产力发展的经济体制，建立起充满生机和活力的社会主义经济体制，促进生产力的发展，这是改革，所以改革也是解放生产力。"① 当代社会主义实践证明，只有坚持改革，打破传统的僵化的计划经济体制，建立和完善社会主义市场经济体制，才能解决和发展生产力。不改革是没有出路的。建立社会主义市场经济体制，是社会主义发展史上一场史无前例的深刻变革。它不是要改变社会主义制度的性质，也不是对原有的计划经济体制的细枝末节的修补，而是要把社会主义与市场经济紧密结合起来，实行经济运行机制的彻底转换，使市场在国家宏观调控下对资源配置起基础作用，从而创造一种新型的适应现代化大生产和新技术革命发展要求的经济体制，保证国民经济健康发展。

社会主义社会是全面发展、全面进步的社会。这是马克思、恩格斯在对资本主义社会畸形发展的批判中得出的科学结论，是由社会主义社会的本质、任务和目标所决定的。落后国家建设社会主义，必须围绕经济建设这个中心，切实搞好社会主义民主政治建设和文化建设，推动社会经济政治文化的协调发展。

在20世纪诞生的社会主义国家，大都有着长久封建统治的历史，留下的封建主义传统比较多，民主和法制传统却很少。加之许多国家在胜利后又忽视了从思想上、理论上肃清封建主义的任务，以致封建遗毒在社会生活中仍有广泛的影响，并渗透到社会主义政治体制中来。社会主义国家政治体制中的种种弊端，如高度集权、个人崇拜、家长制、干部领导职务终身制等现象，多少都带有封建主义色彩。在社会主义制度史上，曾发生一些践踏民主和法制的不幸事件，都同这种政治体制有着不可分割的联系。事实证明，社会主义基本政治制度是优越的，但这种基本政治制度又需要各项具体制度即一定的政治体制相适应。政治体制

① 《邓小平文选》第三卷，人民出版社，1993年版，第370页。

好，基本政治制度的优越性才能得到充分发挥；反之，就会受到影响甚至破坏。因此，社会主义国家在经济体制改革的同时，必须推进政治体制改革，即在坚持基本政治制度的前提下，改革各项具体制度如领导制度、组织制度、工作制度等，发展社会主义民主政治，健全社会主义法制，建设一个高度民主、法制健全、廉洁高效、充满活力的社会主义法治国家。

社会主义文化建设是社会主义现代化建设的重要组成部分。它的根本任务是创造出以马克思主义为指导的，以培养社会主义新人为目标的，批判继承历史传统而又充分体现时代精神的，立足本国又面向世界的社会主义文化。

在 20 世纪社会主义建设史上，各国文化建设的发展，是同经济建设的成就和民主政治建设的推进密切联系在一起的。经济建设、民主政治建设为文化建设提供重要的物质基础、政治保证和营造良好的社会环境；而文化建设又为经济建设、民主政治建设提供精神动力、智力支持和发展后劲。许多国家由于指导思想“左”的错误和苏联模式的束缚而造成经济建设、民主政治建设严重受挫时，社会主义文化建设也不可避免遭到严重的挫折。

基于社会主义建设实践中的经验教训，必须对经济建设、民主政治建设和文化建设的互动关系有清醒的认识和准确的把握。在社会主义现代化建设的过程中，在经济建设是中心的前提下，经济、民主政治和文化建设三位一体，互为条件，互相促进，协调发展。在任何时候，都不能只强调一个方面，而忽视另一个方面。只有从三者有机统一的高度，去认识和把握社会主义文化建设与经济、民主政治建设的关系，制定正确的社会主义建设发展战略，才能推动社会主义社会的全面发展、全面进步。

（三）正确认识和处理社会主义与资本主义的关系，实行对外开放，吸收和借鉴人类社会创造的一切文明成果

20 世纪社会主义历史经验证明，经济文化落后的国家建设社会主

义，必须正确认识它与资本主义国家的关系，坚定不移地实行开放政策，大胆吸收和借鉴包括资本主义发达国家在内的人类社会创造的一切文明成果。

社会主义作为取代资本主义的更高类型的社会制度，它同资本主义在经济、政治和意识形态的基本制度上都是对立的。自第一个社会主义国家诞生以来，国际帝国主义反对社会主义国家的活动从来没有停止过。它们曾经多次武装入侵社会主义国家，在武装干涉一手失败后，又加紧推行和平演变战略。它们的目的是要在地球上铲除社会主义，恢复资本主义的一统天下。社会主义国家为了自身的生存和发展，必须针锋相对反对帝国主义的武装干涉与和平演变的图谋，并要赢得这两种战争的胜利。但是，社会主义同资本主义之间还有继承和相互联系的方面。社会主义是在资本主义的基础上发展起来的。它既是对资本主义的否定，又是对资本主义的继承，特别是在东方资本主义不发达国家建设社会主义，一个基本条件是“占有资本主义制度所创造的一切积极的成果”①。然而，在过去的长时间里，许多国家在对待资本主义的问题上，往往只看到或较多地看到社会主义同资本主义对立的一面，而看不到或很少看到社会主义同它还有学习、借鉴的一面。这种认识上的片面性，是社会主义国家对外封闭和半封闭的重要认识根源。

马克思、恩格斯指出：“历史不外是各个世代的依次交替。每一代都利用以前各代遗留下来的材料、资金和生产力。”② 社会主义代替资本主义也是如此。当社会主义在经济文化比较落后的国家取得胜利并与发达资本主义国家共处时，社会主义要逐步赶上和超过资本主义并最终取代资本主义，就必须继承和利用资本主义社会创造的一切文明成果。

资本主义基本经济制度是资本主义社会的经济基础，反映了资产阶级的根本利益，社会主义国家当然不能“引进”，但是，资本主义社会

① 《马克思恩格斯选集》第三卷，人民出版社，1995年版，第769页。
② 《马克思恩格斯选集》第一卷，人民出版社，1995年版，第88页。

存在和发展的一些经济体制、运行机制，本身并不具有社会基本制度的属性，它有利于社会资源的优化配置和生产力的发展，社会主义国家必须予以继承和利用；资本主义社会存在和发展的先进经营方式、管理方法，反映了现代化大生产发展的规律和市场经济的要求，社会主义国家要大胆地学，大胆地用；资本主义发达国家的先进技术和设备，是社会化大生产的产物，是提高劳动生产率的手段，还有外国资金等，社会主义国家都可以而且应该实行“拿来主义”，大胆引进和利用。资产阶级国家的“三权鼎立”制度，作为资本主义社会的政治上层建筑，是资产阶级进行阶级统治的工具，社会主义国家绝对不能“引进”，但是，资本主义政治制度较之封建专制制度是历史的巨大进步，资本主义民主制度中一些重要原则和民主形式，反映了工人阶级和劳动人民长期斗争的成果，社会主义国家在发展社会主义民主政治和建设法治国家的过程中，必须批判地继承历史上一切民主制度的积极成果，特别是资本主义民主制度中的进步因素和有益的经验。资产阶级思想是资本主义社会占统治地位的思想，是为巩固资本主义经济、政治制度服务的，社会主义国家无疑也不能“引进”，而且在对外开放过程中，要抵制资产阶级思想道德和生活方式的泛滥，抵制各种丑恶腐朽东西的侵蚀，把对外开放带来的消极影响限制在最小范围内。但是，资本主义发达国家的科学、技术以及一切有益的文化，都是人类文明的成果，社会主义国家必须予以吸收、继承和利用，为建设社会主义精神文明服务。

俄国十月革命后，特别是国内战争结束后，列宁从一个小农国家在资本主义包围中建设社会主义的需要出发，根据生产商品化、社会化而形成的各国经济相互依赖关系，反复阐明了苏维埃俄国对外开放，利用资本主义建设社会主义的必要性、可能性，并作出从资本主义国家引进先进科学技术、学习管理经验、利用外资和发展对外贸易等决策。他强调：“不利用大资本主义所达到的技术和文化成就便不可能实现社会主义。”① 斯大林继承了列宁的思想和政策，特别是在 1929 年世界资本主

① 《列宁选集》第三卷，人民出版社，1995 年版，第 535 页。

义出现严重经济危机以后，抓住时机，购进了大批资本主义国家倒闭工厂的先进装备，同外国签订技术协定，接受外国贷款，聘请外国专家和技术工人等，这对苏联在短时期内实现社会主义工业化发挥了重要作用。但是，在第二次世界大战结束后，由于诞生了一系列社会主义国家，斯大林便提出了“两个平行世界市场”的理论，认为社会主义与资本主义两个经济体系之间只有对立和斗争，没有依存和合作，这就实际上否认了社会主义国家与资本主义国家发展经济联系的必要性，违背了世界经济国际化的历史趋势，使苏联和其他社会主义国家形成了不同程度的封闭性经济，妨碍了科技进步和国民经济可持续增长。邓小平在谈到中国的经验教训时指出：“建国以后，人家封锁我们，在某种程度上我们也还是闭关自守，这给我们带来了一些困难。三十几年的经验教训告诉我们，关起门来搞建设是不行的，发展不起来。”① 近 20 年来，中国社会主义现代化建设取得巨大成就，其根本原因之一就是因为在邓小平理论指导下，结束了长期以来闭关自守的状态，以高度的自觉性和民族自信心实行对外开放和走向世界。

（四）把共产党建设成为领导社会主义事业的坚强核心

20 世纪社会主义历史经验证明，各国无产阶级和劳动人民，要通过革命斗争取得政权，建立无产阶级专政或人民民主专政，关键在各国共产党；在革命胜利后，要顺利进行社会主义改造，建立社会主义制度，取得社会主义建设的成功，关键也在各国共产党。只要坚持共产党的领导，不断加强共产党的建设，各国社会主义事业就能够克服前进路上的艰难险阻，不断取得新的胜利。

俄国十月社会主义革命之所以取得胜利，一个决定性因素，就是有以列宁为首的布尔什维克党的坚强领导。布尔什维克党是以马克思列宁主义为指南的，在反对沙皇统治和第二国际修正主义以及俄国孟什维克

① 《邓小平文选》第三卷，人民出版社，1993 年版，第 64 页。

的斗争中锻炼成长的俄国无产阶级先锋队。它善于在帝国主义时代和俄国复杂的社会、经济和政治条件下创造性地运用马克思主义，制定正确路线、方针和政策，灵活运用和平的和暴力的、议会的和非议会的、公开的和秘密的各种斗争形式，根据形势的变化不断改变策略，既反对右倾机会主义，又防止“左”倾冒险主义，依靠人民群众，抓住革命时机，去争取胜利。在第一次世界大战期间，它反对第二国际和孟什维克鼓吹“国内和平”和“保卫祖国”的叛卖政策，提出“变帝国主义战争为国内战争”的口号和“使沙皇政府在帝国主义战争中失败”的策略，号召士兵掉转枪口反对沙皇专制制度。在1917年二月革命推翻了沙皇反动统治之后，俄国出现了工人、士兵代表苏维埃和资产阶级临时政府“两个政权”并存的局面。它又及时制定了从民主革命转变为社会主义革命的路线，提出“不给临时政府任何支持”和“全部政权归苏维埃”的策略口号，在抓住俄国革命罕见的和平发展机会的同时，加紧进行暴力革命的准备工作。“七月事变”后，全部政权已转到资产阶级临时政府手里，革命和平发展的希望彻底破灭，布尔什维克党果断地制定了武装起义的方针，排除党内外各种阻挠和破坏，领导工人阶级联合农民，在士兵的支持下于11月7日（俄历10月25日）举行武装起义，推翻了资产阶级临时政府，建立了人类历史上第一个社会主义国家。

十月革命以来，苏联共产党领导全国各族人民取得社会主义建设的巨大成就，并对世界和平和人类进步作出了重大贡献。但不幸的是，苏联社会主义却在80年代末90年代初东欧剧变后发生解体和演变。一个有着74年历史的社会主义国家为什么会发生演变？究其原因是由多种复杂因素作用的结果，但关键还是执政的共产党内部首先是领导核心出了问题。苏联作为世界上第一个社会主义国家，在它探索和建设社会主义的实践中，曾经积累了许多问题和矛盾，尽管积重难返，但如果苏共领导人坚持和改善共产党的领导，加强党自身的建设，制定正确的路线和政策，有效地推进社会主义改革，是能够逐步解决这些问题和矛盾的，使社会主义的生机和活力在苏联重新焕发出来。然而，1985 年戈尔巴乔夫执政后，在改革中推行右倾机会主义路线。用“新思维”“人道的、民主的社会主义”取代科学社会主义，改变了苏联共产党的性质；引进西方的议会制、多党制，取消了苏共法定的领导地位。从而诱发了苏联社会存在的种种社会矛盾，造成政局动荡与失控，最终导致了苏联的解体与演变。

同苏联、东欧国家社会主义在改革中失败相反，中国社会主义却在改革中焕发出蓬勃生机，取得巨大成功，其根本原因也就在于中国改革有以马列主义、毛泽东思想和邓小平理论为指导思想的中国共产党的坚强领导。1978 年 12 月召开的党的十一届三中全会形成了以邓小平为核心的第二代中央领导集体，把马列主义、毛泽东思想创造性地运用于当代中国，开创了党的建设新的伟大工程，重新确立了党的思想路线、政治路线和组织路线，有步骤地解决新中国成立以来许多历史遗留问题，提出和阐述了中国建设社会主义的正确理论，领导全国人民进行一场新的革命——社会主义改革，使中国社会主义从危难中奋起，开辟了建设中国特色社会主义的新道路，并经受国内国际政治风波的严峻考验，取得改革开放和现代化建设的辉煌成就。

世界社会主义运动的历史发展，正如邓小平所指出的，“自有国际共产主义运动以来，就证明了没有无产阶级的政党就不可能有国际共产主义运动。自从十月革命以来，更证明了没有共产党的领导就不可能有社会主义革命，不可能有无产阶级专政，不可能有社会主义建设。”①

（原载于《华中师范大学学报（人文社会科学版）》2000 年第 1 期）

四、20 世纪社会主义理论创新与社会主义实践的飞跃

20 世纪社会主义历史表明：社会主义理论创新与社会主义实践发

① 《邓小平文选》第二卷，人民出版社，1994 年版，第 169 页。

展是紧密相连的。社会实践的发展和需要是理论创新的源泉和动力，而理论创新的成果反过来又成为新的实践的行动指南和强大动力。社会主义理论每一次历史性飞跃，必然要引起社会主义实践的历史性飞跃。没有社会主义理论的伟大创新，就不会有社会主义实践的突破性发展。社会主义理论一旦停滞僵化，必然要给社会主义事业带来挫折甚至失败。

（一）社会主义理论不断创新是社会主义运动发展的不竭动力

马克思、恩格斯的社会主义理论是“置于现实的基础之上”的科学社会主义，而现实生活总是处在不停的变动中。这就决定了它必定要与时俱进，不断创新。社会主义理论创新的具体形式是多样的，概括起来主要有两种情况：一是根据新的历史条件和实践要求，不拘泥于过去在特定历史条件下针对具体情况提出的某些个别观点和结论，而代之以反映变化了实际的新观点、新理论；二是运用马克思主义基本原理与基本方法，研究、回答反映“时代的声音”的新的实际问题，形成新的思想观点，创立新的理论体系，补充、丰富和发展科学社会主义。由此看出，社会主义理论创新的成果，具有鲜明的时代性、强烈的实践性、严谨的科学性、高度的开放性。它为社会主义实践的发展和胜利提供了科学的指导思想和强大的动力。

在20世纪社会主义思想史上，俄国的列宁，中国的毛泽东、邓小平对社会主义理论创新作出了杰出贡献。

列宁对社会主义理论创新，主要表现在他第一个对帝国主义这个资本主义发展新阶段进行了科学的剖析，揭示了世界资本主义经济政治发展不平衡的规律，提出社会主义革命可在“一国或几国”首先获得成功，而首先获得成功的国家不一定是资本主义发达国家，而是社会矛盾特别集中突出尖锐的帝国主义链条上最薄弱的环节，实际上就是经济比较落后的东方国家。列宁“一国或几国”首先胜利的新社会主义革命论取代马克思、恩格斯在自由资本主义时代作出的社会主义革命将在主要文明国家“同时胜利”的论断，为帝国主义时代无产阶级革命铸造了新的理论武器。正是在列宁主义指引下，俄国取得十月革命的成功。从此，社会主义由科学理论变成现实社会制度，开创了人类社会从资本主义向社会主义过渡的历史新时代。

毛泽东对社会主义理论创新，主要表现在他把马列主义基本原理与中国革命具体实际相结合，创立了新民主主义革命理论和从新民主主义向社会主义过渡的理论，开辟了中国自己的革命道路与社会主义和平改造的道路。正是在毛泽东思想指引下，中国人民取得新民主主义革命的伟大胜利，并走上社会主义道路，创造性地解决了中国这样原来是半殖民地半封建的落后国家如何革命，如何建立社会主义制度的极其复杂而艰难的任务。

邓小平对社会主义理论创新，主要表现在他在新的历史条件下，总结国内外社会主义实践的经验与教训，创立了建设中国特色社会主义理论，开辟了中国社会主义建设的新道路，第一次比较系统地初步回答了中国这样经济文化落后国家如何建设社会主义，如何巩固和发展社会主义这个历史难题，把对社会主义的认识提高到新的科学水平。也正是在邓小平理论指引下，中国实现了从以阶级斗争为纲到以经济建设为中心、从封闭半封闭到改革开放、从计划经济到社会主义市场经济的历史性转变，中国社会主义从困境中奋起，进入蓬勃发展的新时期。

历史清楚地表明，列宁、毛泽东、邓小平的伟大理论创新，是20世纪社会主义实践飞跃的决定性因素。如果没有列宁的理论创新，就不会有俄国十月革命的胜利；没有毛泽东、邓小平的理论创新，就不会有中国革命的胜利和中国特色社会主义事业的蓬勃发展。《苏联共产党（布）历史简明教程》在评价列宁的理论创新时曾经正确指出：假如列宁“没有充分理论勇气去抛弃马克思主义中一个已经过时的理论，而代之以关于社会主义可能在单独一个国家里获得胜利这一适合新的历史环境的新结论……那我们党就会陷于黑夜徘徊的地位，无产阶级革命就会落到没有领导的地位，马克思主义理论就会衰颓起来”[①]。在中国，邓小平同志在谈到毛泽东的理论创新和实践贡献时同样指出：“马克思、列宁从来没有说过农村包围城市，这个原理在当时世界上还是没有的。但是毛泽东同志根据中国的具体条件指明了革命的具体道路，在军阀割据的时候，在敌人控制薄弱的地区，领导人民建立革命根据地，用农村包围城市，最后夺取了政权。”[②]“没有毛主席，至少我们中国人民还要在黑暗中摸索更长的时间。”[③] 江泽民同志在谈到邓小平的理论创新和实践贡献时也明确指出：“在当代中国，只有把马克思主义同当代中国实践和时代特征结合起来的邓小平理论，而没有别的理论能够解决社会主义的前途和命运问题。”[④]“如果没有邓小平同志，中国人民就不可能有今天的新生活，中国就不可能有今天改革开放的新局面和社会主义现代化的光明前景。”[⑤]

列宁、毛泽东、邓小平的理论创新之所以具有如此巨大的力量，是因为：第一，他们的理论是适应20世纪时代变化和本国实践发展的需要而创立的与时俱进的理论。它们以马克思主义科学世界观和方法论为基础，正确地反映了现实生活，并能够正确地回答时代提出的新课题，是俄国革命、中国革命和建设“活的行动指南”。第二，他们的理论是无产阶级政党的科学指导思想。俄国布尔什维克党和中国共产党因为有了这种发展着的马克思主义的指导，才能站在时代潮流的前头，制定正确的路线、纲领、方针、政策，指引社会主义革命和建设事业取得胜利。第三，他们的理论代表最广大人民的根本利益，能够为无产阶级和广大群众所掌握。人民群众是社会主义实践的主体。正是由于以它们为

---

① 联共中央特设委员会编：《苏联共产党（布）历史简明教程》，人民出版社，1955年版，第474页。

② 《邓小平文选》第二卷，人民出版社，1994年版，第126页。

③ 《邓小平文选》第二卷，人民出版社，1994年版，第345页。

④ 《江泽民论讲学习讲政治讲正气（专题摘编）》，党建读物出版社，1999年版，第29页。

⑤ 《十四大以来重要文献选编》下，人民出版社，1999年版，第2317页。

主要代表的创新理论掌握了俄国、中国等国的广大群众，才在20世纪兴起了波澜壮阔的社会主义运动，实现了社会主义由理论到现实、由一国建设的实践到多国建设的实践、由一种模式到多种模式三次历史性飞跃。

（二）社会主义理论停滞僵化必然招致社会主义事业的挫折和失败

科学社会主义的生命力就在于同实际生活紧密联系，随着时代、实践和科学的发展而不断创新，也只有这种与时俱进的理论才能真正成为指导无产阶级和广大群众进行革命和建设的科学。如果社会主义理论落后于时代，脱离实际生活，故步自封，与时不变，停滞僵化，它就没有生命力了，而用僵化教条指导革命和建设是注定要失败的。

邓小平在总结中国社会主义历史经验时深刻地指出："'左'的东西在我们党的历史上可怕呀！一个好好的东西，一下子被他搞掉了。右可以葬送社会主义，'左'也可以葬送社会主义。中国要警惕右，但主要是防止'左'。"① 邓小平说的"可怕"的"左"，就是指我们党的历史上一再犯过的"左"倾错误，特别是"左"倾教条主义错误。在20世纪20年代后期和30年代前期，我们党内曾经连续出现三次"左"倾错误，它们的共同点是不从中国社会的实际出发运用马列主义，提出中国革命的理论、路线、纲领和政策，寻找中国革命的道路，而是把马列主义书本上若干词句和俄国城市武装起义夺取政权的经验搬运到中国来当作亘古不变的教条和现成公式，用以指导中国革命，结果使中国革命几经挫折，几乎陷于绝境。毛泽东的伟大就在于，他从思想理论上彻底清算了"左"倾教条主义错误，创立了适合中国情况的科学的指导思想——毛泽东思想，实现了马克思主义中国化的第一次飞跃，使中国革命从挫折甚至绝境中走上胜利之路。在我国社会主义建设时期，从1957年下半年起，我们党在指导思想和实际工作中又发生了一连串的

① 《十三大以来重要文献选编》下，人民出版社，1993年版，第2081页。

"左"倾错误，特别是发生了"文化大革命"那样全局性、长时期的严重"左"倾错误，给党、国家和各族人民带来了灾难性后果。这些"左"倾错误的共同点还是脱离中国国情，违背马克思主义基本原理与中国具体实际相结合的原则。粉碎"四人帮"后的两年间，由于"两个凡是"的"左"倾教条主义思潮泛滥，中国社会主义仍然处于危难的境地。邓小平的伟大就在于，他以非凡的政治勇气和理论勇气，冲破"两个凡是"的思想禁锢，重新确立党的解放思想、实事求是的思想路线，创立了指导中国改革开放和现代化建设的正确理论——邓小平理论，实现了马克思主义中国化的第二次飞跃，开创了中国社会主义现代化的崭新局面。

20 世纪末苏联社会主义的失败，是 20 世纪社会主义运动史上最惨重的历史悲剧。酿成这个悲剧的原因是复杂的、多方面的，但从思想理论上看是同"左"倾教条主义联系在一起的。

十月革命后，列宁反复强调根据新的实践，不断推动社会主义理论创新。他指出："对俄国来说，根据书本争论社会主义纲领的时代已经过去了，我深信已经一去不复返了。今天只能根据经验来谈论社会主义。"列宁在短短的七年时间里，坚持不懈地在实践上和理论上进行双重探索，及时总结社会主义实践的经验教训，不断深化对社会主义的认识，以至在他口授的《论合作社》一文中宣布我们"对社会主义的整个看法根本改变了"①。

遗憾的是，列宁对待马克思主义的科学态度和与时俱进的创新精神，没有被后继的苏共领导人传承下来。从斯大林时期到勃列日涅夫时期的几十年间，时代主题、世界形势、科学技术和苏联的社会生活都发生了剧烈的变动，而苏共社会主义理论却处于停滞状态，没有多大的进展，认为苏联已建成马克思恩格斯设想的共产主义第一阶段或发达的社

① 《列宁选集》第四卷，人民出版社，1972 年版，第 687 页。

会主义社会，正在“解决新的任务：建立共产主义的物质技术基础”；苏联社会的各种矛盾正在消失，民族问题已经“彻底地一劳永逸地解决了”，整个社会越来越成为“单一的社会”；社会主义必须建立单一的生产资料公有制，集体所有制必须向全民所有制过渡，排斥非公有制经济；建立高度集中的计划经济体制，排斥市场机制，抑制商品货币关系；坚持优先发展重工业（国防工业）、忽视轻工业和农业的国民经济发展战略；实行权力高度集中的政治体制以及高度思想垄断的文化体制等。可以看出，20 世纪 80 年代苏共的理论水平，基本上停留在斯大林的社会主义理论上和对马克思主义经典作家关于未来社会设想的教条式理解上，整个苏联社会生活仍是在斯大林时期建立的体制结构内运行。

由于苏共思想理论长期僵化，无力及时、准确反映现实生活的变化，无力正确回答时代和实践发展提出的问题与挑战，无力在经济、政治、意识形态和外交各个领域制定、实行正确的政策和应对措施，致使苏联社会主义失去生机和活力，在同美国的较量中节节败退，国民经济畸形发展，人民生活每况愈下，“信仰危机”日益严重。苏共由此丧失了先进性，丧失了人民群众的支持，丧失了执政能力。1985 年戈尔巴乔夫上台后，鼓吹“新思维”，提出建立“人道的、民主的社会主义”，使苏共思想理论从长期僵化转向西方自由化，从“左”倾教条主义转向右倾机会主义，最终导致苏共蜕变丢权，苏联社会制度演变和解体。可见，苏联社会主义的失败，首先是从苏共思想理论上僵化失去先进性开始的。由于脱离时代和苏联实际的“左”倾教条主义造成社会主义建设事业的严重挫折，而又长期得不到纠正，就为右倾机会主义思潮的滋长、泛滥和“和平演变”准备了土壤和条件。从这个意义上说，是“左”倾教条主义和右倾机会主义合葬了苏联社会主义。

20 世纪社会主义运动的历史经验已充分证明：无产阶级政党什么时候能够不拘泥于马克思主义的个别原理和结论，在实践的基础上提出创新的理论，用以指导新的实践，社会主义事业就会顺利发展；什么时候不顾时间、地点和历史条件的变化，死抱住马克思主义经典作家某些观点和论断不放，搞本本主义、教条主义，社会主义事业就要遭受挫折和失败。正如邓小平所说的，“一个党，一个国家，一个民族，如果一切从本本出发，思想僵化，迷信盛行，那它就不能前进，它的生机就停止了，就要亡党亡国”①。

（三）21 世纪社会主义复兴的希望在于理论创新

人类社会历史已经跨入新千年、新世纪。从总体上看，世界社会主义运动仍然处于低潮中，“资强社弱”的对比态势在短时期不会改变，社会主义前进路上还充满艰难险阻，但我们坚信，在 20 世纪创造了光辉业绩的社会主义，经受东欧剧变严峻考验之后，将通过总结、吸取经验教训，推动理论创新，逐步走上复兴之路，在 21 世纪再创新的辉煌。

社会主义理论创新，是社会主义运动复兴的先导。要使社会主义实践出现重大突破，首先在理论上要有重大突破。只有把握马克思主义与时俱进的理论品质，根据时代变化和实践要求不断创造新的理论，马克思主义才有无限的生命力，无产阶级政党才有旺盛的生机和活力，社会主义运动复兴才有强大的动力。

现在，马克思主义正面临大发展的形势。由于世界局势复杂多变，经济全球化和世界多极化在曲折中发展，科学技术日新月异，知识经济初露端倪；由于社会主义运动积累了极其丰富的正反两方面的经验，社会主义各国改革开放实践在探索中不断发展；由于当代资本主义国家出现许多新情况、新现象、新问题，以及苏东国家从社会主义向资本主义演变等新的实际材料，为马克思主义大发展提供了契机。可以预料，马克思主义将在研究《共产党宣言》发表 150 多年来世界政治、经济、文化、科技领域发生的重大变化，当代社会主义的历史和现实经验，当代资本主义的特征、本质和发展趋势，苏东国家的现状、矛盾和走向等时

① 《邓小平文选》第二卷，人民出版社，1994 年版，第 143 页。

代课题中获得大发展，不断深化对社会主义革命的规律、对社会主义建设的规律、对人类社会发展的规律的认识，为社会主义运动的复兴和发展准备日益充足的理论武器。

马克思主义理论的创新和发展，是以各国革命和建设的具体实践为生长点的。社会主义运动首先是一国范围内的斗争。各国无产阶级政党把马克思主义基本原理与本国具体实际相结合的过程，就是马克思主义本国化、民族化的过程，也就是马克思主义理论丰富、发展和创新的过程。任何国家的革命和建设，都必须坚持马克思主义基本原理，否则就会因为没有正确的理论基础而迷失方向，使革命和建设事业归于失败，但是马克思主义基本原理一定要同各国的具体实际相结合，否则就会因为理论脱离实际而停滞僵化，同样会使革命和建设事业遭受挫折甚至失败。马克思主义理论的创新和发展，正是在反对、纠正对待马克思主义的各种右的和“左”的错误态度，运用马克思主义基本原理研究、解决各国革命和建设不同时期历史任务的过程中实现的。坚持马克思主义基本原理与各国革命和建设的具体实际相结合是理论创新的源泉。由于各国发展程度、历史传统、民族特点等具体情况千差万别，马克思主义基本原理在各国具体化的表现形式、理论形态必定各不相同，会产生多样化、带有各个国家和民族特性的马克思主义。在 20 世纪，产生了俄国化的马克思主义、中国化的马克思主义，还有其他国家和民族化的马克思主义。这种本国化、民族化的马克思主义，都是对马克思主义理论宝库的贡献。进入 21 世纪，各国无产阶级政党都注重从 20 世纪社会主义的历史经验中学习，强调从本国的实际出发，独立自主探索社会主义革命和社会主义建设的道路，从而使马克思主义本国化、民族化进入一个多样化发展的新阶段。这将使马克思主义在世界上越来越多的国家和民族中生根、开花、结果，并因此大大推进世界社会主义复兴的历史进程。

在中国迈向新世纪的征途上，江泽民同志提出的“三个代表”重要思想，是继毛泽东思想、邓小平理论之后马克思主义中国化的新飞跃。它运用马克思主义基本原理，总结我们党80年的历史经验，结合当今世界和中国发展变化的新情况，第一次从代表中国先进生产力、先进文化和最广大人民根本利益三者有机统一的高度，对共产党的先进性进行了新的理论概括，揭示了党的先进性的基础、灵魂和本质，回答了在新世纪“建设一个什么样的党和怎样建设党”这个根本问题，用新的理论成果继承和发展了马列主义、毛泽东思想和邓小平理论。“要把中国的事情办好，关键取决于我们党。”① 只要坚决贯彻、落实“三个代表”的要求，我们党就能够始终保持它的先进性，不断增强党的创造力、凝聚力和战斗力，永葆党的生机和活力，成为建设中国特色社会主义事业的坚强核心。到本世纪中叶，我国就一定能够胜利完成邓小平提出的社会主义现代化“三步走”的战略目标，实现中华民族的伟大复兴，并对世界社会主义运动的复兴和发展作出较大的贡献。

（原载于《江汉论坛》2002年第11期）

五、21世纪社会主义的前景展望

社会主义在21世纪的前景如何，世界上许多政治家、学者、社会主义者都在进行预测。由于他们观察问题的立场、观点、方法不同，预测的结论自然也不相同。在各式各样的预言中，有两种截然相反的结论。一种预言是21世纪是社会主义“衰亡”的世纪。美国政治家兹·布热津斯基在1989年出版的《大失败——20世纪共产主义的兴亡》一书中断言：“到下个世纪，共产主义将不可逆转地在历史上衰亡，它的实践与信条将不再与人类的状况有什么关系。”② 另一种预言是：21世纪是社会主义复兴的世纪。俄国学者亚·布兹加林和娜·莫罗佐娃在

① 《十五大以来重要文献选编》中，人民出版社，2001年版，第1138页。

② ［美］兹·布热津斯基著，军事科学院外国军事研究部译：《大失败——20世纪共产主义的兴亡》，军事科学出版社，1989年版，第1页。

1993 年争取民主和社会主义的学者国际会议上明确提出，东欧剧变的“隧道尽头是社会主义的复兴”，“21 世纪：社会主义复兴的世纪”，“我们应着手于清除瓦砾，打扫场地，绘制新蓝图”。我们坚信，在 20 世纪创造光辉业绩的社会主义，经受东欧剧变严峻考验之后，决不会在下个世纪“衰亡”，它必将通过总结、吸取经验教训，从低谷中奋起，逐步走向复兴之路，在 21 世纪再造辉煌。

这个结论，是对 21 世纪社会主义历史命运最一般的预测。它是建立在马克思主义唯物史观的基础上，是立足当今世界现实，从客观事实出发对 21 世纪社会主义发展前景的瞻望。

（一）科技革命与社会主义的未来

第二次世界大战结束以来，现代科学技术经历了新的伟大革命，科学技术发展速度之快，范围之广，影响之大，都是前所未有的。这场新技术革命的兴起和迅猛发展，是当今世纪一个突出现象，它正深刻地改变着人类经济、社会生活和世界的面貌，并对社会主义的未来产生重大而深远的影响。

历史告诉我们，科学技术进步同社会主义的发展紧密联系在一起。正是在 18 世纪下半叶至 19 世纪中叶，第一次科技革命导致第一次产业革命，引起资本主义大工业的出现和发展以及现代无产阶级的形成，诞生了马克思主义，使社会主义从空想变为科学；在 19 世纪末 20 世纪初，第二次科技革命引发了第二次产业革命，促进资本主义进入帝国主义阶段，产生了列宁主义并导致十月革命的胜利和世界社会主义运动的蓬勃发展，使社会主义由理论变为现实。现在，从二战后开始并延续下去的第三次科技革命所产生的第三次产业革命，导致一批新技术群体（信息技术、自动化技术、新材料与新能源技术、航天技术、海洋技术、生物技术等）的形成和发展从根本上改变了人类劳动手段、经营管理方式和生活方式，使人类社会进入高科技发展的新时代，必将带来马克思主义社会主义理论的新的历史性飞跃。正如邓小平所指出的：“世界形势日新月异，特别是现代科学技术发展很快。现在的一年抵得上过去古老社会几十年、上百年甚至更长的时间。不以新的思想、观点去继承、发展马克思主义，不是真正的马克思主义者。”① 马克思主义社会主义理论的创新，必将指引处于低潮的世界社会主义运动走出低谷，步入高潮。

这场新科技革命和新产业革命，是以资本主义发达国家为发源地。它首先有力地推动了这些国家经济和社会发展，使本世纪下半叶世界资本主义出现保持相对稳定的发展态势。而同处于下半叶的社会主义各国建设受挫的重要原因之一，就在于没有抓住新科技革命兴起带来的发展机遇，有些国家甚至长期处于新科技革命潮流之外，以致科学技术与资本主义发达国家先进水平的差距愈拉愈大。如果先进的科学技术长期为资本主义发达国家所垄断，那么社会主义国家就无法取得同资本主义相比较的优势，也就谈不上社会主义事业的胜利。因此，摆在社会主义国家面前的一个紧迫任务，就是努力寻求社会主义与先进科学技术相结合。科学技术作为“最高意义上的革命力量”，同社会主义在本质上是统一而不可分割的。不仅科学社会主义理论的诞生和发展离不开科学技术，而且社会主义制度的巩固，社会主义现代化建设的成功更离不开科学技术。社会主义国家只有实现社会主义与先进科学技术的密切结合，才能不断提高社会主义社会的生产力、综合国力和人民生活水平，体现出社会主义制度的本质和优越性，才能使社会主义制度拥有比较充分的物质基础，并为缩小和消灭工农之间、城乡之间、脑体之间的差别，实现人的自由而全面的发展，向共产主义社会过渡创造条件。

（二）当代资本主义的新变化和社会主义的未来

第二次世界大战以后，世界资本主义进入国家垄断资本主义的新阶段。世界资本主义在经历了本世纪上半叶空前严重的经济危机、世界战

① 《邓小平思想年谱（一九七五——一九九七）》，中央文献出版社，1998 年版，第 425 页。

争和无产阶级革命风暴的大震荡年代之后，对生产关系和上层建筑进行大调整，逐步建立和完善了资本主义市场经济体制和相适应的政治体制以及一系列具体制度，给资本主义注入了新的活力，促进新科技革命浪潮不断高涨和生产力的迅速发展；这同时也表明，资本主义生产方式范围内所容纳的生产力尚未充分发挥出来，人类社会尚未达到彻底否定资本主义的最后阶段，资本主义仍然有较强的自我调节、自我更新、自我发展的能力，并将在自身的范围内，通过自我调整继续向前发展。但是，当代资本主义的新变化并没有也不可能克服资本主义固有的矛盾，相反地，资本主义的基本矛盾还在新的基础上不断积累和加深。

为了容纳新科技成果，容纳更多的生产力，资产阶级及其政府被迫采取国家垄断资本这一资本社会化最高形式，由国家直接掌握愈来愈多的生产资料、参与社会资本的再生产过程，并建立与市场机制并存的国家宏观经济调控机制，干预和调整社会生产过程各个环节，在一定程度上适应了生产社会化的要求，缓和了资本主义基本矛盾，但它不可能从根本上解决这个矛盾。因为国家垄断资本是在资本主义生产方式内部对资本关系的调整，只是改变了资本主义私有制的实现形式，并没有改变资本的属性，改变资本主义私有制。这种调整也表明，资本主义发达国家距离社会主义愈来愈近了。因为“国家垄断资本主义是社会主义的最充分的物质准备，是社会主义的前阶，是历史阶梯上的一级，在这一级和叫作社会主义的那一级之间，没有任何中间级”①。这意味着达到了一个新的社会本身占有一切生产力做准备的阶段。

由于资本主义基本矛盾的存在和发展，尽管垄断资本利用政权干预经济、制定国民经济发展规划，而信息技术又为制定这种规划提供了完备的物质手段，在一定程度上抑制了资本主义生产的盲目性，但资本主义经济危机仍然频繁爆发。据统计，战后50年间，美国、英国发生经

---

① 《列宁选集》第三卷，人民出版社，1995年版，第528页。

济危机8次，日本发生7次，联邦德国发生6次，法国发生5次。虽然这些经济危机同战前相比较有许多不同的特点，例如对资本主义的打击不像过去那样沉重，资本主义再生产周期阶段不够明显、结构性危机更加突出等，但也准确无误地传递着一个信息：国家垄断资本仍然难以驾驭日益膨胀的现代生产力。

资本主义基本矛盾又一具体表现的社会阶级矛盾、贫富鸿沟还在扩大和加深。资本主义发达国家实施社会福利保障制、“雇员持股计划”等举措，没有改变工人阶级的雇佣地位，无法掩盖资本对劳动剥削程度的提高和贫富悬殊的扩大。这些国家两极分化、富裕阶级与贫困阶级收入差距已到了令人吃惊的地步。据美国社会学家伊安·罗伯特逊的统计分析，美国人中最富的1/5占有国民财富的76%，最穷的1/5占有国民财富的0.2%，次贫的1/5占有国民财富的2.1%。据《美国新闻与世界报道》1996年6月17日载文称，在70年代，美国500家最大公司的总裁，其年收入同工作的差距为41∶1，到了1995年，这个差距扩大为197∶1。据美国人口普查局1994年10月6日报告，生活在贫困线以下（四口之家年收入不足1463美元）的人口已增至3930万人，占美国人口的15.1%，生活在贫困中的儿童总数的22.7%。按人口比例计算，白人中的穷人约占白人总数的11.3%，而黑人中的穷人则占其人口的32.7%。此外，资本主义制度下各种社会问题愈益严重。美国资产阶级政治家兹·布热津斯基在诅咒共产主义“死亡”的同时，也掩盖不住对“丰饶中的纵欲无度”的西方国家命运的忧虑。他在《大失控与大混乱》一书中承认并列举出美国社会面临的20道严重难题，如贪婪的富有阶级，日益加深的种族和贫困问题，广泛的犯罪和暴力行为，大规模毒品文化的流行，社会上绝望情绪的内部滋生，过度的性自由，通过视觉媒体大规模地传播道德败坏的世风，日益弥漫的精神空虚感，等等①。

① ［美］兹比格涅夫·布热津斯基著，潘嘉玢、刘瑞祥译：《大失控与大混乱》，中国社会科学出版社，1994年版，中译本出版前言第5～6页。

还要看到，随着科学技术日新月异和经济全球化，发达国家垄断资本剥削向全球拓展，它们凭借资本和技术的优势，利用不平等的国际经济旧秩序，通过贸易、贷款和直接投资等渠道，加强对广大不发达国家和地区的剥削、掠夺和控制，使世界上富国（发达国家）和贫国（不发达国家）的差异进一步拉大。据联合国开发计划署 1992 年《人类发展报告》统计，从 30 年代到 90 年代，富国和贫国的收入差距从 30 倍猛增到 150 倍。从人均 GNP 来看，1994 年发达国家达到 16610 美元，发展中国家为 950 美元，只及前者的 5.7%。最富有的国家人均国民生产总值每天近 100 美元，最贫穷的国家人均每年仅 80 美元。在许多实行资本主义制度的发展中国家，经济困顿，债台高筑，政局动荡，资源外流，通货膨胀，人民生活困苦，社会矛盾加剧，战乱连年不断。这更加充分地说明资本主义基本矛盾正在更大的范围内日益积累和加深。

由此，我们从中不难得出结论，当代资本主义的新变化，并未能从根本上克服资本主义本身固有的矛盾，反而使这些矛盾不断扩大和加深，历史的逻辑将再次表明社会主义代替资本主义的大趋势不可逆转。

（三）苏东演变与社会主义的未来

苏联、东欧社会主义的失败，是历史在前进中暂时的曲折。它没有否定马克思主义历史唯物论，改变历史发展的方向。人类历史的发展是前进性与曲折性的统一。人类社会发展的基本趋势是前进和上升运动，但这种前进和上升运动并不是直线的，而是波浪起伏式前进、螺旋式上升的。正如邓小平所指出的："封建社会代替奴隶社会，资本主义代替封建主义，社会主义经历一个长过程发展后必然代替资本主义。这是社会历史发展不可逆转的总趋势，但道路是曲折的。"① 曲折性是人类社会发展过程的题中应有之义。历史上，资本主义代替封建主义的几百年间曾几经曲折，发生许多次王朝复辟，社会主义是在一批经济文化比较

① 《邓小平思想年谱（一九七五—一九九七）》，中央文献出版社，1998 年版，第 463 页。

落后的国家首先胜利的。这种新的不发达、不成熟的社会主义，要最终取代发达，成熟的资本主义，无疑需要经历更加长期曲折的斗争。一些社会主义国家由于内部原因和外部影响出现曲折甚至倒退，使工人阶级和劳动人民政权得而复失，从一定意义上说，这是难以完全避免的规律性现象。但是这种曲折和倒退本身，又孕育着进一步更大发展的条件。历史向我们展示了这样一条发展道路：社会主义运动每前进一步，都是在曲折中实现的，每一次大的曲折之后，都伴随着社会主义发展的一次大的飞跃。那种认为苏东剧变后马克思主义、社会主义就“消失了、没用了、失败了”，无疑是短视之浅见。对此，邓小平高瞻远瞩地指出：“一些国家出现严重曲折，社会主义好像被削弱了，但人民经受锻炼，从中吸收教训，将促使社会主义向着更加健康的方向发展。”①

东欧剧变、苏联解体，曾一度让资产阶级代表人物欣喜若狂，纷纷断言：“20 世纪将以社会主义的失败和资本主义的胜利而告终”，“21 世纪不会有社会主义的一席之地，世界将是资本主义的一统天下”。但几年之后，它们又惊呼“共产党人重新崛起”，马克思主义、社会主义仍然具有“惊人的再生能力”社会主义在经历空前挫折之后，世界上大多数共产党包括西方发达国家的共产党，已度过了东欧剧变造成的“震荡期”，基本稳住了阵脚，有些国家特别是发展中国家共产党的力量还有发展。各国共产党人都注重从苏东社会主义失败中吸取经验教训，强调从本国实际和时代特征出发，独立自主探索本国革命和建设的道路。执政的社会主义国家的共产党，顶住了国际上的压力，坚持改革开放，正在摆脱苏联模式的束缚，创造适合本国国情的社会主义新模式，并取得了社会主义建设的巨大成就；许多非执政的共产党，努力克服教条主义、宗派主义的错误倾向，根据国际形势的新变化，对党的理论、纲领、战略和策略等根本问题进行调整和创新，寻找本国的社会主义革命

① 《十三大以来重要文献选编》下，人民出版社，1993 年版，第 1865 页。

道路；苏联东欧国家许多共产党人，社会主义者，通过反思和总结，决心抛弃传统的社会主义模式，恢复并重建社会主义。在前东欧地区，多数国家的共产党社会民主党化之后，又重建了以科学社会主义为指导的共产党。如匈牙利的工人党、波兰的共产主义者联盟、保加利亚的共产党、捷克斯洛伐克共产党人党等，他们正在团结和教育广大劳动人民为实现社会主义目标而奋斗。在俄罗斯，重建了许多共产党，其中俄罗斯联邦共产党拥有 60 万党员，在 1995 年议会选举中获得 22.3%的选票，成为国家杜马中的第一大党。俄罗斯共产主义力量的崛起与发展，是俄罗斯政局走向的重要制约因素。尽管当前执政的与非执政的共产党所面临的形势依然很严峻，世界社会主义运动的复兴绝非短时期的事情，但对社会主义前途充满信心。1997 年 10 月 20 日在古巴首都哈瓦那召开的“面向 21 世纪的社会主义”国际研讨会，世界上 97 个马克思主义政党和组织的 212 名代表一致认为，苏联和东欧国家的灾难只能被解释为一种实践的失败，而不是社会主义的消亡。面对资本主义在解决人类问题所表现出的无能，社会主义仍然行之有效和具有诱惑力。俄共领导人久加诺夫 1997 年 10 月 24 日在圣彼得堡庆祝十月革命 80 周年时，满怀信心地宣告：“20 世纪是伟大十月革命的纪元，21 世纪是预示着十月革命的思想将在全世界获得胜利。”

（四）中国特色社会主义与社会主义的未来

社会主义是理论、运动和制度的统一。没有马克思主义理论，就不会有社会主义运动；没有马克思主义指导下的社会主义运动，就不可能建立社会主义制度。从这个意义上说，坚持和发展马克思主义理论，对于社会主义运动的发展和胜利具有决定性作用。

1895 年，恩格斯逝世后，德国社会民主党人伯恩施坦公开修正马克思主义的基本原理，造成第二国际内部机会主义思潮泛滥。1914 年，第一次世界大战爆发，第二国际大多数党和领袖公然站在本国政府立场上支持帝国主义战争，标志着第二国际的破产，世界社会主义运动陷入严重的危机之中。在这历史的关键时刻，以列宁为代表的马克思主义者同伯恩施坦代表的修正主义进行了坚决的斗争，把马克思主义基本原理同帝国主义时代和俄国实际相结合，创立了帝国主义论和“一国胜利”学说，把马克思主义推进到一个新阶段——列宁主义阶段。正是在列宁主义的旗帜下，十月革命取得了伟大的胜利，开辟了人类历史的新纪元。在十月革命的影响和共产国际的推动下，世界社会主义运动出现空前的高潮。事实说明，在社会主义运动的低潮时期，坚持和发展马克思主义是社会主义伟大复兴的前提条件，它将指引着社会主义运动走出低谷，步入高潮。

在一批经济文化相对落后的国家取得革命胜利之后，如何建设社会主义，如何巩固和发展社会主义，是科学社会主义面临的新课题，也是一个世纪性难题。几十年来，从列宁到毛泽东许多社会主义国家领导人、马克思主义者，都围绕这个问题进行了艰难的探索，也取得过巨大成就和宝贵经验，但总体说来上述问题仍没有被很好地解决，这正是本世纪下半叶社会主义各国建设受挫，进而酿成东欧剧变历史悲剧的深层次原因。在世界社会主义运动新的低潮时期，以邓小平为代表的中国共产党人，在总结我国社会主义胜利与挫折的历史经验，借鉴其他国家社会主义兴衰成败的历史经验的基础上，把马列主义基本原理和当代中国实际与时代特征相结合，创立了建设中国特色社会主义理论。这个理论包括社会主义发展道路论、社会主义初级阶段论、社会主义本质论、社会主义改革开放论、社会主义市场经济论以及时代主题论等一系列富有独创性的理论，第一次比较系统地初步解决了“什么是社会主义、如何建设社会主义”这个事关社会主义前途和命运的历史难题。它为中国社会主义现代化建设提供了科学指南，并为当代世界社会主义运动的发展作出了重大的贡献。

在邓小平理论的指引下，中国社会主义从“文化大革命”所造成的困境中摆脱出来，走上了建设中国特色社会主义的新道路，并经受住了国内国际政治风波的严峻考验，取得改革开放和社会主义建设的巨大成就。据统计，从1979—1997年，我国国民生产总值的增长率年均达到9.8%，保持了全球范围内较快的增长速度。综合国力和人民生活水平有了大幅度的提高，国内生产总值达到9609亿美元，位居世界第7位，发展中国家第1位；人均收入自1978年至今增加4倍多。中华大地发生了20世纪第三次历史巨变。

在世界社会主义运动的低潮时期，中国坚持社会主义并使社会主义真正发展起来的事实本身，就是对世界社会主义运动的贡献。正如邓小平所说："只要中国不垮，世界上就有五分之一的人口在坚持社会主义。"[①]"只要中国社会主义不倒，社会主义在世界将始终站得住。"[②] 这不仅给全世界共产党人，社会主义者和广大人民增强了社会主义事业的信心，而且给世界社会主义运动注入了新生机和活力，促使人们重新思考东欧剧变的原因，重新认识社会主义的生命力，重新选择社会主义发展道路。

党的十五大描绘了中国社会主义现代化建设的跨世纪宏伟蓝图。中国的目标是：到下个世纪中叶，也就是建国一百年时，完成"三步走"发展战略，基本实现现代化，建成富强、民主、文明的社会主义国家。那时，中国将进入中等发达国家行列，中国人民将达到现代化基础上的共同富裕，中华民族将实现伟大的复兴。

邓小平认为，"到下个世纪五十年，如果我们基本上实现现代化，那就可以进一步断言社会主义成功"[③]。"这不但是给占世界总人口四分之三的第三世界走出了一条路，更重要的是向人类表明，社会主义必由之路，社会主义优于资本主义。"[④] 可以预料，到下个世纪中叶，一个繁荣富强、高度民主、高度文明的现代化中国将屹立于世界，社会主义

---

① 《邓小平文选》第三卷，人民出版社，1993年版，第321页。
② 《邓小平文选》第三卷，人民出版社，1993年版，第346页。
③ 《邓小平文选》第三卷，人民出版社，1993年版，第320页。
④ 《邓小平文选》第三卷，人民出版社，1993年版，第225页。

制度的优越性将清晰地展现在世人的面前，社会主义熠熠生辉的形象将显示出强大的吸引力、凝聚力和竞争力。全世界将会有越来越多的国家和人民向往、追求和走上社会主义。可以看出，中国特色社会主义事业的成功，中华民族的伟大复兴必将促进世界社会主义运动的复兴。

中国特色社会主义理论与实践表明，各国人民走向社会主义的道路、模式是多种多样的。社会主义必将通过各国人民自愿选择的，适合本国特点的道路、模式，逐步取得胜利。20 世纪苏联东欧社会主义是在单一的僵化的苏联模式禁锢下失败的，21 世纪社会主义必将在各国本质相同而形态各异的充满活力的社会主义新模式中复兴。各国人民建设有本国特色的社会主义，这就是世界社会主义运动光辉灿烂的未来！

（原载于《中共天津市委党校学报》1999 年第 4 期）

第二章　关于无产阶级革命与政党建设的认识与思考

第一节　对无产阶级革命理论的认识

一、用科学的态度看待革命理论

怎么看待革命理论？是坚持理论同实践相结合，还是实行理论同实践相脱离？这不是一个小问题。它关系着是否真正高举革命导师的伟大旗帜，关系着无产阶级革命事业的成败，也关系着理论本身的丰富和发展。

历来的机会主义者、修正主义者，虽然表现形式不尽相同，但在认识论上“都是以主观和客观相分裂，以认识和实践相脱离为特征的”，他们从右的方面或从“左”的方面割断理论同实践的联系。林彪、“四人帮”走得更远。他们从反革命实用主义的需要出发，恣意践踏理论同实践相结合的原则。时而站在极右方面鼓吹“过时论”，攻击革命导师的经典著作“现在不适用了”；时而又站在极左的方面宣扬“顶峰论”，把革命理论的个别词句绝对化、宗教化。而他们以极左的面貌出现，特别是摘引马克思主义的片言只语骗人、吓人时，具有很大的迷惑作用。因此，在怎么看待革命理论的问题上，揭露林彪、“四人帮”假左真右的面目，拨乱反正，肃清流毒，十分必要。

（一）革命理论不是“先哲”神秘的念头，而是从实践中来又经实践检验过的真理

无产阶级革命导师所创立的理论，是先天就有的“先哲”一类形式？还是来源于后天的社会实践？这个问题本来是马克思主义的起码常识，但是，由于多年来林彪、“四人帮”拼命夸大理论的反作用，鼓吹“理论—实践—理论”的“倒过来”哲学，搞乱了人们的思想，使得这个常识问题又成问题了。

毛泽东早在《实践论》这部名著中，运用实践第一的观点，科学地回答了马克思列宁主义的来源问题。他写道：“不能在封建社会就预先认识资本主义社会的规律，因为资本主义还未出现，还无这种实践。马克思主义只能是资本主义社会的产物。马克思不能在自由资本主义时代就预先具体地认识帝国主义时代的某些特异的规律，因为帝国主义这个资本主义最后阶段还未到来，还无这种实践，只有列宁和斯大林才能担当此项任务。马克思、恩格斯、列宁、斯大林之所以能够作出他们的理论，除了他们的天才条件之外，主要地是他们亲自参加了当时的阶级斗争和科学实验的实践。”① 毛泽东这一段话明确地告诉我们：第一，“任何思想体系都是受历史条件制约的”，不是超历史、超实践的。马克思主义作为无产阶级的思想体系，是无产阶级革命斗争经验的总结，当然不可能在没有工业无产阶级的奴隶社会、封建社会里产生，也不可能在资本主义还不发达、无产阶级尚未成熟的条件下产生，只有在资本主义大工业发展、无产阶级形成独立政治力量的条件下才有可能产生出来。同样，帝国主义和无产阶级革命时代的马克思主义——列宁主义，也不能在自由资本主义时代就产生，只有到了帝国主义时代、资本主义固有的矛盾空前激化、无产阶级革命成为直接实践问题的新的历史条件下才

① 《毛泽东选集》第一卷，人民出版社，1952 年版，第 263～264 页。

有可能产生出来。第二，马克思列宁主义的创始人之所以能够作出他们的理论，“主要地是他们亲自参加了当时的阶级斗争和科学实验的实践”。马克思1841年大学毕业后，就深入社会，接触工农，猛烈抨击普鲁士的反动君主专制制度。1843年他来到当时工人运动比较发达的法国首都巴黎，居住在工人住宅区，同工人朝夕相处，更具体地了解到他们的生活和斗争，并同法国工人秘密组织和德国流亡者秘密团体正义者同盟建立了联系，经常出席他们组织的工人集会。恩格斯于1842年来到英国的工业中心——曼彻斯特，亲自去工人栖身的肮脏的住宅区，了解英国工人阶级的状况，并同宪章运动的左翼建立了联系，积极参加他们的革命活动。马克思、恩格斯就是在亲自参加革命斗争实践的基础上，总结工人运动的经验，并进行理论结合实际的科学研究，创立了马克思主义。列宁在学生时代就积极参加革命活动，大学还没有毕业，就被捕入狱，开始了职业革命家的生活。列宁从事革命活动的时期是在19世纪末20世纪初。他在反对帝国主义和第二国际修正主义的斗争实践中，运用马克思主义的基本原理，对于帝国主义这个资本主义发展的最后阶段进行了剖析，揭示了帝国主义的本质、特征和规律，从而创立了列宁主义。毛泽东关于马克思列宁主义产生的深刻论述，同样适用于毛泽东思想。毛泽东思想不是从天上掉下来的，也不是主观自生的，而是毛主席在长时期的革命实践中总结出来的，是马克思列宁主义普遍真理同中国革命和当代世界革命具体实践相结合的产物。

无产阶级革命导师的理论，是从社会实践中来的，又经过实践反复检验过的。例如：马克思关于无产阶级的历史作用的重要结论，就是1843年他在法国参加工人运动的实践中得出来的，并第一次载入《黑格尔法哲学批判导言》一文中。当时几乎所有的社会主义者都认为无产阶级只是一个“溃疮”，而马克思却把无产阶级看成是一个伟大的革命阶级。马克思的新观点是否符合客观实际呢？这在理论自身是得不到证明的，只有通过能把主观和客观联系起来的纽带——社会实践来检验。半年以后，即1844年6月，德国西里西亚纺织工人爆发了大规模的武装起义，“毫不含糊地、尖锐地、直截了当地、威风凛凛地厉声宣布，它反对私有制社会”，证明了马克思的结论的正确性。往后，1848 年欧洲革命中无产阶级的英勇斗争，1871 年巴黎无产阶级推翻资产阶级统治、建立无产阶级专政的伟大尝试，进一步证明了马克思的结论的正确性。因此，毛主席指出：马克思主义“是从客观实际抽出来又在客观实际中得到了证明的理论”①。“我们欢迎这个理论，丝毫不存什么‘先哲’一类的形式的甚至神秘的念头在里面。”②

林彪、“四人帮”宣扬的“理论—实践—理论”的公式，是对理论与实践关系的根本颠倒，是彻头彻尾的反马克思主义的先验论货色。按照这个反动公式，马克思主义是先于实践、先于经验的，而创立这个理论的无产阶级导师，则成了“世界几百年中国几千年才出一个”的天生“超人”，人民群众理应天天履行“早请示”“晚汇报”一类宗教仪式，向无产阶级导师“祈祷”。按照这个反动公式，理论成了人们活动的出发点和归宿，它既不是从实践中来的，又不受实践的检验，人们只要背诵几条“语录”，就可以包医百病了。林彪、“四人帮”是在颂扬领袖的功绩、强调理论的作用吗？不，他们是在神化、丑化无产阶级领袖和他们所创立的理论，把在群众斗争中涌现出来的“最有威信、最有影响、最有经验”的领袖，污辱为愚弄人民的偶像，把从实践中来又回到实践中去的革命理论，看成是“圣经”一样神秘、抽象的公式。这就从根本上否认了革命导师的伟大实践和理论创造，否认了理论同实践相结合的最基本的原则。

（二）革命理论不是生搬硬套的“教条”，而是行动的指南

为什么马克思主义理论不是教条呢？这是它本身固有的特点决定的。

马克思主义显著特点之一是具有普遍性。毛泽东说“马克思、恩格

① 《毛泽东选集》第三卷，人民出版社，1953 年版，第 775 页。

② 《毛泽东著作选读（甲种本）》，人民出版社，1965 年版，第 22 页。

斯、列宁、斯大林的理论，是‘放之四海而皆准’的理论”①，就是指它的普遍性，说明马克思主义的基本原理不受国家和民族的限制。任何国家和民族的无产阶级革命运动都不能离开马克思主义的基本原理，就像地球围绕太阳旋转不能离开它的轨道一样。但是，普遍性一定要同特殊性相结合，因为“任何一般只是大致地包括一切个别事物。任何个别都不能完全地包括在一般之中”②。马克思主义只是为各国无产阶级提供一般的指导原理，没有也不可能包括各国无产阶级革命的种种实际问题的现成答案。各个国家和民族的经济、政治、文化、历史传统等方面各不相同，因而一般原理的具体运用也不相同。例如：暴力革命是无产阶级的普遍规律，但这个原理的具体运用在中国不同于俄国。俄国十月革命，是由无产阶级举行城市武装起义，首先占领城市，然后扩展到乡村。而中国无产阶级夺取政权，只能走建立农村根据地，以农村包围城市，最后夺取城市的道路。因此，我们不应当把革命理论当作教条看待，只能把它当作行动的向导。

马克思主义显著特点之二是具有彻底的革命性。马克思主义是人类历史上最伟大的阶级——无产阶级的科学。这门科学按其本质来说是批判的和革命的。它反映了无产阶级的阶级利益，包括对旧世界的无情批判和彻底革命，是指导无产阶级认识世界改造世界的锐利思想武器，因而它必须同实践相结合。毛泽东把理论同实践的关系形象地比为“矢”和“的”的关系。“矢”就是箭，“的”就是靶。正如射箭要瞄准靶一样，革命理论这个“矢”，也一定要射革命实践这个“的”。如果把革命理论当作教条，不问实际情况，到处乱套，那就是“无的放矢”。历史经验证明：无产阶级革命运动，没有革命理论指导，是不可能取得胜利的，有了革命理论而不能做到“有的放矢”，也是不可能取得胜利的。

马克思主义显著特点之三是具有严格的科学性。马克思主义不是头

---

① 《毛泽东选集》第二卷，人民出版社，1952 年版，第 498～499 页。

② 《列宁选集》第二卷，人民出版社，1972 年版，第 713 页。

脑里幻想的产物，而是客观世界规律的反映。“它十分完备而严整。”自从马克思主义诞生以来，阶级敌人天天咒骂它，形形色色的机会主义者不断糟蹋它，但是马克思主义不但没有被“消灭”，“反而愈加巩固，愈加坚强，愈加生气勃勃了”，其原因就在于它是科学的，因而是不可战胜的。马克思主义的严格科学性主要来自社会实践，它是从无产阶级革命斗争的实践中总结出来，又经过无产阶级革命实践的反复检验，不断地得到证实、补充、纠正和发展，从而愈正确，愈彻底。如果革命理论一旦变成了抽象教条，脱离实际，就会变成谬误，失去它的科学性。

因此，“马克思和恩格斯多次说过，我们的学说不是教条，而是行动的指南”①。《共产党宣言》是马克思、恩格斯合著的标志着马克思主义诞生的光辉文献，它的基本原理至今没有过时，也不会过时。但是，马克思、恩格斯一贯反对各国无产阶级照搬它的基本原理，他们在1872年德文版序言中强调指出：“这些基本原理的实际运用……随时随地都要以当时的历史条件为转移”②。列宁在新的历史条件下，创立了列宁主义，并领导俄国无产阶级取得了十月革命的伟大胜利。但是，列宁从来没有要求各国无产阶级照抄列宁主义条文和十月革命的经验。相反，他反复告诫各国共产党人，在运用革命理论和十月革命的基本经验时，“必须考察、研究、探索、揣测和把握民族的特点和特征”③。毛泽东是当代最伟大的马克思主义者。他亲自领导的中国革命，为殖民地、半殖民地人民解放事业开辟了新道路。但是，毛泽东也一贯反对别人照抄他的原话和中国革命的经验。他在同拉丁美洲一些党的代表的一次谈话中说：“我奉劝诸位，切记不要硬搬中国的经验。任何外国的经验，只能作参考，不能当作教条。一定要把马克思列宁主义的普遍真理和本国的具体情况这两个方面结合起来。”④ 无产阶级革命导师对待革命理

---

① 《列宁选集》第二卷，人民出版社，1972年版，第300页。

② 《马克思恩格斯全集》第十八卷，人民出版社，1964年版，第104页。

③ 《列宁选集》第四卷，人民出版社，1972年版，第246页。

④ 《毛泽东选集》第五卷，人民出版社，1977年版，第307～308页。

论的科学态度，为我们树立了光辉榜样。

但是，林彪、“四人帮”一伙却大肆宣扬什么“句句是真理”，把经过他们篡改、歪曲，甚至伪造的马列和毛泽东的话当作金科玉律，强迫人们“句句照办”。毛泽东早就说过：“如果每句话，包括马克思的话，都要照搬，那就不得了。”① 这是因为无产阶级革命导师历来是按照时间、地点、条件讲问题的，在不同的时间、地点和条件讲同一个问题时，提法往往不同，甚至截然相反。例如1917年俄国二月革命后，列宁根据当时工兵苏维埃和资产阶级临时政府这两个政权共存的局面，提出了“全部政权归苏维埃”的口号。同年“七月事变”后，全部政权已经操在资产阶级临时政府手中，苏维埃则成为临时政府的附属品。列宁及时宣布暂时收回“全部政权归苏维埃”的口号，并制定了武装起义方针。但到十月武装起义前夕，彼得格勒、莫斯科的苏维埃已转到布尔什维克方面来，列宁又重新提出“全部政权归苏维埃”的口号，号召俄国无产阶级用暴力推翻资产阶级临时政府，建立苏维埃政权。请问，在这种情况下如何“句句照办”呢？其实，对于无产阶级导师的话，林彪、“四人帮”自己从来没有也不准备“句句照办”。毛泽东关于不设国家主席的意见讲过六次，林彪一句话也听不进去，一再顽固坚持这个抢班夺权的反党政治纲领；毛主席关于“不要搞四人帮”的指示也讲过多次，“四人帮”也是一句话都听不进去，照样搞，一心梦想建立他们的“帮天下”。很清楚，所谓“句句是真理”“句句照办”，不过是林彪、“四人帮”的一种反革命手法，目的是要任意肢解马列主义、毛泽东思想的完整体系，使它支离破碎，面目全非，为他所用。

（三）革命理论不是万古不变的“终极真理”，而是随着实践不断发展的学说

马克思主义认为，任何真理都是绝对性和相对性的辩证统一。它是

① 《毛泽东选集》第五卷，人民出版社，1977年版，第286页。

对于客观事物的正确认识，所以是客观的，无条件的，具有绝对性；它又是在一定的历史条件下对客观事物的一定程度的认识，所以是有条件的，不完全的，具有相对性。认识真理的过程，就是从相对走向绝对的无限过程。客观世界的运动发展永远没有完结，人们在实践中对于真理的认识也就永远不会完结。人的认识只能逐步接近或近似反映客观事物，但永远也不可能穷尽它。因此，所谓“终极真理”是根本没有的。

马克思主义诞生一百多年以来的历史证明，它是随着实践的发展而不断地发展的。一种情况是，马克思主义理论经过实践的检验得到补充，使之更完备。例如：马克思、恩格斯在《共产党宣言》中已经提出了无产阶级专政的思想，但当时的提法非常抽象，只有最一般的表述，没有具体回答无产阶级革命对待资产阶级国家机器的态度问题。1848年欧洲革命后，马克思认真总结了这次革命的经验。他在《路易·波拿巴的雾月十八日》一书中，根据各国反动派利用国家机器残酷镇压工人起义的血腥事实，详尽地研究了法国资产阶级国家的产生和演变情况，第一次明确提出了无产阶级必须用暴力打碎旧的国家机器，建立无产阶级专政。但是，无产阶级专政的具体内容和形式如何？这个问题，正如列宁所说，当时“马克思并没有陷于空想，而是期待群众运动的经验来解答”①。1871年，巴黎无产阶级用暴力打碎了资产阶级国家机器，创建了巴黎公社。马克思根据巴黎公社的革命实践，又把无产阶级专政的内容和形式具体化了，指出要用巴黎公社式的国家政权来代替被打碎的国家机器。可见，无产阶级导师的每一结论，都是严格地根据实践的经验得出来的。另一种情况是，马克思主义的基本原理是正确的，不会过时的。但由于时代的变化，历史的前进，实践的发展，出现了一系列新问题，原来的理论显得不够了，需要进行新的理论创造。例如：列宁和毛泽东在同一个时代的不同历史条件下，总结了无产阶级革命和无产阶

① 《列宁选集》第三卷，人民出版社，1972年版，第205页。

级专政的新经验，创立了一系列新理论。列宁关于社会主义和无产阶级革命在一国胜利并建成社会主义的伟大理论极大地丰富了马克思主义宝库。另一种情况是，马克思主义的个别结论，随着时间的推移，变得陈旧了，必然要用适应新的历史条件的新结论来代替。例如：马克思在19世纪70年代谈到暴力革命是无产阶级革命的普遍规律的同时，设想英国工人阶级“可能采用和平手段达到自己的目的”①。后来列宁解释说，马克思的这个设想在当时是可以理解的，因为那时英国“还没有军阀制度，在很大程度上也没有官僚制度”②，但到了帝国主义时代，这种条件就不存在了，英国同样具有庞大的军事官僚机构，因此，列宁指出：马克思关于英国“例外”的说法“已经不适用了”，并痛斥考茨基之流脱离时间、地点和条件，引证马克思的一句话鼓吹“议会道路”是“用引证来骗人”。还有一种情况是，马克思主义的某些提法通过实践的检验得到纠正。例如：马克思、恩格斯在《共产党宣言》中曾预言，德国的资产阶级民主革命可能转变为社会主义革命。后来，恩格斯根据实践的结果指出：“我们当时所持的观点只是一个幻想。”③“历史清楚地表明，当时欧洲大陆经济发展的状况还远没有成熟到可以铲除资本主义生产方式的程度”④。这些事实，明确告诉我们，马克思主义不是“终极真理”，它同其他科学一样是没有止境的。马克思主义的生命力也就在于它是不断发展的学说，如果“停止了，老是那么一套，它就没有生命了”⑤。

马克思、恩格斯早在批判地继承黑格尔的辩证法、创立唯物辩证法时，就驳斥了“终极真理”论。黑格尔哲学的革命方面在于，它把整个世界都看成处在不停的运动、变化和发展之中，不承认一切关于最终

① 《马克思恩格斯全集》第十八卷，人民出版社，1964年版，第179页。
② 《列宁选集》第三卷，人民出版社，1972年版，第203页。
③ 《马克思恩格斯全集》第二十二卷，人民出版社，1965年版，第595页。
④ 《马克思恩格斯全集》第二十二卷，人民出版社，1965年版，第597页。
⑤ 《毛泽东著作选读（甲种本）》，人民出版社，1965年版，第379页。

的、绝对真理的想法，但这个革命方面却被保守方面即唯心主义体系所窒息。在黑格尔看来，世界一切都在变，唯独他的哲学完成了对于绝对真理的认识，是哲学发展的终点。恩格斯写道，黑格尔体系的全部教条内容“被宣布为绝对真理，这同他那消除一切教条东西的辩证方法是矛盾的；这样一来，革命的方面就被过分茂密的保守的方面所闷死”。19世纪70年代，“江湖骗子”杜林，也恬不知耻地吹嘘自己的一套体系，是什么“最后的、终极的真理”，当即受到恩格斯的痛斥。恩格斯尖锐指出：杜林的狂妄论调，“封闭了一切科学走向未来的道路”，“是荒唐的想法，是纯粹的胡说”。

然而，在马克思、恩格斯批判“终极真理”论一个世纪之后，林彪、“四人帮”又拾起“终极真理”论的破烂，并把它强加在毛泽东思想上，硬说毛泽东思想是“顶峰”，是马克思主义的终点。这完全不是什么歌颂毛泽东思想，而是在宣扬唯心论和形而上学，把毛主席的生气勃勃的学说，变成凝固的、一成不变的教条，从而扼杀马列主义、毛泽东思想的生命。

林彪、“四人帮”是一伙政治骗子和理论骗子。他们成天高喊什么“句句是真理”“顶峰”“绝对权威”等等，以此欺世盗名，捞取“高举”的政治资本。实际上，歪曲、篡改甚至伪造革命导师的指示，妄图砍旗毁旗的正是他们自己。

国际共产主义运动的历史表明，真正高举无产阶级革命导师的伟大旗帜，必须把马克思主义的普遍真理同无产阶级革命斗争的具体实践相结合，用马克思主义立场、观点、方法去研究和解决革命的实际问题，再以革命实践去检验、补充、纠正和发展马克思主义，而不是拘泥革命导师的某一句话，把它绝对化、神秘化。列宁在创立关于社会主义一国胜利学说的时候，托洛茨基是死抱住马克思、恩格斯关于“同时胜利”论不放的，断言“德国不发生革命，俄国或英国就不能有胜利的革命，反过来也是一样”。毛泽东在开创中国无产阶级夺取政权的新道路的时候，王明也是照搬俄国城市武装暴动的经验的，并攻击毛主席是“狭隘经验主义者”。但是实践的结果证明，反而高举马克思主义伟大旗帜的是列宁和毛主席，而砍旗毁旗的正是摘引马克思主义片言只语的托洛茨基、王明一类人。

我国正处在新的历史发展时期，新问题层出不穷。为了适应新时期的需要，我们必须坚持理论同实践的统一，把林彪、“四人帮”颠倒了的理论和实践的关系再颠倒过来，学会运用马克思主义的立场、观点和方法分析、解决种种新问题。

（原载于《华中师范大学学报（人文社会科学版）》1978 年第 3 期）

二、科学的分析、评价与预见——学习列宁关于辛亥革命的论述

1911 年，孙中山先生领导的辛亥革命，是中国近代史上在比较更完全的意义上开始的资产阶级民主革命。这次革命，推翻了清王朝的统治，结束了中国二千多年的封建帝制，建立了资产阶级民主共和国，推进了中国人民革命斗争的新发展。国际无产阶级和被压迫民族的伟大导师列宁极为关心中国革命。他在辛亥革命爆发后，撰写了《中国的民主主义和民粹主义》《新生的中国》《中华民国的巨大胜利》《中国各党派的斗争》《亚洲的觉醒》《落后的欧洲和先进的亚洲》等一系列论文，对于辛亥革命进行了深刻的分析，给予了很高的评价，并提出了科学的预见。重温列宁关于辛亥革命的一系列论述，对于我们运用马克思主义的历史唯物论，正确认识辛亥革命以至一切历史事件，都是大有裨益的。

（一）

辛亥革命的爆发，不是偶然的，而是近代中国民族矛盾、阶级矛盾日益尖锐化的必然产物；同时，也是帝国主义时代第一次人民革命——1905 年俄国革命的影响下的产物。

近代中国社会的性质，正如列宁所指出的，一方面，是一个受帝国

主义统治的“四分五裂”的半殖民地国家，另一方面，是一个“落后的、半封建的农业国家”①。因而，社会的主要矛盾，是帝国主义同中华民族的矛盾、封建主义同人民大众的矛盾。这个矛盾的存在和发展，必然要引起资产阶级民族民主革命运动。用列宁的话来说，“在帝国主义时代，殖民地和半殖民地的民族战争不仅是可能的，而且是不可避免的”②。

从 1840 年鸦片战争以后，外国资本主义国家都争先恐后扑向中国，疯狂地进行侵略和掠夺，在他们眼里，“中国不过是一块肥肉”，“都想来争尝这块肥肉”③。19 世纪末 20 世纪初，资本主义发展到帝国主义阶段，更加紧了对中国的侵略和控制。1894 年中日甲午战争，是中国近代史的一个重要转折点。中国在这次战争中的失败和《马关条约》的签订，使中国半殖民地化的程度进一步加深，并刺激了帝国主义列强瓜分中国的野心。1897 年，德国强占胶州湾是帝国主义在中国划分势力范围的起点。此后，各列强互相角逐，掀起了瓜分中国的狂潮。1900 年 12 月，列宁在揭露八国联军侵略中国、镇压义和团运动的暴行时写道：“欧洲各国政府（最先恐怕是俄国政府）已经开始瓜分中国了。不过它们在开始时不是公开瓜分的，而是像贼那样偷偷摸摸进行的。它们盗窃中国，就像盗窃死人的财物一样，一旦这个假死人试图反抗，它们就像野兽一样猛扑到他身上。它们杀人放火，把村庄烧光，把老百姓驱入黑龙江中活活淹死，枪杀和刺死手无寸铁的居民和他们的妻子儿女。”④腐败到了极点的清政府，在帝国主义面前，卑躬屈膝，竟然无耻宣布“量中华之物力，结与国之欢心”的卖国投降方针。1901 年，清政府与帝国主义列强缔结了《辛丑条约》，允许外国在中国驻兵，镇压中国人民的反抗斗争，并赔偿外国四亿五千万两银子的巨款，表明中外反动势

① 《列宁选集》第二卷，人民出版社，1972 年版，第 426 页。
② 《列宁选集》第二卷，人民出版社，1972 年版，第 851 页。
③ 参见《列宁全集》第十八卷，人民出版社，1959 年版，第 395 页。
④ 《列宁选集》第一卷，人民出版社，1972 年版，第 214～215 页。

力进一步勾结，共同压榨中国人民，清政府实际上已成为“洋人朝廷”。

帝国主义和中国封建主义相结合，把中国变为半殖民地的过程，也就是中国人民反抗帝国主义及其走狗的过程。中国人民为了争取民族独立、民主和进步，进行了长时期的前仆后继的英勇斗争。首先起来进行这种斗争的主要是农民。中国近代史上第一次革命高潮——太平天国革命和第二次革命高潮——义和团反帝爱国运动，都是以农民为主体的革命。农民在没有先进阶级的领导之前，他们所进行的反帝、反封建的斗争是自发的，甚至是以落后的形式出现的。十九世纪后期，中国民族资本主义有了初步的发展，各行业都涌现了一批民族资本家，作为当时中国社会先进阶级的民族资产阶级业已形成，并开始登上历史舞台。于是，我国近代史上以农民为主体的革命，渐渐发展为资产阶级、小资产阶级领导的革命。列宁认为，中国的资产阶级同西方的俄国的资产阶级迥然不同。西方资产阶级已经腐朽，俄国资产阶级也已走向反动，而当时的中国资产阶级是一个新兴的阶级，“这个阶级不是在衰落下去，而是在向上发展；它不是惧怕未来，而是相信未来，奋不顾身地为未来而斗争”①。事实正是这样。以孙中山为首的资产阶级革命派，从 1894 年创立兴中会的时候起，便“奋不顾身地”为推翻清政府，建立资产阶级共和国而斗争。1905 年 8 月，孙中山把兴中会同光复会、华兴会等革命团体统一起来建立了资产阶级政党性质的同盟会，提出了“驱逐鞑虏，恢复中华，建立民国，平均地权”的政治纲领。从此，中国资产阶级民主革命进入了一个新的阶段。

“在资本主义时代，特别是在帝国主义和无产阶级革命的时代，各国在政治上、经济上和文化上的互相影响和互相激动，是极其巨大的。”② 1905 年 1 月，俄国爆发了帝国主义时代第一次人民革命，结束了 1871 年巴黎公社失败以来资本主义的“和平”发展时期，开辟了世

① 《列宁选集》第二卷，人民出版社，1972 年版，第 424～425 页。

② 《毛泽东选集》第一卷，人民出版社，1952 年版，第 278 页。

界无产阶级革命和民族解放运动大风暴的新时期。列宁认为，它唤醒了亚洲，“特别有力地推动了亚洲人民在政治生活方面的觉醒”①。他写道：“继俄国 1905 年的运动之后，民主革命席卷了整个亚洲——土耳其、波斯、中国。”② 1905 年 12 月，中国同盟会的机关刊物《民报》，连续刊载了许多有关俄国革命的报道和评论，号召中国人民“闻风而兴起，效法俄国人民起来革命”。1905 年以后，中国人民反对帝国主义和清政府的各种群众运动，出现新的高涨。1905 年的群众运动有 80 多次，1909 年达到 130 多次，1910 年增到 290 多次。以孙中山为首的资产阶级革命派，一方面，以《民报》为阵地，积极宣传同盟会的纲领，揭露和驳斥资产阶级保皇党；一方面，筹措经费，联络会党、新军，积极策划武装起义。从 1906 年起，同盟会领导和影响下发生的武装起义有十多次，其中最重要的是 1911 年 10 月 10 日的武昌起义，掀起了中国近代史上第三次革命高潮。

武昌的枪声一响，革命烽火很快燃遍全国，形成燎原之势。到 11 月下旬，全国已有十五个省区宣布独立。12 月 29 日，十七个省区的代表选举孙中山为中华民国临时大总统。1912 年 1 月 1 日，孙中山在南京宣誓就职。从此，被孙中山称作“一座即将倒塌的房屋”——清王朝，在资产阶级民主革命的洪流中倒塌了。

（二）

武昌起义胜利后，列宁密切注视着中国政治形势的发展。他尖锐地揭露了帝国主义同中国反动势力结成联盟破坏中国革命的罪恶行径，深刻地剖析了大地主大买办阶级的政治代表袁世凯的反革命面目，明确提出了摆在资产阶级革命民主派面前的任务。

帝国主义列强极端仇视中国革命。武昌起义刚爆发，它们便在武汉江面集中了十多艘军舰，日夜升火待命，准备武装干涉。南京临时政府

---

① 《列宁全集》第十五卷，人民出版社，1959 年版，第 194 页。
② 《列宁选集》第二卷，人民出版社，1972 年版，第 447 页。

成立后，帝国主义列强拒绝承认它的合法地位，切断它的主要财源，并公开出面支持北洋军阀袁世凯扼杀南京临时政府，篡夺革命果实。它们叫嚷袁世凯是“强有力”的人物，中国局面“非袁不可收拾”。当袁世凯篡夺政权的阴谋得逞时，帝国主义各国都拍手叫好，企图通过这条理想的忠实走狗不断扩大自己的在华利益，并给袁世凯二千五百万英镑的“善后大借款”，从中获得巨额利润。所以，列宁指出：“中国革命在欧洲资产阶级中间所引起的不是对自由和民主事业的热忱……而是对掠夺中国、开始瓜分中国、攫取中国领土的欲望。”①

列宁认为，帝国主义同中国反动势力结成联盟，是由帝国主义反动本质所决定的。因为帝国主义是一个腐朽的没落的阶级，它“由于惧怕日益成长壮大的无产阶级而支持一切落后的、垂死的、中世纪的东西”，它“甘愿干一切野蛮、残暴和罪恶的勾当，以维护垂死的资本主义奴隶制”②。所以，它“掠夺中国，帮助中国民主、自由的敌人”③。这就是告诫中国资产阶级革命民主派，要从本质上去认识帝国主义，不要对它存在任何不切实际的幻想。同时，列宁依据对于辛亥革命后中国政治形势的分析，预料到帝国主义将“与那个野心家、卖国贼、反动势力的朋友袁世凯联合起来扼杀‘落后’亚洲的共和制度”④。因此，为了保卫共和制度，中国的革命党人，必须同帝国主义及其走狗袁世凯作坚决的斗争。

袁世凯是当时中国社会一切黑暗势力的代表。列宁对于这个人物作了透彻的剖析，使他的反动本质和丑恶面目暴露无遗。

马克思于1851年12月—1852年3月间撰写的《路易·波拿巴的雾月十八日》这部名著中，曾指出于1851年12月2日发动政变、建立军事独裁的路易·波拿巴，必将进而废除共和，恢复帝制，并预言：“如

---

① 《列宁全集》第十九卷，人民出版社，1959年版，第9页。
② 《列宁选集》第二卷，人民出版社，1972年版，第449页。
③ 《列宁选集》第二卷，人民出版社，1972年版，第450页。
④ 《列宁选集》第二卷，人民出版社，1972年版，第450页。

果皇袍终于落在路易·波拿巴身上，拿破仑的铜像就将从旺多姆圆柱顶上被推下来。”① 后来法国历史的发展，完全证实了马克思的分析和预见。恩格斯称赞马克思说：他对于“活的历史具有卓越的理解”，“在事变刚刚发生时就对事变有这种透彻的洞察”②。我们从列宁对袁世凯的剖析中，同样可以看到这种对于活的历史的“卓越的理解”和“透彻的洞察”。

从 1912 年 4 月南京政府迁往北京，辛亥革命的果实被袁世凯所窃取，到 1913 年 3 月间宋教仁被袁世凯派人暗杀前的一年时间里，以孙中山为首的资产阶级革命民主派，对袁世凯的本质还是认识不清的，误信袁是主张共和，并说了不少拥袁的错话。可是，早在 1912 年 7 月，列宁就明确指出，“袁世凯之流最善于变节：昨天害怕皇帝，匍伏在他面前；后来看到了革命的力量，感觉到革命民主派就要取得胜利，就背叛了皇帝；明天则可能为了同什么旧的或新的‘立宪’皇帝勾结而出卖民主派”③。到了 1913 年 4 月，列宁进一步指出：袁世凯“昨天是君主派，今天革命民主派胜利了，他就成了共和派，明天他又打算当恢复君主制的国家的首脑，就是说，打算出卖共和制”④。这里，列宁不但正确评价了袁世凯的昨天和今天，而且科学预见了他的明天。历史进程完全证实了列宁的预见。那个自称“共和为最良国体”的袁世凯，乃是扼杀共和制度的祸首。

在帝国主义扶植袁世凯实行反动统治的日子里，列宁告诫中国资产阶级革命民主派“尽量启发农民群众在政治改革和土地改革方面的主动性和勇敢果断精神，从中正确地寻找‘复兴’中国的道路”⑤。并且说：“孙中山这个党，只要吸引中国越来越广泛的农民群众投入运动，参与

① 《马克思恩格斯全集》第十四卷，人民出版社，1964 年版，第 415 页。
② 《马克思恩格斯全集》第二十一卷，人民出版社，1965 年版，第 290 页。
③ 《列宁选集》第二卷，人民出版社，1972 年版，第 425 页。
④ 列宁：《中国各党派的斗争》，载《历史研究》1978 年第 2 期。
⑤ 《列宁选集》第二卷，人民出版社，1972 年版，第 428 页。

政治，就能日益成为（随着这种吸引程度）亚洲进步和人类进步的伟大因素。"① 列宁这些话，是对处于逆境的中国资产阶级革命民主派以极大的支持和鼓励，为他们提出了摆在面前的任务，指明了前进的方向。但是，由于历史的、阶级的局限性，中国资产阶级革命民主派没有能够把广大农民群众充分发动起来，在帝国主义和国内反动势力的联合进攻下，辛亥革命遭到了失败。

（三）

辛亥革命的失败是发人深省的。在革命斗争中英勇不屈的革命民主派，为什么把无数先烈流血牺牲换来的政权交出去？已经跨进胜利门槛的革命为什么遭到失败？列宁以马克思主义的敏锐洞察力，找出了这个革命存在的主要"缺点"和"弱点"，从而准确地透彻地回答了这些问题。

辛亥革命存在的一个主要"缺点"和"弱点"，是没有无产阶级及其政党的领导。列宁指出："中国无产阶级还很弱小，所以没有一个能够坚决而又自觉地将民主革命的斗争进行到底的先进阶级。"② 当时，中国产业工人只有五六十万人，没有建立自己的政党，还是一个不成熟的阶级，仍然处在自在阶级的阶段。尽管各地工人积极参加了反帝、反封建的革命，但是，它不是"当作一个觉悟了的独立的阶级力量登上政治的舞台，还是当作小资产阶级和资产阶级的追随者参加了革命"③。辛亥革命的领导者是民族资产阶级及其政党——以孙中山先生为首的同盟会。在半殖民地半封建的旧中国的民族资产阶级，不同于18世纪的西方资产阶级。它是一个经济上、政治上十分软弱的阶级。一方面，它受到帝国主义压迫、封建主义束缚，具有一定的革命性；另一方面，它同帝国主义、封建主义又有千丝万缕的联系，具有对于革命敌人的妥协

---

① 列宁：《中国各党派的斗争》，载《历史研究》1978年第2期。

② 列宁：《中国各党派的斗争》，载《历史研究》1978年第2期。

③ 《毛泽东选集》第二卷，人民出版社，1952年版，第633页。

性。这种两面性的特点，决定了中国民族资产阶级及其政治代表——以孙中山为首的革命民主派，没有而且也不可能提出一个彻底的反帝反封建的革命纲领，缺乏革命勇气和坚定性，也就是列宁所指出的："耽于幻想和优柔寡断。"① 辛亥革命是革帝国主义的命。孙中山曾经说过："今有满清政府为之鹰犬，则彼外国者，欲取我土地，有予取予携之便矣。故欲免瓜分，非先打倒满清政府，则无挽救之法也。"② 可是，辛亥革命的许多活动家，对帝国主义存在幻想和畏惧。南京临时政府成立后，没有勇气运用政权去铲除帝国主义在中国的统治，反而在《告各友邦书》中宣布，清政府与帝国主义各国所缔结之条约，所借之外债、所承认之赔款与让与各国之权利，"民国承认有效"，幻想以此换取帝国主义承认，与民国"更笃友谊"，"提携亲爱"。同时，他们也不敢发动广大人民同帝国主义的走狗——封建主义进行坚决的斗争，而是在"反满"的口号下，同封建地主妥协。事实证明，中国民族资产阶级无力领导中国人民完成反帝反封建的民主革命任务。正如毛泽东同志在总结中国革命的历史经验时指出的，"中国革命如果没有无产阶级的领导，就必然不能胜利。远的如辛亥革命，因为那时还没有无产阶级的自觉的参加，因为那时还没有共产党，所以流产了"③。

辛亥革命存在的另一个主要"缺点"和"弱点"，是"没有能充分地把中国人民的广大群众吸引到革命中来"④。列宁在这里所说的"中国人民"，主要是指中国农民。中国是一个农民占绝对优势的国家，农民是民主革命的主要支柱。只有把农民充分发动起来，才能组成浩浩荡荡的革命大军，形成民主主义的高潮，摧毁帝国主义在中国的统治和封建势力。资产阶级的革命民主派在理论上初步认识到农民问题的重要性。孙中山曾经指出："农民是我们中国人民之中的最大多数，如果农

① 列宁：《中国各党派的斗争》，载《历史研究》1978 年第 2 期。
② 李泽厚：《中国近代史论》，人民出版社，1979 年版，第 316 页。
③ 《毛泽东选集》第二卷，人民出版社，1952 年版，第 608 页。
④ 列宁：《中国各党派的斗争》，载《历史研究》1978 年第 2 期。

民不参加革命，就是我们革命没有基础。”① 并且，他提出了“平均地权”的土地纲领。但是，资产阶级革命民主派在实践上发动农民这件事却做得很差。武昌起义前，他们只是在会党中进行了一些工作，根本没有深入农村，开展宣传活动和组织工作，把广大农民发动起来。武昌起义后，他们在南京临时政府的活动中，没有提出任何满足农民土地要求的具体政策和措施，连“平均地权”的土地纲领也被搁置一边。他们不仅不去领导农民开展反对封建主义的斗争，而且唯恐农民起来触怒投机革命的地主阶级代表人物和资产阶级立宪派。当各地农民群众自发武装起来，同地主豪绅作斗争时，他们则站在农民的对立面，把农民的革命行动斥之为“眉睫之大患”，并以“行动越轨”为借口，解散农民的武装，连同它合作的会党也被取缔。于是资产阶级革命民主派，在帝国主义和封建主义的联合力量打击下，陷于孤立无援的境地，革命也就不可避免遭到失败。所以，毛泽东同志指出：“国民革命需要一个大的农村变动，辛亥革命没有这个变动，所以失败了。”②

列宁认为，辛亥革命中存在两个主要“缺点”和“弱点”是相互联系的，其中领导权的问题，是民主革命成败的关键问题。“农民由于没有无产阶级当领袖，非常闭塞，消极被动，没有知识，对政治漠不关心。”③ 辛亥革命失败的根本原因在于革命的领导者——民族资产阶级的软弱性，而中国资产阶级这个弱点，是它本身所固有的。所以，中国资产阶级民主革命，必须要由无产阶级来领导，也就是从旧民主主义革命发展到新民主主义革命。

（四）

辛亥革命虽然失败了，但是，它的历史功绩是不可磨灭的。

列宁指出：“在分析任何一个社会问题时，马克思主义理论的绝对

① 《孙中山选集》，人民出版社，1981 年版，第 935 页。
② 《毛泽东选集》第二卷，人民出版社，1952 年版，第 16 页。
③ 列宁：《中国各党派的斗争》，载《历史研究》1978 年第 2 期。

要求，就是要把问题提到一定的历史范围之内……如果谈到某一国家（例如谈到这个国家的民族纲领），那就要估计到在同一历史时代这个国家不同于其他各国的具体特点。”① 20 世纪初的中国，清朝政府不仅是反动的封建势力的代表，而且已成为帝国主义统治中国的工具。中国人民同清朝政府的矛盾，实际上成为帝国主义同中华民族的矛盾、封建主义同人民大众的矛盾的集中表现。因此，通过武装起义推翻这个政府，是当时中国社会发展的迫切需要，是中国人民面临的刻不容缓的任务。以孙中山为首的资产阶级革命派，在中国无产阶级尚未登上历史舞台的条件下，站在历史的前沿，举起了民主共和的旗帜，制定了“每一行都渗透了战斗的、真诚的民主主义”的纲领，提出并推翻了腐朽透顶的清王朝，这是中国社会的一个巨大进步，符合历史的发展方向，反映了全国人民的愿望。

长期以来，中国社会停滞不前，处于沉睡状态。列宁认为，辛亥革命的爆发，表明几万万中国人民已经开始觉醒，要求新的生活。他写道：“中国不是早就被称为长期完全停滞的国家的典型吗？但是现在中国的政治生活沸腾起来了，社会运动和民主主义高潮正在汹涌澎湃地发展。”② 又说：“地球上 1/4 的人口已经从酣睡中清醒，走向光明、运动和斗争了。”③

辛亥革命在全国广大群众心中播下了民主共和的种子，促进了人们的思想解放。1913 年 3 月，当着辛亥革命的果实已被袁世凯所篡夺、共和制度面临严重威胁的时刻，列宁就明确指出：“不管各种‘文明’豺狼切齿痛恨的伟大的中华民国命运如何，但是，世界上任何力量也不能在亚洲恢复旧的农奴制度。也不能铲除亚洲国家和半亚洲国家人民群众的英勇的民主精神。”④ 历史事实正是这样。辛亥革命后的中国，不

① 《列宁选集》第二卷，人民出版社，1972 年版，第 512 页。
② 《列宁选集》第二卷，人民出版社，1972 年版，第 447 页。
③ 《列宁全集》第十八卷，人民出版社，1959 年版，第 395 页。
④ 《列宁选集》第二卷，人民出版社，1972 年版，第 439 页。

论是谁要想复辟帝制，都不能不以失败告终。1915 年 12 月，袁世凯称帝，结果只当了八十三天皇帝，就被扫进了历史的垃圾堆。1917 年 7 月，张勋抬出溥仪演出一出复辟丑剧，结果只闹了十二天，就被人民赶下了台。

列宁还指出，中国人民的革命斗争具有世界意义，因为它将给亚洲带来解放、使欧洲资产阶级的统治遭到破坏①。辛亥革命发生在一个亚洲大国，沉重打击了帝国主义及其走狗，赶跑了历来被看作“神圣不可侵犯”的皇帝，建立了民主共和制度，这不能不震撼亚洲和整个世界。在辛亥革命的影响和推动下，越南、泰国、马来亚、新加坡、菲律宾、印度尼西亚、印度等国人民，都掀起了争取民族解放的斗争。亚洲革命风暴的兴起，动摇了帝国主义在亚洲的殖民统治；又是对欧洲无产阶级革命事业的巨大支持。所以，列宁说：“我们现在正处在这些风暴盛行及其‘反转来影响’欧洲的时代。”② 这就说明，中国辛亥革命在亚洲的觉醒中和世界革命运动中都占有重要的地位。

辛亥革命胜利后不久，列宁就从这个革命本身的“缺点”和“弱点”中，预料到它的失败。但是，列宁对于中国革命的前途充满信心。他说：“由于在中国将出现许多个上海，中国无产阶级将日益成长起来。它一定会建立这样或那样的中国社会民主工党。”③ 历史的发展，完全证实了列宁的科学论断。1919 年五四运动时，中国无产阶级的人数同辛亥革命时期比较，增长了三倍以上，达到了二百万人。尽管中国无产阶级的人数在全国人口中所占的比例很小，但它的产生先于中国民族资产阶级，集中的程度较之欧洲许多发达的资本主义国家还要高，并同广大农民有着天然的联系，由于深受帝国主义、封建主义、资本主义的剥削和压迫，具有很强的革命性和战斗力。五四运动表明，中国无产阶级

---

① 《列宁全集》第十七卷，人民出版社，1959 年版，第 457 页。
② 《列宁选集》第二卷，人民出版社，1972 年版，第 439 页。
③ 《列宁选集》第二卷，人民出版社，1972 年版，第 428 页。

已经以资产阶级在辛亥革命时期所不会有过的彻底的毫不妥协的反帝反封建的姿态，出现在中国历史舞台上，担负起领导新民主主义革命的重任。1921年，中国无产阶级的政党——中国共产党诞生了。从此，中国革命的面目就焕然一新了。在中国共产党的领导下，中国人民经过二十八年的艰苦卓绝的斗争，终于推翻了帝国主义、封建主义和官僚资本主义的反动统治，建立了以工人阶级为领导的以工农联盟为基础的人民民主专政的共和国，走上社会主义的光明大道。辛亥革命的爱国志士希望中国成为一个独立国家的愿望，早已实现。辛亥革命的爱国志士希望中国成为一个富强国家的愿望，也正在逐步实现。

（原载于《华中师院学报（哲学社会科学版）》1982年第5期）

第二节　对无产阶级政党建设的思考

一、工人阶级执政党的建设

工人阶级政党领导人民夺取政权以后，成了执政党。工人阶级执政党是社会主义国家建设和改革的领导核心。坚持党的领导，是社会主义事业胜利的根本保证。要坚持党的领导，就必须切实加强工人阶级执政党的自身建设，使党经得起执政的考验和改革开放的考验。认真总结和吸取工人阶级执政党的历史经验，对于坚持和正确实现党的领导作用，把党建设成为社会主义事业的坚强核心，具有重大的意义。

工人阶级执政党是社会主义建设和改革的领导力量，坚持工人阶级政党的领导，是马克思主义的一条根本原理。马克思在总结巴黎公社的经验教训时明确提出："工人阶级在反对有产阶级联合权力的斗争中，只有组织成为与有产阶级建立的一切旧政党对立的独立政党，才能作为一个阶级来行动。"① 又说："工人阶级这样组织成为政党是必要的，为

① 《马克思恩格斯全集》第三十三卷，人民出版社，1973年版，第524页。

的是要保证社会革命获得胜利和实现这一革命的最终目标——消灭阶级。”① 并且马克思把这个结论补充到1864年的《国际工人协会共同章程》中去。这就是说，在马克思看来，无产阶级组织自己的独立政党，不仅在保证社会革命获得胜利，即无产阶级夺取政权是必要的，而且在实现消灭阶级这一最终目标，即建设社会主义、实现共产主义也是十分必要的。十月革命后，列宁在领导苏联的社会主义建设中，非常重视工人阶级政党的领导作用。他说：“无产阶级专政是对旧社会的势力和传统进行的顽强斗争，流血的和不流血的，暴力的和和平的，军事的和经济的；教育的和行政的斗争……没有铁一般的和在斗争中锻炼出来的党，没有为本阶级全体忠实的人所信赖的党，没有善于考察群众情绪和影响群众情绪的党，要顺利地进行这种斗争是不可能的。”② 列宁在这里既讲了在流血的、暴力的和军事的斗争中需要工人阶级政党的领导，也讲了在不流血的、和平的和经济的、教育的、行政的斗争中也需要工人阶级政党的领导。1979年，邓小平在谈到我国社会主义现代化建设过程中坚持党的领导的必要性时强调指出：“列宁所说的这个真理，现在仍然有效。”③

为什么社会主义国家必须坚持党对社会主义现代化建设事业的领导呢？

第一，只有坚持党的领导，才能保证社会主义现代化建设的正确方向。

社会主义国家搞的现代化，是社会主义的现代化，而不是资本主义的现代化。资本主义现代化，是在生产资料资本主义私有制的基础上通过对本国无产阶级和劳动人民的剥削、对殖民地附属国和广大落后国家人民的掠夺来实现的，其目的是为资本家创造更多的剩余价值，取得高

① 《马克思恩格斯全集》第三十三卷，人民出版社，1973年版，第524页。
② 《列宁选集》第四卷，人民出版社，1972年版，第200页。
③ 《三中全会以来重要文献选编》上，人民出版社，1982年版，第93页。

额利润。资本主义现代化经历了几个世纪的漫长过程，使劳动人民付出了难以计量的惨重代价，它给人类留下的是痛苦的回忆。资本主义现代化不可能解决经济发展和社会发展中的根本矛盾，不可能改变大多数人受剥削、受压迫的地位，不可能消除贫富鸿沟日益扩大等社会不公正现象。社会主义国家是消灭了阶级剥削和压迫由人民当家作主的国家，它的性质决定了不可能也不应该走资本主义现代化的道路。中国人民经受过一百多年来资本主义列强侵略和掠夺之苦难，只是在中国共产党的领导下才走上民族解放、国家振兴的社会主义道路，是决不会走资本主义发展的老路的。我们搞的社会主义现代化，是在生产资料公有制的基础上依靠全国各族人民团结奋斗来实现的，其目的是满足全体人民日益增长的物质和文化生活的需要。社会主义现代化，绝不是为少数人谋利益的，绝不容许两极分化，它追求的是全体人民的共同富裕。而搞社会主义现代化，没有共产党的领导是绝对不行的。只有坚持以马克思主义为指南的工人阶级政党的领导，才能制定正确的路线、方针和政策，保证社会主义现代化建设的正确方向。

第二，只有坚持党的领导，才能保持社会的安定团结和政治稳定。

保持社会的安定团结和政治稳定，是社会主义现代化建设顺利进行的基本条件。如果没有安定团结的政治局面，那就什么事也搞不成。而这种安定团结的政治局面，只有在共产党的领导下才能形成。在旧中国，帝国主义侵略，军阀混战，内忧外患，接踵而来，国家四分五裂，社会动荡不安，可以说从来没有真正统一和安定过，国家建设也就无从谈起。只是在中国共产党的领导下，建立了新中国，才结束了过去那种分裂、动乱的历史，实现了国家统一，民族团结，社会安定的空前未有的大好局面。从而使我国社会主义建设取得了巨大成就。可惜，这种安定团结的大好局面，在“文化大革命”期间“踢开党委闹革命”、无政府主义思潮泛滥的情况下又遭到破坏，使我国社会主义现代化建设受到严重的挫折。十一届三中全会以来，党中央进行拨乱反正，确立了对现阶段阶级斗争问题的正确理论和正确方针，加强社会主义民主和法制的建设，巩固和扩大爱国统一战线，注意调整和协调各方面的利益关系，等等，都有力地促进了我国重新出现安定团结的政治局面，保障了我国社会主义现代化建设的顺利发展。事实说明，离开了共产党的领导，人民就会失去团结的核心，国家就会陷于分裂和混乱之中，社会主义现代化建设也就无法进行。

应当看到，在我们的社会主义国家里，不安定的因素依然存在。一方面，剥削阶级作为阶级消灭以后，阶级斗争在一定范围内仍将长期存在。国内还存在极少数敌对分子和反社会分子蓄意破坏和推翻社会主义制度的活动，国外还有帝国主义和其他敌视社会主义势力的渗透、颠覆、和平演变的活动，国内外敌对势力总是勾结在一起，寻找各种机会在社会主义国家制造动乱，妄图推翻共产党的领导，颠覆社会主义制度；另一方面，大量存在的人民内部矛盾，在一定条件下，有可能激化甚至发生局部的暂时的对抗，也会成为危害社会安定团结的因素。面对两类性质不同的矛盾可能产生的不安定因素，只有在共产党的领导下，运用马克思主义的立场、观点和方法，严格区分和正确处理两类不同性质的矛盾，坚持社会主义国家的专政职能，协调人民内部的阶级、阶层和利益群体的关系。才能使各种危害安定团结的因素减少，受到限制以至于消除，维护社会的稳定，推进社会主义现代化建设的发展。

第三，只有坚持党的领导，才能完成社会主义现代化建设的艰巨任务。

社会主义现代化建设事业，是人类历史上空前伟大而艰巨的事业。她不仅要建设高度的社会主义物质文明，而且要建设高度的社会主义精神文明，还要建设高度的社会主义民主。这样艰巨的任务，没有作为工人阶级先锋队的工人阶级执政党的领导是绝对不行的。工人阶级执政党是以马克思主义为指导思想的党。她能够自觉地运用辩证唯物主义的宇宙观，深入研究国情，认真总结历史经验，逐步认识和掌握本国社会主义建设的客观规律，科学规划以经济建设为中心全面建设社会主义的宏伟蓝图，制定社会主义建设的发展战略以及一系列方针和政策，排除“左”右两种错误的干扰，使社会主义现代化建设事业不断取得胜利；工人阶级执政党是全心全意为人民服务的党。她能够团结全国各族人民，组织起浩浩荡荡的建设大军，充分发挥广大工人、农民、知识分子和其他社会主义劳动者的主动性和创造精神，发展社会主义的经济、民主、科学、教育和思想文化事业；工人阶级执政党是以实现共产主义的社会制度为最终目标的党。她能够坚持社会主义改革，不断完善社会主义的经济体制、政治体制和教育科技文化体制，巩固和发展社会主义制度，推动社会主义国家生产力的巨大发展和思想、政治、文化的巨大进步，并为最后实现共产主义的社会制度创造条件。

我国是一个有 11 亿多人口，经济文化落后，缺乏民主传统的东方大国。建设社会主义物质文明、精神文明和民主政治的任务尤为艰巨。但是，正如江泽民同志在纪念中国共产党成立 72 周年座谈会上的讲话中所指出的，“在中国，要团结凝聚十一亿多人民，通过改革进一步解放和发展社会生产力，集中力量把经济搞上去，实现社会主义现代化建设的宏伟目标，关键在党；要深化改革，成功地创建人类历史上没有先例的社会主义市场经济体制，关键在党；要坚持‘两手抓’，搞好两个文明建设，关键在党；要保持社会政治稳定，实现国家长治久安，关键也在党”①。只要我们坚持党的领导，不断加强党的建设，我国的改革开放和现代化建设一定能够获得成功。

第四，工人阶级政党在社会主义国家中的领导地位，是由各国人民革命和建设的历史形成的。

社会主义国家的工人阶级政党，领导本国人民推翻了反动统治，战胜了外敌的侵略，取得了革命的胜利并走上了社会主义道路，这就决定

① 江泽民：《在纪念中国共产党成立七十二周年座谈会上的讲话》，《人民日报》，1993 年 7 月 1 日。

了它必然是社会主义国家的领导力量。中国共产党的领导地位，是近代中国历史发展的必然，反映了中国社会发展的不依人们主观意志为转移的客观规律，也是中国人民在长期斗争实践中所作出的决定性选择。

从鸦片战争到中国共产党的诞生的八十一年的近代历史表明，无论是资产阶级改良派，还是资产阶级革命派，都没有也不可能解救中国，完成反帝、反封建的民族民主革命任务。其外部原因是资本主义、帝国主义的侵略。它们要使中国永远沦为殖民地和半殖民地，不容许中国获得独立，走西方资本主义发展的老路。因此，我国许多先进人物，如康有为、孙中山等人，曾先后拜西方为师，梦寐以求在中国建立资产阶级共和国，但结果正如毛泽东说的，“先生老是侵略学生”，“理想总是不能实现”：其内部原因是民族资产阶级的软弱性。中国民族资产阶级从诞生时起，就处于帝国主义、封建主义的压榨之下，政治上经济上异常软弱，没有形成一个强大的阶级力量。因此，这个阶级及其政党、派别不可能提出一个彻底的反帝、反封建的纲领，无力领导中国资产阶级民主革命取得成功。于是，领导中国民主革命的重任历史地落在中国无产阶级及其政党——中国共产党的肩上。中国共产党是以马列主义、毛泽东思想武装起来的、忠实于人民利益和民族利益的工人阶级先锋队。党领导全国各族人民经过二十八年艰苦卓绝的奋斗，战胜了无数艰难险阻，打败了国内外强大的敌人，终于在 1949 年取得民主革命的伟大胜利，迎来了新中国的诞生，“没有共产党就没有新中国”，这是一个确定无疑的历史结论。新中国成立后，党又领导全国各族人民迅速恢复了国民经济，治好了战争创伤。开始了社会主义建设，并在实践中开辟了一条适合中国特点的社会主义改造的道路，使我们这个世界上人口最多、经济文化落后的国家，先于发达的资本主义国家进入社会主义社会，这是中国历史上最深刻的变革，也是世界社会主义史上最辉煌的胜利之一。中国共产党领导中国民主革命、社会主义革命取得伟大胜利，决定了她必然是社会主义建设事业的领导力量。在社会主义改造基本完成后，党领导全国各族人民转入大规模社会主义建设，尽管遭到严重的挫折，但仍取得了巨大的成就。十一届三中全会以来，党中央认真总结我国社会主义建设正反两方面的经验，尤其注重从错误中学习，并在此基础上，把马列主义的普遍真理同中国具体实际紧密结合起来，进行新的探索，经过几年的实践，我们终于得出了“建设有中国特色社会主义”的科学结论。制定了“一个中心，两个基本点”的基本路线，开创了我国社会主义现代化建设的崭新局面。

由此可见，中国共产党在社会主义事业中的领导地位，是在长期的民主革命、社会主义革命和社会主义建设的实践中形成的，不是自封的。在中国，除了中国工人阶级的先锋队——共产党，没有任何一种力量，能够领导中国革命取得胜利，也没有任何一种力量，能够领导中国社会主义现代化建设获得成功。

二、工人阶级执政党面临执政和改革开放的考验

（一）工人阶级执政党面临着执政的考验

工人阶级和劳动人民夺取政权以后，工人阶级政党的地位发生了变化。她从过去被压迫、无权的地位，转变为在国家政权和社会生活中居于领导地位，即执政地位。这种变化，给党的事业的发展提供了非常有利的条件，使党能够通过国家政权实现自己的领导，把党的路线、方针和政策变为全国人民的行动；同时，给党的自身建设也提出许多必须解决的重大的课题。使党面临着执政的考验。

第一，执政党是胜利的党。由于胜利，党内的一些干部，包括个别高级干部，可能被胜利冲昏头脑，滋长以功臣自居、贪图享受的情绪，甚至产生腐败现象；由于胜利，党内的一部分干部，包括一些高级干部，容易骄傲自大，只能听对自己的赞扬声，听不得不同的意见和对自己的批评，犯了错误，得不到及时纠正；由于胜利，党内的一部分干部，特别是高级干部，容易沾染官僚主义习气，高高在上，脱离实际，

脱离群众，主观主义，独断独行；由于胜利，党处于执政地位，党的组织有很大的发展，一些只想从执政党的地位中捞取好处而不愿为党的事业艰苦工作的投机分子也会混入党的队伍。这就给工人阶级执政党党内带来思想不纯，作风不纯，组织不纯的问题，如果不及时解决，就会严重损害党的肌体，削弱党的战斗力，影响党的先进性。所以，工人阶级执政党一定要教育党员，在胜利面前，保持艰苦奋斗，联系群众，谦虚谨慎，不骄不躁的作风。要防止资本主义封建主义腐朽思想的侵袭，防止脱离群众的官僚主义的滋长，同时要防止各种投机分子混入党内。

第二，执政党是有权的党。工人阶级政党成为执政党以后，由于社会主义事业发展的需要，许多党员在党和国家机关以及企业、事业单位担任重要领导职务，掌握着很大一部分权力。这种情况，一方面有利于党的方针政策的贯彻执行；另一方面也给那些革命意志薄弱的党员利用职权谋私利提供了条件。在社会主义国家一切权力属于人民，人民通过各种途径和方式，管理国家事务，管理经济和文化事业，管理社会事务。各级干部都是人民的负责公仆，他们手中的权力是人民赋予的，是代表人民行使权力的。可是，有些党员和干部，把自己手中的权力。看成个人的特权，变成欺压群众、损害国家和集体的利益，为个人、亲属或小团体谋私利的工具。这就导致了部分权力的滥用。人民自己的权力反而被用来损害人民的利益。这种权力的滥用，也就必然产生腐败。工人阶级执政党一定要教育党员，正确认识和使用手中的权力，廉洁奉公，防止权力的滥用和产生腐败现象。党员和干部的权力来自人民，只有把这种权力完全用之于为人民服务，为人民掌好权、用好权，才真正体现人民权力的本质。党和国家的各级干部，不论职位高低，都要摆正自己同人民的公仆与主人的关系，防止领导者变成统治者，公仆变成主人。这正是工人阶级执政党建设所要解决的一个根本问题。

第三，执政党是领导建设的党。工人阶级政党成为执政党以后，她的任务发生了变化。在过去，工人阶级政党的任务，是领导工人阶级和劳动人民进行革命斗争，推翻资产阶级和一切剥削阶级的统治，也就是要“打碎旧世界”；而在工人阶级和劳动人民夺取政权以后，特别是生产资料私有制的社会主义改造基本完成以后，工人阶级执政党的任务，是领导人民进行社会主义建设，也就是要“建设新世界”。工人阶级执政党领导人民建设社会主义的任务，比起过去领导人民夺取政权的任务更加复杂和艰巨。列宁在谈到工人阶级执政党面临的任务时指出：“由继续剥夺资本家的极简单的任务，转到一个更复杂和更困难得多的任务，就是要造成使资产阶级既不能存在，也不能再产生的条件。很明显，这个任务是重大无比的。”① 工人阶级政党面临的任务的变化，对党员的要求也发生了变化，“我们熟习的东西有些快要闲起来了，我们不熟习的东西正在强迫我们去做”②。工人阶级执政党一定要教育党员，适应新的情况，不断地学习，不仅要学习政治，学习马克思列宁主义，而且要学习文化科学知识，学习业务知识和管理知识，并且在总结实践经验的基础上，逐步认识、掌握社会主义建设的客观规律，学会管理国家和建设社会主义的各项本领。因此，加强工人阶级执政党的建设，不仅要注重提高党员的政治素质，而且要注重提高党员的文化素质，要在党内造就大批各行各业的专家和大批的科技人才，这是执政党实现对社会主义建设事业的正确领导的需要。

（二）工人阶级执政党面临着改革开放的考验

社会主义国家工人阶级执政党，正在领导改革和实行对外开放，因而面临着改革开放的严峻考验。

社会主义国家的基本经济制度和政治制度是优越的，但具体的经济、政治体制存在着种种弊端，束缚了生产力的发展，妨碍社会主义制度优越性的发挥，这就必须进行改革。当今的世界，是一个开放的世界，社会主义国家的现代化建设，不能脱离世界孤立地发展，这就必须

① 《列宁选集》第三卷，人民出版社，1972 年版，第 498 页。
② 《毛泽东选集》第四卷，人民出版社，1991 年版，第 1480 页。

实行对外开放。改革开放是比过去革命斗争复杂得多、艰巨得多的革命变革，它必然要引起国家的政治生活、经济生活、文化生活和社会生活的巨大变化，并对人们的心理状态、价值观念、生活方式等产生强烈的冲击。因此，工人阶级执政党在领导改革开放的过程中，必须坚持社会主义的基本制度和基本原则，并把它贯穿到改革开放的每一项政策、措施和活动之中，切实保证改革开放的社会主义方向。

在改革开放的条件下，资本主义的政治观点、意识形态以及腐朽的资本主义生活方式会乘机侵蚀到执政党内。党内外都会有人崇拜西方资本主义制度，宣扬资产阶级的政治观、道德观、价值观等和腐朽的资本主义生活方式。一些党员和干部，经不起考验，受到腐蚀，甚至走上蜕化变质的道路。邓小平早在 1982 年谈到我国改革开放以来党的干部受腐蚀的情况时指出："我们自从实行对外开放和对内搞活经济两个方面的政策以来，不过一两年时间，就有相当多的干部被腐蚀了，卷进经济犯罪活动的人不是小量的，而是大量的。犯罪的严重情况，不是过去'三反''五反'那个时候能比的。"① 他提醒全党："如果我们党不严重注意，不坚决刹住这股风，那末，我们的党和国家确实要发生会不会'改变面貌'的问题。这不是危言耸听。"② 这几年，我们党的一些党员包括某些领导干部，在改革开放中以权谋私，违法犯罪，其情节之恶劣，性质之严重，都达到令人吃惊的地步。这说明，执政党在领导改革开放的过程中，必须采取坚决有效的措施，开展反腐败的斗争，要把反腐败斗争贯穿于改革开放之中。只有这样，才能保证改革开放沿着社会主义方向顺利发展。

改革开放以来，社会主义商品经济有了很大的发展。这对于推进社会主义现代化建设有着极其重要的意义。但是，社会主义商品经济，也是商品经济，它仍然受一般商品经济规律的支配和制约，商品经济的消

① 《邓小平文选（1975—1982）》，北京市新华书店，1983 年版，第 357 页。
② 《邓小平文选（1975—1982）》，北京市新华书店，1983 年版，第 358 页。

极因素仍然顽强地表现出来。马克思指出："劳动产品一旦作为商品来生产，就带上拜物教性质。因此拜物教是同商品生产分不开的。"① 按照马克思的观点，只要是商品经济，就会产生商品拜物教、货币拜物教，就会滋长拜金主义。这是因为，任何社会的商品生产，都包括个别劳动与社会劳动的矛盾，这个矛盾的解决，只有通过市场交换，使个别劳动获得社会承认，转化为社会劳动。而市场交换是受价值规律自发调节的。即便是社会主义商品经济，它的广泛发展也会产生某种盲目性。这就很难排除商品、货币拜物教对人的腐蚀。不仅如此，在改革开放、发展商品经济的条件下，商品经济的等价交换原则还可能侵蚀到执政党内，产生权力商品化现象。一些不法分子利用金钱收买权力，再利用权力，牟取暴利。一些掌权的党员和干部，禁不住金钱的诱惑，接受贿赂，利用手中权力为不法分子的犯罪活动开绿灯。这种权和钱的交易，必然导致掌权者手中权力的变质。如果任其发展，就有可能导致执政党手中权力的变质，导致社会主义国家"改变面貌"。因此，工人阶级执政党在领导改革开放和现代化建设的过程中，既要看到大力发展社会主义商品经济的必然性和必要性，又要看到商品经济的发展所带来的消极因素，并且要通过经济的、政治的、思想的、行政的和法律的等手段，把商品经济的消极因素限制在最小的范围内。尤其是要在实践中不断探索，努力建立和完善社会主义市场经济体制，引导和促进社会主义商品经济的健康发展；要加强党的思想政治工作，实行"从严治党"的方针，不断抵制和消除商品、货币拜物教对执政党的侵蚀。这是工人阶级执政党建设中一个亟待解决的重大课题。

（选自《工人阶级执政党的建设》，原载于《科学社会主义（修订版）》，高等教育出版社 1994 年版）

三、试论工人阶级执政党建设的历史经验

工人阶级政党，自从十月革命后在俄国首先成为执政党、继而在欧

① 《马克思恩格斯全集》第四十九卷，人民出版社，1982 年版，第 162 页。

洲和亚洲一系列国家成为执政党以来，已有70多年的历史了。工人阶级执政党经受了多次严峻的考验，取得了正反两方面丰富的经验。认真总结和研究这些经验，对于进一步加强执政党建设具有重要意义。本文拟就这一问题作一初步探讨。

（一）工人阶级执政党必须把党的思想建设放到首位，保持党的工人阶级先锋队性质

首先从思想上建党，是马克思主义关于党的建设的一条基本原则。列宁在俄国创建新型的马克思主义政党时，始终坚持了这个原则。他针对当时俄国经济派鼓吹工人运动的自发性、反对建立统一的独立的工人阶级政党，党内处于思想混乱、组织涣散的状况，明确指出："在统一以前，并且为了统一，我们首先必须坚决而明确地划清界限。"[①] 于是，列宁创办《火星报》，并撰写《怎么办?》一书，系统地批判了经济派的自发论，同时深刻阐述了工人阶级政党的思想原则，奠定了建党的思想基础，然后列宁才着手召开俄国社会民主工党二大，从组织上建党。毛泽东在中国共产党的建设中，根据党员成分主要来自农民和其他小资产阶级分子的实际状况，尤其注重从思想上建党。他撰写的《关于纠正党内的错误思想》《实践论》《矛盾论》《改造我们的学习》《整顿党的作风》等重要著作以及他倡导的整风运动，都是为了解决当时思想上建党的任务的。他创造性地提出，共产党员不但要在组织上入党，而且要在思想上入党，批评有些共产党员组织上入了党，思想上并没有完全入党，甚至完全没有入党，强调"为要从组织上整顿，首先需要在思想上整顿，需要展开一个无产阶级对非无产阶级的思想斗争"[②]。可见，注重从思想上建党，并不是马克思主义建党理论和实践中的新问题，然而在工人阶级政党成为执政党以后，这个问题显得更加重要和迫切了。因

① 《列宁全集》第四卷，人民出版社，1984年版，第316页。

② 《毛泽东选集》第三卷，人民出版社，1953年版，第832页。

为工人阶级政党执政后所处的地位和环境都发生了变化，面临着许多新的情况和新的考验。

第一，执政党面临着胜利的考验。执政党是赢得了革命胜利的党。由于胜利，党内的一些干部，包括个别高级干部，可能被胜利冲昏头脑，滋长以功臣自居、贪图享受的情绪，甚至走上腐化变质的道路；由于胜利，党内的一些干部，包括一些高级干部，容易骄傲自满，高高在上，脱离实际，脱离群众，主观主义，独断独行。工人阶级执政党及其党员和干部在胜利面前，能否保持艰苦奋斗，联系群众，谦虚谨慎，不骄不躁的作风，是一个严峻的考验。

第二，执政党面临着如何运用权力的考验。执政党是领导全国政权的党，它的相当一部分党员在国家机关任职，手中握有一定的权力。这种权力是人民赋予的，应该成为对人民负责，为人民服务的工具和条件；但是这种权力，也可以成为某些人谋取私利的资本和手段。工人阶级执政党的各级干部，能否正确认识和运用权力、避免滥用权力的现象，能否廉洁奉公，防止腐败，是一个更加严峻的考验。

第三，执政党面临着改革开放的考验。社会主义国家的根本制度是优越的，但具体的经济、政治体制存在种种弊端，束缚着生产力的发展。这就必须进行经济、政治体制改革。当今的世界是一个开放的世界，社会主义国家的现代化建设不能脱离世界孤立地发展，这就必须实行对外开放。社会主义国家的改革开放，实际上存在着社会主义和资本主义两种截然不同的方向。工人阶级执政党在领导改革开放的过程中，能否始终坚持社会主义方向并把反腐蚀斗争贯穿于改革开放之中，保证社会主义国家不变颜色，这又是一个严峻的考验。

第四，执政党面临着帝国主义进行“和平演变”的考验。马克思、恩格斯曾经设想社会主义革命将在大多数文明国家同时发生和胜利。那时候，社会主义国家的外部完全排除资本主义的威胁。然而历史的发展超出了马克思、恩格斯的预料，社会主义首先在俄国然后在欧洲和亚洲一系列国家取得胜利，而获得胜利的国家大都是资本主义不发达的国家，社会主义国家的外部则存在着许多发达的资本主义国家。由于社会主义和资本主义两种制度本质上的对立，帝国主义国家在用武力消灭社会主义国家失败之后，就把政策重点转向“和平演变”社会主义国家。而在社会主义国家内部总会有人适应帝国主义的需要，鼓吹资产阶级自由化。在这种情况下，“和平演变”与“反和平演变”的斗争，将是长期的，有时是很激烈的。工人阶级执政党能否顶得住，取得“反和平演变”的胜利，这也是一个很严峻的考验。

工人阶级执政党面临上述的种种严峻考验，充分说明执政党必须把党的思想建设放到突出的地位，同时也提出了执政党思想建设的任务。工人阶级执政党思想建设的任务，说到底，就是要在执政的条件下，保持党的工人阶级先锋队的性质。只要社会主义国家的执政党始终保持自己的先进性和阶级性，党就具有强大的生命力、战斗力和凝聚力，不管国际风云变幻和国内出现暂时困难，党一定能够经受住任何风浪和考验，把社会主义的伟大事业向前推进。

加强党的思想建设，保持党的工人阶级先锋队的性质，最重要的是在执政党内普遍、深入、持久地进行马克思主义基本理论的教育，不断提高全党的马克思主义理论水平。马克思主义是工人阶级的科学世界观和方法论，是工人阶级政党的指导思想和理论基础。只有坚持马克思主义理论教育，广大党员才能批判和抵制资产阶级、封建主义和其他非无产阶级思想的侵蚀，实现全党在思想上的高度统一；只有坚持马克思主义理论教育，广大党员才能认识和掌握社会发展的客观规律，坚定社会主义的信念，自觉地为实现共产主义的崇高理想而奋斗；只有坚持马克思主义理论教育，广大党员才能牢记党的宗旨，正确处理个人与集体、个人与群众的关系，全心全意为人民服务。反之，如果执政党忽视乃至放弃马克思主义理论教育，不用马克思主义统一全党的思想，资产阶级自由化思潮、利己主义、拜金主义、享乐主义和封建特权思想等腐朽思想必然泛滥成灾，党的工人阶级先锋队性质就难以保持，并必然导致组织上的分裂和瓦解。

（二）工人阶级执政党必须坚持和正确实现党的领导作用，制定适合本国国情的建设社会主义的路线、方针和政策

工人阶级执政党必须坚持在国家和整个社会生活中起领导作用，这是马克思主义建党学说的常识，也是历史和现实所告诫我们的一条真理，是毫无疑义的。工人阶级执政党概念的含义，就是指党在国家政权中起领导作用，所谓执政意识，就是坚持党领导国家政权的意识，正如列宁所指出的，“党是无产阶级的直接执政的先锋队，是领导者”①。通常的说法，执政党是执掌国家政权的党，严格说来，这种说法并不是很确切的。因为国家是阶级统治的工具，执掌国家政权是一个或几个阶级。如果把工人阶级执政党理解为直接执掌国家政权而不是领导国家政权，容易造成党政不分，以党代政甚至得出“党专政”的错误结论。既然工人阶级执政党的概念本身，是指党在国家政权中处于领导地位，如果不坚持党的领导，就不成其为工人阶级执政党了。

社会主义国家工人阶级执政党的历史经验表明，坚持党的领导，是社会主义事业胜利的根本保证。正如邓小平同志所指出的，“自有国际共产主义运动以来，就证明了没有无产阶级的政党就不可能有国际共产主义运动。自从十月革命以来，更证明了没有共产党的领导就不可能有社会主义革命，不可能有无产阶级专政，不可能有社会主义建设”②。社会主义国家在短短的几十年间，取得了社会主义建设的伟大成就，这正是坚持党的领导的结果，而社会主义国家在实践中出现的种种失误，恰恰是党的领导作用没有得到正确的发挥而受到削弱所造成的。

社会主义国家能否搬用西方的多党制（包括一党多派制、两党制、

① 《列宁选集》第四卷，人民出版社，1972 年版，第 457 页。
② 《三中全会以来重要文献选编》上，人民出版社，1982 年版，第 92 页。

多党制）呢？结论是绝对不能的。

有人认为，列宁在十月革命后提出并实行过多党制，这是误解。事实是，列宁在十月革命后初期，曾提出布尔什维克党同左派社会革命党“真诚联合”“分掌政权”，并且吸收了四名左派社会革命党人参加苏维埃政府担任人民委员，后来左派社会革命党人由于不同意签订《布列斯特和约》而退出政府，进而组织武装叛乱，走上自我毁灭的道路，于是形成事实上的一党制。从当时列宁的建党理论和实践活动来看，他提出同左派社会革命党“真诚联合”“分掌政权”，是布尔什维克党领导下多党合作制的一种不成功的尝试，而不是搞多党制。

工人阶级执政党不仅要坚持党的领导，而且要改善党的领导，正确实现党的领导作用。几乎所有的社会主义国家的执政党，都曾存在着以党代政，党委包揽一切，把党对于国家的领导变成对于经济、政治、文化、社会生活等方面的直接管理的现象，其结果，既妨碍了国家机关的独立工作，影响国家机关工作人员的积极性，同时又使党委陷于日常的行政事务，无法集中精力研究和掌握党的路线和政策，无法搞好党的思想、组织和作风建设，影响党的战斗力的发挥，也使党的领导作用受到削弱。因而后来几乎所有的社会主义国家执政党都在进行改革，实行党政职分开，改变党政不分、党不管党的状况，改进党组织和各民主党派、人民团体的关系，等等，这是正确的、必要的，也取得了很好的效果。但是工人阶级执政党自身的改革，是为了完善党的领导体制，更好地实现党的领导作用，而不能把党的领导作用“改革”掉。

党的领导包括政治领导、思想领导和组织领导，首要的是政治领导，即路线、方针、政策的领导。因此，坚持和正确实现党的领导作用，最重要的是要制定和执行适合本国国情的路线、方针和政策。社会主义国家工人阶级执政党的历史经验表明，党制定和执行正确的路线、方针和政策，党的事业就兴旺发达，社会主义建设就会取得巨大的成就；反之，社会主义事业就不可避免地要遭到挫折和失败。这一方面，各社会主义国家执政党都有丰富的成功的经验，也有许多惨痛的失败的教训。错误和挫折的发生，问题往往出在执政党的领导集体脱离实际，脱离群众，照搬别国的经验、别国的模式。事实告诉我们，工人阶级执政党在领导本国人民建设社会主义的实践中，必须立足本国的国情，把马克思主义的普遍真理同本国的具体实际紧密结合起来，制定正确的路线、方针和政策，走自己的道路，建设有本国特色的社会主义。

（三）工人阶级执政党必须严格实行民主集中制，防止党内出现个人专断和极端民主化两种偏向

民主集中制是工人阶级政党的根本组织原则。党只有按照民主集中制组织起来，才能成为一个有机的战斗整体，担负起领导无产阶级解放事业的历史重任。马克思、恩格斯在创建共产主义者同盟和第一国际时，虽然没有明确提出民主集中制的原则，但他们起草的《共产主义者同盟章程》《国际工人协会临时章程》中都体现了民主集中制的基本思想。列宁在创建俄国布尔什维克党的过程中，在1905年12月召开的俄国布尔什维克党代表会议的文件中，第一次使用了“民主集中制”这个概念，并把它载入1906年4月通过的俄国社会民主工党的党章。1919年3月共产国际第一次代表大会又把民主集中制载入《共产国际章程草案》中。此后，民主集中制成为各国共产党公认的根本组织原则，也是工人阶级政党区别于其他阶级的政党的主要标志之一。

民主集中制原则，从内容上包括民主和集中两个方面。工人阶级政党的性质和任务决定了党内必须实行民主，同时又要实行集中，并且要把民主和集中两个方面有机地结合起来，在民主的基础上集中。党内民主与集中在不同的历史时期、不同的形势下侧重面会有所不同，但在任何时候，任何情况下两者都是不能偏废的。党内如果没有集中，就必然出现极端民主化、无政府状态，党就无法形成统一的意志和一个严密的整体，就不会有坚强的战斗力；同样，党内如果没有民主，集中就没有基础，党也不可能有正确的集中和真正的统一，也就谈不到有坚强的战斗力。所以，工人阶级政党的组织原则，必然是民主与集中的辩证统一。

民主集中制在党的领导制度上的具体体现，就是坚持集体领导的原则。所谓集体领导，是指从中央到基层的各级党的委员会，凡是涉及党的路线、方针、政策的大事，重大工作任务的部署，干部的重要任免、调动和处理，群众利益方面的重要问题，以及上级领导机关规定应由党委集体决定的问题，应该根据情况分别提交党的委员会、中央政治局、常委会或书记处、党组集体讨论决定，而不得由个人专断。实行集体领导是实现正确领导的可靠保证。违背了集体领导的原则也就违背了民主集中制原则。

社会主义国家的历史表明，工人阶级执政党能否正确贯彻民主集中制和集体领导制度，关系到党内政治生活是否正常，党的路线、方针、政策是否正确，国家能否保持稳定，社会主义建设能否健康发展的问题。十月革命后，俄共（布）在列宁的领导下，认真贯彻了民主集中制的原则。鉴于当时国内外形势十分严峻，强调党内高度集中和统一是正确的，但并没有忽视党内民主。列宁模范地遵守集体领导的原则，党内政治生活、党中央领导集体政治生活都比较正常，因而使年轻的苏维埃政权得到巩固。到了30年代，苏联形成了权力高度集中的政治体制，权力过分集中在少数人甚至一个人手里，个人专断、个人崇拜盛行，党的民主集中制和集体领导原则遭到严重的破坏，进而引起社会主义民主和法制的严重破坏，造成了肃反扩大化的历史悲剧，许多忠诚的共产主义者和善良的公民遭到迫害，使苏维埃政权受到严重的削弱。中国共产党从遵义会议直到新中国成立后的社会主义改造时期，党中央和毛泽东一直较好地执行了民主集中制和集体领导的原则，政治生活是比较生动活泼的，保证了中国革命的胜利和社会主义改造的成功。可是，从50年代后期开始，一言堂、个人决定重大问题、个人崇拜、个人凌驾于组织之上的家长制现象，不断滋长，党和国家的政治生活特别是党中央的政治生活越来越不正常，终于使党和国家难以防止和制止“文化大革命”灾难的发生。其他社会主义国家工人阶级执政党在执行民主集中制原则的实践中，也都不同程度地存在着类似苏联、中国的历史经验和教训。

许多社会主义国家执政党都从社会主义建设事业的曲折和失误中，提出加强执政党的制度建设、健全民主集中制的任务。民主集中制作为党的根本制度，还需要有各项具体制度做依托和保障。因此，许多工人阶级执政党除了强调健全党的民主集中制原则外，还提出和探索完善各项具体制度，如党的民主制度、党的领导制度、党的工作制度、党的组织生活会制度、党的监督制度、党的选举制度等等。这对于贯彻和实现民主集中制的原则，是十分必要的。但是，社会主义建设事业出现的曲折和失误，并不是来自民主集中制原则，而恰恰相反，是由于民主集中制不健全、不完善，甚至遭到破坏的结果。因此，把民主集中制原则执行中出现的问题，归结为民主集中制原则本身，提出取消民主集中制这个党的根本组织原则，代之以第二国际社会党的所谓“自治制”“民主制”，这是十分错误的。其结果，必然导致党内极端民主化、无政府主义思潮的泛滥。如果不及时纠正而任其发展下去，工人阶级先锋队的党，就不可避免地演变成为一个成分复杂、思想混乱、组织涣散、争吵不休的俱乐部。这样的党，不可能领导人民建设社会主义并向人类的崇高理想——共产主义社会前进。

（四）工人阶级执政党必须加强党风建设，密切党同人民群众的血肉联系

党风，是指共产党及其党员的作风，包括思想、政治、工作、生活等各方面的作风。它体现党的性质和宗旨，是党和党员党性及世界观的外在表现。

工人阶级执政党的历史表明，加强执政党的党风建设是至关重要的。陈云同志指出：“执政党的党风问题是有关党的生死存亡的问题。”① 这个结

① 《三中全会以来重要文献选编》上，人民出版社，1982 年版，第 572 页。

论，不仅是总结我国工人阶级执政党的历史经验提出来的，而且也是吸取其他社会主义国家工人阶级执政党的历史经验提出来的。它深刻揭示了党风同党的生命的直接的必然的联系，阐明了执政党党风建设的极端重要性。

第一，执政党的党风，直接关系着人心的向背。人民群众判断一个党，不仅要看它的纲领、路线和政策，更要看广大党员和党的干部的实际表现。而党的作风是一种外在的、易为人民所觉察的东西，人民群众常常是通过党风来看党的。党风好，党员和干部密切联系群众，全心全意为人民服务，党就能得到人民群众的爱戴和拥护，就会人心向党。反之，党风不好，党员和干部做官当老爷，甚至搞特权，谋私利，损害人民群众的利益，党就要失去群众的支持，就会失掉人心，党也就失去存在的基础。

第二，执政党的党风，直接关系着党的正确路线和政策能否贯彻执行。党的路线和政策同党风是紧密联系的。党的路线正确，党内生活正常，党风才能端正；党风好，党在人民群众中的威信高，党的路线和政策才能得到顺利的贯彻执行；党风不正，党失去人心，即使是正确的路线和政策也难以贯彻下去，党也就无法实现领导作用。因此，党风问题同执行党的路线和政策、同党的事业的前途和命运息息相关。

第三，执政党的党风，直接关系着能否保持党的工人阶级先锋队的性质。党风和党性是互相依存的。党风由党性所决定，又表现党性，并影响党的性质。一个工人阶级执政党，如果党风严重不正，又不采取措施加以纠正而任其发展，党的工人阶级先锋队性质就难以保持，就不可避免地要发生“和平演变”。

工人阶级执政党党风建设的根本任务，是要解决党同人民群众的关系问题，加强党同人民群众的血肉联系。人民群众是工人阶级政党的力量源泉和胜利之本，无论是革命还是建设，党一刻也不能脱离群众；工人阶级政党是以马列主义武装起来的全心全意为人民服务的工人阶级先锋队，党的性质、宗旨和指导思想决定了必须把为群众谋利益作为自己全部活动的出发点和归宿。因此，工人阶级政党必须而且能够保持和发展同人民群众的血肉联系。然而，在工人阶级政党成为执政党以后，给党及其党员带来更多的为人民服务的有利条件，同时也增加了脱离群众的危险性。社会主义各国执政党的历史经验表明，脱离群众的危险性主要来自一部分党员和干部存在的官僚主义和消极腐败现象。执政的地位，使一些党员和干部容易同群众疏远起来，听不到群众的心声，不体察群众的疾苦，由此而产生官僚主义。官僚主义又是同主观主义、形式主义、命令主义、违法乱纪等现象相伴而存在的，如果任其发展，势必使党严重脱离群众，甚至根本改变党同人民群众的关系。所以十月革命后，列宁是把官僚主义看成执政党内部的一个主要敌人。他说："共产党员成了官僚主义者。如果说有什么东西会把我们毁掉的话，那就是这个。"① 同时，执政的地位，容易使一些党员和干部的私欲膨胀起来，以权谋私，由此而产生弄权渎职、索贿受贿、贪污盗窃、挥霍浪费等腐败现象。各种腐败现象，严重地腐蚀了党的肌体，侵犯了群众的利益，引起广大群众的强烈不满，极大地损害了党的形象和威信，如果任其蔓延，必然导致党的毁灭。一些社会主义国家内部的反对派，之所以能够制造动乱，有那么多的人卷进去，就是因为利用了这些国家党内确实存在的腐败现象而又长期没有得到整治的缘故。事实说明，工人阶级执政党要端正党风，密切党同人民群众的血肉联系，必须加强廉政建设，建立和完善党内监督与党外监督制度，采取有力的措施，坚决、持久地同官僚主义和消极腐败现象作不懈的斗争。

（五）工人阶级执政党必须坚持党管干部的原则，确保党和国家各级领导权牢牢掌握在忠于马克思主义的人手里

党和国家的干部，是党的路线、方针、政策的具体制定者和执行

① 《列宁全集》第五十二卷，人民出版社，1988 年版，第 300 页。

者，是社会主义建设各条战线的直接组织者和指挥者。培养和造就一批又一批忠于马克思主义的、德才兼备的各级各类干部，是工人阶级执政党的一个极其重要的战略任务。它关系着党和国家的前途和社会主义事业的成败。

为此，工人阶级执政党必须坚持党管干部的原则，由工人阶级先锋队的党组织，培养干部、教育干部、推荐干部和监督干部。党管干部是实现党的领导的重要组织保证。毛泽东说："政治路线确定之后，干部就是决定的因素。"① 只有党管理好各级各类干部，才能贯彻好党的路线、方针和政策，实现党的领导作用。反之，如果党不管干部，不建立"懂得马克思列宁主义，有政治远见，有工作能力"② 的干部队伍，党的路线、方针和政策就无法贯彻执行，党的领导作用也就成了一句空话。

党管干部一定要有一条正确的干部路线，去挑选、提拔、任用干部。在这个问题上，实际上存在两条对立的用人路线：一条是"任人唯贤"的路线，一条是"任人唯亲"的路线。"任人唯贤"的"贤"，其含义就是无产阶级革命干部的德才标准，而"任人唯亲"的"亲"，则是宗派主义、结党营私的表现。工人阶级执政党领导的社会主义建设的实践表明，党执行"任人唯贤"的干部路线，党就一定兴旺发达，后继有人，社会主义事业就能够顺利发展；党执行"任人唯亲"的干部路线，党就可能发生分裂，国家就会动荡不安，社会主义事业就要遭受严重的曲折。因此，工人阶级执政党在干部路线上，一定要坚持"任人唯贤"，反对"任人唯亲"。由于社会主义国家大多数脱胎于落后的或者不发达国家，封建宗法观念、小生产家长制观念影响甚深，在用人问题上"任人唯亲"的现象，时常发生在执政党内这些或那些领导干部身上，这是不奇怪的，也是不可怕的。只要执政党的中央领导集体，坚持和执行

① 《毛泽东选集》第二卷，人民出版社，1952 年版，第 492 页。
② 《毛泽东选集》第一卷，人民出版社，1952 年版，第 255 页。

“任人唯贤”的干部路线，不断健全和完善党和国家的干部人事管理制度和监督制度，这些时常发生的问题，就可以及时得到纠正和处理，并挽回少数领导干部造成的党在群众中的不良影响。

党管干部最重要的是要建设好党和国家各级领导班子，首先是党中央的领导班子，确保党和国家各级领导权牢牢掌握在忠于马克思主义的人手里。社会主义国家的情况表明，问题往往出在党内，而党内又出在领导班子上。如果领导班子在政治上是坚强的，是忠于马克思主义的，就能够经得起大风大浪的考验，成为摧不垮的战斗堡垒；反之，如果领导班子在政治上是软弱的，甚至卷起马克思主义的旗帜，就会在关键时刻迷失方向，甚至做出一些亲者痛仇者快的事情。严酷的事实教训我们，工人阶级执政党要切实抓好各级领导班子的建设。党中央的领导班子，是党和国家的领导核心，要由坚定的马克思主义者、“最有威信、最有影响、最有经验”而被称为领袖的人物所组成。只要党和国家的各级领导权始终为忠于马克思主义的人所掌握，老一辈无产阶级革命家所开创的事业，就会一代一代传下去。

（六）工人阶级执政党必须遵循正确的党际关系的原则，发展同各国共产党、工人党之间的关系

工人阶级政党执政以后，遵循正确的党际关系原则，处理好共产党、工人党之间的关系，包括执政的共产党、工人党之间的关系，对于发展无产阶级的国际团结，推进社会主义和人类的进步事业，维护世界和平，都有重要的意义。

在工人阶级执政党的历史上，各国共产党之间、社会主义国家执政党之间的党际关系，曾出现过极不正常的状况。十月革命后，苏联成了世界上第一个社会主义国家，联共（布）也就成了世界上第一个工人阶级执政党。列宁曾经多次告诫布尔什维克党，“必须预计到其他国家发展的一切阶段，决不要从莫斯科发号施令”①。但是，列宁的指示并没

① 《列宁选集》第三卷，人民出版社，1972年版，第781页。

有得到贯彻落实。由于联共（布）所处的特殊地位，实际上控制了共产国际的一切活动，而成为国际共运中的“领导党”“国际指挥中心”，并且，他们把对待苏联的态度看成是检验各国共产党的标准，把拥护苏联和为苏联的行动辩护看作是各国共产党人的义务，致使第一个工人阶级执政党同其他各国共产党之间的关系极不正常。第二次世界大战后诞生了一系列社会主义国家，许多工人阶级政党成为执政党。如何正确处理社会主义国家之间的关系、处理执政的工人阶级政党之间的关系，成为国际共运中面临的一个新课题。当时，虽然第三国际已经解散，但联共（布）仍然以“领导党”“国际指挥中心”自居，与各国党处于不平等的地位。由于执政党之间的关系直接影响国家之间的关系，因此苏联与东欧和其他一些国家之间的关系也是不平等的。苏联的大国主义、大党主义，严重损害了社会主义国家之间、党与党之间的关系。他们把苏联的社会主义模式当作标准模式，硬要别国别党照搬；他们从民族利己主义出发，把自己的利益置于别国利益之上，强迫别国为自己的政策服务，这就势必干涉别国的内政和别党的内部事务，损害别国别党的利益，甚至使别国社会主义建设事业受到挫折和失败。

中国共产党十一届三中全会以来，依据无产阶级国际主义和爱国主义相结合的原理，认真总结处理社会主义国家执政党之间、各国共产党之间关系的历史经验，提出了党际关系的四项原则，即“按照独立自主、完全平等、相互尊重、互不干涉内部事务的原则，发展我党同各国共产党和其他工人阶级政党的关系”。事实证明，这四项原则，是处理党际关系的正确原则，是对马克思主义政党学说的新贡献。各国工人阶级政党，不论历史长短，党员多少，成就大小，执政与否，都应该是一律平等的；各国工人阶级政党，都有权从本国的国情出发，独立自主地决定自己的路线、方针和政策，不受任何别党的干涉；各国工人阶级政党，都要相互尊重，相互学习，取长补短，发展相互间的关系。这样，才有利于国际共产主义运动的发展。

（原载于《社会主义研究》1990 年第 5 期）

四、坚持和正确实现党对国家政权的领导

列宁关于坚持和正确实现党对国家政权的领导的一系列论述，是列宁执政党建设理论的重要组成部分。工人阶级执政党的历史经验表明，能否坚持并且正确实现工人阶级政党对国家政权的领导，直接关系着党和国家的前途和命运。在纪念列宁 120 周年诞辰的时候，重温列宁有关这一问题的论述，对于加强工人阶级执政党的建设，分清科学社会主义与民主社会主义的区别，批判和抵制资产阶级自由化思潮，推进社会主义建设和改革的健康发展，具有重要的意义。

（一）

十月革命后，俄国建立了世界上第一个无产阶级专政的国家——苏维埃政权，俄共（布）也就成了世界上第一个工人阶级执政党。工人阶级执政党概念的含义就是指党在国家政权中起领导作用，正如列宁所指出的："党是直接执政的无产阶级先锋队，是领导者。"① 如果工人阶级政党放弃对国家政权的领导，就不成其为工人阶级执政党了，社会主义事业就要出现严重的曲折和倒退。所以，列宁始终不渝地坚持党在苏维埃政权中独掌领导权，决不同其他政党分掌领导权。当时，社会革命党人和孟什维克诋毁布尔什维克党是"一党专政"。列宁针锋相对地指出，当有人责备我们是一党专政……我们就说："是的，是一党专政！我们就是坚持一党专政，而且我们决不能离开这个基地。"② 列宁在这里所说的不离开"一党专政"这个基地，就是指要坚持布尔什维克党对苏维埃政权的领导。党内一部分中央委员，屈服于反对派的压力，公然同意反革命政党参加政府并散布放弃党在苏维埃政权中领导作用的言论，遭到列宁的谴责。他严正地指出："全俄苏维埃代表大会既然代表千百万工人、士兵和农民，根据我们的纲领，把政权交给了我党的代表，那

① 《列宁全集》第四十卷，人民出版社，1986 年版，第 296 页。
② 《列宁全集》第三十七卷，人民出版社，1986 年版，第 126 页。

么，强迫我党放弃政权的任何企图都是对无产阶级事业的背叛。”① 他强调：“只有工人阶级的先进部分，只有工人阶级的先锋队，才能领导自己的国家。”②

为什么必须坚持工人阶级政党对国家政权的领导呢？列宁认为，党对国家政权的领导是革命斗争的历史形成的。列宁指出，布尔什维克党从诞生之日起，就领导俄国无产阶级和劳动人民进行了英勇的斗争，“因为这是一个在几十年内争得了整个工厂无产阶级即工业无产阶级的先锋队地位的党。这个党还在 1905 年革命以前就取得了这种地位，这个党在 1905 年领导了工人群众，从那时起，在 1905 年以后的反动时期内，即当工人运动在斯托雷平杜马的条件下历尽艰辛恢复起来的时候，它一直和工人阶级打成一片，因而只有这个党才能领导工人阶级去深刻地根本地改变旧社会”③。又说布尔什维克党经过“15 年（1903—1917 年）的顽强斗争，证明自己同俄国工人阶级保持着联系，有能力同工人阶级中的各种资产阶级影响作斗争，并且有能力在最复杂和最困难的情况下领导无产阶级的革命斗争。这样的党从十月革命时起自然应该把直接实现无产阶级专政的任务也担当起来”④。可见，布尔什维克党在苏维埃政权中的领导地位，是俄国民主革命、社会主义革命的历史自然形成的，党领导无产阶级和劳动人民推翻了俄国地主、资产阶级的统治，取得了革命的胜利，赢得了人民的拥护和爱戴，党也就自然成为革命胜利后诞生的苏维埃政权的领导力量。列宁认为，党对国家政权的领导是由无产阶级专政的性质和任务决定的。列宁指出：苏维埃政权就是无产阶级专政⑤，“是无产阶级专政的形式”⑥。无产阶级专政是工人阶级领

① 《列宁全集》第三十三卷，人民出版社，1985 年版，第 43 页。
② 《列宁全集》第三十七卷，人民出版社，1986 年版，第 349 页。
③ 《列宁全集》第三十七卷，人民出版社，1986 年版，第 126 页。
④ 《列宁全集》第三十八卷，人民出版社，1986 年版，第 153 页。
⑤ 参见《列宁全集》第二十七卷，人民出版社，1959 年版，第 243 页。
⑥ 《列宁全集》第三十四卷，人民出版社，1985 年版，第 52 页。

导的、以工农联盟为基础的、新型民主和新型专政相结合的国家。而工人阶级对国家政权的领导，则是通过它的先锋队——共产党来实现的。“不通过共产党就不可能实现无产阶级专政。”① “只有吸收了阶级的革命力量的先锋队，才能实现这种专政。”② 列宁还指出：“无产阶级专政是对旧社会的势力和传统进行的顽强斗争，流血的和不流血的，暴力的和和平的，军事的和经济的，教育的和行政的斗争……没有铁一般的在斗争中锻炼出来的党，没有为本阶级一切正直的人们所信赖的党，没有善于考察群众情绪和影响群众情绪的党，要顺利地进行这种斗争是不可能的。”③ 列宁在这里既讲了无产阶级专政在流血的、暴力的和军事的斗争中需要工人阶级政党的领导，也讲了无产阶级专政在不流血的、和平的和经济的、教育的、行政的斗争中需要工人阶级政党的领导。只有坚持工人阶级政党的领导，无产阶级专政才能顺利地、有效地进行经济的、政治的、思想文化的等各方面的斗争，全面完成自己的历史任务，“达到消灭一切阶级和进入无阶级社会的过渡”④。

列宁认为，党对国家政权的领导也是无产阶级国家政权自身建设、发展和完善的需要。列宁指出，布尔什维克党是俄国无产阶级的先进部队，它“吸收了这个阶级的一切优秀代表，集中了经过顽强的革命斗争的教育和锻炼的、完全觉悟的和忠诚的共产主义者”⑤。党的“整个世界观是以科学社会主义即马克思主义为基础的”⑥。因而党能够逐步认识和掌握无产阶级国家政权的运行规律，决定政权建设的方向和原则，并根据党在不同时期的基本任务和政策，不断地“改善”苏维埃国家机关的工作和活动。列宁把国家比作是“一个由若干齿轮组成的复杂体

① 《列宁全集》第四十一卷，人民出版社，1986 年版，第 35 页。
② 《列宁选集》第四卷，人民出版社，1972 年版，第 404 页。
③ 《列宁全集》第三十九卷，人民出版社，1986 年版，第 24 页。
④ 《马克思恩格斯全集》第二十八卷，人民出版社，1973 年版，第 509 页。
⑤ 《列宁全集》第三十九卷，人民出版社，1986 年版，第 182 页。
⑥ 《列宁选集》第二卷，人民出版社，1972 年版，第 375 页。

系”[①]。它包括权力机关、行政机关、司法机关。在每一个机关中又包括许多具体工作部门。只有各个“齿轮”协调一致地发挥自己职能的时候，这架国家机器才能正常运转。而统一苏维埃共和国全部工作并努力指导这些工作、保障国家机器正常运转的社会力量是党。列宁还特别重视党在国家机关中领导开展反对官僚主义和腐败现象的斗争。恩格斯说过：无产阶级建立自己的政权以后，必须“防止国家和国家机关由社会公仆变为社会主人”[②]。列宁进一步指出：所谓防止“由社会公仆变为社会主人”，就是要“防止这些人变成官僚”[③]。由于剥削阶级和剥削阶级国家机器在政治、思想和作风上的遗毒不可能短时内清除干净，由于党处于执政的地位，加上国外资本主义势力的腐蚀侵袭，一些党员和国家干部容易沾染官僚主义习气，高高在上，脱离群众，甚至产生以权谋私，贪污受贿等腐败现象。列宁指出：当时的俄国，“官僚不仅在苏维埃机关里有，而且在党的机关里也有”[④]。在实行新经济政策之后，在苏维埃机关乃至党的机关，“贪污受贿”之风盛行。如果无产阶级的国家政权，没有工人阶级先锋队的坚强领导，采取有力的措施，坚决、持久地同官僚主义和腐败现象作斗争，无产阶级的国家政权势必脱离群众，失去人民的支持，并有可能发生演变，“由社会公仆变为社会主人。”

列宁关于坚持党对国家政权领导的论述，是经过几十年社会主义实践所证明了的真理。它一直是社会主义国家共同遵循的一个不可动摇的原则，并成为社会主义各国党和人民的共识。然而近年来，社会主义国家内部却出现了一股否定党的领导、鼓吹西方多党制的反社会主义思潮。一些执政几十年的共产党，竟然效法民主社会主义照搬西方多党制的政治模式，结果共产党已从法律上或实际上丧失领导地位，有的已经

---

① 《列宁选集》第四卷，人民出版社，1972 年版，第 404 页。
② 《马克思恩格斯选集》第二卷，人民出版社，1972 年版，第 335 页。
③ 《列宁选集》第三卷，人民出版社，1972 年版，第 266 页。
④ 《列宁选集》第四卷，人民出版社，1972 年版，第 705 页。

瓦解或者演变为社会民主党。这些国家的社会主义成果正面临着被全部断送的危险。这个严酷事实说明，已经获得革命胜利的国家，要坚持社会主义，就必须坚持列宁首先提出的党对国家政权的领导权，绝对不能照搬西方的多党制。这是因为：第一，西方的多党制（包括一党多派制、两党制、多党制）是在反对封建专制斗争中产生、在资本主义的发展中巩固和成熟的。它或者是资产阶级斗争胜利的产物，或者是与封建势力妥协的结果。这种制度对封建专制来说是巨大的进步，但实质是资产阶级专政的工具。无论是一党多派制，还是两党制、多党制，都没有改变政党和政权的资产阶级性质，没有改变广大劳动群众受剥削受压迫的命运。而社会主义国家是在工人阶级政党领导下，在打碎资产阶级和其他剥削阶级国家机器的基础上建立的，是人民当家作主的国家。马克思说过："奴役他们的政治工具不能当成解放他们的政治工具来使用。"[①] 社会主义国家的性质决定了不能照搬西方的多党制。坚持工人阶级政党的领导，是社会主义国家政治制度的本质特征。这种领导作用，就在于组织和坚持人民当家作主，管理国家的经济、政治、文化和社会事务，完成无产阶级专政的历史任务。第二，西方多党制是以资本主义私有制为基础的。这种所有制既使工人阶级与资产阶级之间存在根本的矛盾与对立，也使各资本家集团产生不可调和的利害冲突。为了解决这些矛盾，需要有代表不同资本家集团利益的政党，形成互相牵制与协调的结构与机制，并用"民主竞选"作幌子欺骗人民，缓和阶级矛盾，以达到维护资本主义统治的目的。而社会主义国家是以生产资料公有制为基础的，剥削阶级作为阶级已经消灭，还存在的阶级、阶层及其党派，虽然也有各自不同的具体要求与利益，但没有根本的利害冲突，建设社会主义是他们的共同目标和根本利益所在，因而没有必要分裂成在朝党与在野党、执政党与反对党的对立状态，没有必要靠轮流上台执

① 《马克思恩格斯选集》第二卷，人民出版社，1972年版，第434页。

政来调节矛盾和欺骗人民。第三，西方的多党制是资产阶级不同利益集团互相倾轧的竞争状态所决定的。它使国家的力量分散，有很大一部分因互相争斗而抵消。这种竞选上台的办法，费时长，耗资大，轮流执政往往造成新旧政府频繁更迭，影响政策的持续实施和社会的稳定。而社会主义国家的社会主义现代化建设事业，要求以工人阶级政党为核心，把各种政治力量拧成一股绳，维护政局的稳定与社会的长治久安，确保正确路线和政策的持续贯彻，避免党派、团体间的摩擦所造成的内耗，因而不能搞西方的多党制。

有人认为，列宁在十月革命后曾提出并实行过“社会主义多党制”。这是一种误解。事实是，十月武装起义刚结束，布尔什维克党建议立即召开全俄苏维埃第二次代表大会，提出组成新政府。在布尔什维克党向苏维埃第二次代表大会提出新政府成员名单前数小时，曾邀请三位左派社会革命党人参加会议并邀请他们参加政府，结果遭到拒绝。不久，社会革命党左翼组成独立的左派社会革命党，宣布承认苏维埃政权。于是列宁又提出布尔什维克党同左派社会革命党“真诚联合”“分掌政权”，并且吸收了 4 名左派社会革命党人参加苏维埃政府担任人民委员。后来，左派社会革命党人由于不同意签订《布列斯特和约》而退出政府，进而组织武装叛乱，走上自我毁灭的道路。这样，俄国就形成了事实上的一党制。从当时列宁执政党建设的理论和实践活动来看，他提出同左派社会革命党“真诚联合”“分掌政权”，是布尔什维克党领导的多党合作的一种不成功的尝试，不是搞什么“社会主义的多党制”。

（二）

在列宁的工人阶级执政党建设的理论与实践中，不仅提出和论证了坚持党对国家政权的领导问题，而且提出和探讨了党如何正确实现对国家政权的领导问题。列宁指出：党对国家政权的领导是“总的领导”①。

① 《列宁全集》第三十三卷，人民出版社，1957 年版，第 221 页。

1919年3月俄共（布）召开八大时，列宁已经觉察到党和国家领导体制上存在党政不分、以党代政的弊端。俄共（布）八大根据列宁的报告所作的决议指出："无论如何不应当把党组织的职能和国家机关即苏维埃的职能混淆起来。这种混淆会带来极危险的后果。"① 但由于当时俄国处于外国武装干涉和国内战争的险恶环境，不可能着手解决这个问题。1920年底，外国武装干涉和国内战争基本结束。随着经济恢复工作的展开和新经济政策的实行，党政不分、以党代政的弊端进一步暴露出来。一方面，它使党组织陷于繁杂的日常的国家管理事务之中，无法集中精力研究和掌握方针和政策之大事；另一方面，则使苏维埃机关和工作人员缺乏责任心和主动性，把许多具体事情都推到中央政治局解决。这就不可避免地会产生官僚主义和拖拉作风，严重地影响了经济恢复工作和新经济政策的实施。到了1922年3月召开党的十一大时，列宁在认真分析和研究了当时俄国党政关系存在"不正常"的状况及其原因的基础上，明确提出："必须十分明确地划分党（及其中央）和苏维埃政权的职责，提高苏维埃工作人员和苏维埃机关的责任心和独立负责精神。"② 并强调："党的任务则是对所有国家机关的工作进行总的领导，不是象目前那样进行过分频繁的、不正常的、往往是琐碎的干预。"③ 列宁说的党对国家机关实行"总的领导"包含有两层意义，一是党对国家机关的领导是全面的领导，包括对国家权力机关、行政机关和司法机关的领导和对国家经济、政治、军事、文化教育等各项工作的领导；二是党对国家机关的领导是政治领导，是"靠它的政治战略和策略正确"④，而不是对日常行政事务的干涉。这就使我们对工人阶级执政党的领导作用有比较清醒的认识。

---

① 《苏共代表大会、代表会议和中央全会决议汇编》第1分册，人民出版社，1964年版，第571页。

② 《列宁全集》第四十三卷，人民出版社，1987年版，第64页。

③ 《列宁全集》第四十三卷，人民出版社，1987年版，第64页。

④ 《列宁选集》第四卷，人民出版社，1972年版，第182页。

工人阶级执政党如何实现自己的领导作用呢？列宁认为：第一，党通过苏维埃国家机关实现领导。列宁在强调党领导苏维埃的同时，又强调指出："党的全部工作当然都是通过不分职业而把劳动群众团结在一起的苏维埃来进行的。"① 因为，苏维埃"是被剥削劳动群众自己的直接的组织，它便于这些群众自己用一切可能的办法来建设国家和管理国家"②。党的路线、方针和政策主要是通过苏维埃国家机关贯彻实施的。"党应当通过苏维埃机关在苏维埃宪法的范围内来贯彻自己的决定"③。为此，列宁提出要划分党和苏维埃政权的职权，不能认为党政职能不分是党强大的表现，是党有权的表现。事实上党政职能不分，党忙于具体行政事务，恰恰削弱了党的领导作用，使党由国家政权的领导者变成国家行政事务的管理者。同时，列宁提出要提高苏维埃国家机关的威信，充分发挥苏维埃国家机关工作人员的主动性和创造精神，不断地改进国家机关的工作作风，提高办事效率，使党的各项政策得以顺利执行。第二，党通过选择、教育和调配干部实现领导。列宁提出党管干部的原则，坚持由党选择、培养和调配干部。党管干部是实现党的领导的重要组织保证。只有由党选择、教育和调配干部，才能保证党的方针政策的贯彻执行，才能保证党的政治任务的实现。正如列宁所说："这里问题的实质在于，如果取消中央调配人员的权利，它就不能指导政治。"④ 又说："如果没有人员的任命和调动，任何政治也就无法体现。"⑤ 所以，选择、教育和调配干部，对实现党对国家政权的正确领导关系极大。列宁还提出按照政治和业务的条件挑选干部。他要求党的组织部门应善于发现和提拔社会主义建设所需要的优秀人才，即那些具有清醒头

① 《列宁选集》第四卷，人民出版社，1972 年版，第 204 页。

② 《列宁选集》第三卷，人民出版社，1972 年版，第 634 页。

③ 《苏共代表大会、代表会议和中央全会决议汇编》第 1 分册，人民出版社，1964 年版，第 571 页。

④ 《列宁全集》第四十三卷，人民出版社，1987 年版，第 120 页。

⑤ 《列宁全集》第三十八卷，人民出版社，1986 年版，第 266 页。

脑和实际本领的人才，他们既忠于社会主义事业，又能埋头苦干①。“只有这样的人，经过多次考验，让他们从担负最简单的任务进而担负最困难的任务，然后才应提拔到领导国民劳动和领导管理工作的负责岗位上来。”② 毫无疑义，无产阶级国家机关拥有一大批这样优秀的干部，就能够很好地实现党的领导作用。第三，党通过国家机关党组织的活动和共产党员的先锋模范作用实现领导。根据列宁的建议，在苏维埃国家机关和工会等各种非党组织中都建立布尔什维克党团，通过党团的活动贯彻党中央的政策，以实现党对非党组织的领导。在俄共（布）第八次和第十二次全国代表大会先后通过的两个党章都明文规定：“在一切党外代表大会、会议和由选举产生的机关（苏维埃、苏维埃执行委员会、工会委员会……）中，凡有党员 3 人以上者，即成立党团。”③ 党团的任务是：“在各方面加强党的影响，在非党群众中实现党的政策，以及对上述一切机关和组织的工作实行党的监督。”④ 并提出党团与同级党组织的关系是：“党团不论它的作用如何，完全服从各该级党组织。在一切问题上，凡各该级党组织已经做出合法的决议，党团必须严格而坚决地执行。党委员会有权任免党团的任何成员。”⑤ 由于列宁和布尔什维克党对党团工作的重视和支持，布尔什维克党团作为苏维埃国家机关中的党组织进行了卓有成效的活动，在列宁领导俄国党和国家的 7 年中，党中央制定的方针政策，绝大多数都是通过苏维埃国家机关中的党团的工作变为国家法律、法令而付诸实施。同时，列宁还强调通过国家机关中共产党员的先锋模范作用实现党的领导。“俄国共产党既然执掌

① 《列宁全集》第三十四卷，人民出版社，1985 年版，第 174 页。
② 《列宁全集》第三十四卷，人民出版社，1985 年版，第 174 页。
③ 《苏共代表大会、代表会议和中央全会决议汇编》第 2 分册，人民出版社，1964 年版，第 228 页。
④ 《苏共代表大会、代表会议和中央全会决议汇编》第 2 分册，人民出版社，1964 年版，第 228 页。
⑤ 《苏共代表大会、代表会议和中央全会决议汇编》第 2 分册，人民出版社，1964 年版，第 220 页。

了政权，掌握了全部苏维埃机构，自然应当使自己数以万计的党员去管理国家。”① 列宁要求在苏维埃机关任职的党员，“在遵守劳动纪律和发挥劳动干劲方面应当走在大家的前面。应当真心诚意地执行人民委员会……和其他中央机关以及地方苏维埃机关……的决议”②。他还要求党员学习文化科学知识。“我们所缺少的主要的东西是文化，是管理的本领”③。“要管理就要懂行，就要精通生产的全部情况，就要懂得现代水平的生产技术，就要受过一定的科学教育。”④ 党员不仅是国家机关中工作、学习的模范，而且要善于团结政权机关的非党同志一道工作，“使很多人在苏维埃组织范围内坚定地、同心协力地工作”⑤。这样，党对国家政权的领导作用就能充分体现出来。

列宁关于党要正确领导的论述同党要坚持领导的论述一样，具有重大的现实意义。工人阶级执政党的历史经验表明，工人阶级执政党如果不坚持甚至放弃对国家政权的领导，社会主义事业就不可避免要出现严重的曲折甚至历史倒退。而“为了坚持党的领导，必须努力改善党的领导”⑥。如果不改善党的领导，不研究和探讨如何正确实现党对国家政权的领导，那也就“坚持不了党的领导”。由于历史的、社会的原因和国际方面的影响，几乎所有的社会主义国家执政党，都曾存在着以党取代国家政权职能，党委包揽一切，把党对于国家的领导变成党对于经济、政治、文化、社会生活等方面直接管理的现象，其结果，既妨碍国家机关的独立工作，挫伤国家机关工作人员的积极性和主动性，又削弱了党的领导作用。因而后来几乎所有的社会主义国家执政党都在进行改革，改变权力过分集中的领导体制，这是正确的、必要的。但是，社会

① 《苏共代表大会、代表会议和中央全会决议汇编》第 1 分册，人民出版社，1964 年版，第 565 页。
② 《列宁全集》第三十七卷，人民出版社，1986 年版，第 303 页。
③ 《列宁全集》第四十三卷，人民出版社，1987 年版，第 63 页。
④ 《列宁全集》第三十八卷，人民出版社，1986 年版，第 240 页。
⑤ 《列宁全集》第三十四卷，人民出版社，1985 年版，第 174 页。
⑥ 《三中全会以来重要文献选编》上，人民出版社，1982 年版，第 337 页。

主义国家领导体制的改革，是为了改善党的领导，更好地实现党的领导作用，因而必须遵照列宁提出的党是“总的领导”的原则，划分党和国家政权的职能，改变党对国家事务实行领导的方式，完善社会主义国家的领导制度。而有的国家在“改革”的名义下，照搬西方的多党制、议会制。这种“改革”不是为了改善党的领导，而只能是把党的领导作用“改革”掉。这也绝不是对列宁主义的“创造性发展”，而只能是对列宁主义的背离。

写于1990年3月

（原载于《社会主义文集》，湖北人民出版社2004年版）

第二篇 科学社会主义在中国的创新与发展

第一章　关于中国特色社会主义的认识和思考

第一节　关于中国特色社会主义基本理论

一、中国特色社会主义是切合中国实际的社会主义①

中国特色社会主义这个命题本身包括两项内容，一是“社会主义”，二是“中国特色”。社会主义是指社会主义制度的基本特征、共同原则，是各国建设社会主义必须坚持的社会主义的共性，是由社会主义制度的本质所决定的；中国特色是指中国社会主义的种种特点，是中国社会主义的个性，是由中国的国情所决定的。中国特色社会主义，既具有社会主义的共性，又具有中国国情的个性，是社会主义同中国国情的相互结合和统一，或者说是科学社会主义在当代中国建设社会主义实践中的具体运用和发展。这种社会主义，用邓小平的话来说叫作“切合中国实际的有中国特色的社会主义”②。邓小平讲的这句话，是我们理解中国特色社会主义的一把钥匙。他告诉人们，中国特色社会主义不是把书本当作教条，也不是照搬别国的模式，而是从中国的实际出发建设社会主

① 本文是作者2000年4月1日在纽约社会主义学者国际会议上的发言。
② 《邓小平文选》第三卷，人民出版社，1993年版，第63页。

义，因而是切合中国实际的社会主义。只要我们掌握了这把钥匙，中国特色社会主义的一系列理论问题和实际问题都会迎刃而解了。

中国改革开放以来，为什么改变过去单一的公有制结构、建立以公有制为主体的、多种所有制经济并存的所有制结构？为什么改变过去高度集中的计划经济体制，建立和完善社会主义市场经济体制？为什么坚持和实行按劳分配为主体的多种分配方式，允许一部分地区一部分人先富起来带动和帮助后富逐步走向共同富裕？等等，所有这些为什么，都可以从“切合中国实际”中得到回答，都是从中国的实际出发建设社会主义所得出的结论。

在所有制结构方面：我国曾经长期坚持全民（国家）所有制和劳动群众集体所有制两种社会主义公有制经济，并认为全民（国有）所有制是公有制的高级形式，集体所有制是低级形式，后者要不断向前者过渡，排斥、扼杀各种非公有制经济。结果造成了个体、私营经济几乎被消灭殆尽，集体所有制经济徒有虚名，并急于向全民（国家）所有制过渡，形成了以“一大二公三纯”为显著特点的社会主义所有制结构。这种单一的公有制结构，表面看来似乎最合乎社会主义标准，但不适应我国社会主义初级阶段生产力的状况，不利于解放和发展生产力，甚至阻碍和破坏生产力的发展，给我国社会主义经济建设带来了严重的挫折。中共十一届三中全会以来，在改革开放实践中，积极探索适应我国生产力发展要求的所有制形式，逐步形成了以社会主义公有制为主体、个体经济、私营经济等多种经济成分并存的所有制结构。这种所有制结构，同我国现阶段生产力不发达、多层次不平衡的状况是相适应的，它给我国经济带来了生机和活力，促使国民经济持续、快速、健康地向前发展，在 1979 年—1997 年间，我国国民生产总值的增长率年均达到 9.8%，综合国力和人民生活水平都有了大幅度的提高。有些人曾经对于我国发展个体经济、私营经济特别是引进外资、发展“三资”企业很不理解。他们认为，引进外资、发展“三资”企业，就是引进和发展资本主义。邓小平对于持这种错误观点的人耐心地进行说服教育工作。他指出："我国现阶段的'三资'企业，按照现行的法规政策，外商总是要赚一些钱。但是，国家还要拿回税收，工人还要拿回工资，我们还可以学习技术和管理，还可以得到信息、打开市场。因此，'三资'企业受到我国整个政治、经济条件的制约，是社会主义经济的有益补充，归根到底是有利于社会主义的。"① 我国现阶段这种公有制为主体、多种经济成分并存的所有制结构，并没有影响我国社会的社会主义性质。第一，在历史上任何一个社会都不是纯粹的只有一种生产资料所有制形式，而是多种所有制形式并存。社会的性质，主要是由占主体地位的生产资料所有制决定的。我国始终坚持社会主义公有制的主体地位，这就保证了我国的社会主义方向。第二，在社会主义初级阶段，非公有经济并非社会主义社会的异己力量。它是社会主义初级阶段基本经济制度的重要组成部分。多种所有制经济共同发展，使社会主义在中国真正活跃和兴旺起来。

在经济体制方面：过去长期实行高度集中的计划经济体制，排斥市场机制，认为计划经济姓"社"，市场经济姓"资"。这种经济体制，曾对新中国成立初期恢复国民经济、集中人力物力财力建设一批重点项目发挥了重要作用。它适应工业化初期粗放式经济的发展。但随着新科技革命的蓬勃兴起，社会分工和经济结构的复杂化，国际竞争日趋激烈，这种经济体制同我国生产力发展的要求越来越不适应，使本来应该生机盎然的社会主义经济在很大程度上失去活力。据统计，在 1955 年，中国国内生产总值占世界份额的 4.7%，到 1980 年下降到 2.5%；1960 年，中国的国内生产总值与日本相当，而到 1980 年则只有日本的 1/4；1960 年，美国的国内生产总值超过中国 4600 亿美元，而 1985 年超出额则达到 36800 亿美元。造成这一期间中国经济同西方国家经济差距拉

① 《邓小平文选》第三卷，人民出版社，1993 年版，第 63 页。

大固然有多方面的原因，但陈旧僵化的经济体制无疑是制约生产力的发展、人民生活水平的提高、社会主义优越性的充分发挥的严重阻碍。十一届三中全会以来，中国改革开放的总设计师邓小平，立足建设中国特色社会主义的伟大实践，对资本主义国家和社会主义国家的经济体制与运行机制，从历史与现实的结合上进行了实事求是的科学研究，创造性提出一个崭新的结论："计划经济不等于社会主义，资本主义也有计划；市场经济不等于资本主义，社会主义也有市场。计划和市场都是经济手段。"① 这就从根本上解除了把计划经济和市场经济看作属于社会基本制度范畴的思想束缚，提出了社会主义与市场经济必须而且能够结合的新思路，为我国建立社会主义市场经济体制奠定了理论基础。正是在邓小平理论指引下，我国逐步实现了从计划经济到市场经济的历史性转变。

中国特色社会主义是切合中国实际的社会主义。市场经济已被实践证明是比高度集中的计划经济更为有效的经济运行机制，它通过市场这只"看不见的手"调节和引导资源流向，为生产力的发展开辟了广阔的道路。我国告别了"短缺经济"时代，实现了由卖方市场到买方市场的转变，在仅占世界7%的耕地上解决了占世界23.5%的人口吃饭问题，从体制上得益于发展市场经济。有人认为，搞市场经济就是实行资本主义或者说必然会导致资本主义。这是把市场经济等同于资本主义的不正确认识。市场经济作为一种经济运行机制或资源配置方式，是随着社会化大生产和商品经济发展的需要而产生的，它本身无姓"资"姓"社"之分，资本主义可以用，社会主义也可以用。邓小平说："为什么一谈市场就说是资本主义，只有计划才是社会主义呢？计划和市场都是方法嘛。只要对发展生产力有好处，就可以利用。它为社会主义服务，就是社会主义的；为资本主义服务，就是资本主义的。好像一谈计划就是社

① 《邓小平思想年谱（一九七五—一九九七）》，中央文献出版社，1998年版，第460页。

会主义，这也是不对的，日本就有一个企划厅嘛，美国也有计划嘛。我们以前是学苏联的，搞计划经济。后来又讲计划经济为主，现在不要再讲这个了。”邓小平明确提出建设中国特色社会主义经济，要用好“市场”与“计划”两种手段、两种方法。同时，任何社会经济运行体制或资源配置方式，总是和一定的社会基本制度相联系。这就决定了社会主义条件下的市场经济不同于资本主义条件下的市场经济。它是同社会主义基本制度结合在一起的，是以社会主义公有制为主体、多种所有制经济共同发展的市场经济；是以按劳分配为主体、其他分配方式为补充、实现共同富裕为目标的市场经济；是人民当家作主的国家政权宏观调控下的市场经济，因而我们称之为社会主义市场经济。有人说市场经济与资本主义私有制具有内在统一性，而同社会主义公有制则是不相容的，这种看法也是不对的。社会主义虽然是建立在生产资料公有制基础上的，与资本主义制度有着本质的区别，但有一点是共同的，即都是社会化的大生产，都需要充分调动各个经济活动主体的积极性，以保证国民经济协调发展。这就使市场经济不仅能同资本主义相结合，而且能同社会主义相结合。我国改革以来市场经济体制创造出来的“经济奇迹”也充分证明，社会主义公有制与市场经济具有兼容性。二者有效结合关键在于公有制实现形式的创新。正由于我国积极探索同生产力发展要求相适应的公有制的多种实现形式，有效地实现了公有制与市场经济的兼容，使得中国特色社会主义经济成为当今世界最富有活力和效益的经济。当然，我们清醒地认识到市场经济可能带来的负面效应，强调健全科学的宏观管理体制与方法，规范市场经济运作的方向，运用好经济政策、经济法规、计划指导和必要的行政管理，引导市场经济健康发展，从而更好地为社会主义服务。

在分配制度方面：长期以来，我国个人消费品的分配存在平均主义，劳动量与报酬量脱节，形成捧着“铁饭碗吃大锅饭”“干与不干一个样”“干多干少一个样”“干好干坏一个样”的现象。在这种情况下，脑力劳动和体力劳动、复杂劳动和简单劳动、熟练劳动和非熟练劳动、繁重劳动与非繁重劳动之间的差别在劳动报酬上得不到相应的体现，严重挫伤了广大群众的生产积极性。十一届三中全会以来，我国在对所有制结构改革的同时，对分配制度也进行了相应的改革，坚持实行按劳分配为主体、多种分配方式并存的制度，允许一部分地区一部分人先富起来，带动和帮助后富，逐步走向共同富裕。有些人把平均主义混同于社会主义，认为平均主义就是公平，社会主义是实行公平分配。这无疑是对社会主义的曲解。社会主义应当实行公平分配，但公平分配绝不是平均分配。平均主义既不是社会主义社会的分配原则，也不是未来共产主义社会的分配原则，实际上是小生产者的空想社会主义意识。在社会主义条件下，如果搞平均主义，必然带来社会生产力的大破坏，造成人民生活的贫困化。正如邓小平所说的，“过去搞平均主义，吃‘大锅饭’，实际上是共同落后，共同贫穷，我们就是吃了这个亏。改革首先要打破平均主义，打破‘大锅饭’”①。只有克服分配上的平均主义，坚持和完善按劳分配为主体、多种分配形式并存的制度，才能调动方方面面的积极性，不断提高社会生产力和全体人民的生活水平。共同富裕是社会主义的本质要求，走社会主义道路，就是要逐步实现共同富裕。但共同富裕不是“同步富裕”，我们主张一部分地区有条件先发展起来，先发展起来的地区带动后发展地区；同时，一部分人通过诚实劳动、合法经营先富起来，激励和帮助其他人都富起来，最终达到共同富裕。我们在分配制度改革中，一方面反对平均主义；另一方面防止两极分化。邓小平说，平均主义不是社会主义，两极分化也不是社会主义。现在实际生活中，有些地区、部门、单位，仍然没有合理适度拉开收入差距，平均主义还有一定的影响；同时，又出现了收入差距过大，新的社会分配不公的现象，引起全社会的广泛关注和劳动群众的强烈不满。我国政府正在

① 《邓小平文选》第三卷，人民出版社，1993年版，第155页。

深化分配制度改革，加强宏观调控手段，规范分配秩序，调节收入差距，努力实现效率和公平的统一。

上述三个方面的改革足以证明，中国正在邓小平理论指引下，建设切合中国实际的有中国特色的社会主义。这种社会主义，既坚持社会主义的基本原则，又坚持从中国的实际出发。它已经在中国的土壤中生根，显示了强大的生命力。中国人民喜欢这种社会主义。中国特色社会主义也表明，各国人民建设社会主义，既不能把书本当教条，又不能照搬别国的模式，必须从本国的实际出发，走自己的道路，建设有本国特色的社会主义。

写于2000年3月

（原载于《社会主义文集》，湖北人民出版社2004年版）

二、社会主义建设事业成败的关键——正确认识我国国情

有同志在谈到我国社会主义建设的历史经验时曾经说："全国解放以后，在进行社会主义建设中，我们多次跌跤子，最根本的原因就在于我们对我国基本的国情没有清醒的认识。"① 能否正确地认识中国的国情，关系到我国社会主义建设事业的成败。

应该如何正确认识中国的国情呢？

第一，要认识中国国情中的各种因素。国情是一个国家各方面的基本情况，是一个综合概念，是由多种因素构成的，包括经济、政治制度、生产力水平、人口构成、阶级状况、文化条件、历史传统、地理环境、民族关系、宗教传统、国际关系，等等。我们要认识中国的国情，就必须了解中国国情的各个方面。例如，我们不能只看到我国已经建立了社会主义的经济制度和政治制度，而没有看到我国的社会主义的经济制度和政治制度还缺乏充分的物质基础，否则，我们就会产生忽视发展

① 《三中全会以来重要文献选编》上，人民出版社，1982年版，第611页。

社会生产力这个根本任务；如果我们只看到我国生产力水平比较落后，而没有看到我国有优越的社会主义制度等其他因素，我们在社会主义建设中就会产生悲观的论点和消极情绪；我们在发展社会生产力、实现社会主义现代化的过程中，如果不注意我国人口多、底子薄、教育、科学技术还比较落后等情况，我们在社会主义建设中，就有可能发生急躁冒进的错误，结果“欲速则不达”，想快反而慢了。所以，一定要全面地把握中国的国情，不能抓住某一点或几点，而不及其余。

第二，要认识中国国情中的有利因素和不利因素。正确认识中国国情，既要看到国情中对我国社会主义现代化建设的有利因素或有利方面，又要看到国情中对我国社会主义现代化建设的不利因素或不利方面，以便扬长避短，制定符合实际的现代化建设的战略部署和措施。例如，我国的社会主义的经济制度和政治制度是优越的，为我国社会生产力的发展开辟了广阔的道路，但是我国处在社会主义的初级阶段，社会主义制度还不完善，经济体制、政治体制都存在不少的弊端，束缚生产力的发展。因此为了适应社会主义现代化建设的需要，必须进行全面改革。我国人口多，超过十亿，居世界第一位。人口多，劳动力资源丰富，使我国具有进行社会主义现代化建设的巨大的劳动潜力，但是人口多，消费也大，社会经济负担重。我国需要比别的国家付出更多的物力财力来解决人民的衣、食、住、用、行、教等问题，人多不利于国家的积累的增加和人民生活的改善，造成劳动就业困难。过去我们往往强调人多对建设的有利方面，而忽视人多对建设的不利方面，结果造成人口增长失控。我国地大物博，国土仅次于苏联和加拿大，居世界第三位，自然资源丰富，矿产资源种类多，分布广，煤、铁、石油和多种稀有金属的储量居世界前列，这对我国的建设是有利的，但是又要看到，我国可供利用的土地特别是耕地少，全国耕地面积约 15 亿亩，人均耕地只有一亩半，而世界人均耕地面积为五亩半，同时，我国的矿产有的已经探明的储量不多，有的矿藏在短时期还没有条件开发利用。这样两个方面都看到，就能保持清醒的头脑，我们就会加倍珍惜和合理使用土地，集中力量搞好资源的发展、利用和节约。

第三，要认识中国国情中的现实因素和历史因素。我们在研究中国国情的时候，不能只看到现实因素，而忽视历史因素、历史传统。今天的中国是昨天中国的发展，割断历史，是不可能科学地认识今天的现实的。中华民族是一个有着悠久历史的伟大民族，具有光荣的革命传统和优秀的文化遗产，我国人民以勤劳勇敢、艰苦朴素著称于世。这些优良的历史传统，是我们今天进行社会主义现代化建设的一股强大的推动力量，我们应当继承和发扬中华民族的优良传统，为社会主义现代化建设服务。但是，我们又要看到，在我国的历史传统中又有沉重的包袱，阻碍我国社会主义现代化建设事业的发展。我国经历了两千多年的封建社会，一百多年的半殖民地半封建社会，历史遗留下来的封建主义思想、资本主义思想、殖民地奴化思想、小生产观念以及轻视科学技术的观念，在社会生活中有广泛的影响。我国今天在社会关系上存在的家长制、特权思想、专制作风、拉帮结伙、男尊女卑以及社会生活中出现的封建迷信、算命、赌博等，都是封建余毒的反映。这些历史因素、历史传统，对我国社会主义现代化建设是不利的。因此，我们在社会主义现代化建设的过程中，在发扬中华民族的优良传统的同时，要同封建主义思想、资本主义思想、殖民地奴化思想等腐朽思想和旧的习惯势力，作长期的坚决的斗争。

第四，要认识中国国情中的相对稳定性因素和变动性因素。在我国国情中有相对稳定性因素如地理环境，当然地质地貌、山川河流也处在不停的运动和变化之中，但是在短时期内不容易觉察出来，所以是相对稳定的。而社会的生产状况、阶级状况、教育科学文化状况等，则属于变动性因素，不断地发生并在短时期内能显现出变化来。例如，我国社会生产力水平总的说来比较落后，但现在这种落后同旧中国那种落后或解放初期那种落后不能相提并论，现在我国已经建立了独立的、比较完整的工业体系和国民经济体系，为实现四个现代化打下了坚实的基础。如果看不到这个变化，就会在社会主义现代化建设中失去信心，甚至得出社会主义制度没有优越性的错误结论。我国现阶段，早已消灭了剥削制度和剥削阶级，社会中主要社会成员是工人、农民和知识分子，还有一部分为社会主义事业服务的个体劳动者，它们之间尽管存在这样那样的矛盾，但根本利益是一致的。如果看不到我国社会阶级关系的变化，一有风吹草动，就重新实行“以阶级斗争为纲”的方针，搞政治运动，那么我国的社会主义现代化建设就无法进行。

总之，我们要用全面的、辩证的、历史的、发展的观点认识中国的国情。只有这样，才能认清、摸准中国的国情，使我国社会主义现代化建设事业持续地、稳定地向前发展。

（原载于《社会主义研究》1987 年第 4 期）

三、坚定不移地贯彻执行党的基本路线*

党在社会主义初级阶段“一个中心，两个基本点”的基本路线，是在邓小平建设有中国特色社会主义理论的指导下，我们党带领全国各族人民在改革开放的伟大实践中逐步形成的。它集中地反映了中国特色社会主义的道路，体现了全国人民的根本利益，是全党和全国各族人民进行社会主义现代化建设的行动指南。十一届三中全会以来的十多年间，我国社会主义现代化建设之所以取得举世瞩目的成就，从根本上说是由于贯彻执行了党的基本路线；我们要在本世纪末、下世纪中叶实现我国现代化建设第二步、第三步战略目标，把我国建设成为一个富强、民主和文明的社会主义现代化国家，也必须继续贯彻执行党的基本路线。

（一）坚持“一个中心”

坚定不移地贯彻党的基本路线，首先必须突出“一个中心”。以经

* 本文原载《学习通讯》1992 年第 3 期。

济建设为中心，集中力量发展社会生产力，是基本路线的核心。党和国家的各项工作，都必须服从于和服务于经济建设这个中心，而不能离开这个中心，更不能干扰和冲击这个中心。邓小平明确指出："除了爆发大规模战争外，就要始终如一地、贯彻始终地搞这件事，一切围绕着这件事，不受任何干扰。……我们全党全民要把这个雄心壮志牢固地树立起来，扭着不放，'顽固'一点，毫不动摇。"① 历史经验表明，在我国社会主义制度基本确立之后，能否牢牢抓住经济建设这个中心，把国民经济搞上去，是关系着社会主义事业的兴衰成败，关系着中华民族的前途和命运的大问题。

为了把经济建设置于社会主义现代化建设的中心地位，一是要深入研究社会主义理论。什么是社会主义，我们过去对这个问题的认识不是很清楚的。社会主义的根本任务就是要解放和发展生产力。社会主义的本质是解放生产力，发展生产力，消灭剥削，消除两极分化，最终达到共同富裕。因此，以经济建设为中心，是由社会主义的根本任务所决定的，是社会主义制度的本质要求。二是要切实把握国情。我国处在社会主义的初级阶段，生产力水平还比较低。我国现阶段的主要矛盾是人民日益增长的物质文化需要同落后的社会生产之间的矛盾。主要矛盾决定中心任务。我们坚持以经济建设为中心，是由我国现阶段的主要矛盾所规定的，也只有以经济建设为中心，才能逐步解决这个主要矛盾。只要我们深刻理解社会主义的根本任务、社会主义的本质，紧紧抓住我国现阶段的主要矛盾，就能牢固地树立"中心"意识，始终扭住"中心"不放，决不分散和转移自己的注意力，一心一意把经济建设搞上去。

（二）坚持"两个基本点"

全面贯彻党的基本路线，还必须坚持四项基本原则和坚持改革开放这"两个基本点"。"一个中心"和"两个基本点"是相辅相成、统一而

① 《三中全会以来重要文献选编》上，人民出版社，1982 年版，第 317 页。

不可分的。要实现“一个中心”，就必须坚持“两个基本点”；而“两个基本点”，又是为“一个中心”服务的，是实现和完成“一个中心”的保证。

为了把国民经济搞上去，必须实行改革开放。改革是社会主义社会基本矛盾运动的必然产物。社会主义社会的基本矛盾仍然是生产关系和生产力之间的矛盾，上层建筑和经济基础之间的矛盾。社会主义社会的基本矛盾同旧社会的基本矛盾具有根本不同的性质和情况，从总体上看，社会主义生产关系和上层建筑同生产力、经济基础的发展是基本相适应的，能够容许和促进生产力以旧社会所没有的速度向前发展，但社会主义生产关系和上层建筑还存在着不适应生产力发展的某些不完善的方面和环节上的缺陷，这就必须进行改革。在我国社会主义制度确立以后，毛泽东曾经指出：“我们的根本任务已经由解放生产力变为在新的生产关系下面保护和发展生产力。”[①] 经过几十年的社会主义实践，这个论断已经不够了，需要有新的补充。在新的历史条件下，邓小平运用历史唯物主义的基本原理，在总结我国社会主义改革的实践经验的基础上，创造性提出了“改革也是解放生产力”的新论断。他在 1992 年春视察南方的重要谈话中说：“过去，只讲在社会主义条件下发展生产力，没有讲还要通过改革解放生产力，不完全。应该把解放生产力和发展生产力两个讲全了。”[②] 当前，我国社会主义生产关系和上层建筑中一些不完善的方面和环节上的缺陷集中表现为，传统的僵化的体制窒息了社会主义的生机和活力，束缚了社会生产力的发展，妨碍了社会主义制度优越性的发挥。改革的任务，就是要打破这种传统的僵化的体制，建立充满生机和活力的社会主义体制，解放和发展生产力。当今的世界，是一个开放的世界。世界各国、各地区之间的经济联系日益紧密，经济生

---

① 《关于正确处理人民内部矛盾的问题》，人民出版社，1964 年版，第 15 页。

② 中共上海市委宣传部：《邓小平同志在武昌、深圳、珠海、上海等地的谈话要点》，载《宣传通讯》1992 年第 6 期。

活国际化已成为不可阻挡的趋势，任何国家都不可能在封闭状态下发展自己。中国是在经济技术落后的基础上进行现代化建设的，更需要实行对外开放。十几年的改革开放，是我们国家国民经济发展最快，综合国力增强最多，人民得到实惠最多的时期。实践证明，改革开放是解放和发展生产力的必由之路，是强国富民之路。因此，我们要把改革开放政策长期坚持下去。现在，国际环境有利，国内条件具备，我们必须坚持实事求是，进一步解放思想，加快改革开放的步伐。凡是有利于发展社会主义社会生产力、有利于增强我国综合国力、有利于提高人民生活水平的思路、体制、方法、措施，就要勇于实践，大胆地试、大胆地闯。要敢于和善于吸收和借鉴人类社会创造的一切成果，吸收和借鉴当今世界各国包括西方发达国家的先进技术和一切反映现代社会化生产规律的先进经营方式、管理方法，为社会主义现代化建设服务。

在改革开放的过程必须始终不渝地坚持四项基本原则。四项基本原则是立国之本，是全党和全国人民团结统一的政治思想基础，是改革开放和发展经济的根本保证。只有坚持四项基本原则，才能统一全国人民的思想和意志，实现安定团结，保持政治、社会稳定，保证改革开放的顺利进行，促进经济和社会的发展。

坚持四项基本原则与坚持改革开放这“两个基本点”之间有着内在的联系。一方面，它们相互依存，谁也离不开谁。如果坚持改革开放离开了坚持四项基本原则，就不是社会主义的改革开放，就会“改”到“开”到资本主义的邪路上去；同样，如果坚持四项基本原则离开了坚持改革开放，就会回到十一届三中全会以前的老路上去，生产力得不到迅速发展，人民的物质文化生活得不到改善，社会主义制度的优越性不能充分发挥，坚持四项基本原则也就成了一句空话。另一方面，它们相互贯通，你中有我，我中有你。改革开放是在四项基本原则指导下进行的。我们的改革是在马克思主义指导下和共产党领导下有步骤、有秩序地进行的，是社会主义制度的自我完善和发展。我们的对外开放，也是在马克思主义指导下和共产党领导下面向世界，吸取和借鉴外国一切有益的东西，为我所用。四项基本原则本身就具有实践的、改革的、开放的、发展的属性，而绝不是主观的、僵化的、封闭停滞的教条。在新的历史条件下坚持四项基本原则，就必须在改革开放的实践中不断赋予四项基本原则以新的内容，使四项基本原则更具有生命力、说服力和感染力。四项基本原则和改革开放这“两个基本点”的相互依存、相互贯通的关系，要求我们在贯彻党的基本路线的实践中，把改革开放与四项基本原则有机地统一起来，为建设有中国特色的社会主义服务。

（三）坚持“两手抓”

坚定不移地全面贯彻党的基本路线，还要紧紧围绕经济建设坚持“两手抓”。一手抓物质文明建设，一手抓精神文明建设；一手抓改革开放，一手抓打击各种犯罪活动，而且两手都要硬。

物质文明和精神文明是互为条件、互为目的的。物质文明为精神文明的发展提供物质条件和实践经验，而精神文明又为物质文明的发展提供精神动力和智力支持，为它的正确发展方向提供有力的思想保证。建设社会主义精神文明，发展教育、科学、文化事业和培养“四有”新人的目的，是为了保证和推动物质文明建设，以满足人民日益增长的物质文化生活的需要；而建设社会主义物质文明的目的，也不单是为了生产力的发展和人民物质生活的改善，而且也是为了推动和保证教育、科学、文化事业的发展，促进广大人民社会主义、共产主义思想觉悟和道德水平的提高。社会主义物质文明建设和精神文明建设两者之间这种互为条件、互为目的的内在联系，要求我们在建设社会主义物质文明的同时，必须建设社会主义精神文明，而不能一手硬一手软。

“两手抓”还要求我们十分重视社会主义民主和法制建设，为改革开放创造良好的政治环境。在改革开放、发展社会主义市场经济的过程中，社会上、政府机关和党内都会有人乘机进行各种经济犯罪和刑事犯罪活动，一些丑恶现象也会出现。对此，我们虽然用不着大惊小怪，但一定要高度重视，坚持“两手抓”，一手抓改革开放，一手抓打击各种犯罪活动，从而为经济建设和改革开放创造稳定的社会环境和良好的社会秩序、社会风气。

写于1992年3月

（原载于《社会主义文集》，湖北人民出版社2004年版）

四、建设有中国特色社会主义理论的形成发展、主要内容及其历史地位

党的十四大以邓小平同志建设有中国特色社会主义理论为指导，认真总结十一届三中全会以来十四年的实践经验，对中国特色社会主义理论的形成发展、主要内容及其历史地位进行了全面的阐述和新的理论概括，进一步丰富和发展了建设有中国特色社会主义理论。

（一）建设有中国特色社会主义理论的形成和发展过程

江泽民同志在十四大报告中指出：“建设有中国特色社会主义的理论，是在和平与发展成为时代主题的历史条件下，在我国改革开放和社会主义现代化建设的实践过程中，在总结我国社会主义胜利和挫折的历史经验并借鉴其他国家社会主义兴衰成败历史经验的基础上，逐步形成和发展起来的。”①

建设有中国特色社会主义理论的形成和发展过程，大致可分为四个阶段。

第一阶段，从1956年到1978年12月党的十一届三中全会以前，是建设有中国特色社会主义理论形成的准备阶段。

1956年，我国社会主义改造基本完成，进入全面建设社会主义的新时期。我们党开始探索适合我国国情的社会主义建设道路。毛泽东同

① 《中国共产党第十四次全国代表大会文件汇编》，人民出版社，1992年版，第15～16页。

志发表的《论十大关系》、党的八大文献以及毛泽东同志发表的《关于正确处理人民内部矛盾的问题》，就是这一探索开始的标志。1956 年 4 月，毛泽东同志发表《论十大关系》的重要讲话，初步总结了我国社会主义建设的经验，强调中国社会主义建设不能照搬苏联的经验、苏联的模式，而要从中国的实际出发，正确处理重工业和轻工业、农业，沿海工业和内地工业，中央和地方，汉族和少数民族、中国和外国等十大关系，走出一条适合中国国情的社会主义建设的道路。同年 9 月，中国共产党召开了第八次全国代表大会，党的八大文献和 1957 年 2 月毛泽东同志发表的《关于正确处理人民内部矛盾的问题》的重要讲话，正确分析了我国社会主义改造基本完成后阶级关系的变化，明确指出阶级矛盾不再是我国的主要矛盾，全党全国人民的中心任务是向自然界开战，发展社会生产力，调动一切积极因素，把我国建设成为一个伟大的社会主义现代化国家。

但是，由于我们党过去长期处于战争的激烈阶级斗争的环境中，对于迅速到来的社会主义建设事业缺乏充分的理论准备，加上当时国际国内出现一些复杂情况的影响，八大后不久，党在指导思想上发生了“左”的错误，致使探索中国特色的社会主义出现曲折甚至发生中断。在此期间，党的理论观点和方针政策有两个发展趋向。一是在探索过程中形成了一些正确的和比较正确的理论观点、方针政策和实践经验，这主要是指 1956 年八大前后一年多的探索、1959 年庐山会议以前八九个月的探索和 1960 年冬天以后五年调整期间的探索中所取得的积极成果，包括毛泽东、刘少奇、周恩来、陈云、邓小平、朱德和邓子恢等同志从实际出发提出的许多理论观点；二是在探索过程中形成了一些错误的理论观点、方针政策和实践经验，这主要是指 1957 年夏季以后反右派斗争严重扩大化；1958 年轻率地发动了“大跃进”和人民公社化运动；1959 年在全党开展所谓“反右倾”斗争；1962 年 9 月党的八届十中全会又提出“年年讲、月月讲、天天讲”阶级斗争的基本路线，并演变为

1966 年开始的长达十年之久的“文化大革命”。党内正确的和错误的两种发展趋向，许多时候都是互相渗透和交织在一起的，不但共存于全党的共同探索过程中，而且往往共存于同一个人的认识发展过程中。由于1957 年以后，“左”的思想开始抬头，逐渐占了上风，致使错误的发展趋向终于暂时压倒了正确的发展趋向，导致“文化大革命”的发动。在“文革”期间，探索适合中国国情的社会主义建设道路事实上已不可能，从总体上发生中断。1976 年“文化大革命”结束后的一段时间里，由于当时党的主要领导人坚持“两个凡是”的错误方针，这一探索也未能展开。

总之，从 1956—1978 的二十年间，中国特色社会主义理论还处在形成前的准备阶段。

第二阶段，从 1978 年 12 月党的十一届三中全会到 1982 年 9 月党的十二大，是建设有中国特色社会主义理论开始形成阶段。

1978 年 12 月召开的党的十一届三中全会，是新中国成立以来我党历史上具有深远意义的伟大转折，也是重新探索建设有中国特色社会主义理论的伟大起点。这次全会的历史功绩在于从思想上政治上开始全面地认真地纠正“文化大革命”中及其以前的“左”倾错误，批判了“两个凡是”的错误方针，实现了全党工作重点的转移，确定了解放思想，开动脑筋，实事求是，团结一致向前看的指导方针。从此，形成了以邓小平同志为核心的党的第二代领导集体，重新开始了探索建设有中国特色社会主义的道路。

在党的十一届三中全会之前，中央召开了工作会议。这次中央工作会议是为随即召开的三中全会作准备的。邓小平同志在中央工作会议上所作的《解放思想，实事求是，团结一致向前看》的重要讲话，实际上是三中全会的主题报告。邓小平同志在讲话中明确指出“要努力把马克思主义的普遍原则同我国实现四个现代化的具体实践结合起来”①，根

① 《三中全会以来重要文献选编》上，人民出版社，1982 年版，第 33 页。

据我国的实际情况、确定实现四个现代化的具体道路、方针、方法和措施①。十一届三中全会后，邓小平同志在 1979 年 3 月党的理论工作务虚会议上所作的《坚持四项基本原则》的重要讲话中又指出："过去搞民主革命，要适合中国情况，走毛泽东同志开辟的农村包围城市的道路。现在搞建设，也要适合中国情况，走出一条中国式的现代化道路。"② 他认为，中国有两个重要特点，一是底子薄，二是人口多、耕地少。中国式的现代化，必须从中国的特点出发。从同年 11 月起，在邓小平同志主持下，党中央着手起草《关于建国以来党的若干历史问题的决议》，1981 年 6 月，党的十一届六中全会通过了这个决议。《决议》从新中国成立以来正反两方面的经验，特别是"文化大革命"的教训中以及三中全会以来新的探索实践中，提出一条适合我国情况的社会主义现代化建设的正确道路，包括经济、政治、思想文化、军事、外交和党的建设等十个主要点。到了 1982 年 9 月召开的党的十二大，邓小平同志就在开幕词中正式地郑重地提出了"建设有中国特色的社会主义"这个基本结论。他说："无论是革命还是建设，都要注意学习和借鉴外国经验。但是，照抄照搬别国经验、别国模式，从来不能得到成功。这方面我们有过不少教训。把马克思主义的普遍真理同我国的具体实际结合起来，走自己的道路，建设有中国特色的社会主义，这就是我们总结长期历史经验得出的基本结论。"③ 这里讲的"长期历史经验"，包括我国社会主义改造基本完成后社会主义建设正反两方面的经验、三中全会以来改革开放和建设的新鲜经验以及其他社会主义国家的历史经验等。十二大还提出了党在新时期的总任务，提出了我国社会主义现代化建设的战略目标、战略重点、战略步骤和一系列正确方针。十二大标志着建设有中国特色社会主义理论和路线开始形成和确立。

第三阶段，从党的十二大到 1987 年 10 月党的十三大，是建设有中

① 参见《三中全会以来重要文献选编》上，人民出版社，1982 年版，第 20 页。
② 《三中全会以来重要文献选编》上，人民出版社，1982 年版，第 86 页。
③ 《十二大以来重要文献选编》上，人民出版社，1986 年版，第 3 页。

国特色社会主义理论的基本形成阶段。

党的十二大以后，在邓小平同志建设有中国特色社会主义的思想指导下，我国改革开放全面开展。农村经济体制改革在巩固的基础上进一步深入；经济体制改革的重点由农村逐步转向城市；其他各方面体制的改革和对外开放也迈出了重大的步伐。

1984 年 10 月召开了党的十二届三中全会，通过了《中共中央关于经济体制改革的决定》。《决定》突破了把计划经济同商品经济对立起来的传统观念，提出我国社会主义经济是公有制基础上的有计划商品经济，并系统地阐明了建立充满生机的社会主义经济体制所需要解决的主要问题，包括增强企业活力，建立合理的价格体系，重视经济杠杆的作用，实行政企职责分开，正确发挥政府机构管理经济的职能；建立多种形式的经济责任制，认真贯彻按劳分配原则；积极发展多种经济形式，进一步扩大对外和国内的经济技术交流等。邓小平同志认为，这个《决定》"表明我们已经开始找到了一条建设有中国特色的社会主义的路子"①。

1986 年 9 月召开了党的十二届六中全会，通过了《中共中央关于社会主义精神文明建设指导方针的决议》。《决议》提出了我国社会主义现代化建设的总体布局，阐明了社会主义精神文明建设的战略地位和根本任务。《决议》丰富了中国特色社会主义文化建设的内容。

十二届六中全会前后，邓小平同志围绕建设有中国特色社会主义这个总题目，发表了许多重要讲话、谈话。他指出和平与发展是当代世界两大问题，强调加快改革开放，把经济建设搞上去。针对当时党内和社会上资产阶级自由化思潮，他反复强调坚持四项基本原则，同时提出排除干扰，坚定地执行改革开放的方针②。

① 《十二大以来重要文献选编》中，人民出版社，1986 年版，第 836 页。

② 参见邓小平：《建设有中国特色的社会主义》增订本，人民出版社，1987 年版，第 96～160 页。

1987年10月召开了党的十三大。这次大会的主要历史功绩，是比较系统地论述了我国社会主义初级阶段的理论，明确概括和全面阐发了党的“一个中心，两个基本点”的基本路线。同时，党的十三大还阐明了我们党在对社会主义再认识过程中，在哲学、政治经济学和科学社会主义等方面，发挥和发展了一系列科学理论观点，包括关于解放思想，实事求是，以实践作为检验真理的唯一标准的观点；关于建设社会主义必须根据本国国情，走自己的路的观点；关于在经济文化落后的条件下，建设社会主义必须有一个很长的初级阶段的观点；关于社会主义社会的根本任务是发展生产力，集中力量实现现代化的观点；关于和平与发展是当代世界的主题的观点等十二个观点。这些观点，构成了建设有中国特色社会主义理论的轮廓。党的十三大标志着我们党建设有中国特色社会主义理论和基本路线已经形成和确立。

第四阶段，从党的十三大到1992年10月党的十四大，是建设有中国特色的社会主义理论进一步发展、更加系统化和走向成熟的阶段。

党的十三大以来的五年，是我们沿着有中国特色社会主义道路继续前进的五年。在国际国内的复杂艰难的情况下，党团结和领导全国各族人民，克服种种困难，实现了社会稳定、政治稳定和经济发展，取得中国特色社会主义事业的新胜利。

1989年春夏之交，我国发生了一场政治风波。这场政治风波的发生具有深刻的社会和历史背景。党和政府依靠人民，平息了这场政治风波。1989年6月下旬党中央召开了十三届四中全会。全会对中央领导机构进行了必要的调整，产生了以江泽民同志为核心的新的中央领导集体，保证了我国沿着中国特色社会主义道路继续前进。

1990年12月党中央召开了十三届七中全会。这次全会，通过了《中共中央关于制定国民经济和社会发展十年规划和“八五”计划的建议》。《建议》把全党对建设有中国特色社会主义的基本理论和基本实践取得的共识，概括为十二条原则。这十二条原则，内容十分丰富。每一条原则，既是从中国的实际出发，又坚持了社会主义的基本特征，是社会主义的共性与中国国情的个性的有机统一。这十二条原则，表明我们党对于建设有中国特色社会主义的认识更加深刻了。

1991 年 7 月 1 日，江泽民同志《在庆祝中国共产党成立七十周年大会上的讲话》中，又提出建设有中国特色社会主义经济、政治、文化三个方面的基本要求，并把它同七中全会提出的建设有中国特色社会主义的十二条原则联系起来。他说："党的基本路线和这十二条原则，总起来说，就是要通过社会主义制度的自我完善和发展，建设有中国特色社会主义的经济、政治、文化，以适应和促进社会生产力的不断发展和社会的全面进步，实现社会主义现代化。"① 江泽民同志提出建设有中国特色社会主义的经济、政治、文化三个方面的基本要求，使我们对建设有中国特色社会主义的认识更加明确了，懂得"必须"这样，"不能"那样。如"有中国特色社会主义的政治"中提出，必须坚持人民民主专政，不能削弱和放弃人民民主专政；必须坚持和完善人民代表大会制度，不能搞西方那种议会制度；必须坚持和完善中国共产党领导的多党合作和政治协商制度，不能搞西方那种多党制；等等。

今年年初，邓小平同志视察南方发表重要谈话，精辟地分析了当前国际国内形势，科学地总结了十一届三中全会以来党的基本实践和基本经验，鲜明地回答了这些年来经常困扰和束缚我们思想的许多重大认识问题，进一步丰富发展和阐述了建设有中国特色社会主义的基本理论和基本路线。

今年 10 月召开了党的十四大。江泽民同志在报告中对建设有中国特色社会主义理论的主要内容进行了全面阐述，作出了新的理论概括，包括社会主义的发展道路等九个问题，同时又把十四年伟大实践经验集中到一点，就是毫不动摇地坚持以建设有中国特色社会主义理论为指导

① 江泽民：《在庆祝中国共产党成立七十周年大会上的讲话》，人民出版社，1991 年版，第 13 页。

的党的基本路线；还提出了建立社会主义市场经济体制的新理论。党的十四大标志着建设有中国特色的社会主义理论进一步发展，更加系统化，形成一个完整的理论体系，走向成熟。

（二）建设有中国特色社会主义理论的主要内容

江泽民同志在报告中把建设有中国特色社会主义理论的主要内容，明确概括为九个问题。

第一，社会主义的发展道路问题。强调走自己的路。而走自己的路，就不能把书本当教条，不能照搬外国的模式，必须在马克思主义的指导下，以实践作为检验真理的唯一标准，解放思想，实事求是，建设有中国特色的社会主义。

第二，社会主义的发展阶段问题。作出了我国还处在社会主义初级阶段的科学论断，强调这是一个至少上百年的很长的历史阶段，制定一切方针政策都必须以这个基本国情为依据，不能脱离实际，超越阶段。

第三，社会主义的根本任务问题。社会主义的本质和现阶段我国的主要矛盾决定了社会主义的根本任务，是解放生产力，发展生产力，以经济建设为中心，推动社会的全面进步。由此提出必须把三个“是否有利”作为判断各方面工作是非得失的标准。科学技术是第一生产力，经济建设必须依靠科技进步和劳动者素质的提高。

第四，社会主义的发展动力问题。强调改革也是一场革命，也是解放生产力，是中国现代化的必由之路。明确提出经济体制改革的目标，是在坚持公有制和按劳分配为主体、其他经济成分和分配方式为补充的基础上，建立和完善社会主义市场经济体制。政治体制改革的目标，是以完善人民代表大会制度、共产党领导的多党合作和政治协商制度为主要内容，发展社会主义民主政治。同经济、政治的改革和发展相适应，以“有理想、有道德、有文化、有纪律”为目标，建设社会主义精神文明。

第五，社会主义建设的外部条件问题。提出在和平与发展成为当代世界两大主题的条件下，必须坚持独立自主的和平外交政策，为我国现代化建设争取有利的国际环境。强调实行对外开放，吸取和利用世界各国包括资本主义发达国家新创造的一切先进文明成果来发展社会主义。

第六，社会主义建设的政治保证问题。强调四项基本原则是立国之本，是改革开放和现代化建设健康发展的保证，又从改革开放和现代化建设获得新的时代内容。

第七，社会主义建设的战略步骤问题。提出基本实现现代化分三步走。在现代化建设的长过程中要抓住时机，争取出现若干个发展速度比较快、效益又比较好的阶段，每隔几年上一个台阶。贫穷不是社会主义，同步富裕又是不可能的，必须允许和鼓励一部分地区一部分人先富起来，以带动越来越多的地区和人们逐步达到共同富裕。

第八，社会主义的领导力量和依靠力量问题。强调共产党是社会主义事业的领导核心，党必须适应改革开放和现代化建设的需要，不断改善和加强对各方面工作的领导，改善和加强自身建设。执政党的党风，党同人民群众的联系，是关系党生死存亡的问题。提出必须依靠广大工人、农民、知识分子，必须依靠各民族人民的团结，必须依靠全体社会主义劳动者、拥护社会主义的爱国者和拥护祖国统一的爱国者的最广泛的统一战线。党领导的人民军队是社会主义祖国的保卫者和建设社会主义的重要力量。

第九，祖国统一问题。提出“一个国家、两种制度”的创造性构想。在一个中国的前提下，国家的主体坚持社会主义制度，香港、澳门、台湾保持原有的资本主义制度长期不变，按照这个原则来推进祖国统一大业的完成。

以上九个问题，构成建设有中国特色社会主义理论的主要内容。在这九个问题中，社会主义的发展道路，是建设有中国特色社会主义理论的首要的问题，是这个理论的精髓和实质所在，也是这个理论的落脚点。其它的问题都是围绕着“走自己的路”展开的，也是“走自己的路”的体现。我们要走自己的道路，就必须正确认识我国社会主义所处的发展阶段，明确社会主义的根本任务、发展动力，充分认识和利用我国建设的外部条件，坚持社会主义建设的政治保证，确定我国社会主义建设的战略步骤，明确认识社会主义事业的领导力量和依靠力量，还要用“一国两制”的构想实现祖国统一等。

建设有中国特色社会主义理论的主要内容，是马克思列宁主义基本原理与当代中国实际和时代特征相结合的产物。它的每一个问题，既坚持了马克思列宁主义的基本原理，又是从当代中国实际出发，反映了时代要求，是这两方面的有机结合和统一。因此，每一个问题，都具有鲜明的中国特色和强烈的时代气息，是我国改革开放和现代化建设的行动指南。

建设有中国特色社会主义理论的主要内容，充分体现在邓小平同志十一届三中全会以来一系列重要报告、讲话、谈话之中。今年初邓小平同志视察南方发表重要的谈话，提出许多新的理论观点也概括进来了，给这个理论增添了新的内容，使之更加充实和充满活力。邓小平同志尊重实践，尊重群众，善于概括群众的经验和创造，敏锐地把握时代发展的脉搏和契机，既继承前人又突破陈规，表现出了开辟社会主义建设新道路的巨大政治勇气和开拓马克思主义新境界的巨大理论勇气，对建设有中国特色社会主义理论的创立作出了历史性的重大贡献。

建设有中国特色社会主义的理论，不是封闭的、停滞的，而是开放的、生机勃勃的。它是在我国改革开放和现代化建设实践中形成和发展起来的，必将随着我国改革开放和现代化建设实践的发展而不断得到发展。

（三）建设有中国特色社会主义理论的历史地位

江泽民同志在党的十四大报告中指出：“建设有中国特色社会主义的理论，是马克思主义同中国实际相结合的最新成果，是当代中国的马克思主义，是指引我们实现新的历史任务的强大思想武器。”① 这是对

① 《中国共产党第十四次全国代表大会文件汇编》，人民出版社，1992年版，第46页。

中国特色社会主义理论历史地位的精辟阐述和科学概括。

（1）建设有中国特色社会主义理论是马克思主义在当代中国的伟大发展。

马克思、恩格斯曾经设想社会主义革命会在发达的资本主义国家同时发生，从发达的资本主义社会脱胎出来的新社会，无论在物质生产，还是精神生产方面，都将比发达的资本主义社会更为发达。但历史实践的结果是，社会主义革命大多数是在经济文化比较落后的国家，包括像中国这样贫穷落后的国家首先取得胜利。这些社会主义国家经济文化基础差，起点低，同资本主义发达国家在经济文化、科学技术发展水平上存在很大的差距。如何在经济文化比较落后的国家建设、巩固和发展社会主义，建设起比资本主义更为先进、更为优越的社会主义，这是历史的难题。

列宁在十月革命后反复强调指出，不发达国家革命开始容易，继续困难。他把俄国建设社会主义比喻为"攀登一座还没有探测过的非常险峻的高山"①，"在这里既没有车辆，也没有道路，什么也没有，根本没有什么预先试用过的东西！"② 列宁以无产阶级革命家的理论勇气、革命胆略和求实精神，从俄国的实际出发，大胆试验，不断总结，探索俄国建设社会主义的道路，并取得重要的成果。这些成果在当时和以后、对俄国和其它经济文化比较落后的国家建设社会主义都有重大的指导作用。但是，列宁在十月革命后的理论和实践活动的主要内容，是探索苏维埃俄国向社会主义过渡的道路，也就是解决如何建成社会主义的问题，至于社会主义制度建立后如何建设社会主义，如何巩固和发展社会主义，这些问题，列宁没有也不可能完全解决。

中国是比俄国还要落后的国家。新中国成立前夕，毛泽东同志曾经告诫全党，中国革命胜利，"只是万里长征走完了第一步"，"革命以后

---

① 《列宁选集》第四卷，人民出版社，1972年版，第594页。
② 《列宁选集》第四卷，人民出版社，1972年版，第595页。

的路程更长，工作更伟大，更艰苦”[①]。毛泽东同志用“万里长征走完了第一步”这个形象比喻，说明中国这样落后的国家建设社会主义的艰巨性、复杂性和曲折性。新中国成立后特别是社会主义改造基本完成后，毛泽东同志多次提出和探讨中国建设社会主义的理论和实践问题，也提出许多宝贵的意见，但由于他思想理论上的失误，终究没有能够解决这个问题。

十一届三中全会以来，邓小平同志为核心的党的领导集体，认真总结我国社会主义建设正反两方面的经验，在探索中国式的社会主义道路的过程中，把马克思主义的普遍真理同我国改革开放和建设的具体实践密切结合起来，逐步形成和发展了建设有中国特色社会主义的伟大理论。这个理论，第一次比较系统地初步回答了中国这样经济文化比较落后的国家如何建设社会主义，如何巩固和发展社会主义的一系列基本问题，用新的思想、观点，继承和发展了马克思主义。我们可以把这个理论的历史地位同新民主主义革命的理论相提并论。毛泽东同志创立的新民主主义革命的理论，科学地阐述了半殖民地半封建的中国革命的性质、任务、动力、道路和前途等问题，成功地解决了中国这个经济文化落后的国家革命这个极其艰难和复杂的任务。它是马克思主义与中国实际相结合过程中第一次历史性理论飞跃，而邓小平同志创立的建设有中国特色社会主义理论，则科学地阐述了中国社会主义发展的道路、阶段、根本任务、发展动力、外部条件、政治保证、战略步骤、领导力量和依靠力量等问题，正确地回答了中国这个经济文化落后的国家建设社会主义这个更加艰难和复杂的任务。它是马克思主义与中国实际相结合过程中第二次历史性理论飞跃。

（2）建设有中国特色社会主义理论是指引我们改革开放和现代化建设的强大思想武器。

---

① 《毛泽东选集》第四卷，人民出版社，1991年版，第1438页。

江泽民同志在党的十四大报告中指出：我们党所以能够取得改革开放和现代化建设的胜利，“根本原因是在十四年的伟大实践中，坚持把马克思主义基本原理同中国具体实际相结合，逐步形成和发展了建设有中国特色社会主义理论”①。历史事实正是这样。

在我国社会主义改造基本完成后相当长的一段时间里，正是由于党在思想理论上的失误，导致我国社会主义实践中出现1958年“大跃进”和人民公社化运动、特别“文化大革命”那样全局性长时期的严重失误。本来，党的八大明确指出无产阶级与资产阶级的矛盾已经基本解决，阶级矛盾不再是我国的主要矛盾。并作出党和国家工作重点转移的战略决策。可是党的八大后不久，又重提无产阶级和资产阶级的矛盾是我国社会的主要矛盾，把一定范围的阶级斗争扩大化绝对化，并逐步形成了一系列“左”倾错误理论观点。这些观点，后来被概括成为所谓“无产阶级专政下继续革命的理论”，终于酿成“文化大革命”这场历史悲剧。

十一届三中全会以来，党中央根本否定“无产阶级专政下继续革命的理论”，毅然抛弃“以阶级斗争为纲”这个不适用于社会主义社会的“左”的错误方针，把党和国家的工作重心转移到经济建设上来，并实行改革开放的伟大决策。在改革开放和现代化建设的实践中，逐步形成和发展了建设有中国特色社会主义的理论。正是在这个伟大理论指导下，我们党和人民锐意改革，努力奋斗，使整个国家焕发出了勃勃生机，中华大地发生了历史性的变化，我国社会主义现代化建设取得了举世瞩目的成就。

在建设有中国特色社会主义理论指导下，我们党形成了“一个中心，两个基本点”的基本路线。党的基本路线，就是建设有中国特色社会主义的正确路线，是把中国引向富强、民主、文明的社会主义现代化

① 《中国共产党第十四次全国代表大会文件汇编》，人民出版社，1992年版，第46页。

国家的正确路线。我们坚持建设有中国特色社会主义的理论为指导，就必须全面地、坚定不移地贯彻执行党的基本路线。十四年来我国改革开放和现代化建设事业的胜利，也就是坚持以建设有中国特色社会主义理论为指导的党的基本路线的胜利。

江泽民同志在报告中提出了我国 90 年代改革和建设的主要任务。建设有中国特色社会主义的理论，是指引我们实现新的历史任务的强大思想武器。只要我们坚持建设有中国特色社会主义的基本理论和基本路线，就一定能够进一步解放思想，把握有利时机，加快改革开放和现代化建设的步伐，夺取有中国特色社会主义事业的更大胜利。

（3）建设有中国特色社会主义理论将对世界社会主义运动的发展产生深远影响。

十一届三中全会以来，在邓小平同志建设有中国特色社会主义的理论指导下，我们建设的社会主义，不是苏联式的社会主义，也不是东欧式的社会主义，而是切合中国实际的有中国特色的社会主义。这种社会主义，已经在中国的土壤中生根，显示了强大的生命力。正因为这样，在世界风云急剧变幻的情况下，我们经受住了严峻的考验，顶住了国际反共反社会主义的逆流，稳住了阵脚，进一步巩固了本国的社会主义阵地，让全世界社会主义者、广大人民增强了社会主义事业的信心、勇气和力量。

建设有中国特色社会主义理论，已在中国的大地上引发了一场新的革命。这是解放和发展生产力的革命。它将促进社会生产力的巨大发展和社会的全面进步，把我国建设成为一个富强民主文明的社会主义现代化国家，并对世界历史进程产生深远的影响。

建设有中国特色社会主义的理论表明，各国人民建设社会主义，既不能从马列主义书本上找到现成的答案，又不能照搬别国的模式，必须在马克思主义的指导下，从本国的实际出发，走自己的道路。脱离马克思列宁主义的基本原理或者脱离本国国情的社会主义，都是没有什么生命力的。只有把马克思列宁主义的基本原理同本国具体实际结合起来，建设有本国特色的社会主义才能生根、发芽、开花、结果。社会主义必将通过各国人民自愿选择的，适合本国特点的道路，逐步取得胜利。我们的建设有中国特色社会主义的理论和实践，无疑将促进社会主义向着更加健康的方向发展。

（原载于《社会主义研究》1992 年第 6 期）

第二节　关于改革开放

一、社会主义国家的改革与对外开放

社会主义是共产主义的低级阶段。社会主义社会需要在不断改革中前进。改革是社会主义社会基本矛盾运动的必然产物，是社会主义社会前进的动力，是社会主义制度的自我完善和发展。社会主义社会也不是离开世界文明发展大道的封闭的社会。在其发展的历程中，必须实行对外开放。对外开放是社会主义现代化建设的必要条件。坚持对外开放同坚持独立自主、自力更生的方针是统一的。

（一）社会主义国家的改革

1. 改革是社会义社会发展的动力

第一，改革是社会主义社会基本矛盾运动的必然结果。

马克思在研究人类历史进程中揭示了人类社会基本矛盾运动的规律。他指出："社会的物质生产力发展到一定阶段，便同它们一直在其中活动的现存生产关系或财产关系（这只是生产关系的法律用语）发生矛盾。于是这些关系便由生产力的发展形式变成生产力的桎梏。那时社会革命的时代就到来了。随着经济基础的变更，全部庞大的上层建筑也或慢或快地发生变革。"① 马克思在这里分析的生产力和生产关系、经

① 《马克思恩格斯选集》第二卷，人民出版社，1972 年版，第 82～83 页。

济基础和上层建筑的矛盾运动，是就对抗的阶级社会而言的，至于社会主义社会的基本矛盾运动，由于历史条件的限制，他没有予以明确回答和具体阐释。毛泽东运用马克思关于社会基本矛盾的理论，研究社会主义社会的矛盾问题，明确指出："在社会主义社会中，基本的矛盾仍然是生产关系和生产力之间的矛盾，上层建筑和经济基础之间的矛盾。不过社会主义社会的这些矛盾，同旧社会的生产关系和生产力的矛盾、上层建筑和经济基础的矛盾，具有根本不同的性质和情况罢了。"①

在社会主义社会，由于建立了社会主义公有制，实行按劳分配，消除了生产的无政府状态，社会主义生产关系同生产力基本上是相适应的，这就为生产力的发展开辟了广阔的道路。但是，社会主义生产关系是历史上的新生事物，不可避免地存在某些不完善的方面和环节，它同生产力发展的要求又会出现不相适应的情况。同时，生产力是最活跃的因素，随着生产力的发展，生产关系的某些具体形式和生产力之间也会发生矛盾。人民当家作主的国家政权和以马克思主义为指导的社会主义意识形态，这些上层建筑对于社会主义经济基础的建立和发展起了积极的推动作用，它同社会主义经济基础是相适应的，这也是基本方面。但是，社会主义上层建筑不可能一经建立起来就达到完善的地步，它还不可避免地存在着旧社会遗留下来的痕迹和剥削阶级的腐朽思想作风的影响，这又是和社会主义经济基础相矛盾的。而且社会主义经济基础本身也处在发展过程中，社会主义上层建筑的某些环节也会落后于经济基础的发展。

上述情况表明，社会主义社会的生产关系和生产力之间、上层建筑和经济基础之间存在着既相适应又相矛盾的状况。从总体上看，社会主义的生产关系和上层建筑同生产力、经济基础的发展是基本相适应的，社会主义制度能够容许和促进生产力以旧社会所没有的速度迅速发展。

---

① 毛泽东：《关于正确处理人民内部矛盾的问题》，人民出版社，1964年版，第10页。

但是，社会主义的生产关系和上层建筑的某些方面和环节又与生产力、经济基础的发展发生不相适应的情况，妨碍着生产力的发展。因而社会主义社会的基本矛盾同以往阶级社会的基本矛盾，都是生产关系和生产力、上层建筑和经济基础之间的矛盾，但具有根本不同的性质、表现形式和解决方式。

毛泽东指出："社会主义社会的矛盾同旧社会的矛盾，例如同资本主义社会的矛盾，是根本不相同的。资本主义社会的矛盾表现为剧烈的对抗和冲突，表现为剧烈的阶级斗争，那种矛盾不可能由资本主义制度本身来解决，而只有社会主义革命才能够加以解决。社会主义社会的矛盾是另一回事，恰恰相反，它不是对抗性的矛盾，它可以经过社会主义制度本身，不断地得到解决。"① 在一切阶级社会里，生产关系和生产力的矛盾、上层建筑和经济基础的矛盾是对抗性的矛盾，表现为剧烈的阶级斗争。变革旧的生产关系、建立新的生产关系，变革旧的上层建筑、建立新的上层建筑，都是通过阶级斗争来实现的。在资本主义社会，则是通过无产阶级的革命斗争，推翻资产阶级的统治，建立无产阶级专政来实现的，因而阶级斗争是阶级社会发展的动力。而社会主义社会的生产关系和生产力的矛盾，上层建筑和经济基础的矛盾，是非对抗性的矛盾，不再表现为剧烈的阶级斗争。它可以通过社会主义制度本身解决，也就是通过工人阶级政党领导的国家政权，有计划、有步骤地对不适应生产力发展要求的生产关系和不适应经济基础发展要求的上层建筑的某些方面、环节，自觉地进行调整和变革，以解决生产关系和生产力、上层建筑和经济基础的矛盾，推动社会主义社会不断向前发展。这种解决方式，也就是社会主义改革。可见，社会主义改革是社会主义基本矛盾运动的必然要求；同时，改革又是解决社会主义基本矛盾的根本途径。因此，改革是社会主义社会发展的动力。社会主义社会基本矛盾

① 毛泽东：《关于正确处理人民内部矛盾的问题》，人民出版社，1964年版，第10页。

运动的过程，就是社会主义制度自我调整和改革的过程，也就是社会主义制度从不完善到比较完善、从不成熟到比较成熟的过程。任何把社会主义社会看成是凝固的一成不变的观点都是错误的。早在100多年前，恩格斯就指出："我认为，所谓'社会主义社会'不是一种一成不变的东西，而应当和任何其他社会制度一样，把它看成是经常变化和改革的社会。"①

第二，改革也是解放生产力。

邓小平同志指出："革命是解放生产力，改革也是解放生产力……过去，只讲在社会主义条件下发展生产力，没有讲还要通过改革解放生产力，不完全。应该把解放生产力和发展生产力两个讲全了。"②

"改革也是解放生产力"，是邓小平同志对社会主义理论的重大贡献。马克思主义者历来认为：革命是解放生产力。在阶级对抗的社会里，当旧的生产关系已成为生产力的桎梏，必须通过社会革命，夺取政权，变革旧的生产关系，建立新的生产关系，才能使社会生产力得到解放。在社会主义制度建立后，还有没有继续解放生产力的任务？这是科学社会主义理论需要回答和解决的问题。马克思主义经典作家一贯强调，社会主义的根本任务是发展生产力。马克思、恩格斯在《共产党宣言》中指出："无产阶级将利用自己的政治统治，一步一步地夺取资产阶级的全部资本，把一切生产工具集中在国家即组织成为统治阶级的无产阶级手里，并且尽可能快地增加生产力的总量。"③ 列宁也认为："无产阶级取得国家政权以后，它的最主要最根本的利益就是增加产品数量，大大提高社会生产力。"④ 毛泽东同志在我国社会主义改造基本完成以后，则明确提出，"我们的根本任务已经由解放生产力变为在新的

① 《马克思恩格斯全集》第三十七卷，人民出版社，1971年版，第443页。
② 《邓小平文选》第三卷，人民出版社，1993年版，第370页。
③ 《马克思恩格斯选集》第一卷，人民出版社，1972年版，第272页。
④ 《列宁选集》第四卷，人民出版社，1972年版，第586页。

生产关系下面保护和发展生产力”①。邓小平同志的新贡献在于，运用历史唯物主义的基本原理，总结我国社会主义改革的实践经验，创造性地提出了“改革也是解放生产力”的新论点。他说：“社会主义基本制度确立以后，还要从根本上改变束缚生产力发展的经济体制，建立起充满生机和活力的社会主义经济体制，促进生产力的发展，这是改革，所以改革也是解放生产力。”② 他还把解放生产力和发展生产力联系起来，说明社会主义不仅要发展生产力，而且必须解放生产力，从而使我们对社会主义的本质和根本任务的认识，比过去更加全面、深刻、科学了。

发展生产力和解放生产力的任务，是既相互联系又相互区别。发展生产力，是指在社会主义生产关系的基础上，通过对生产力诸要素进行合理配置和结合来提高社会生产力水平。解放生产力，则是指在坚持社会主义基本制度的前提下，改革生产关系和上层建筑中不适应生产力发展的一系列相互联系的环节和方面，即具体体制，为生产力的发展扫除障碍。在整个社会主义的发展过程中，我们不能只强调发展生产力，还必须通过改革不断解放生产力。否则社会主义社会的生产力就不可能得到发展。改革是发展生产力、实现现代化的必由之路。

社会主义制度作为人类历史上崭新的社会制度，它在 20 世纪的产生和发展，已初步显示了它的先进性和优越性。社会主义各国建立了工人阶级和劳动人民的国家政权，消灭了剥削制度，实现了生产资料公有制和按劳分配原则，使整个社会的经济、政治和思想文化都得到了较快的发展。但是，必须看到，社会主义的发展没有达到应有的水平，社会主义制度的优越性没有得到充分的发挥。其所以如此，根本原因在于许多社会主义国家不同程度地在经济、政治等方面形成了过分集中的僵化的体制，窒息了社会主义的内在生机和活力。

① 毛泽东：《关于正确处理人民内部矛盾的问题》，人民出版社，1964 年版，第 15 页。

② 《关于建设有中国特色社会主义的论述专题摘编》，中央文献出版社，1992 年版，第 85～86 页。

苏联是第一个取得社会主义革命胜利的国家，也是最早进入社会主义社会的国家，它从十月革命后开始到30年代已形成了高度集中的计划经济体制和相适应的高度集权的政治体制，这种体制是同苏联处在资本主义包围下建设社会主义的国际环境相联系的，它在十月革命胜利后相当长的一段时间内，起过积极的作用。它有利于苏联集中人力、物力、财力，优先发展重工业，迅速实现社会主义工业化，并在经济上赶上和超过了许多资本主义发达的国家，巩固了苏维埃政权。例如，苏联从1928年开始制定和实施社会主义建设第一个五年计划，到1938年，制造业产量增加了7.5倍以上，跃居欧洲第一位、世界第二位，为苏联在第二次世界大战中取得反法西斯战争的胜利提供了重要的物质保证。第二次世界大战后建立的一系列社会主义国家，在当时还没有实践经验的情况下，都在不同程度上照搬了苏联的社会主义模式。新中国成立后，也仿效苏联建立起高度集中的计划经济体制和政治体制。我国和其他社会主义国家在建国初期，实行这种体制，也是有成效的。它对于实现国家政治经济的统一，集中力量建设工业化基础，发展国民经济等方面，曾起过重要作用。但是，苏联、中国和其他社会主义国家这种社会主义体制存在着种种弊端，随着国际形势的变化，新技术革命的兴起，社会主义商品经济的发展和社会主义民主政治的推进，它的种种弊端日益明显地暴露出来。

高度集中的经济体制的主要弊端有：①所有制形式过于单一。社会主义公有制采取全民所有制（国家所有制）和集体所有制两种形式，集体所有制必须逐步过渡到全民所有制（国家所有制）；排斥个体经济和其它非公有制经济。②国家对企业统得过多过死，企业缺乏应有的自主权。政企职责不分，国家机构直接经营管理企业。企业只有完成国家计划的义务，在产、供、销等方面没有自主权。经理、厂长由国家任免，收入全部上交国库，支出全由国家负担，分配中平均主义严重。③管理经济的方法以行政手段为主，忽视价值规律和各种经济杠杆的作用。整个国家的经济活动，靠国家指令性计划指挥，国家计划的实施，主要靠自上而下的行政措施来保证，排斥商品流通和市场机制。财政上统收统支，产品分配上统一调拨，流通上统购统销，外贸上统进统出。

高度集权的政治体制的主要弊端有：①党政职责不分，以党代政。权力过分集中，表现在党政关系上，权力过分集中于各级党委。党委直接取代政权机关的职能，包揽权力机关、行政机关和司法机关的工作，致使国家政权机关不能独立开展工作，各级党委则陷于日常行政事务之中。②官僚主义严重。权力过分集中，必然产生官僚主义，其表现和危害是：高高在上，滥用权力，脱离实际，脱离群众，好摆门面，好说空话，思想僵化，墨守成规，机构臃肿，人浮于事，办事拖拉，不讲效率，不负责任，不守信用，公文旅行，互相推诿，官气十足，压制民主，等等。③封建主义影响。权力过分集中以及官僚主义、家长制、干部领导职务终身制、各种特权现象。这些都是封建主义影响远未肃清的表现。

社会主义国家这种旧的经济体制和政治体制，日益严重地束缚各国社会生产力的发展，阻碍经济、科技和社会的全面进步。改革高度集中的计划经济体制，建立和完善社会主义市场经济体制；与此相适应，改革高度集权的政治体制，发展社会主义民主政治，是20世纪社会主义历史进程中提出的迫切任务。

邓小平同志在谈到中国改革的必要性和紧迫性时指出："不改革就没有出路，旧的那一套经过几十年的实践证明是不成功的。过去我们搬用别国的模式，结果阻碍了生产力的发展，在思想上导致僵化，妨碍人民和基层积极性的发挥。"① "如果现在再不实行改革，我们的现代化事业和社会主义事业就会被葬送。"②

---

① 邓小平：《关于建设有中国特色社会主义的论述专题摘编》，中央文献出版社，1993年版，第85页。

② 邓小平：《关于建设有中国特色社会主义的论述专题摘编》，中央文献出版社，1993年版，第81页。

十一届三中全会以来，在邓小平同志为核心的第二代中央领导集体领导下，我国改革从农村起步，在广大农村推行联产承包责任制，取得重大突破，并从农村扩展到城市，从经济领域扩展到科技、教育和政治领域。十五年的改革，使我国旧的经济体制，发生了深刻的变化。在所有制方面，已由过去单一的公有制，变成以公有制为主体、多种经济成分并存的所有制结构；在分配方面，已由过去被平均主义扭曲了的按劳分配，变成以按劳分配为主体、其他分配方式为补充的多种分配形式；在经济运行机制方面，过去那种高度集中的计划经济体制，正逐步向社会主义市场经济体制转变。我国科技、教育和政治体制的改革也迈出了重大的步伐。随着各项体制的改革，原来与生产力的发展不相适应的生产关系和上层建筑某些环节和部分开始得到调整，从而大大解放了生产力，促进我国经济的发展和社会的全面进步。

2. *改革是一场新的革命*

第一，改革是中国的第二次革命。

十一届三中全会以来，邓小平同志多次指出："改革是中国的第二次革命。"① 党的十四大报告又把第二次革命称作"新的革命"，指出："十四年来，我们从事的事业，就是坚持党的基本路线，通过改革开放，解放和发展生产力，建设有中国特色的社会主义。就其引起社会变革的广度和深度来说，是开始了一场新的革命。"②

在中国共产党的历史上，有两次伟大的革命。第一次革命是指以毛泽东为核心的第一代中央领导集体领导的新民主主义革命和社会主义改造；第二次革命是以邓小平为核心的第二代中央领导集体领导的社会主义改革开放和现代化建设。这两次革命的共同点，都是在中国共产党的领导下，在马列主义、毛泽东思想的指引下进行的，目的都是解放和发

---

① 《关于建设有中国特色社会主义的论述专题摘编》，中央文献出版社，1993 年版，第 82 页。

② 《中国共产党第十四次全国代表大会文件汇编》，人民出版社，1992 年版，第 3 页。

展生产力，推动中国历史的前进，但这两次革命又有明显的区别。

早在1847年，马克思在《哲学的贫困》中指出：“只有在没有阶级和阶级对抗的情况下，社会进化将不再是政治革命。而在这以前，在每一次社会全盘改造的前夜，社会科学的结论总是：‘不是战斗，就是死亡；不是血战，就是毁灭。问题的提法必然如此’。”① 这里区别了两种不同的情况：一种是阶级对抗的社会，社会进化必须要通过政治革命；另一种是非阶级对抗的社会，社会进化则不再通过政治革命。中国第一次革命是属于第一种情况，是推动中国社会进化的政治革命，是对抗阶级之间的生死搏斗；而中国第二次革命则是另一种情况，我们所进行的改革是当今中国社会进化的动力，但不属于政治革命。第一次革命是要消灭剥削和压迫，把100多年来受尽外国侵略欺凌的半殖民地半封建的旧中国，变成独立的人民当家作主的社会主义的新中国；第二次革命所要解决的问题，则是要消灭贫穷和落后，把中国由不发达的社会主义国家，变成富强、民主、文明的社会主义现代化国家，使社会主义优越性在中国充分体现出来。第一次革命是要推翻帝国主义、封建主义和官僚资本主义在中国的统治，完成生产资料私有制的社会主义改造，从而摧毁旧的社会基本制度，建立崭新的社会主义基本制度；第二次革命则是在第一次革命取得成功和社会主义建设取得巨大成就的基础上进行的，它要从根本上改变束缚我国生产力发展的、僵化的高度集中的经济体制，建立充满生机和活力的社会主义新经济体制，与此同时，相应的改革政治体制和其它方面的体制，以实现中国社会主义现代化。第一次革命是通过大规模的急风暴雨式的群众阶级斗争的方式进行的，我国新民主主义革命经历了22年的武装斗争，对私人资本主义工商业的改造尽管采取和平的方针，但社会主义改造与反改造的斗争仍然是一场严重的阶级斗争；第二次革命则是采取改革的方式，它是在共产党和政府的领

① 《马克思恩格斯选集》第一卷，人民出版社，1972年版，第161页。

导下，依靠广大人民群众，有组织、有秩序、有步骤地进行，绝对不能沿用过去那种急风暴雨式的群众阶级斗争方式。

由此可见，第二次革命和第一次革命在革命的任务、革命的对象和革命的方式上都是完全不同的。第一次革命，是一个阶级推翻一个阶级的暴烈的行动。第二次革命，则是从改革引起我国社会变革的深度和广度来说的。改革不是对原有经济体制的细枝末节的修补，而是经济体制的根本性变革。它要求彻底破除旧的僵化的计划经济体制，建立新的充满活力的市场经济体制，必然引起整个经济生活、政治生活、文化生活和社会生活的深刻变革。从这个意义上说它是中国第二次革命，是不同于第一次革命的“一场新的革命”。

现在，全国各族人民，正在江泽民为核心的第三代中央领导集体领导下，继续进行第二次革命。这场革命，已经取得伟大的胜利，但今后的路程还很长，任务更繁重，工作更艰苦。只要我们紧密地团结在党中央的周围，坚持邓小平的建设有中国特色社会主义理论和坚定不移地执行党的“一个中心，两个基本点”的基本路线，就一定能够进一步解放思想，实事求是，把握有利时机，加快改革开放和现代化建设的步伐，夺取建设有中国特色社会主义事业的更大胜利。

第二，改革是社会主义制度的自我完善和发展。

我们所进行的改革，不是别的任何性质的改革，而是社会主义改革，是社会主义制度的自我改进，自我完善，自我发展。

社会主义改革，是在坚持社会主义基本制度的前提下，改革不适应生产力发展的具体制度。所谓社会主义的基本制度，就是体现社会主义本质特征的制度，是社会主义生产关系和上层建筑的本质的体现。它具有一般性、原则性和稳定性。不论哪一个社会主义国家，也不论社会主义发展到哪一个阶段，都必须坚持社会主义的基本制度；否则，就不成其为社会主义社会了。所谓具体制度，是指基本制度在一定时期、一定国家的具体表现形态，是社会主义的生产关系和上层建筑在发展不同阶段上的具体形式，也就是通常所说的经济、政治体制。它具有特殊性、灵活性和变动性。在不同的社会主义国家、在社会主义国家的不同发展阶段，可以有也必须有各不相同、各有特色的具体制度。各种具体制度必须反映和符合基本制度逐步完善的要求，适应生产力发展的需要。否则，就要进行改革。社会主义基本制度又要借助各种具体制度的特定形式表现出来，并通过具体制度的不断改革而不断完善。正如中共中央《关于建国以来党的若干历史问题的决议》中所指出的，“我们的社会主义制度由比较不完善到比较完善，必然要经历一个长久的过程。这就要求我们在坚持社会主义基本制度的前提下，努力改革那些不适应生产力发展需要和人民利益的具体制度”①。

由此可见，社会主义国家的改革，是对具体制度的改革，即对具体经济、政治体制的改革，而不是改变社会主义基本经济制度和政治制度。它不是社会主义制度的自我否定，而是社会主义制度在自身基础上的发展和完善。通过改革，使社会主义的基本制度日益巩固和完善，使它的各项具体制度日益健全和成熟，从而推动社会主义社会前进。

邓小平指出：社会主义改革，“不会是一帆风顺的，它涉及的面很广，涉及一大批人的切身利益，一定会出现各种各样的复杂情况和问题，一定会遇到重重障碍”②。改革面临着非常艰巨而复杂的任务。它是一项巨大的系统工程，包括经济、政治、教育、科技、文化等各个领域。经济体制改革是全部改革的基础，但经济体制改革必须有政治体制和其他领域的改革配套进行，才能协调发展，形成社会主义现代化建设的强大的推动力。同时又是一项巨大的创造性工程。它既不能从马列主义书本上找到现成的答案，又不能照搬别国的模式，只有在探索中前进。通过改革，不仅要改变不适应生产力发展的僵化的体制，而且要调整社会利益结构和人们的利益关系，改变人们习以为常的传统的活动方

① 《三中全会以来重要文献选编》下，人民出版社，1982年版，第838页。
② 《三中全会以来重要文献选编》上，人民出版社，1982年版，第32页。

式和传统的思想观念，触及深层的社会心理、文化传统和生活方式，从而使整个社会发生广泛、深刻的变革。在改革的进程中，会出现许多无法预料到的新情况、新问题，会遇到各种阻力、困难和风险。由于改革是探索性事业，并且不时受到来自“左”的和右的特别是“左”的错误思潮的干扰，国内外各种敌视社会主义势力也会千方百计地对改革进行破坏和捣乱。因而，改革难免发生失误和曲折。在这种情况下，社会主义国家的改革，如果没有工人阶级政党的坚强领导，没有正确的理论、路线、方针政策来指引，改革就不可避免地发生“改向”。

社会主义的实践表明，当代社会主义国家的改革，实际上存在两种不同方向、不同性质的改革。一种是坚持社会主义方向的改革。所谓坚持社会主义方向，在经济上，一是坚持社会主义公有制经济的主体地位，完善和发挥公有制经济的主导作用；二是坚持实行以按劳分配为主的多种分配形式，坚持走共同富裕的道路。在政治上，一是坚持无产阶级专政或人民民主专政的国体；二是坚持社会主义民主共和政体；三是坚持工人阶级政党的领导。坚持社会主义方向的改革，也就是在坚持社会主义基本制度的前提下改革具体体制。这种改革，才是社会主义制度的自我完善和发展。与此相对立的另一种改革方向是，打着“改革”的旗号，否定社会主义的基本经济制度和基本政治制度，在经济上主张和推行私有化，在政治上主张和推行多党制和议会制。这当然不是社会主义的改革，而是对社会主义制度的否定和背离。

因此，社会主义国家不仅要坚持改革，而且要坚持改革的社会主义方向和性质。否则，工人阶级政党领导工人阶级和劳动人民经过艰苦卓绝的斗争取得的国家政权和几十年来社会主义建设的成果，都将在“改革”中丧失殆尽。这不是危言耸听，而是客观事实所证实了的结论。

（二）社会主义国家的对外开放

1. 对外开放是社会主义现代化建设的客观要求

第一，对外开放是社会分工和商品经济发展的产物。

马克思主义认为，分工决定交换，“如果没有分工，不论这种分工是自然发生的或者本身已经是历史的成果，也就没有交换”①。因此，社会分工是商品交换的自然基础，社会分工的发展是商品经济发展的前提条件。

商品经济不同于自给自足的自然经济。它的一个显著特点就是开放性。在自然经济的条件下，由于生产工具落后，生产规模狭小，生产出来的东西仅供生产者及其家庭成员消费，人的活动被束缚在一个狭窄的区域，处于封闭状态。而商品经济的存在和发展离不开对外的开放。因为任何商品都必须通过市场实现其价值，商品生产者只有把自己的产品放在开放的市场上竞争，通过买卖才能获得各自的利益。随着社会生产专业化和社会化程度不断提高，自给自足的自然经济日趋瓦解，商品生产和商品交换日益发展，必然要求市场扩大。特别是人类社会跨入机器大工业为基础的社会大生产的资本主义时代以后，国际经济联系和交往更加密切了，商品交换必然要求越出一国的范围而扩展到全世界，形成世界市场。早在 100 多年以前，马克思、恩格斯就指出：“由于机器和蒸汽的应用，分工的规模已使脱离了本国基地的大工业完全依赖于世界市场、国际交换和国际分工。”②“资产阶级，由于开拓了世界市场，使一切国家的生产和消费都成为世界性的了……过去那种地方的和民族的自给自足和闭关自守状态，被各民族的各方面的互相往来和各方面的互相依赖所代替了。物质的生产是如此，精神的生产也是如此。”③ 列宁在分析了资本主义开拓国外市场后明确指出：“这种需要明显地表明了资本主义进步的历史作用，资本主义破坏了旧时经济体系的孤立和闭关自守的状态（因而也破坏了精神生活和政治生活的狭隘性），把世界上所有的国家联结成统一的经济整体。”④ 可见，人类社会从封闭到开放，

① 《马克思恩格斯选集》第二卷，人民出版社，1972 年版，第 101 页。
② 《马克思恩格斯选集》第一卷，人民出版社，1972 年版，第 132～133 页。
③ 《马克思恩格斯选集》第一卷，人民出版社，1972 年版，第 254～255 页。
④ 《列宁选集》第一卷，人民出版社，1972 年版，第 188 页。

从地方和民族走向世界，是由生产社会化和国际分工而形成的各国经济的互相依赖关系所决定的，是由资本主义条件下商品经济迅速发展所造成的，是历史的必然趋势。

第二次世界大战后，随着新的科技革命在全世界范围内兴起，社会生产力和商品经济发展到一个新的水平，世界各国之间的经济联系更加紧密。任何国家的发展都不可能孤立于国际社会之外。越来越多的国家和地区，都把发展对外经济关系放在极其重要的地位，想方设法利用国际经济联系来发展本国和本地区的经济。例如：美国自建国以来，一直都是采取对外开放的战略，既十分重视引进国外的技术、资金和人才，又加强资本输出和贸易扩张，成为当今世界经济技术的最强国。日本工业在第二次世界大战中遭到严重的破坏，战后很快得到恢复。20 世纪 50 年代到 70 年代日本经济之所以能够迅速增长，与它实行对外开放，大量引进先进技术有密切的关系。日本在 1955—1970 年的 15 年间，引进了几乎是全世界用半个世纪开发的全部先进技术，为此而支付的外汇达 60 亿美元。50 年代初，日本的科学技术落后于美国二三十年，60 年代初，这个差距已缩短为 10 至 15 年，到 70 年代初，就基本上赶上了美国，并在冶金、汽车、家用电器等技术方面，处于世界领先地位，一跃而成为世界经济大国。可见，实行对外开放，发展对外经济，开展科学技术交流，是发展本国和本地区经济的需要，也是当今世界不可阻挡的潮流。

第二，对外开放是社会主义现代化建设的必要条件。

十月革命开辟了资本主义不发达国家首先取得社会主义革命的胜利，并开始进行社会主义现代化建设的艰难历程。列宁深刻地阐明了社会主义国家特别是原来经济文化不发达国家实行对外开放的必然性和必要性。

早在 1913 年，列宁在《民族问题提纲》中，根据马克思关于国际分工、生产和消费国际化的论述，就提出“人类的整个经济、政治和精神生活在资本主义制度下就已经愈来愈国际化了。社会主义会把这三方面的生活完全国际化”[①]。这就是说，社会主义作为比资本主义更高的社会形态，它要求比资本主义更加开放。十月革命后，列宁从俄国在资本主义包围中建设社会主义的需要出发，把实行对外开放提到巩固苏维埃政权的高度来认识。他指出：“社会主义共和国不同世界发生联系是不能生存下去的，在目前情况下应当把自己的生存同资本主义的关系联系起来。”[②] 列宁反复强调社会主义建设必须充分利用资本主义所积累的全部文化、科学和技术成果，使之由资本主义的工具变成社会主义的工具。他明确地提出俄国社会主义的公式：“乐于吸取外国的好东西：苏维埃政权＋普鲁士的铁路秩序＋美国的技术和托拉斯组织＋美国的国民教育等等等等＝总和＝社会主义。”[③] 这个公式表明，列宁主张社会主义国家要大胆地、积极地实行对外开放的方针。列宁不仅在理论上论证了社会主义国家实行对外开放的重要性，而且还作出了从资本主义国家引进先进的技术、设备、利用外国资金和学习资本主义国家科学的管理经验等加快社会主义建设的决策和制定了一系列具体措施。例如实行租让制，在当时，苏联与外国公司就签订了租让合同达 210 多个。列宁逝世后，斯大林继承了列宁的思想，特别是在 1929 年世界资本主义出现严重经济危机以后，不失时机地利用当时的国际有利条件，接受外国贷款同外国签订技术协定，进口先进设备和技术，聘请外国专家和技术工人等。据有关资料介绍，到 1931 年底苏联接受国际贷款达 14 亿卢布，到 1932 年底，苏联聘请的外国专家和技术工人达两万多人。1944 年斯大林在会见美国人埃里克·约翰斯敦时风趣地说，苏联 2/3 的大企业是利用美国的“技术援助”建成的，其余 1/3 是由德、法、英、意大利、日本的“帮助”建成的。但是，第二次世界大战结束后，由于出现

① 《列宁全集》第二十三卷，人民出版社，1990 年版，第 332 页。
② 《列宁全集》第四十一卷，人民出版社，1986 年版，第 167 页。
③ 《列宁全集》第三十四卷，人民出版社，1985 年版，第 520 页。

了一系列社会主义国家，斯大林提出了社会主义与资本主义“两个平行的世界市场”的理论。他指出：“两个对立阵营的存在所造成的经济结果，就是统一的无所不包的世界市场瓦解了，因而现在就有了两个平行的也是互相对立的世界市场。”① 他认为社会主义和资本主义两个经济体系之间只有对立和斗争，没有依存和合作，这就是实际上否认了社会主义国家与资本主义国家发展经济联系的必要性，违背了世界经济国际化的客观规律，使苏联和其他社会主义国家形成了不同程度的封闭性经济体系，对社会主义事业产生了消极的影响。

新中国成立后，我国在开展对外开放、对外经济和技术文化交流等方面，经历了一个曲折的过程。早在新中国成立前夕，在党的七届二中全会上，毛泽东曾指出，我们要同外国人做生意，不仅要同社会主义国家做生意，同时也要同资本主义国家做生意。在1949年召开的新政治协商会议筹备会上，毛泽东向全世界宣告：“中国人民愿意同世界各国人民实行友好合作，恢复和发展国际通商事业，以利发展生产和繁荣经济。”② 但是以美国为首的世界主要资本主义国家，却对我国实行封锁禁运政策，限制了我国同世界各国的联系。50年代初期，我国同苏联、东欧社会主义国家发展了经济、科技与文化交流，这对于促进我国的社会主义建设起了重要的作用。但从60年代起，苏联撕毁了同我国的经济合同，撤走在中国帮助工作的专家，致使我国同苏联、东欧一些国家的交往降到很低的程度，不得不在实际上孤立的情况下进行建设。邓小平指出：“建国以后，人家封锁我们，在某种程度上我们也还是闭关自守。”③ “第一个五年计划时期是对外开放的，不过那时只能是对苏联和东欧开放。以后关起门来，成就也有一些，总的说来没有多大发展。”④ 邓小平说的“有我们的错误”，是指50年代后期我们党在指导思想上犯

① 《斯大林选集》下卷，人民出版社，1979年版，第561页。
② 《毛泽东选集》第四卷，人民出版社，1991年版，第1466页。
③ 《邓小平文选》第三卷，人民出版社，1993年版，第64页。
④ 《邓小平文选》第三卷，人民出版社，1993年版，第90页。

了“左”的错误，而国际上对我国的封锁，又助长了“左”的错误发展。这种“左”的错误包括把自力更生与对外开放对立起来，以为中国可以脱离世界而孤立地发展。到了“文化大革命”期间，“四人帮”则把这种“左”的错误推到极端，攻击对外开放、与外国人做生意为“洋奴哲学”“卖国主义”等等，实行“闭关锁国”的政策，使我国处于一种基本上与世隔绝的封闭状态，极大地损害了我国经济、科技和文化事业的发展。中国共产党十一届三中全会以来，党中央在认真总结我国社会主义建设正反两方面经验的基础上，制定了实行对外开放的战略方针。十一届三中全会的公报中就指出：“在自力更生的基础上积极发展同世界各国平等互利的经济合作，努力采用世界先进技术和先进设备。”① 1982 年 9 月党的十二大明确指出：“实行对外开放，按照平等互利的原则扩大对外经济技术交流，是我国坚定不移的战略方针。”② 1984 年 10 月《中共中央关于经济体制改革的决定》中进一步指出：对外开放是我国“长期的基本国策”，1987 年 10 月党的十三大提出对外开放是实现社会主义现代化的必要条件，并把对外开放与改革联系在一起，作为党在社会主义初级阶段基本路线的一个基本点。党的十四大又提出“加快改革开放和现代化建设步伐，夺取有中国特色社会主义事业的更大胜利”的伟大历史任务。这表明，我国已经永远结束了闭关自守或半闭关自守的状态，以高度的自觉性和民族自信心实行对外开放和走向世界。

2. 坚定不移地实行对外开放

坚定不移地实行对外开放政策，不断扩大同世界各国在经贸、科技、文化等领域的交流与合作，是建设社会主义现代化强国之路。邓小平同志谈到三中全会以来我国对外开放政策时明确指出：“中国执行开

① 《三中全会以来重要文献选编》上，人民出版社，1982 年版，第 6 页。
② 《十二大以来重要文献选编》上，人民出版社，1986 年版，第 24 页。

放政策是正确的，得到了很大的好处。如果说有什么不足之处，就是开放得还不够。我们要继续开放，更加开放。”①

第一，实行全方位的对外开放。

我国对外开放的范围是全方位的，它包括以下三个方面：首先，全方位的开放，是对全世界一切国家都开放：一是对发达资本主义国家开放；二是对社会主义国家开放；三是对第三世界发展中国家开放。这就是说，我国对外开放的范围包括世界上各种类型的国家。

其次，全方位的开放，不仅是对世界各国和地区开放，同时也应包括国内各个地区之间相互开放。邓小平说过：“对内搞活也就是对内开放，实际上都叫开放政策。”② 国内省与省、市与市、沿海与内地、工业发达地区与资源丰富地区都应打开门户，加强经济上的横向联系，扬长避短，优劣互补，特别是经济比较落后的地区更要向经济比较发达的地区开放，引进先进地区的资金、设备和人才，以促进本地区的经济发展。要反对搞地区性的保护主义和互相封锁。

再次，全方位的开放，不仅是在经济领域开放，而且在科学、教育、文化、政治、思想理论等各个领域开放，中共中央十二届三中全会通过的《关于社会主义精神文明建设指导方针的决议》中所指出的，“对外开放作为一项不可动摇的基本国策，不仅适用于物质文明建设，而且适用于精神文明建设”③。因为人类物质文明和精神文明都是在日益扩大的相互交流、开放中不断进步的。在封闭中建设精神文明如同封闭中建设物质文明一样，发展不起来。况且，物质文明和精神文明是互相依存、互相渗透、互相促进的。精神文明建设的对外开放，也是物质文明建设对外开放的迫切要求和必然结果。如果只是物质文明建设对外开放，而精神文明建设仍然自我封闭，物质文明建设也难以得到发展。

---

① 《邓小平文选》第三卷，人民出版社，1993年版，第202页。
② 《邓小平文选》第三卷，人民出版社，1993年版，第98页。
③ 《十二大以来重要文献选编》下，人民出版社，1988年版，第1177页。

同时，对外开放政策，也适用于民主政治建设。固然，我们不能照搬西方的议会制度、三权鼎立制度，但是，西方资产阶级在行政管理方面有许多经验是值得我们吸取、借鉴的。“总之，社会主义要赢得与资本主义相比较的优势，就必须大胆吸收和借鉴人类社会创造的一切文明成果，吸收和借鉴当今世界各国包括资本主义发达国家的一切反映现代社会化生产规律的先进经营方式、管理方法。”①

第二，实行多种形式的对外开放。

我国对外开放的形式、渠道包括对外贸易、利用外资、引进国外先进技术、国际劳务合作等等方面：

对外贸易，是一个国家或地区同其他国家或地区进行的商品交换活动。它包括进口和出口两个方面。对外贸易是社会主义国家对外开放的主要形式，对外开放的其他形式都同对外贸易直接联系在一起。通过对外贸易，可以挖掘国内资源、劳力和技术的潜力，促进国内生产；可以换取国内建设需要的先进技术设备、短缺的原材料和其他物资；可以调节国内市场的供应，满足人民的物质和文化生活的需要；可以增加外汇收入，积累建设资金；可以促进外事活动的进一步开展。十一届三中全会以来，我国对外贸易有了较大的发展，1979—1991 年我国进出口贸易总额以平均 12.9％速度增长，其中出口平均增长 15.1％，1991 年我国进出口总额达到 1357 亿美元，出口额为 719 亿美元，都比 1978 年增长 5 倍以上，外贸出口额在世界各国中，已由 1978 年的第 32 位，上升到 1991 年的第 16 位。

利用外资，是加速社会主义现代化建设的重要决策。它的具体方式主要有两类：一是直接投资，即外国投资者以技术、设备、原材料或货币直接投资于企业，包括合作经营、合资经营、独资经营、补偿贸易等；二是间接投资，包括国外各种贷款（国际金融机构贷款、政府间贷

---

① 《关于建设有中国特色社会主义的论述专题摘编》，中央文献出版社，1992 年版，第 186 页。

款、出口信贷、银行间信贷等），在国外发行债券、股票等。利用外资来加速本国经济的发展，已成为当今世界一种普遍现象，即使是资本主义发达国家，在大量资本输出的同时，也有大量资本输入。利用外资，可以弥补我国建设资金的不足，扩大生产能力，促进新兴工业部门的建立和发展，加强能源、原材料等重点工程的建设，加快经济特区和经济开发区建设的步伐。截至 1991 年年底，我国已批准外商投资企业达到 42000 家，外商投资协议金额 523 亿美元，实际已投资 233 亿美元。借用国外贷款协议额达到 638 亿美元，实际使用额 523 亿美元。国外中长期贷款主要用于引进先进技术和建设大中型项目。引进国外先进科学技术，是社会主义国家加速本国经济发展的重要途径。引进国外先进科学技术，既包括引进科学技术的硬件，例如先进的设备和部件、新型和优质的材料等，也包括引进科学技术的软件，例如先进的设计原理、工艺和科学操作规程、经营管理制度和方法等。科学技术作为生产力，是人类在长期的生产斗争和科学实验活动中创造的共同财富，它本身没有阶级性，也没有国家和民族的界限。资本主义国家可以利用，社会主义国家也可以利用。目前，世界的科技革命的浪潮正一浪高过一浪，各国都在竞相利用新技术革命所带来的成果。我国实行改革开放以来已引进先进技术 1.4 万多项，其中一部分是 80 年代初期水平的先进技术和关键设备。事实证明，引进先进的科学技术，可以大量节省人力、物力和财力，加快我国科学技术的进步，推动企业的改造和产品的升级换代，培养科学技术和现代化管理人才，大幅度地提高劳动生产率，促进社会生产力的发展。

国际劳务合作，是一国对其他国家提供工程技术人员和劳动力，以开展技术服务和劳动服务活动的一种经济技术合作方式。广义的劳务合作包括科技知识的出口，文化艺术和劳动力方面的出口，为国外提供运输、通信的业务服务，以及保险及旅游服务等。狭义的劳务合作仅指劳动力的输出及其高级形式——对外承包工程和在国外开办各类劳务企业等。随着对外开放，我国在发展国际劳务合作、对外承包工程等方面也有较大的发展。1979—1991 年我国同国外签订劳务合同和承包合同 21000 多项，累计合同金额达 190 亿美元，完成营业额 119 亿美元，先后在 140 多个国家和地区开展业务，派出劳务人员达 42 万人。此外，对外援助、国际多边经贸合作也有了新的发展。

第三，实行多层次的区域开放。

我国从 1979 年开始对外开放，10 多年来逐步建立了多层次的对外开放格局。1979 年 4 月，邓小平同志提出办经济特区的设想，并确定在深圳、珠海、汕头、厦门创办经济特区。1984 年又提出把海南办成更大的经济特区。经济特区，是我国对外开放的前沿阵地，由我国政府根据社会主义经济的需要，自行划定的一定范围的实行特殊的经济政策和特殊的经济管理体制的区域。邓小平在谈到开办经济特区的重要意义时曾指出："特区是个窗口，是技术的窗口，管理的窗口，知识的窗口，也是对外政策的窗口……特区将成为开放的基地，不仅在经济方面，培养人才方面得到好处，而且会扩大我国的对外影响。"1984 年年初我国又确定开放大连、秦皇岛、天津、烟台、青岛、连云港、南通、上海、宁波、温州、福州、广州、湛江、北海等 14 个沿海城市。1985 年又决定将沿海的长江三角洲、珠江三角洲和闽南三角洲、胶东半岛、辽东半岛辟为经济开发区。形成一条从南到北包括 290 个市县，2 亿多人口，30 万平方公里的沿海沿江开放地带。通过开放地带所带来的开放成果，又逐步向内地推进，1990 年中央宣布开放和开发上海浦东新区。确定以上海浦东为龙头，进一步开放长江沿岸城市，尽快把上海建成国际经济、金融、贸易中心之一，带动长江三角洲和整个长江流域地区经济的新飞跃。1992 年以来又批准东北、西北、西南 18 个边境城市、县和这些市县所在的省、自治区省会（首府）城市实行对外开放的特殊政策，使之成为沿边地区扩大开放的窗口和基地，形成了从东到西，从南到北，对周边邻国全面开放的局面。同时，中央决定加快内陆省、自治区对外开放的步伐，对内陆合肥、南昌、成都、郑州、太原、西安、兰州、西宁、贵阳、银川、哈尔滨、长春、呼和浩特、石家庄等省会（首府）实行优惠政策，促进广大内陆地区和城市开放。这样可以把我国的开放格局概括为：经济特区—沿海开放城市—沿海经济开发区—沿江—沿边—内地。通过外引内联，多方借力，能加快我国各地区经济共同发展，逐步实现共同富裕。

第四，对外开放必须遵循的原则。

一是坚持四项基本原则。四项基本原则是立国之本，也是我国对外开放的政治前提和基础。我国的对外开放，是在党和政府的领导下，在马列主义、毛泽东思想的指导下进行的。我国发展同外国的经济、政治、文化往来，是为了坚持和发展社会主义，巩固和完善社会主义经济、政治和思想文化制度。因此在对外开放的过程中，必须始终坚持四项基本原则。离开了四项基本原则，对外开放就必然会偏离正确方向。

坚持四项基本原则基础上对外开放，首先，对于外国的东西要有分析、有批判地学习和引进，而不能盲目照搬。毛泽东早在 1956 年《论十大关系》一文中就说过："我们的方针是，一切民族、一切国家的长处都要学，政治、经济、科学、技术、文学、艺术的一切真正好的东西都要学。但是，必须有分析有批判地学，不能盲目地学，不能一切照抄，机械搬运。他们的短处、缺点，当然不要学。"① 我们要学习和引进的是外国"真正好的东西"，即要把外国先进的科学、技术和经营管理方法以及一切有益的文化学到手。但是决不能学习和引进资本主义制度、资产阶级腐朽的意识形态和生活方式以及一切丑恶的东西。对于外国先进技术、设备等好东西，也要根据我国的情况加以吸收、消化和创新，不能"机械搬运"。列宁曾经指出：社会主义实现得如何，取决于

① 《毛泽东选集》第五卷，人民出版社，1977 年版，第 285 页。

无产阶级政权和管理组织“同资本主义最新的进步的东西结合的好坏”①。列宁在这里讲的“结合”，也就是要求对于外国“进步的东西”要立足于消化、吸收，为我所用。至于“属于文化领域的东西，一定要用马克思主义对它们的思想内容和表现方法进行分析、鉴别和批判”②，做到取其精华，去其糟粕。既反对排外主义，又反对民族虚无主义。

其次，要抓好两方面的工作：坚定不移地实行对外开放，在任何情况下，都不应把已经打开的国门重新关上；坚决打击经济犯罪活动和开展反腐蚀斗争。在对外开放的过程中，我们队伍中一些不坚定分子，一定会乘机受贿索贿，走私套汇，侵害国家利益；崇洋媚外的奴化思想以及丧失人格、国格的现象都会滋长和出现。在这种情况下，我们一定要毫不手软地打击各种经济犯罪活动，坚持不懈地开展反腐蚀的斗争，力争把对外开放中带来的消极因素减少到最低限度。

二是坚持独立自主、自力更生的原则。邓小平说过：“中国的事情要按照中国的情况来办，要依靠中国人自己的力量来办。独立自主，自力更生，无论过去、现在和将来，都是我们的立足点。”③ 我国实行对外开放，是在独立自主、自力更生基础上的对外开放，绝不能像旧中国那样丧失国家主权，成为依附于外国人的附庸。任何外国也不要指望中国会吞下损害我国利益的苦果。

但是，我们强调独立自主、自力更生，并不是闭关自守，盲目排外。不依靠自己的力量不行，关起门来搞建设也不行。必须充分利用外国的资金、技术，学习外国的先进管理经验，以加速我国的经济的发展。所以不能把对外开放和坚持独立自主、自力更生对立起来，而应该把它们统一起来。我们实行对外开放，是为了增强自力更生的能力，促进民族经济的发展，加快我国现代化建设的进程。我国自力更生的能力

---

① 《列宁选集》第三卷，人民出版社，1972 年版，第 511 页。
② 《邓小平文选》第三卷，人民出版社，1993 年版，第 44 页。
③ 《邓小平文选》第三卷，人民出版社，1993 年版，第 3 页。

越强，对外开放的能力越大，两者相辅相成，相互促进。

三是坚持平等互利的原则。我国是社会主义国家，在对外开放中，首先要坚持平等的原则，不论是大国还是小国，是强国还是弱国，都一视同仁，平等相待。既不能压小、欺弱，也不能在大国、强国面前卑躬屈膝，拿原则做交易。我们欢迎外国人来投资，但外国投资者必须尊重我国的主权，遵守我国的法律、政策、法令。我国不容许国际资本侵犯我国的主权和从事违反我国法律、政策和法令的任何活动。不容许附加任何不平等的政治经济条件和不合理的要求；其次要坚持互利的原则。要根据双方的需要与可能，互通有无，有来有往，调节余缺，等价交换，从而对双方有利。此外，要互守信用，遵守协议。

（选自《社会主义国家的改革与对外开放》，原载于《科学社会主义（修订版）》，高等教育出版社 1994 年版）

二、改革开放以来社会主义探索的理论与实践

我国各族人民，正在中国共产党的领导下，坚持四项基本原则，坚持改革开放，以经济建设为中心，建设有中国特色的社会主义。运用科学社会主义的基本原理，总结我国十一届三中全会以来社会主义的实践经验，研究和探讨中国社会主义的基本理论和实践问题，是历史赋予我们的重任。

在马克思时代，研究科学社会主义的任务在于回答资本主义的产生、发展和灭亡的规律，为无产阶级进行革命斗争提供正确的理论和策略；在列宁时代，研究科学社会主义的任务在于回答帝国主义时代无产阶级革命的规律，为社会主义在一国或几国首先胜利提供正确的理论和策略；在当代，我们研究科学社会主义的任务在于揭示社会主义的本质特征和发展规律，回答社会主义在实践中遇到的新情况、新问题，为巩固和发展社会主义提供正确的理论和策略。

科学社会主义的创始人曾经设想社会主义革命在发达的资本主义国

家同时发生；从发达的资本主义社会脱胎出来的新社会，无论在物质生产，还是精神生产方面，都将比发达的资本主义社会更为发达。但历史实践的结果是，社会主义革命大多数是在经济文化比较落后的国家首先胜利，这些社会主义国家建立初期，在经济文化发展水平上同资本主义发达国家存在很大的差距。如何在经济文化都不发达的国家建设起比发达的资本主义国家更为先进、更为优越的社会主义制度，这是一个历史的难题。“在这里既没有车辆，也没有道路，什么也没有，根本没有什么预先试用过的东西。”①

中国是一个从半殖民地半封建社会脱胎出来的社会主义国家，人口众多，情况复杂，经济文化更为落后。列宁曾经说：“在东方那些人口无比众多、社会情况无比复杂的国家里，今后的革命无疑会比俄国的革命带有更多的特色。”② 革命是这样，建设更是这样。在我们这样一个人口多、底子薄的东方大国建设社会主义，既不能从马克思主义书本里找到现成的答案，也不能照搬别国的经验和模式，只有把马克思主义的普遍真理同中国的具体实际紧密结合起来，贯彻执行党的实事求是的思想路线，一切从实际出发，经过艰苦探索和反复实践，才能逐步认识中国社会主义建设的客观规律，建设具有中国特色的社会主义。

十一届三中全会以来，党中央领导全国各族人民，坚定不移地沿着有中国特色的社会主义道路前进，已经取得举世瞩目的成就，并在社会主义实践的过程中，提出和发展了一系列科学理论观点，构成了有中国特色的社会主义理论的轮廓，初步回答了我国社会主义建设的出发点、阶段、任务、条件、布局和国际环境等基本问题，规划了我们继续前进的科学轨道。《中国社会主义 10 论》，就是围绕建设中国特色社会主义理论的内容而展开的，力求比较集中、系统地回答中国社会主义若干重要的理论和实际问题，为贯彻党在社会主义初级阶段的基本路线，为把

① 《列宁选集》第四卷，人民出版社，1972 年版，第 595 页。
② 《列宁选集》第四卷，人民出版社，1972 年版，第 692 页。

我国建设成为一个富强、民主、文明的社会主义现代化国家服务。

1991 年 1 月

（原载于《中国社会主义 10 论》，暨南大学出版社 1991 年版）

三、改革是中国的第二次革命①

在当今世界上，有两种不同的社会革命。一种革命是社会制度的变革，即资本主义转变为社会主义的变革。这种变革，是原义上的革命。它的任务是改变资本主义制度，建立社会主义制度。尽管当今资本主义国家的生产力还在发展，还没有出现革命的征候，但是资本主义本身固有的矛盾是无法克服的，只有通过社会革命才能解决。只要资本主义制度还存在，发生社会革命的动因就不会消失。当然，今天资本主义国家的革命面临许多新情况、新问题，同几十年前经济文化不发达国家发生的革命有很大的不同，因而社会主义革命理论在当代要有新的发展。各国革命的成功，要靠各国马克思主义者、社会主义者创造本国自己的革命理论，找到适合本国国情的社会主义革命道路。另一种革命是社会体制的变革，即一些社会主义国家的社会主义改革。这种改革，不是原义上的革命，而是一场新的革命。它的任务是对具体的经济、政治体制进行改革，而不是改变社会主义的基本经济制度和政治制度。它不是社会主义制度的自我否定，而是社会主义制度在自身的基础上的发展和完善。它也不是对原有的经济体制的细枝末节的修改，而是经济体制的根本变革，它要彻底破除传统的僵化的高度集中的经济体制以及相适应的高度集权的政治体制，建立适合本国国情的、充满活力的新的经济政治体制。从而解放和发展生产力，引起整个社会经济生活、政治生活、文化生活和社会生活的深刻变化，推动社会主义社会的全面发展、全面进步。正是从社会主义改革本身引起社会变革的深度和广度来说，它是一

① 本文是作者 1996 年 6 月 22 日在莫斯科民主和社会主义学者国际协会上的发言。

场新的革命。

中国改革开放的总设计师邓小平多次讲过："改革是中国的第二次革命。"① 这就是说，在中国现代史上有两次伟大的革命。第一次革命是中国共产党领导的新民主主义革命和社会主义改造；第二次革命是中国共产党领导的社会主义改革和现代化建设。第一次革命是一个阶级推翻一个阶级的政治革命，是属于原义上的革命；第二次革命则是一场新的革命。这两次革命的目的都是为了解放和发展生产力，推动中国历史前进，但这两次革命又有明显的区别。

第一次革命是要消灭剥削和压迫，把一百多年来受尽外国侵略欺凌的半殖民地半封建的旧中国，变成独立的人民当家作主的社会主义新中国；第二次革命所要解决的问题，则是要消灭贫穷和落后，把中国这个不发达的社会主义国家，变成一个富强、民主、文明的社会主义现代化国家。

第一次革命是要推翻帝国主义、封建主义和官僚资本主义的统治，完成生产资料所有制的社会主义改造，建立崭新的社会主义制度；第二次革命则是在第一次革命取得成功和社会主义建设取得成就的基础上进行的，它要从根本上改变束缚我国生产力发展的过分集中的计划经济体制，建立充满生机和活力的社会主义市场经济新体制。与此同时，相应的改革政治体制和其他方面的体制，建立同社会主义市场经济体制相适应的社会主义政治体制和其他方面的体制。

第一次革命是通过大规模的急风暴雨式的群众阶级斗争的方式进行的。我国新民主主义革命经历了长达 22 年的武装斗争。我国对私人资本主义工商业的社会主义改造尽管采取和平方针，但社会主义改造与反改造仍然是一场阶级斗争。第二次革命的方式则不同，它是在共产党和中央人民政府的领导下，依靠广大人民群众有组织、有秩序、有步骤地

① 《邓小平文选》第三卷，人民出版社，1993 年版，第 113 页。

进行，绝不能沿用过去那种急风暴雨式的群众阶级斗争的方式。

由此可见，中国第二次革命和第一次革命在革命的任务、革命的对象、革命的方式上都是完全不同的，因此，必须正确认识这两种革命。根据中国的历史与现实经验，这两种革命是在不同的社会历史条件下发生的，都有其客观历史必然性和必要性。它们相互衔接，但不能相互替代。在半殖民地半封建的旧中国，社会革命是社会进化的直接动力，而在我国社会主义新时期，改革则是社会进化的直接动力。既不能用改革代替革命，也不能用革命代替改革。

邓小平指出：社会主义改革，“不会是一帆风顺的，它涉及的面很广，涉及一大批人的切身利益，一定会出现各种各样的复杂情况和问题，一定会遇到重重障碍”①。改革面临着非常艰巨而复杂的任务。它是一项巨大的系统工程，包括经济、政治、教育、科技、文化等各个领域。经济体制改革是全部改革的基础，但经济体制改革必须有政治体制和其他领域的改革配套进行，才能协调发展，形成社会主义现代化建设的强大的推动力。同时，改革又是一项巨大的创造性工程。它既不能从马列主义书本上找到现成的答案，又不能照搬别国的模式，只有“摸着石头过河”②，在探索中前进。通过改革，不仅要改变不适应生产力发展的僵化的体制，而且要调整社会利益结构和人们的利益关系，改变人们习以为常的传统的活动方式和传统的思想观念，触及深层的社会心理、文化传统和生活方式。从而使整个社会发生广泛、深刻的变革。在改革的进程中，会出现许多无法预料到的新情况、新问题，会遇到各种阻力、困难和风险。由于改革是探索性事业，并且不时受到来自“左”的和右的各种错误思潮的干扰，国内外各种敌视社会主义势力也会千方百计地对改革进行破坏和捣乱。因而，改革难免发生失误和曲折。在这种情况下，社会主义国家的改革，如果没有工人阶级政党的坚强领导，

① 《邓小平文选》第二卷，人民出版社，1994年版，第152页。

② 《三中全会以来重要文献选编》上，人民出版社，1982年版，第604页。

没有正确的理论、路线、方针、政策来指引，改革就不可避免地发生“改向”。

社会主义的实践表明，当代社会主义国家的改革，实际上存在两种不同方向、不同性质的改革。一种是坚持社会主义方向的改革。所谓坚持社会主义方向，在经济上，一是坚持社会主义公有制经济的主体地位，完善和发挥公有制经济的主导作用；二是坚持实行以按劳分配为主的多种分配形式，坚持走共同富裕的道路。在政治上，一是坚持无产阶级专政或人民民主专政的国体；二是坚持社会主义民主共和政体；三是坚持工人阶级政党的领导。坚持社会主义方向的改革，也就是在坚持社会主义基本制度的前提下改革具体体制。这种改革，才是社会主义制度的自我完善和发展。与此相对立的另一种改革方向是，打着“改革”的旗号，否定社会主义的基本经济制度和基本政治制度，在经济上主张和推行私有化，在政治上主张和推行西方多党制和议会制。这当然不是社会主义的改革，而是对社会主义制度的否定和背离。

因此，社会主义国家不仅要坚持改革，而且要坚持改革的社会主义方向和性质。否则，工人阶级政党领导工人阶级和劳动人民经过艰苦卓绝的斗争取得的国家政权和几十年来社会主义建设的成果，都将在“改革”中丧失殆尽。这不是危言耸听，而是客观事实所证实了的结论。

写于 1996 年 4 月

（原载于《社会主义文集》，湖北人民出版社 2004 年版）

第三节　关于中国特色社会主义的政治建设

一、我国人民民主专政的特点[1]

新中国诞生前夜，我们党和毛泽东运用马克思主义的基本原理，总

① 本文原载《江汉论坛》1981 年第 6 期。

结我国革命的经验，全面论述了关于人民民主专政的学说，并在这个学说指导下，创建了工人阶级领导的以工农联盟为基础的人民民主专政的共和国。这是无产阶级专政理论和实践的新创造和新发展。

无产阶级通过革命斗争，推翻资产阶级统治，建立无产阶级专政，是消灭阶级，通向社会主义、共产主义的必由之路。但是，由于各国国情不同，各国无产阶级专政都将带有自己的特点，而不可能是一个模式。正如列宁所指出的："在无产阶级专政的这种或那种类型上……每个民族都会有自己的特点。"① 我国曾经是一个半殖民地半封建的国家，不但同发达的资本主义各国的国情不同，而且同十月革命前的俄国的国情也不相同。这就决定了我国的无产阶级专政，不能照搬马、列的"本本"和俄国革命的经验。正如中国革命的道路要靠我们自己去开辟一样，中国的无产阶级专政也要靠我们自己去创造。人民民主专政作为无产阶级专政的一种学说、一种形式，正是我们党和毛泽东领导中国革命过程中的适合本国国情的伟大创造。

我国人民民主专政同马、列关于无产阶级专政的理论和实践相比，在领导力量、阶级基础、历史任务等基本方面是一致的，因而实质上是无产阶级专政。但它又具有许多显著的特点。正确认识、把握这些特点，对于我们坚持人民民主专政即无产阶级专政，是十分必要的。

（一）人民民主专政是我国新民主主义革命胜利的成果，是旧中国大地主大资产阶级专政的直接对立物

马克思、恩格斯关于无产阶级专政的结论，是建立在对资本主义社会阶级状况和阶级关系科学分析的基础上的。在资本主义社会里，由于封建等级制度被废除，资本主义大生产迅速发展，小生产者纷纷降落到无产阶级队伍中来，使得"阶级对立简单化了"②，"整个社会日益分裂

① 《列宁全集》第二十三卷，人民出版社，1958年版，第65页。
② 马克思、恩格斯：《共产党宣言》，人民出版社，1964年版，第23页。

为两大敌对的阵营，分裂为两大相互直接对立的阶级：资产阶级和无产阶级"[①]。无产阶级反对资产阶级的斗争必然导致无产阶级推翻资产阶级的统治，建立无产阶级专政。旧中国的阶级状况和阶级关系则不同。它的阶级结构并没有"简单化"，而表现得异常纷繁复杂，成为帝国主义殖民体系的矛盾集合点。旧中国的主要矛盾是人民大众同帝国主义、封建主义和官僚资本主义的矛盾，这种矛盾的存在和发展，不可避免要引起无产阶级领导的新民主主义革命运动。我国人民民主专政，正是新民主主义革命胜利的产物。如果说资本主义社会无产阶级反对资产阶级的阶级斗争，必然导致无产阶级专政的话，那么我国无产阶级领导的人民大众反对帝国主义、封建主义、官僚资本主义的斗争，就必然导致人民民主专政。

无产阶级专政是资产阶级专政的直接对立物。马克思在《1848年至1850年的法兰西阶级斗争》中首次提出"无产阶级专政"的概念，就是针对法国资产阶级专政的。他根据当时法国政府残酷镇压巴黎工人"六月起义"的血的事实得出结论：无产阶级"要在资产阶级共和国范围内稍许改善一下自己的处境都只是一种空想，这种空想在一开始企图实现的时候就会成为罪行"[②]。无产阶级为了解放自己，必须"推翻资产阶级！工人阶级专政！"[③]我国人民民主专政则是旧中国大地主大资产阶级专政的直接对立物。毛泽东在《将革命进行到底》中首次提出"人民民主专政"的概念，也是针对国民党反动派的大地主大资产阶级专政的。他指出：要用革命的方法，"在全国范围内推翻国民党的反动统治，在全国范围内建立无产阶级领导的以工农联盟为主体的人民民主专政的共和国"[④]。这就说明，国民党反动派的大地主大资产阶级专政同人民民主专政，是完全对立的两种政权。打碎大地主大资产阶级的国家机器

① 马克思、恩格斯：《共产党宣言》，人民出版社，1964年版，第23页。
② 《马克思恩格斯全集》第七卷，人民出版社，1959年版，第37页。
③ 《马克思恩格斯全集》第七卷，人民出版社，1959年版，第37页。
④ 《毛泽东选集》第四卷，人民出版社，1960年版，第1266页。

是建立人民民主专政的必要前提，而人民民主专政则是打碎大地主大资产阶级的国家机器的必然结果。

（二）人民民主专政体现了我国无产阶级占人口少数而建立的政治统治，明确表述了民主和专政的辩证关系

我国是一个经济落后，人口众多的东方大国。新中国成立前夕，个体农业和手工业在国民经济的比重为90%左右，而现代化工业只占10%左右；全国人口4.5亿，农民占80%以上，产业工人只有250万到300万。但是，中国无产阶级深受帝国主义、封建主义、资本主义的重重压迫，富于彻底的革命性。同时，它高度集中，容易形成统一的政治力量。它以破产农民出身的成分占多数，便于同农民结成联盟。尤其是它开始走上历史舞台，就在自己的政党——中国共产党领导下。这些优点决定了中国无产阶级有能力领导中国民主革命取得胜利，并建立人民民主专政即无产阶级专政。那种认为无产阶级占人口少数的国家不能建立无产阶级专政的陈腐论调，不仅早已被列宁驳得体无完肤，而且又在中国和其他不发达国家的社会主义实践中进一步破产了。实际上，马克思、恩格斯曾设想首先取得革命胜利、建立无产阶级专政的比较发达的资本主义国家，除英国以外，无产阶级人数都不占本国人口的多数。当然任何国家在探索适合本国国情的无产阶级专政的形式时，必须估计到无产阶级在人口中的比例情况，以形成多数人对少数人的统治。马克思、恩格斯正是从资本主义比较发达的国家无产阶级占人口比例的不同情况出发，提出无产阶级政治统治的两种形式：“直接统治”即无产阶级单独建立和掌握政权；“间接统治”即无产阶级联合农民、小资产者建立和掌握政权。后来，列宁也正是从俄国无产阶级占人口少数的情况出发，提出苏维埃政权是“无产阶级同人数众多的非无产阶级的劳动阶层（小资产阶级、小业主、农民、知识分子等等）或同他们的大多数结成的特种形式的阶级联盟”①。

① 《列宁全集》第二十九卷，人民出版社，1956年版，第343～344页。

我国人民民主专政的特点，是马克思、恩格斯和列宁研究无产阶级专政形式的重要依据和出发点。半殖民地半封建的旧中国，经济比俄国还落后，无产阶级在人口中的比例比俄国还要小得多。1913 年，俄国工人占全国人口的 14.6%，而新中国成立前的中国工人还不到全国人口的 1%。在我国这个世界上人口最多而无产阶级人数极少的国家怎样建立无产阶级的政治统治呢？我们党和毛泽东提出人民民主专政的形式，创造性地解决了这个难题。它是对马克思、恩格斯关于“间接统治”和列宁关于“特种阶级联盟”思想的具体运用和发展。人民民主专政的形式表明，我们的国家是全体人民当家作主的国家。这样，工人阶级就能够把农民和其他人民团结在自己的周围，共同执掌政权，为完成无产阶级专政的历史任务而奋斗。

人民民主专政的概念，是民主和专政的辩证统一。它直接表明，我们的国家一方面实行人民民主，另一方面坚持对敌人专政。正如毛泽东精辟概括：“对人民内部的民主方面和对反动派的专政方面，互相结合起来，就是人民民主专政。”① 无产阶级专政的内容和职能，无疑包括在无产阶级和人民内部实行民主和对敌人实行专政这样两个方面。列宁曾经明确指出：无产阶级专政“是新型民主的（对无产者和一般穷人是民主的）国家和新型专政的（对资产阶级是专政的）国家”②，并且指出：认为“专政和民主这两个概念是互相排斥”③ 的观点，是“庸俗的资产阶级观点”④。但是，无产阶级专政这一概念本身，却只有“专政”，而没有标出“民主”，也没有标出国家的主人“人民”。人民民主专政的概念，补充、丰富和发展了无产阶级专政的概念。在实践上，它有利于广大干部和群众正确理解我国政权的性质和职能，防止产生误解和片面性；有利于保障人民当家作主，清除封建专制主义流毒，实现政

① 《毛泽东选集》第四卷，人民出版社，1960 年版，第 1364 页。
② 《列宁选集》第三卷，人民出版社，1972 年版，第 200 页。
③ 《列宁选集》第一卷，人民出版社，1972 年版，第 618 页。
④ 《列宁选集》第一卷，人民出版社，1972 年版，第 618 页。

治民主化。1957 年，毛泽东提出了关于两类社会矛盾的学说，指出必须严格区分和正确处理这两类矛盾，“在人民民主专政下面，解决敌我之间的和人民内部的这两类不同性质的矛盾，采用专政和民主这样两种不同的方法”①，这是人民民主专政学说的重要组成部分，是毛泽东运用唯物辩证法指导政权建设而作出的创造性贡献。

（三）人民民主专政实行广泛的政治联盟，坚持共产党领导下的多党派共存与合作

新中国诞生时，我国人民民主专政政权的阶级结构包括两个联盟。一是工人阶级和农民的联盟。这是劳动人民之间的联盟，是基本的联盟。二是工人阶级和民族资产阶级的联盟。这是劳动人民和非劳动人民之间的联盟，是辅助的但又是不可缺少的联盟。两个联盟的存在，是我国人民民主专政的突出特点和优点。巴黎公社是人类历史上第一个无产阶级专政的伟大尝试，但这个政权“差不多都是工人或公认的工人代表”组成的，由于种种原因它没有建立起工农联盟，因而不是巩固的和坚强有力的。十月革命后，列宁为首的布尔什维克党在苏维埃政权建设的过程中，从俄国的实际出发，十分重视建立工农联盟。列宁说：无产阶级专政的“最高原则就是维护无产阶级同农民的联盟”②。斯大林也说：“我国无产阶级专政是建立在工农联盟的基础上的。这是苏维埃共和国的第一个和根本的基石。”③ 但俄国资产阶级敌视十月革命，反对苏维埃政权，因而不存在工人阶级同资产阶级结成联盟的条件。我们党和毛泽东在人民民主专政政权建设过程中，从我国的实际出发，反复强调建立工农联盟的极端重要性：“因为这两个阶级占了中国人口的百分之八十到九十。推翻帝国主义和国民党反动派，主要是这两个阶级的力

① 毛泽东：《关于正确处理人民内部矛盾的问题》，人民出版社，1964 年版，第 8 页。
② 《列宁全集》第三十二卷，人民出版社，1958 年版，第 477 页。
③ 《斯大林选集》上卷，人民出版社，1979 年版，第 171 页。

量。由新民主主义到社会主义，主要依靠这两个阶级的联盟。”① 同时又在工农联盟的基础上同民族资产阶级建立联盟，从而扩大了阶级联盟的范围。这是无产阶级专政史上的创举。我们党和毛泽东关于工人阶级同民族资产阶级结成联盟的思想，是建立在对中国资产阶级的科学分析的基础上的。半殖民地半封建社会的中国资产阶级，包括官僚资产阶级和民族资产阶级。官僚资产阶级是反动的阶级，是人民的敌人。民族资产阶级是具有两面性的阶级。在民主革命时期，它有革命性的一面，又有妥协性的一面；在社会主义革命时期，它有剥削工人取得利润的一面，又有拥护宪法、愿意接受社会主义改造的一面。因此，民族资产阶级虽然是社会主义革命的对象，但它属于人民的范围，工人阶级可以而且需要继续同它保持联盟关系，并用解决人民内部矛盾的方法来解决它同工人阶级的矛盾。事实表明：同民族资产阶级建立联盟的决策，是完全成功的。它团结、教育了民族资产阶级，减少了社会主义改造中的阻力，使人民民主专政能够在短短的几年内，把马克思、列宁关于和平赎买资产阶级的设想变成了光辉的现实。我国生产资料私有制的社会主义改造基本完成以后，民族资产阶级不再存在了，工人阶级同民族资产阶级的联盟也就不存在了。民族资产阶级中大多数已由剥削者逐步变为自食其力的劳动者。他们作为社会主义劳动者的一部分，同社会主义的工人、农民、知识分子一起成为我国社会的主人翁。于是过去人民民主专政实行的两个联盟，发展为“工人阶级领导的、工农联盟为基础的社会主义劳动者和拥护社会主义的爱国者的广泛联盟”②。这表明人民民主专政实行政治联盟的范围进一步扩大和空前广泛。我国人民民主专政的政权，是由无产阶级通过自己的先锋队共产党来领导的。没有党的领导，就不可能建立和实现人民民主专政。我们党在国家生活中的领导地位，是中国历史的发展决定的，是人民民主专政的性质和任务决定的。

---

① 《毛泽东选集》第四卷，人民出版社，1960年版，第1367～1368页。

② 邓小平：《在五届政协第二次会议上的开幕词》，《人民日报》，1979年6月16日。

共产党“决不与也不能与其他力量或其他政党分掌国家生活的领导权”①。但是，共产党的领导地位并不排斥各民主党派的存在和他们的代表参加国家管理。毛泽东早就说过，“国事是国家的公事，不是一党一派的私事”②。新中国成立后，各民主党派的许多领导人和成员都参加了中央和地方政府的工作，并担任重要职务。我国社会主义制度基本确立后，毛泽东又指出：“究竟是一个党好，还是几个党好？现在看来，恐怕是几个党好。”③ 并提出共产党同各民主党派实行“长期共存，互相监督”的方针，进一步确认了我国共产党领导下的多党派的共存与合作。显然，这是人民民主专政的又一突出特点和优点。俄国十月革命后，资产阶级政党和妥协党都因反革命面目的暴露而退出历史舞台，只有“左派”社会革命党同布尔什维克党合作了一个短暂时期，列宁曾经设想同“左派”社会革命党人“分掌政权”④，并邀请了四名“左派”社会革命党人参加人民委员会。但不久，“左派”社会革命党人发动了反对苏维埃政权的叛乱，走上了自我毁灭的道路，这个党中一部分苏维埃政权的拥护者重新建立的两个新党——民粹主义共产党和革命共产党，也不久就宣布解散，加入俄共（布）。于是，苏维埃政权形成事实上的“一党制”。我国各民主党派是在抗日反蒋斗争中产生和发展的，它们对于争取新民主主义革命的胜利，发挥了重要作用。新中国成立后，它们对于推动和帮助各自的成员以及所联系的人们接受社会主义改造，参加社会主义建设，反对国内外敌人的斗争，维护祖国的统一和团结，也都作出了宝贵的贡献。实践证明，在共产党领导下实行多党派的共存与合作，是依据我国国情而确定的方针，是完全正确的。现在，各民主党派的社会基础已经改变，它们不再是民族资产阶级、城市上层小

① 《斯大林选集》上卷，人民出版社，1979年版，第557页。

② 《毛泽东选集》第三卷，人民出版社，1953年版，第767页。

③ 中共中央党校编：《马列著作毛泽东著作选读（政治经济学部分）》，人民出版社，1978年版，第516页。

④ 《列宁全集》第二十六卷，人民出版社，1959年版，第247页。

资产阶级及其知识分子的政党，而是作为各自联系的一部分社会主义劳动者和拥护社会主义的爱国者的组织，继续为祖国的社会主义事业服务。

（四）人民民主专政担负着极其艰巨、复杂的历史任务，它不仅存在于我国社会从新民主主义到社会主义的转变时期，而且存在于我国社会主义社会

无产阶级专政的历史任务总的说来，就是消灭阶级。在我国的社会历史条件下，人民民主专政担负的这个任务是极其艰巨、复杂的。第一，我国封建社会的历史很长，延续了两千五百年到三千年之久。近代中国，由于外国资本主义入侵，又沦为半殖民地半封建社会。虽然自然经济逐渐解体，但封建统治的根基——地主对农民的剥削依旧保持着，并同买办资本和高利贷资本的剥削相结合，在社会经济生活中占据显著的优势，直到1949年全国基本解放。因此，我国人民民主专政建立后，为了消灭阶级，既要担负社会主义革命的任务，又要继续完成民主革命的任务。1952年，我国土地改革的基本完成，标志着地主阶级作为一个阶级已经消灭，但地主阶级的残余还是存在，封建主义流毒还根深蒂固，渗透到我国政治、经济和文化各个领域。事实表明，肃清封建残余是我国人民民主专政的一项长期任务。第二，我国农业人口极多，现今十亿人口，其中八亿是农民。列宁指出，为了消灭阶级，不仅要消灭地主阶级和资产阶级，而且要“消灭工农间的差别”①。1956年，我国农业社会主义改造基本完成，个体农民变成了集体农民。但是，工农之间的差别还很大。一方面，工业中生产资料和产品主要是全民所有制，而农业中生产资料和产品主要是集体所有制。全民所有制和集体所有制是生产资料公有制成熟程度不同的两种形式。另一方面，农业的劳动条件和工业的劳动条件也不相同。我国工业生产基本上实现了机械化，而农

① 《列宁选集》第四卷，人民出版社，1972年版，第89页。

业生产主要还是靠手工劳动和畜力。很明显，要在我们这个世界上农民人数最多的国度里消灭工农差别，是人民民主专政的特别困难的任务。第三，旧中国生产力极端落后。如果说资本主义国家大生产的发展为社会主义准备了物质前提的话，而我国社会主义物质前提则要靠无产阶级和人民利用政权去创造。因此，我国人民民主专政担负的发展生产力的任务也异常艰巨。如果忽视这方面的任务，“我们就不能维持政权，我们就会站不住脚，我们就会要失败”①。当然更谈不上消灭阶级了。

同人民民主专政的历史任务相联系，人民民主专政不仅存在于我国社会从新民主主义到社会主义的转变时期，而且存在于我国社会主义社会。马克思、恩格斯曾经认为，无产阶级专政是从资本主义到共产主义社会第一阶段的过渡时期的政权。而共产主义社会的第一阶段，没有阶级和阶级差别，无产阶级专政也就不存在了。后来，列宁把共产主义社会第一阶段称为社会主义社会。他在解释马克思的话时指出：“马克思说，无产阶级专政的整个时期是从资本主义到社会主义的过渡时期。”②列宁坚持马克思的观点，但他认为社会主义社会里，“还需要有国家来保卫生产资料公有制，来保卫劳动的平等和产品分配的平等”③。这个国家，列宁称为“非政治国家”。斯大林根据他领导苏联建设社会主义的实践经验，认为社会主义社会需要保留“工人阶级专政”和全部国家机器，但“它们的矛头已经不是针对国内，而是针对国外去对付外部敌人了”④。因为国内“剥削制度已被消灭，剥削者已不存在”⑤，“实行武力镇压的职能已经消失了，消亡了”⑥。我国人民民主专政的理论和实践，既不同于马、列的设想，也不同于斯大林的结论。马克思生活在自

① 《毛泽东选集》第四卷，人民出版社，1960年版，第1318～1319页。
② 《列宁选集》第三卷，人民出版社，1972年版，第857页。
③ 《列宁选集》第三卷，人民出版社，1972年版，第252页。
④ 《斯大林选集》下卷，人民出版社，1979年版，第470～471页。
⑤ 《斯大林选集》下卷，人民出版社，1979年版，第470页。
⑥ 《斯大林选集》下卷，人民出版社，1979年版，第470页。

由资本主义时期，他没有社会主义的实践经验，列宁逝世时，苏联的社会主义制度也没有建立起来。因此，他们关于无产阶级专政仅存在于“过渡时期”，而不存在于社会主义社会的观点，只是一种设想，而这种设想，是以国外消除了敌对势力国内消灭了阶级为前提的。我国社会主义社会的实际情况是，外部存在着帝国主义、霸权主义的侵略和威胁；内部存在着反动阶级的残余和各种反社会主义分子。这样的社会当然要保存国家，而这个国家只能叫做人民民主专政即无产阶级专政。我们坚持人民民主专政，不只是对付国外敌对势力的需要，而且也是国内在一定范围内存在的阶级斗争的需要。人民民主专政仍然是镇压敌人反抗、保卫人民民主权利的工具。我们坚持人民民主专政，也不只是为了保卫生产资料公有制和按劳分配，而且是为了组织经济文化建设，尽快地发展社会生产力，解决我国社会的主要矛盾——人民对于经济文化迅速发展的需要同当前经济文化不能满足人民需要的状况之间的矛盾。从这个意义上说，人民民主专政作为建设社会主义工具的作用还要进一步加强。

综上所述，人民民主专政有着许多不同于一般无产阶级专政的特点。这些特点表明，人民民主专政是马列主义的普遍原理同我国国情相结合的产物，是中国化的无产阶级专政。它深深扎根于我国社会和人民之中，因而具有强大的生命力。

写于 1981 年 4 月

（原载于《社会主义文集》，湖北人民出版社 2004 年版）

二、中国政治体制改革的理论与实践

从本世纪 70 年代开始，一个世界范围的改革、调整潮流正在兴起。无论东方还是西方，社会主义国家还是资本主义国家，都在进行自我改革和调整。“对外思和，对内图变”，“要发展，要变革”，已是大势所趋，人心所向。这次改革、调整的世界潮流最深层的动力乃是社会生产力发展的要求，它的目标不是局部性的，而是着眼于 21 世纪争取有利的战略地位，增强包括经济、科技、教育、文化、政治、军事、意识形态和外交等多种因素在内的综合国力。任何国家如不遵循这一历史大趋势，不进行改革、调整，就将落后，甚至被淘汰出世界性竞争的格局。

中国的社会主义改革，是世界范围的改革、调整潮流的重要组成部分。中国是世界人口最多的东方大国，在社会主义制度建立之后，应当对人类作出较大的贡献。然而，传统的社会主义模式的影响和指导思想上“左”的错误，使我国的经济、政治、文化和社会管理体制日益僵化，缺乏生机和活力，结果严重阻碍了生产力的发展和社会的进步。我国社会实际上从 1958 年开始到 1978 年 20 年时间内，长期处于停滞和徘徊的状态，国家经济和人民的生活没有得到多大的发展和提高，至今我国生产力水平和生产社会化程度还很低，商品经济还很不发达，人均国民生产总值仍居于世界后列。改革是我国社会生产力发展的要求，是摆脱旧的传统的社会主义模式，建立充满活力的新的社会主义体制的根本途径，是振兴中华，建设富强、民主、文明的社会主义国家的必由之路，是十亿人民的迫切愿望和自觉行动，因而是不可逆转的潮流。中国不改革就没有出路。

我国社会主义改革，是有领导有秩序地推进的全面改革，是一个系统工程。它包括经济、政治、教育、科技、文化、社会等各个领域。经济体制改革是全部改革的基础，但经济体制改革必须有政治体制改革和其他领域的改革的配合。每一个领域各方面的改革，也必须相互配套，从而使社会主义各个领域、各个方面的改革，密切配合，相互促进，协调发展。

党的十一届三中全会以来，我国的改革从农村起步，在广大农村推行联产承包责任制，首先取得了重大的突破，并从农村扩展到城市，从经济领域扩展到科技、教育和政治领域。十年的改革，使广大群众的积极性迸发出来，生产力获得了新的解放，国家面貌发生了深刻的变化。

政治体制改革，是整个改革的一个重要的关键的部分。邓小平同志指出："我们提出改革时，就包括政治体制改革。现在经济体制改革每前进一步，都深深感到政治体制改革的必要性。不改革政治体制，就会阻碍生产力的发展，阻碍四化成功。"① 他还说："我们所有的改革最终能不能成功，还是决定于政治体制的改革。"② 这里把政治体制改革在整个改革中的战略地位和关键作用讲得很彻底了。事实上，人们在改革的实践中已越来越清楚地看到，我国原有的政治体制，特别是党和国家的领导制度、组织形式和工作方式上存在的一些重大缺陷，已严重地阻碍了经济体制改革的深化，也影响了教育、科技、文化等领域改革的顺利发展。如果我们不适时地把政治体制改革提到日程上来，我国社会主义的全面改革，就有功亏一篑的危险。

党的十三大，依据社会主义初级阶段理论，分析了我国改革面临的形势和亟待解决的问题，论证了政治体制改革的时机和条件，明确提出，"党中央认为，把政治体制改革提上全党日程的时机已经成熟"③。党的十三大报告还制定了党在政治体制改革方面的基本方针，指明了政治体制改革的目标和原则，规定了政治体制改革的任务和步骤，为我国政治体制改革绘制了一幅清晰的宏伟的蓝图，标志着我国进入了一个全面地、稳步地进行政治体制改革的新的历史时期。

政治体制改革，是一项异常艰难复杂的任务。因为我国现行的政治体制是历史上形成的，它以自然经济半自然经济为基础，同封建专制主义的影响相联系。要实行改革，建设社会主义民主政治，就必须大力发展社会主义商品经济，清除封建主义的遗毒，这无疑是很长期很困难的事情。政治体制改革，要突破旧的传统模式和旧的传统观念，正确处理

① 邓小平：《建设有中国特色的社会主义（增订本）》，人民出版社，1987年版，第138页。

② 邓小平：《建设有中国特色的社会主义（增订本）》，人民出版社，1987年版，第137页。

③ 《中国共产党第十三次全国代表大会文件汇编》，人民出版社，1987年版，第41页。

党权、政权、民权及其相互关系，它涉及千百万人的政治权益，不可避免地在社会各阶级、阶层、利益集团、党派、机关、团体中产生强烈的反响，会有各种阻力。为了保证这场改革有领导、有秩序地进行，我们必须认真研究党的三中全会以来，关于政治体制改革的理论、方针和政策，加强政治体制改革的理论探讨。

《中国政治体制改革的理论与实践》一书，是为了适应我国政治体制改革的需要编写的。它以党的十三大文件精神为指导，认真总结了新中国成立以来社会主义建设的历史经验，特别是三中全会以来社会主义改革的实践经验，回答了我国政治体制改革一系列理论和实际问题，并提出了进一步改革的构想。本书把历史、现状、理论、方针政策密切结合起来，具有理论性、探讨性和实用价值。本书奉献给一切有志于改革的同志们。

《中国政治体制改革的理论与实践》一书由李会滨、郑邦兴主编。参加编写的有：丁小平、王新学、石玉平、包玉秋、刘平志、刘俊奇、李会滨、杨茂生、陈世良、陈碧清、张久荣、张伟斌、屈红英、侯书和、郑邦兴、闻海燕、姚立、曹天录、黄太忠、滕君政。由于我们的水平有限，研究不够，加之时间仓促，难免存在缺点和错误，我们热情地希望广大读者指正。

1988 年 9 月

（原载于《中国政治体制改革的理论与实践》，华中师范大学出版社 1989 年版）

三、关于民主集中制的几个问题[①]

（一）民主集中制的历史考察

民主集中制，最初是作为工人阶级政党的组织原则出现的。在马克思主义的创始人看来，工人阶级政党的先进性和历史使命，决定了它必须按照民主集中制的原则建立起来。马克思、恩格斯 1847 年创建的共

① 本文原载《社会主义研究》1995 年第 1 期。

产主义者同盟历史上第一个无产阶级政党和1864年创建的国际工人协会（即第一国际），都是按照民主集中制的原则建立的。虽然当时马克思、恩格斯没有明确使用“民主集中制”的概念，但在他们为共产主义者同盟、国际工人协会起草的决议、章程中，都体现了民主集中制的原则。共产主义者同盟是改造正义者同盟而建立的。正义者同盟是一个密谋性秘密组织，内部只有集中，没有民主，所以马克思、恩格斯在创建共产主义者同盟时强调，同盟“组织本身是完全民主的”①，规定各支部、区部、总区部都由选举产生；同时又要集中，规定各支部、区部、总区部都要服从同盟代表大会和中央委员会。第一国际的章程规定：协会最高组织是代表大会，每年召开代表大会一次，由各分会选举代表参加。大会的决议，实行无记名投票，决议通过后，全体会员必须执行。休会期间，由总委员会主持日常工作。这都体现了民主集中制的原则。

“民主集中制”这个概念是列宁在创建和领导俄国无产阶级政党的过程中确立起来的。在1899年底，列宁提出“集中制”的概念。当时俄国各地马克思主义小组彼此孤立，处于分散状态和手工业活动方式，迫切需要“成立统一的因而也是集中制的党”②。1904年春，列宁又在批判马尔托夫的机会主义错误时指出“拥护自治制，反对集中制”③，“是组织问题上的机会主义所固有的根本特征”④。到了1905年12月，俄国社会民主工党（布）第一次代表会议时，列宁第一次把“民主集中制”写入党的决议。他在起草的《党的改组》的决议中写道：“代表会议确认民主集中制是不容争论的，认为必须实行广泛的选举制度，赋予选举出来各中央机构进行思想领导和实际工作领导的全权。”⑤ 1906年3月，列宁在《提交俄国社会民主工党统一代表大会的策略纲领》中又指出：

① 《马克思恩格斯全集》第二十一卷，人民出版社，1965年版，第251页。

② 《列宁全集》第四卷，人民出版社，1958年版，第193页。

③ 《列宁全集》第七卷，人民出版社，1959年版，第389页。

④ 《列宁全集》第七卷，人民出版社，1959年版，第390页。

⑤ 《苏共代表大会、代表会议和中央全会决议汇编》第1分册，人民出版社，1964年版，第119页。

"党内民主集中制的原则是现在一致公认的原则。"① 同年4月，俄国社会民主工党召开了第四次（统一）代表大会。大会根据列宁的提议，第一次把"民主集中制"载入党章，明文规定："党的一切组织是按民主集中制原则建立起来的。"② 1919年3月，列宁创建的共产国际（又称第三国际）的章程中又明文规定共产国际是各国共产党联合组成的统一的世界共产党，加入国际的各党定名为某国共产党，组织原则是民主集中制。此后，民主集中制成为各国马克思主义政党公认的根本组织原则和组织制度。

我们党一开始就是按民主集中制原则建立起来的，也是在这个根本的组织原则指导下进行活动的。在中共一大、二大、三大、四大的党章中，虽然都没有使用"民主集中制"这一概念，但都明文规定党的各级组织必须由选举产生，强调党要实行集中统一的领导，并严格规定了党的纪律。1927年6月，在中共中央政治局通过的《中国共产党第三次修正章程决案》中，第一次提出"党部的指导原则为民主集中制"。1928年6月，中共六大通过的党章明确规定："中国共产党与共产国际的其他支部一样，其组织原则为民主集中制。"③ 1945年4月，中共七大根据中国共产党建党24年的经验，比较完整地表述了民主集中制的内容，提出了民主集中制的四项"基本条件"。党在全国执政后，把民主集中制运用于政权建设，在国家机关中实行民主集中制，因而民主集中制也是我国国家政权机关的组织原则和组织制度。1956年9月，党的八大在总结新的历史经验的基础上，对民主集中制的原则作了补充。1982年9月，党的十二大在全面总结历史经验教训的基础上，对党的民主集中制作了比过去更系统、更全面、更具体的规定，制定了民主集中制的六条基本原则。党的十三大、十四大又先后对十二大党章的部分

① 《列宁全集》第十卷，人民出版社，1958年版，第137页。

② 《苏共代表大会、代表会议和中央全会决议汇编》第1分册，人民出版社，1964年版，第165页。

③ 中国革命博物馆编：《中国共产党党章汇编》，人民出版社，1979年版，第35页。

条文进行了补充、修正，使民主集中制更趋完善。1994 年 9 月召开的党的十四届四中全会，以邓小平建设有中国特色社会主义理论为指导，对民主集中制进行了全面、系统的阐释，明确提出“民主集中制是我们党的根本组织制度和领导制度”，并就新形势下坚持和健全民主集中制问题作出许多重要的规定，把党的民主集中制建设提高到一个新的水平。

（二）民主集中制的科学含义

列宁不仅提出了民主集中制的组织原则，而且对它的内涵进行了具体阐述，强调民主集中制是党内民主与集中的统一。他说：“我们……一向维护党内民主。但是我们从未反对过党的集中。我们主张民主集中制。”① 又说：“我们维护集中制只是维护民主集中制。”②

民主集中制的民主与集中两个方面在不同的历史时期、不同的形势下侧重面会有所不同，但在任何时候、任何情况下都不能只强调某一个方面，而忽视另一个方面。因为民主是集中的前提和基础，集中是民主的发展和必然要求。党内如果没有集中，就不能形成正确的路线、方针、政策，不能形成统一的意志和统一的行动，党就不会有坚强的战斗力；党内如果没有民主，就没有正确的集中，也就不能制定和实行正确的路线、方针、政策，党同样不能形成真正的思想上行动上的统一和有坚强的战斗力。所以，民主和集中两个方面是相辅相成，不可分割的。关于民主和集中的辩证关系，毛泽东在 1945 年党的七大所作的《论联合政府》的政治报告中曾精辟概括为：“在民主基础上的集中，在集中指导下的民主”③，并载入党的七大、八大党章。这个概括说明，“党的集中制是建立在民主基础上的，不是离开民主的，不是个人专制主

① 《列宁全集》第二十七卷，人民出版社，1990 年版，第 89 页。
② 《列宁全集》第二十四卷，人民出版社，1990 年版，第 149 页。
③ 《毛泽东选集》第三卷，人民出版社，1953 年版，第 958 页。

义”①。“党内民主制，不是没有领导的民主，不是极端民主化，不是党内的无政府状态”②。1979 年 3 月，邓小平在谈到民主集中制时，在民主与集中之间加上“结合”二字。他说：“我们实行的是民主集中制，这就是民主基础上的集中和集中指导下的民主相结合。”③ 这里用的“结合”一词进一步说明，党的民主集中制不是民主制与集中制的机械相加，而是工人阶级政党特有的民主精神和集中精神的有机结合。1982 年 9 月，党的十二大对民主集中制又进行了概括，提出民主集中制是“在高度民主的基础上实行高度的集中”④。这个概括，对于纠正党内长期存在的离开民主讲集中的倾向和扩大党内民主是有积极意义的，但它舍去了“在集中指导下的民主”的提法，后来在党的建设实践中遇到了一些问题。所以，1992 年 10 月召开的党的十四大，又重提“实行民主基础上的集中和集中指导下的民主相结合”⑤。1994 年 9 月 28 日党的十四届四中全会通过的《关于加强党的建设几个重大问题的决定》中重申：“民主集中制是民主基础上的集中和集中指导下的民主相结合的制度。”⑥ 这个概括，是对民主集中制的准确界定，它深刻地揭示了民主集中制的科学含义，阐明了党的民主与集中的内在统一关系，是对马克思主义民主集中制原则的科学阐述和发挥。

民主集中制的民主，是党员和党组织的意愿、主张的充分表达和积极性、创造性的充分发挥。贯彻民主集中制，必须适应社会主义事业发展的需要，不断发展和扩大党内民主，加强各项民主制度的建设，切实保障各级党组织和广大党员的民主权利，充分发挥全党的积极性。民主集中制的集中，是全党意志、智慧的凝聚和行动的一致。贯彻民主集中

① 《刘少奇选集》上卷，人民出版社，1981 年版，第 359 页。
② 《刘少奇选集》上卷，人民出版社，1981 年版，第 359 页。
③ 《邓小平文选》第二卷，人民出版社，1994 年版，第 175 页。
④ 《十二大以来重要文献选编》上，人民出版社，1986 年版，第 73 页。
⑤ 《中国共产党第十四次全国代表大会文件汇编》，人民出版社，1992 年版，第 129 页。
⑥ 《中共中央关于加强党的建设几个重大问题的决定》，人民出版社，1994 年版，第 8 页。

制，必须加强在民主基础上的集中，维护中央的权威。我国是一个幅员辽阔，拥有56个民族，近12亿人口，并且是经济文化比较落后而发展又不平衡的国家。在我们这样的大国，实现现代化，是一个异常复杂艰巨的任务，必须确立和强化中央的权威。正如党的十四届四中全会的《决定》中所指出的，“只有维护中央的权威，才能增强党的凝聚力和战斗力；才能保证国家统一、民族团结和社会稳定；才能保障改革开放和现代化建设的顺利进行，逐步实现各族人民的共同富裕，实现社会主义物质文明与精神文明的共同发展”①。如果中央没有权威，各路诸侯太多，各自为政，各行其是，有法不依，有章不循，有令不行，有禁不止，长此下去，我们的党和国家就会四分五裂，社会就会动荡不安，社会主义现代化建设也就无法进行。因此，维护中央的权威，是中国现代化建设的必然要求，是全党全国各族人民的最高利益所在。

只要我们深刻领会和把握民主集中制的内涵，坚持在民主基础上的集中和在集中指导下的民主相结合，不断地健全民主集中制，创造性地执行民主集中制，就一定能够在我们党内和国家政治生活中逐步形成一个又有集中又有民主，又有纪律又有自由，又有统一意志又有个人心情舒畅、生动活泼的政治局面。

（三）民主集中制的领导制度

民主集中制在党的领导制度上，具体体现为集体领导和个人分工负责相结合的制度。

所谓集体领导，是指凡属方针政策的大事，凡属全局性的问题，凡属重要干部的推荐、任免和奖惩，都要由中央和地方党委集体讨论决定。党的书记是集体领导的“班长”，但书记同成员之间是平等的关系，在投票决定重大问题时也是一票。党的书记和成员都要认真执行少数服从多数的原则，对集体的决定，有不同意见允许保留，但必须无条件服

① 《中共中央关于加强党的建设几个重大问题的决定》，人民出版社，1994年版，第12页。

从，并在行动上积极执行。事实表明，坚持集体领导，重大问题由党委集体讨论决定，是实现正确领导的关键。任何个人的知识、才能和经验都是有局限性的，个人一旦脱离集体领导，脱离群众，脱离实际，不可避免地会做出错误的决定。当然，实行集体领导也难免会出错误，但只要这个班子是坚持集体领导原则的，是走群众路线的，就可以尽量减少犯错误的机会。发生了错误也能够较快地发现和纠正。

坚持集体领导必须同个人分工负责相结合。在党委会中，要搞好分工，明确每个成员的职责：一是大事，全局性的问题，集体决定，分工去办；二是小事，局部性的问题，由分管工作的成员负责，独立去办。坚持集体领导并不是不要个人负责，一旦集体做出了决定，每个成员都必须坚决贯彻执行。在集体领导下做到各司其职，各负其责。凡属个人职权范围内的事情，要敢于独立负责处理。要提倡领导干部敢于负责的精神，反对遇事推诿、互相扯皮和无人负责。现在有两种情况：一是大小事情都提交党委集体研究决定，常常使党委成员陷入会议之中，造成领导集体工作效率低下；二是事无巨细一律经过书记拍板，书记不表态，分管的领导人就不敢干。这两种情况都是不符合集体领导和个人分工负责的制度的。

党委贯彻集体领导和个人分工负责的制度，书记负有主要责任。书记在党委领导集体中，应当成为执行这一制度的表率。书记要有良好的民主作风，党委讨论重大问题时，要鼓励大家畅所欲言，充分发表自己的意见。要善于听取各种不同的意见；同时又要善于集中大家的意见，统一大家的认识。成员既要根据集体的决定和分工，切实履行自己的职责，又要关心全局工作，积极参与集体领导，做到分工不分家。在党委会内部，书记、“班长”既要放手支持各个党委成员的工作，又要总揽全局，坚持集中统一的领导；党委成员既要独立负责地开展工作，又要尊重支持书记、“班长”，当好助手。党委会成员之间，要互相信任、互相支持、互相谅解，还包括互相帮助克服缺点和错误，从而不断增强领导班子的团结，形成坚强的领导集体。

（四）民主集中制的优越性

党的十四届四中全会的《决定》中指出："民主集中制是科学的合理的有效率的制度。"①

民主集中制之所以是科学的制度，因为它是工人阶级政党的组织规律。刘少奇指出："我们的党，不是许多党员简单的数目字的总和，而是由全体党员按照一定规律组织起来的统一的有机体……是党的首脑（中央）、党的各级组织和广大党员群众依照一定规律结合起来的统一体。这种规律，就是党内的民主的集中制。"② 民主集中制作为党的组织规律，它正确反映了党员个人与党的组织的关系，党的下级组织与上级组织的关系，党的中央与地方的关系，党的领导者与被领导者之间的关系以及党的领导者之间、党员之间的关系，为工人阶级政党正确处理党内各种关系，不断解决自身建设中出现的种种矛盾，科学规范党内政治生活，提供了基本准则和组织保证。历史经验告诉我们，我们遵照民主集中制这个规律去建设党，党的组织就发展，就统一，就巩固；违背了这个规律，党的组织就要遭到破坏，就会涣散、松懈，甚至瓦解。什么时候党的组织建设出了问题，也就无法搞好党的思想建设、政治建设和作风建设。从一定意义上说，民主集中制反映了工人阶级政党产生和发展的规律。

民主集中制之所以是合理的制度，因为它体现了人民群众的根本利益和愿望。工人阶级政党是人民群众的忠实代表。党除了人民群众的利益以外，没有自己的特殊利益。人民群众的利益是工人阶级政党一切活动的出发点和落脚点。因此，工人阶级政党的组织制度和领导制度是否科学、合理，衡量它的标准就是是否符合人民群众的根本利益和愿望。

① 《中共中央关于加强党的建设几个重大问题的决定》，人民出版社，1994 年版，第 9 页。

② 《刘少奇选集》上卷，人民出版社，1981 年版，第 358 页。

凡是经过实践检验证明是符合人民群众的根本利益和愿望的制度，就是科学的合理的制度。反之，就是不科学不合理的制度。今天，我们强调坚持和健全民主集中制，是加强和改进党的建设、增强党的凝聚力和战斗力的需要，是贯彻党的基本路线以及一系列方针、政策的需要，是加快改革开放的步伐、建立社会主义市场经济体制的需要，是实现社会主义物质文明和精神文明共同发展的需要。因而这个组织制度和领导制度，代表了全国各族人民的根本利益和共同愿望。

民主集中制之所以是有效率的制度，因为它既有利于党的正确决策，又有利于党的决策的执行。民主集中制是辩证唯物主义认识论和群众路线在党内生活和组织建设中的运用。按照辩证唯物主义认识论，人的认识来源于实践，一个正确的认识往往要经过从实践到认识，又从认识到实践的反复过程。我们党把这条科学的认识路线创造性地运用于党的实际工作，就形成了“从群众中来，到群众中去”的领导方法和工作方法，就是毛泽东讲的“将群众的意见（分散的无系统的意见）集中起来（经过研究，化为集中的系统的意见），又到群众中去作宣传解释，化为群众的意见，使群众坚持下去，见之于行动，并在群众行动中考验这些意见是否正确。然后再从群众中集中起来，再到群众中坚持下去。如此无限循环，一次比一次地更正确、更生动、更丰富”[①]。坚持在民主基础上的集中和在集中指导下的民主相结合的过程，就是从实践到认识，再从认识到实践的过程，也是“从群众中集中起来，再到群众中坚持下去”的过程。所以，民主集中制是建立在辩证唯物主义和历史唯物主义的基础上的。它是科学的，又是有效率的。它把党内民主与集中，党的集体领导与个人分工负责，党员群众的积极性与全党行动的一致性紧密结合起来，无疑有利于党的方针、政策的正确制定与贯彻执行。

民主集中制的科学性、合理性和有效率性是紧密联系的。它是科学

---

① 《毛泽东选集》第三卷，人民出版社，1991 年版，第 899 页。

的，必然是合理的，科学的合理的制度又必然是有效率的制度。民主集中制的科学性、合理性和有效率性，反映了它是我们党和国家无比优越的组织制度和领导制度。邓小平指出："民主集中制也是我们的优越性。这种制度更利于团结人民，比西方的民主好得多。"①

历史经验告诉我们，工人阶级政党在执政的条件下，能否坚持不断健全民主集中制的组织制度和领导制度，关系到党内政治生活是否正常，党的领导是否正确，国家能否保持稳定，社会主义现代化建设能否健康发展，一句话，关系到党和国家的兴衰成败。十月革命后，俄共在列宁领导下，认真贯彻了民主集中制。鉴于当时国内外形势十分严峻，列宁强调党内高度集中和统一是必要的，但并没有忽视党内民主。列宁模范地遵守民主集中制的原则，遵守党的纪律，党内政治生活，党中央领导集体的政治生活都比较正常，党的凝聚力、战斗力很强，因而使年轻的苏维埃政权经受住了考验，得到了巩固和发展。到了 20 世纪 30 年代，苏联形成了权力高度集中的政治体制，权力过分集中在少数人甚至一个人手里，个人专断盛行，党内民主集中制和集体领导制度遭到严重的破坏，进而导致社会主义民主和法制的破坏，发生肃反严重扩大化的历史悲剧，使苏共力量和苏维埃政权受到削弱。80 年代中期以来，苏共领导人推行所谓"民主的人道的社会主义"，鼓吹"民主化""公开性"，逐步削弱以至取消党的民主集中制，造成苏共党内资产阶级自由化思潮泛滥，党的组织混乱、瘫痪、分裂。党外有党，党内有派，政治组织多如牛毛，社会动乱不已，终于导致苏共的瓦解和苏联的解体。

中国共产党从遵义会议直到新中国成立后的社会主义改造时期，党中央和毛泽东一直很好地贯彻执行了民主集中制，党内政治生活比较生动活泼，实现了党在思想上、政治上、组织上和行动上的真正的团结和统一，保证了中国革命的胜利和社会主义改造的成功。可是，从 20 世

① 《邓小平文选》第三卷，人民出版社，1993 年版，第 257 页。

纪50年代后期开始，党和国家的政治生活越来越不正常，一言堂、家长制、个人决定重大问题的现象不断滋长，民主集中制原则遭到削弱和破坏，终于使党和国家难以防止和制止“文化大革命”灾难的发生。早在1962年，邓小平就把坚持和完善民主集中制提到关系党和国家命运的高度来认识。他说：“民主集中制是党和国家的最根本的制度，也是我们传统的制度。坚持这个传统的制度，并且使它更加完善起来，是十分重要的事情，是关系我们党和国家命运的事情。”① “文化大革命”结束后，邓小平深刻总结“文化大革命”的教训，在领导全党拨乱反正、重新确立党的思想路线、政治路线的同时，十分重视党的组织建设。十一届三中全会以来，党在恢复和健全民主集中制方面做了大量工作，党内政治生活日益正常和活跃，为执行党的思想路线和政治路线，不断开创社会主义现代化建设的新局面提供了组织保证。现在，我们党贯彻执行民主集中制总体上是好的，但还有不少问题。民主不够和集中不够都不同程度地存在：一是民主不够，有些地方、部门和单位的领导人，以发展市场经济要求决策迅速为借口，搞个人集权，个人说了算，只要集中，不要民主；二是集中不够，有的地方和部门对中央的某些决策执行不够有力，甚至有令不行，有禁不止，地方主义、部门主义、本位主义现象滋长。因此，当前执行民主集中制要反对个人专断和极端民主化两种错误倾向。

（五）民主集中制与社会主义市场经济

当前，我国的改革正处在攻坚阶段。我们的目的是在本世纪末初步建立社会主义市场经济体制。民主集中制是我们党的根本组织制度和领导制度。在社会主义市场经济的条件下，还要不要坚持民主集中制，这是当前经济领域和政治生活中提出的一个必须回答的现实问题。有的同志认为，民主集中制只适用于战争年代和计划经济时期，现在发展市场

① 《邓小平文选》第一卷，人民出版社，1994年版，第312页。

经济，要强调价值规律、平等竞争的作用，民主集中制“过时了”，如果再坚持民主集中制，就是回到计划经济的老路上去。我们的看法恰恰相反，党和国家实行民主集中制的组织制度和领导制度，它与社会主义市场经济不仅具有相容性，而且正是社会主义市场经济健康发展的需要。

一方面，发展社会主义市场经济需要充分发扬民主，调动一切积极因素，发挥全党全国人民的积极性。迄今为止，市场经济都是在资本主义制度下搞的，在社会主义制度下怎么实行市场经济，建立社会主义市场经济新体制，是前无古人的事业，是全新的事业。正如邓小平所说的：“马克思没有讲过，我们的前人没有做过，其他社会主义国家也没有干过，所以，没有现成的经验可学。”① 唯一的办法是靠我们自己在实践中去闯、去探索、去创造。如果没有党内民主和人民民主，没有全党全国人民积极性和创造性的充分发挥，要想认识和掌握社会主义条件下市场经济发展规律，建立和完善社会主义市场经济运行机制，是不可能的。社会主义市场经济是同社会主义基本制度结合在一起的，它既具有市场经济的一般共性，又具有自己的个性，如何正确认识社会主义市场经济的共性和个性，把握社会主义市场经济的客观规律？如何转换国有企业经营机制，建立现代企业制度，发挥国有大中型企业在国民经济中的主导作用？如何培育和发展市场体系，形成统一的、开放的、竞争的、有序的大市场？如何转变政府职能，建立和健全宏观经济调控体系？等等一系列重大问题，都要依靠全党全国人民在发展社会主义市场经济的实践中去解决，都取决于党和国家贯彻民主集中制，最大限度地发挥全党全国人民的主动性和创造力。

另一方面，发展社会主义市场经济，又需要加强集中，搞好宏观调控。市场经济是主体多元化、利益多元化的经济，也是自主性很强的经

① 《邓小平文选》第三卷，人民出版社，1993年版，第258页。

济。各经济主体实行自主决策、自主管理、自主经营，这对于充分发挥各自的优势，加快市场经济的发展是必要的，但是各经济主体往往容易从自己的利益出发，参与市场竞争，更多地体现出分散性、本位性、独立性。这正是市场经济本身固有的消极方面。这说明单靠市场调节不能自动实现国民经济总量平衡和总体结构合理，不能自动防止经济周期性波动，难以解决公共服务事业的发展问题，不能在收入分配上实现公平与效率的统一。因此，发展社会主义市场经济不能完全由市场这只“看不见的手”自发地起作用，必须由国家和政府这只“看得见的手”进行调控，通过统筹规划加以解决。同时，建立社会主义市场经济体制是一个复杂的系统工程。财政、税务、价格、投资、金融、人事、外贸等各方面的改革需要协调配套，有步骤、有秩序地进行，这就要求党和政府实行集中统一的领导。而且，市场经济是一种法制经济。市场经济主体多元化需要对复杂的经济关系加以法律规范；平等的市场秩序，只有通过法律形式才能有效确立；市场经济契约关系只有受法律保护才能有效实现；国家宏观调控只有在法律保护下才能发挥应有的作用。这一切都离不开党和国家按照民主集中制实行正确的领导。

由此可见，民主集中制的组织制度和领导制度是同社会主义市场经济相适应的。只要民主，不要集中，或者只要集中，不要民主，才是同社会主义市场经济相悖的。实际上，真正同高度集中的计划经济体制相适应的是集权制，而不是民主集中制。那种以为实行社会主义市场经济就可以不要民主集中制，或者以为坚持民主集中制就会回到计划经济的老路上去的观点，都是不对的。

写于 1994 年 11 月

（原载于《社会主义文集》，湖北人民出版社 2004 年版）

四、中国社会主义初级阶段的政治

社会主义初级阶段理论，是中国特色社会主义理论的重要内容。它是马克思主义的普遍真理同中国的具体实际相结合的产物，是对社会主义进行再认识的丰硕成果，是科学社会主义理论的重大发展。

马克思、恩格斯从当时发达的资本主义社会的实际出发，预示未来社会——共产主义社会按其成熟程度划分为“第一阶段或低级阶段”和“高级阶段”，即社会主义社会和共产主义社会两个阶段，并指出社会主义社会也是不断变化和发展的社会，但他们没有提出社会主义社会还要再划分阶段。况且，他们设想的社会主义建立的历史前提是发达的资本主义国家，他们没有料到像中国这样落后的国家先于发达的资本主义国家进入社会主义社会，因而必须经历一个很长的初级阶段，去实现别的许多国家在资本主义条件下实现的工业化和生产商品化、社会化、现代化的任务。十月革命后，列宁从俄国的实际出发，提出过渡时期和社会主义社会都是多级发展过程的重要思想，认为当时的俄国“只是处在由资本主义到社会主义过渡的第一阶段”，从过渡时期到社会主义社会，从社会主义社会到共产主义社会，都需要经历许多阶段，但列宁也没有具体阐述社会主义社会的阶段划分。正如他自己所说的，“各尽所能，按劳分配”的社会主义社会，“经过哪些阶段，通过哪些实际办法达到这个最高目的（指‘各尽所能，按需分配’的共产主义社会——引者），那我们不知道，也不可能知道”①。而后来苏联、中国等先后进入社会主义社会的国家，几乎都在社会主义的实践中，发生了“急于过渡”的超阶段“左”倾错误。所以，社会主义社会的阶段划分问题，是从前的马克思主义者和社会主义实践中所没有能够解决的问题。我们党提出社会主义初级阶段的理论，是对马克思主义社会主义理论的新创造、新发展，具有重大的深远的意义。

党的十三大指出：“社会主义初级阶段是很长的历史发展过程。我们对这个阶段的状况、矛盾、演变及其规律的认识，在许多方面还知之

① 《列宁选集》第三卷，人民出版社，1972 年版，第 257 页。

不多，知之不深。我们的许多方针、政策和理论还有待于完善，要随着实践的发展，不断经受检验，得到补充、修正和提高。”① 社会主义初级阶段理论处在初创时期，同马克思主义其他的理论一样，有它自身的形成、发展和完善的过程。十三大没有封闭而是开辟了探讨社会主义初级阶段理论的道路。我们必须随着改革和建设实践的发展，就进一步研究初级阶段的状况、矛盾、演变及其规律。不但要从总体上去研究，而且要从经济、政治、思想文化等方面分别去研究，使这个理论不断得到补充、修正、深化和发展。《中国社会主义初级阶段的政治》一书，正是本着这种目的而编写的。

《中国社会主义初级阶段的政治》是专门研究中国社会主义初级阶段的政治现象、政治关系和政治建设的。政治是一个历史的范畴。在原始社会里，生产边水平极其低下，没有剩余产品，没有生产资料私有制，没有阶级，没有国家也就没有政治可言，人们之间的关系不属于政治关系。

随着生产力的发展，社会分工的出现，劳动产品有了剩余；使一部分人占有另一部分人的劳动成果成为可能。于是，产生了生产资料私有制，产生了阶级，产生国家，也就产生了政治，人们之间的关系就是不同政治实体之间的关系。正如马克思、恩格斯所说的，在居民划分为两大阶级之后，“就需要有行政机关、警察、赋税等等，一句话，就是需要有公共的政治机构，也就是说需要一般政治”②。到将来，生产力高度发展、阶级和阶级差别完全消失和国家消亡、人类进入了共产主义社会的时候，政治或者说本来意义上的政治，也将不再存在。“当阶级差别已经消失而全部生产集中在联合起来的个人的手里的时候，公众的权力就失去政治性质。”③ 在社会主义初级阶段，剥削阶级作为阶级已经消灭了。但还存在形形色色的敌对分子；还存在阶级、阶层和各种利益

① 《中国共产党第十三次全国代表代会文件汇编》，人民出版社，1987年版，第73页。
② 《马克思恩格斯全集》第三卷，人民出版社，1960年版，第57页。
③ 马克思、恩格斯：《共产党宣言》，人民出版社，1964年版，第44页。

集团；还存在国家。国外还存在剥削制度和剥削阶级。在实现“一国两制”之后，国内也将存在剥削制度和剥削阶级。因此，政治作为一种社会历史现象，还将在我国的社会中长期存在。我们必须坚持马克思主义的科学世界观和方法论，来观察种种政治现象，正确处理各种政治关系，努力搞好社会主义政治建设。

列宁指出：“政治是经济的集中表现。”① 政治属于上层建筑，是从经济基础上产生的，又反作用于经济基础。政治的性质，是由经济的性质所决定的，政治的变动，是随着经济的变动而发生的。因此，研究社会主义初级阶段的政治，不能脱离社会主义初级阶段的经济孤立地进行，而要从政治与经济的辩证关系上去研究。《中国社会主义初级阶段的政治》一书，是从初级阶段的经济出发，去研究初级阶段的阶级、阶层结构、初级阶段国家的性质、职能、管理制度和活动，初级阶段民主政治的内容、形式和运行机制，初级阶段法制建设的特点和任务，初级阶段爱国统一战线的范围、层次和功能，以及初级阶段党自身的建设和改革等政治现象，认识和掌握初级阶段政治建设诸方面相互联系和发展、演变的客观规律性，为巩固社会主义的经济基础，为建设富强、民主、文明的社会主义现代化强国服务。

本书由李会滨主编，负责拟定写作大纲和修改定稿，参加编写的有李会滨、许耀桐、张秉夫。由于社会主义初级阶段的政治，时间跨度大，涉及的问题多，在许多方面我们知之不多，知之不深，还有许多未知的盲区，需要随着社会主义的改革和建设的发展，不断地拓宽、充实和深化这项研究。本书只是一个初步的尝试，热忱地希望广大读者批评指正。

1989 年 1 月

（原载于《中国社会主义初级阶段的政治》，华中师范大学出版社 1989 年版）

① 《列宁选集》第四卷，人民出版社，1972 年版，第 441 页。

第四节　关于中国特色社会主义的文化建设

一、在开放中建设社会主义精神文明[①]

党的十二届六中全会通过的《关于社会主义精神文明建设指导方针的决议》中明确指出："对外开放作为一项不可动摇的基本国策，不仅适用于物质文明建设，而且适用于精神文明建设。"[②] 这是从近代中国和世界历史的发展中总结出来的科学结论，是我国社会主义精神文明建设的一个重要指导思想。

物质文明建设必须对外开放，例如吸取外资，引进先进的技术、设备，学习管理企业的经验，等等。这个问题，经过几年的实践，人们的认识已经比较清楚，可以说在理论上实践上都获得了解决。但是，对于精神文明建设，也必须对外开放，这个问题，不少人还存在着疑虑，还不太理解，他们担心实行对外开放，资本主义思想、文化会冲击和干扰我国的精神文明建设。这种思想，不利于高度发达的社会主义精神文明建设，也不利于高度发达的社会主义物质文明建设。因为物质文明和精神文明是互相依存、互相渗透、互相促进的。精神文明建设的对外开放是物质文明建设对外开放的迫切要求和必然结果，只是物质文明建设对外开放，而精神文明建设自我封闭是愚蠢的。在封闭中建设精神文明与在封闭中建设物质文明一样，只能带来停滞和落后。

人类的物质文明和精神文明都是在日益扩大的相互交往、开放中不断进步的。开放是历史发展的必然趋势。原始社会人类的活动，只局限于氏族、部落；奴隶社会人类的活动，主要限于领主庄园；封建社会人

① 本文原载《华中师范大学学报》1987 年第 1 期。

② 《中共中央关于社会主义精神文明建设指导方针的决议》，人民出版社，1986 年版，第 7 页。

类的活动，基本上封闭于封建割据的区域。总的来说，前资本主义社会只是地方、民族或国家内部某种范围和程度的开放，而民族和国家对外主导面是封闭的。资本主义社会则以它创造的巨大生产力，用商品经济取代自然经济，开拓世界市场，打破地方和民族闭关自守状态，从地方和民族走向世界。马克思、恩格斯在《共产党宣言》中指出：资本主义大工业使“过去那种地方的和民族的自给自足和闭关自守状态，被各民族的各方面的互相往来和各方面的互相依赖所代替了。物质的生产是如此，精神的生产也是如此。各民族的精神产品成了公共的财产”①。这就是说，精神生产、精神文明建设，同物质生产、物质文明建设一样，从封闭到开放、从民族到走向世界是大工业发展的要求，是资本主义时代的必然现象。社会主义社会是比资本主义社会更高类型的社会，它要创造新的高度发达的生产力和比资本主义更高的劳动生产率，因而要有比资本主义更发展的对外开放。正如列宁所说：“人类的整个经济、政治和精神生活，在资本主义制度下已经越来越国际化了。社会主义会把它完全国际化。”② 列宁还提出俄国社会主义的公式，即“苏维埃政权＋普鲁士的铁路秩序＋美国的技术和托拉斯组织＋美国的国民教育等等等等＋＋＝总和＝社会主义”③。这个公式突出地表明，列宁主张社会主义国家不仅物质文明建设而且精神文明建设都必须对外开放。当前，新的科学技术革命，正在世界范围内兴起。由于科学技术高度发达，通信工具、信息和传播速度极为迅速，各民族、各国家相互间的空间距离大大缩短，相互之间的经济、政治、文化联系空前密切和普遍。在这种情况下，任何国家，不论其社会制度如何，都要以高度自觉的姿态，及时地迅速地“引进来”（思想、科学文化的“输入”），“走出去”（思想、科学文化的“输出”），如果闭关自守，拒绝接受外国的先进思想、科学

① 马克思、恩格斯：《共产党宣言》，人民出版社，1964年版，第26页。
② 《列宁全集》第十九卷，人民出版社，1959年版，第239页。
③ 《列宁全集》第三十四卷，人民出版社，1985年版，第520页。

文化，就不可能得到发展和进步。

社会主义精神文明作为人类社会迄今为止最高的精神文明，是以马克思主义为指导的，批判继承历史传统而又充分体现时代精神的，立足本国而又面向世界的高度发达的精神文明。这种精神文明，只有在开放中广泛吸取历史的、当代的人类文明成果，博采世界各国之长，才能够建立和发展起来。

这里所说的开放，具有两层意义。一层意义是说，我国精神文明建设不仅在国内开放，而且对世界上一切国家都开放，包括三个方面：一是对西方发达国家开放，二是对苏联和东欧国家开放，三是对第三世界发展中国家开放。另一层意义是说，我国精神文明建设包括的文化建设和思想建设两个方面都实行对外开放，不仅教育科学文化建设开放，而且思想道德建设也实行开放。

马克思主义是整个社会主义精神文明建设的指导思想，也是精神文明建设中思想建设的根本。马克思主义本身是一个开放的而不是封闭的思想体系。马克思、恩格斯在创立他们学说的时候，是以人类在资本主义制度下所获得的知识为基础，对人类思想的一切建树，都加以研究、鉴别和吸取。他们直接地批判继承了英国资产阶级古典经济学、德国古典哲学、法国空想社会主义的优秀成果，概括当时自然科学的新成果。特别要提到的是，欧洲资产阶级在反对封建专制制度的斗争中，形成的民主、自由、平等、人道主义等观念，是资本主义精神文明的重要标志，马克思主义也予以批判地继承，吸取其中有益的东西。从这里可以看出，马克思主义不是在封闭中而是在开放中产生的。列宁认为，马克思主义之所以“赢得了世界历史性的意义，是因为它并没有抛弃资产阶级时代最宝贵的成就，相反地却吸收和改造了两千多年来人类思想和文化发展中一切有价值的东西”①。毫无疑义，马克思主义在当代，要永

① 《列宁选集》第四卷，人民出版社，1972年版，第362页。

葆其“世界历史性意义”，就必须在开放中，研究当代世界的新变化，总结工人运动的新经验，批判地吸收和概括当代各门科学发展的新成果。只有这样，才能真正坚持和发展马克思主义，充分发挥它在精神文明建设中的指导作用。

道德建设是社会主义精神文明建设中思想建设的重要内容。社会主义道德作为人类文明中道德发展的新境界，它必然要批判地继承人类历史上一切优良道德传统，要研究当代各国人民道德观念的新发展。在西方资本主义社会里，占统治地位的思想，是资产阶级自私自利、损人利己、唯利是图的个人主义思想。“人不为己，天诛地灭”是资产阶级奉行的道德信条。对于这种以极端个人主义为核心的资产阶级思想道德和其他腐朽丑恶的东西，我们在对外开放中，当然不能“引进”，而且要同它作斗争。但是，资本主义社会还存在工人阶级和劳动人民的道德如大公无私、团结互助、忠诚老实、勤劳勇敢等，还有全体居民在公共生活中共同遵守社会秩序、讲究礼貌、注意卫生等，还有发达国家中普遍存在的尊重科学、讲究效率等价值观念，以及各民族的传统美德如美国民族早期的开拓进取精神，等等。社会主义道德对这些都有必要予以借鉴、吸取，以丰富和充实自己。

如果说，精神文明建设中的思想道德建设必须实行对外开放的话，精神文明建设中教育科学文化建设，就更加需要实行对外开放了。教育是社会主义现代化建设的基础，精神文明为物质文明的发展提供智力支持，主要靠的是教育。教育的重要性在于培养人才，没有人才，就没有社会主义现代化。世界上许多发达国家，经济增长很快，其原因固然很多，最重要的一条是十分重视教育，重视人才培养。我国教育事业的发展，至今仍然大大落后于发达国家，甚至落后于某些发展中国家，远远不能适应经济发展的需要。为了从根本上改变我国教育的落后状态，必须坚持“三个面向”，改革教育体制。“面向世界”，就是要借鉴世界各国包括社会主义国家和资本主义国家发展教育事业的经验，研究各国的教育理论、管理体制，学习和掌握他们现代化的教学手段等，从而使我们的教育事业建立在当代世界文明成果的基础上。

科学越来越成为推动历史进步的革命力量。当代科学技术的发展，出现了一系列新的突破，产生了许多新的学科，开拓了许多新的技术领域。特别是由于电子技术、控制论、信息论和自动化技术的发展和应用，正在迅速地引起物质生产各个领域的变革。科学技术是代表一个民族文明水平的重要标志。新中国成立以来，我国的科学技术事业有了很大的发展，某些科学技术已经达到世界先进水平，甚至处于领先地位。但从总体上看，我国的科学技术同世界上发达国家相比，还存在相当大的差距。为了发展我国的科学技术，赶上和超过世界上的发达国家，我国必须进一步解放思想，增强开放意识，更大胆更大量地吸收当代世界各国自然科学和社会科学的最新成就，更积极地引进外国的最新技术成果和具有普遍适用性的经济行政管理经验，并在实践中加以检验和发展。不这样做就是愚昧，就不能实现现代化。

各项文化事业如文学、艺术、体育、卫生等项建设，也不能闭关锁国，都要实行对外开放。体育、卫生事业本身没有阶级性，在这方面立足本国，面向世界，积极发展同世界各国间的交流和往来，能够知己知彼，取长补短，发挥优势，有利于提高我国的体育运动水平和医疗水平，增强全民族的身体素质。对此，人们是看得清楚的。但是，作为社会主义意识形态的文学、艺术，能不能实行对外开放呢？有些人持否定态度，然而中国文化革命的主将鲁迅早就作了肯定的回答，鲁迅明确提出对于外国文学、艺术实行“拿来主义”，并说：“没有拿来的，人不能自成为新人，没有拿来的，文艺不能自成为新文艺。”① 按照鲁迅的思想，发展中国的民族文学、艺术，既要批判地继承中国历史上的优秀文化遗产，又要从世界各国文学、艺术中吸取养料。只有这样，才能创建

① 《鲁迅全集》第6卷，人民文学出版社，1981年版，第41页。

"新文艺"，培育"新人"，使中国的文学、艺术自立于世界文艺之林。当然，鲁迅的"拿来主义"，并不是"全盘西化"，而是采取具体分析的态度，对于外国文艺作品的思想内容和表现形式、技巧一一加以"辨别"，"或使用，或存放，或毁灭"①。无疑，我们今天对于外国文学艺术也应该采取这种科学态度。现代西方资本主义社会的文学、艺术作品，就其思想内容来说，有两种不同的情况：一是现实主义作品。它通过塑造具体生动的形象，来反映、暴露社会生活和社会现实，同时又给予社会生活、社会现实以积极的影响。在这类作品中，有一部分是反映工人阶级和劳动人民的心声、激励他们奋进的革命作品。二是反动的作品，它是通过塑造艺术形象来歪曲社会生活，粉饰社会现实，散播敌视工人阶级、劳动人民和消极颓废的思想情绪，追求低级趣味，是欺骗、麻醉、腐蚀群众的精神工具，起着阻碍社会进步的作用。对于前一类作品包括某些资产阶级作家的现实主义作品，我们都应视作人类文艺园地的宝贵财富，加以引进、吸收或借鉴，促进我国社会主义文学艺术创作的发展和繁荣；对于后一类作品，则要在开放中予以批判、剔除或"毁灭"。我们还要看到，文学艺术各个领域如小说、戏剧、电影、音乐、舞蹈、绘画、雕塑等，同阶级有远近不等的关系。有的具有强烈的阶级性（历史小说等），有的阶级性比较淡薄，甚至很难说和阶级直接相关（风景画、花鸟画等）。对于后者，固然要实行"拿来主义"，为我所有；对于前者，也要"拿来""辨别"，批判地吸取其中包含进步的有益的符合实际的思想材料以及创作方法、艺术技巧等等。

综上所述，当今的世界是一个开放的世界，我们社会主义国家不论物质文明建设，还是精神文明建设，也不论是思想道德建设，还是教育科学文化建设，都不能脱离世界孤立地进行，必须在对外开放中去补充自己，发展自己。我国是一个有着二千多年封建社会历史的社会主义国

① 《鲁迅全集》第6卷，人民文学出版社，1981年版，第41页。

家，在对外开放中建设社会主义精神文明具有特别重要的意义。

漫长的中国封建社会，小农和小手工业相结合的自然经济，是社会的经济基础，在此基础上形成了封建的经济关系和高度集权的封建专制制度，与这种封建经济关系、政治制度相适应而产生的精神文明——儒家学说，始终是社会中占统治地位的思想。儒学作为中国传统文化的核心，它对中华民族优秀品格和伟大民族精神的形成和塑造，对源远流长的中华文化史的开拓与发展发挥了重要作用；但儒学具有强烈的排他性，特别是自西汉董仲舒建言“罢黜百家，独尊儒术”以来，儒学登上官方哲学的地位，成为历代封建统治者钦定的大一统的思想基础，它迫使人们除了尊孔孟，读“四书”，做八股以外，什么知识也不求。而且，儒学道德本位的价值取向如重义轻利、“忠”“孝”两全等，还引导人们只求内心的修养与省悟，不求对外界世界的了解和探知，顽强地抵制思想文化的交流与开放。这种儒家思想，日益严重地影响中国科学文化的进步，阻碍了中国社会的发展。在中国封建社会的历史上，曾经创造了光辉灿烂的文化，如汉、唐、宋代的文化。这些文化，正是在国内各民族文化交流、融合的基础上，并吸收外来文化而形成的，也就是同当时一定程度一定范围的开放联系在一起的。中国从明朝中叶到鸦片战争的三百多年间，封建统治者一贯实行“闭关政策”，对西方科学文化采取深闭固绝的态度，把中国搞得贫穷落后，愚昧无知。

1840 年鸦片战争，资本主义用大炮轰开了国门以后，中国逐步沦为半殖民地半封建社会。中国社会由封闭到被迫处于某种开放状态。1856 年至 1860 年第二次鸦片战争以后，清朝统治集团内部出现了洋务派，认为“中国的文武制度，事事远在西人之上，独火器不能及”，因而主张在坚守传统的封建制度和道德准则的前提下，学习西方“船坚炮利”之术，即“洋务运动”。后来，张之洞在《劝学篇》中明确概括为“中学为体，西学为用”论。他说：“中学为内学，西学为外学；中学治身心，西学应世事……不可变者，伦纪也，非法制也；圣道也，非器械也；心术也，非工艺也。”这种理论典型地代表了地主买办阶级的利益和要求，采用西方的工艺技术（“用”），抵抗资产阶级民主、平等观念和西方文化，保卫和巩固中国封建主义“圣道”（“体”）。所以“中体西用”论这种有限的“引进”主张，实际上是在思想文化领域固守“祖宗之法”、抵制开放的理论。

19 世纪末，中国资产阶级维新派以“西学”为武器，向封建君主专制制度和纲常伦理观念进行挑战，猛烈抨击了“中体西用”论，但是由于他们的阶级性和思想水平的限制，远没有也远不能彻底地驳斥和击溃这种理论。五四新文化运动以民主和科学为基本内容，提出“打倒孔家店”的口号，对中国封建文化给予了前所未有的沉重打击，是一次思想解放的巨大潮流。但是在五四新文化运动中，有些人始终停留在资产阶级民主主义和个人主义水平上，不能正确对待中国的文化遗产，甚至提出“全盘西化”的错误主张，对中国传统文化抱着虚无主义的态度，这不但不能彻底清除“中体西用”论，反而为它提供了避难所。

新中国成立后的相当长的一段时间里，“中体西用”论作为残余的封建意识形态，仍像梦魇一样时常纠缠着人们的头脑，顽强地阻挠中国的对外开放。在“文化大革命”期间，林彪、“四人帮”乘机打着“保卫马克思主义纯洁性”的旗号，一方面把中国封建文化的糟粕当作马克思主义来保卫；另一方面，又把属于人类文明优秀的成果包括当代国外有益的文化，当作非马克思主义来加以排斥。事实表明，这不是坚持马克思主义，而是推行封建蒙昧主义；这不是坚持文明、进步，而是搞愚昧、落后、倒退。

十一届三中全会以来，党中央认真总结了我国近代历史经验和新中国成立以来社会主义建设的历史经验，把对外开放作为我国一项长期的基本国策。邓小平 1984 年 6 月 30 日会见第二次中日民间人士日方委员会代表团时指出：“中国在西方国家产业革命以后变得落后了，一个重要原因，就是因为闭关自守。”① “三十几年的经验教训告诉我们，关起

① 参见《十二大以来重要文献选编》中，人民出版社，1986 年版，第 513 页。

门来搞建设是不行的，发展不起来。”① 物质文明建设是如此，精神文明建设也是如此。在我国自觉地实行对外开放以后，不仅大大促进了我国物质文明建设，也为我国精神文明建设带来蓬勃生机和活力。一方面，对外开放扩大了教育、科学、文化各方面的合作与交流，了解并开始吸取外国在教育、科学、文化方面的成功经验和优秀成果，激发人们学习先进科学文化知识的热情，有力地促进了精神文明建设中的文化建设；另一方面，对外开放引起了人们思想观念的变化，开阔了人们的视野，开始打破安于现状、因循守旧、故步自封的习惯势力和传统观念，正在逐步树立起时间、效益、竞争、信息、知识、智力投资、人才开发等新观念，激发人们开拓创新、奋发进取的精神，也有力地促进了精神文明建设中的思想建设。毋庸讳言，在对外开放中，某些腐朽、没落的资本主义思想文化和生活方式必然会渗透进来，并往往同国内封建腐朽思想相结合，对社会主义精神文明建设产生消极的、有害的作用。对此，我们既不能因噎废食，也不能掉以轻心，要认真做好开放中的思想教育工作，提高人们的免疫力和抵抗力，坚持不懈地开展反腐蚀的斗争，把对外开放中带来的消极因素，减少到最低限度。

在对外开放中建设高度发达的社会主义精神文明，一要正确认识中国的传统文化。中国是世界文明发达最早的国家之一，中华民族是具有优秀文化遗产的民族。对中国传统文化，既不能故步自封，也不能妄自菲薄。要善于把它区分为精华和糟粕两部分。对于“精华”要根据新的历史条件予以继承，古为今用，推陈出新；对于“糟粕”要坚决剔除，肃清其影响。二是正确认识外国文化。我们应当通过鉴别取其精华，弃其糟粕。在对待外国文化上的排外主义和盲目搬用都是错误的。毛泽东早就说过，“中国应该大量吸收外国的进步文化，作为自己文化食粮的原料，这种工作过去还做得很不够”②。又说：“一切民族、一切国家的

① 参见《十二大以来重要文献选编》中，人民出版社，1986年版，第514页。
② 《毛泽东选集》第二卷，人民出版社，1952年版，第667页。

长处都要学，政治、经济、科学、技术、文学、艺术的一切真正好的东西都要学。但是，必须有分析有批判地学，不能盲目地学，不能一切照抄，机械搬运。他们的短处、缺点，当然不要学。”① 这样，中国社会主义文化，便是既不同于中国古代，也不同于外国，而是融汇中外文化的精粹，既具有民族特色，又富有时代精神的新文化。这样，社会主义精神文明之花，必将在对外开放中结出丰硕之果。

写于 1986 年 11 月

（原载于《社会主义文集》，湖北人民出版社 2004 年版）

二、一个“比过去任何时候都更加紧迫”的战略任务

江泽民同志在“七一”讲话中，郑重地向全党提出“必须努力培养和造就千百万社会主义事业的接班人”② 的战略任务。他强调指出：“社会主义事业在中国的前景，很大程度上取决于青年一代的状况。要以对今后十年乃至下个世纪中国社会主义事业的命运高度负责的精神，着眼于培养广大青少年。”③ 并且认为“这个任务比过去任何时候都更加紧迫”④。我们要以高度的历史责任感和时代紧迫感，来贯彻落实这个伟大的战略任务。

早在 60 年代，毛泽东同志就高瞻远瞩，提出了培养无产阶级革命事业接班人的战略任务。他说：“为了保证我们的党和国家不改变颜色，我们不仅需要正确的路线和政策，而且需要培养和造就千百万无产阶级革命事业的接班人。”⑤ 并且告诫全党，接班人的问题，“是关系我们党

① 中共中央党校编：《马列著作毛泽东著作选读（政治经济学部分）》，人民出版社，1978 年版，第 523 页。

② 江泽民：《在庆祝中国共产党成立七十周年大会上的讲话》，人民出版社，1991 年版，第 36 页。

③ 江泽民：《在庆祝中国共产党成立七十周年大会上的讲话》，人民出版社，1991 年版，第 37 页。

④ 江泽民：《在庆祝中国共产党成立七十周年大会上的讲话》，人民出版社，1991 年版，第 36 页。

⑤ 《关于赫鲁晓夫的假共产主义及其在世界历史上的教训——九评苏共中央的公开信》，《人民日报》，1964 年 7 月 14 日。

和国家命运的生死存亡的极其重大的问题"①。当年毛泽东同志这些话，讲得何等的尖锐、鲜明、深刻、富有远见啊！

当代社会主义实践表明，工人阶级执政党在领导建设社会主义的伟大实践中，能否培养和造就一批又一批忠于马克思主义的社会主义事业的接班人，的确是关系到执政党的生死存亡，关系到社会主义事业的兴衰成败。工人阶级执政党只有高度重视并采取正确的方针和有效的措施，来选拔、考察和培养社会主义事业的接班人，确保党和国家的各级领导权牢牢掌握在忠于马克思主义的人手里，党才能够在社会主义前进的道路上，经受住任何风浪的考验，永远立于不败之地，从而把老一辈无产阶级革命家所开创的事业，一代一代传下去。反之，如果工人阶级执政党没有能够解决好接班人的问题，一旦党和国家的领导权被自由化分子、机会主义分子、骑墙派所掌握，党和国家就会要改变颜色，人民的政权必将得而复失，社会主义建设的成果必将丧失殆尽。这绝不是危言耸听，而是当代血泪斑斑的事实所告诫我们的真理。

今天，江泽民同志之所以把培养和造就千百万社会主义事业接班人作为异常紧迫的任务，重新提到全党的面前，主要是由以下情况所决定的。

其一，我国干部队伍中新中国成立前参加革命的老同志，绝大多数已经或接近离休；新中国成立初期参加工作的同志，也将大批退休；近年来陆续走上领导岗位的中青年干部，亟须提高马克思主义理论水平、增强党性和工作能力；今后十年又将有大批年轻的同志到领导岗位上接班。因此，今后十年，是我国经济和社会发展的关键时期，也是新老干部交替的关键时期。在党的干部新老交替的过程中，培养和选拔社会主义事业的接班人，就更加重要和迫切了。它直接关系到老一辈无产阶级革命家所开创的事业是否后继有人，今后我国党和国家的领导权掌握在

① 《关于赫鲁晓夫的假共产主义及其在世界历史上的教训——九评苏共中央的公开信》，《人民日报》，1964年7月14日。

什么人手里的至关重要的问题。

其二，当前世界社会主义事业遇到严重挫折。西方敌对势力的和平演变图谋在一些国家相继得手之后，正加紧对我国的和平演变活动。对此，我们必须保持清醒的头脑并采取坚决有效的对策。西方敌对势力一直把和平演变的希望寄托在社会主义国家的“第三代、第四代”身上，因而千方百计和我们争夺青年。他们通过各种新闻媒介和学术文化交流等手段，传播资产阶级的政治观、价值观、道德观和西方生活方式，妄图培育“亲西方的下一代”。在这种情况下，我们必须以对中国社会主义事业高度负责的精神，下大气力，做好广大青少年的培养和教育工作，引导他们努力学习马列主义、毛泽东思想，积极参加社会实践，坚定社会主义、共产主义信念，批判西方各种反共思潮和资产阶级自由化思潮，在斗争中成长为社会主义事业的可靠接班人，从而使西方敌对势力在中国和平演变的图谋彻底破产。

其三，我国各族人民，正在中国共产党的领导下，坚持党的基本路线，沿着建设有中国特色的社会主义道路，把我国建设成为富强、民主、文明的社会主义现代化国家。这是历史赋予我们的极其伟大而艰巨的任务。为了完成这个任务，不仅需要有正确的路线和政策，而且需要培养和造就千百万社会主义事业的接班人。社会主义事业接班人应具有较高的政治思想和文化科学素质，“懂得马克思列宁主义，有政治远见，有工作能力，富于牺牲精神，能独立解决问题，在困难中不动摇，忠心耿耿地为民族、为阶级、为党而工作”①。有了一批批德才兼备的社会主义的接班人，一定能够把建设有中国特色的社会主义的伟大事业，不断向前推进。

（原载于《科学社会主义》1991 年第 5 期）

① 《毛泽东选集》第一卷，人民出版社，1952 年版，第 255 页。

三、认清理论工作者的历史使命

《关于进一步繁荣发展哲学社会科学的意见》从党和国家事业发展的全局出发，总结经验，进一步深刻阐述了哲学社会科学的战略地位，提出了繁荣发展哲学社会科学的指导方针、总体目标和各项具体任务，为新世纪我国哲学社会科学的繁荣发展指明了方向，标志着我国哲学社会科学进入了新的发展阶段。作为哲学社会科学工作者，一定要以高度的历史使命感，学习贯彻好《意见》，为我国哲学社会科学的繁荣发展做出应有的贡献。首先要进一步提高对哲学社会科学地位和作用的认识。哲学社会科学是人们认识世界、改造世界的重要工具，是推动历史发展和社会进步的重要力量。我们建设中国特色社会主义，既要有发达的自然科学，又要有繁荣的哲学社会科学。哲学社会科学和自然科学同样重要，缺一不可，它们相互渗透，但不能互相替代。只有社会科学、自然科学共同繁荣，比翼双飞，才能不断深化对自然、社会和人类思维发展规律的认识，深化对当代中国经济社会发展规律的认识，推动社会主义物质文明、政治文明、精神文明的协调发展。我们应该从当今中国社会历史发展的高度，从全面建成小康社会、实现中华民族伟大复兴的高度，从建设中国特色社会主义宏伟事业的高度，来认识哲学社会科学的地位和作用，增强繁荣发展哲学社会科学的历史使命感和责任感。繁荣发展哲学社会科学，必须坚持马克思主义的指导地位，用马列主义、毛泽东思想、邓小平理论和“三个代表”重要思想统领哲学社会科学工作。这是繁荣发展哲学社会科学的根本，只有抓住这个根本，我国哲学社会科学才有强大的精神动力，才有正确的方向，才能创造出具有中国特色的哲学社会科学学术精品。马列主义、毛泽东思想、邓小平理论和“三个代表”重要思想，为哲学社会科学研究提供了科学的世界观和方法论。坚持以马克思主义为指导，要善于把马克思主义的立场、观点和方法贯穿到各门学科中去，用以指导各门学科的建设和研究各门学科的重大课题，推动学术观点、学科体系和科研方法的创新。坚持以马克思主义为指导，必须反对指导思想多元化，各门学科的发展和创新，都离不开学习、借鉴古今中外的文化成果，包括学习、借鉴现代西方学者的作品，但只有掌握马克思主义立场、观点、方法，才能对这些学术成果进行辨析，从中吸取一切有益的东西，为我所用。因此，在哲学社会科学领域，必须坚持指导思想一元化。坚持以马克思主义为指导，同贯彻“二为”方向和“双百”方针是一致的。在“二为”方向下，学术上不同流派和观点的争鸣和切磋，有利于营造严谨求实、生动活泼的学术环境，促进科学进步和发展，也有利于加强和巩固马克思主义的指导地位。繁荣发展哲学社会科学，必须发扬求真务实的精神，抓紧落实《意见》中提出的繁荣发展哲学社会科学的各项任务。如加强马克思主义基本原理的研究；组织编写全面反映邓小平理论和“三个代表”重要思想的哲学、政治经济学、科学社会主义以及政治学、社会学、法学、史学、新闻学和文学等学科教材；造就一支高水平的哲学社会科学队伍；深化哲学社会科学管理体制改革等等任务，都是关系哲学社会科学繁荣发展的具有全局性、战略性、前瞻性的大事。我们从现在起就要着手去做，以实际行动为繁荣发展哲学社会科学作贡献。

（原载于《湖北日报》2004 年 4 月 5 日）

第五节　关于社会主义建设时期的阶级问题

一、阶级和阶级斗争论

在我国社会主义改造基本完成、进入社会主义初级阶段以后，社会阶级结构发生了根本的变化。剥削阶级作为阶级已经消灭，劳动阶级也改变了原来的面貌并具有许多新的特征。如何正确认识我国社会主义初级阶段的阶级与阶层？如何正确估量社会主义初级阶段的阶级斗争状况？这是社会主义在实践中遇到的重大理论和现实问题。认真研究这些问题，对于贯彻党在社会主义初级阶段的基本路线，推进社会主义事业向前发展，具有重大的意义。

（一）社会主义初级阶段的阶级与阶层

1. 马克思的设想与现实状况

马克思在《哥达纲领批判》中曾经设想，在共产主义的第一阶段也就是通常说的社会主义社会，生产资料归全社会所有，没有商品和货币，劳动者一律通过表示劳动量证书的劳动券实现按劳分配，因而在这个阶段，只承认个人不同的天赋，不承认任何阶级差别，“每个人都像其他人一样只是劳动者”①，除了自己的劳动以外，谁都不能提供其他任何东西。十月革命后，列宁用更加明晰的语言表述了马克思的思想。他说：“社会主义。这是什么？消灭阶级。因而也消灭农民阶级，消灭（工人阶级）工人。既无农民，也无工人，大家都是工作者。”② 按照马克思、列宁的这种设想，社会主义社会是一个无阶级、无阶级差别的社会。然而，当代世界上所有社会主义国家，都远没有做到这一步。在我们的社会主义初级阶段，剥削阶级作为阶级已经消灭，但阶级和阶级差别并没有消失，许多新的社会阶层正在形成和发展。

有人认为，工人阶级是作为资产阶级的对立面而存在的，农民阶级是作为地主阶级的对立面而存在的，在资产阶级、地主阶级作为阶级消灭之后，工人阶级和农民阶级也就不存在了。因而社会主义初级阶段是一个无阶级阶层结构的社会。这种看法是不正确的。它既不是对于对立统一规律的科学运用，也不符合马克思主义关于阶级划分、阶级消灭的原理和客观事实。按照对立统一规律，矛盾双方互相斗争的结果一起消灭，只是一种结局，还有一方去“克服”另一方、矛盾双方互相融合等多种结局。在历史上，奴隶社会中的奴隶与奴隶主是“同归于尽”的，

---

① 《马克思恩格斯全集》第十九卷，人民出版社，1963 年版，第 22 页。
② 《列宁全集》第三十七卷，人民出版社，1986 年版，第 423 页。

而奴隶社会末期的封建地主与奴隶主阶级，封建社会末期的资本家与封建地主阶级，以及资本主义社会中工人阶级与资产阶级都不是同时消灭的，而是一方“克服”另一方，也就是毛泽东所说的“一些阶级胜利了，一些阶级消灭了”①。胜利了的阶级又在新的社会条件下，同特定的阶级组成新的对立统一关系。因此，我们不能把工人阶级与资产阶级、农民阶级与地主阶级的对立统一关系，简单地理解为它们同一个早上产生、同一个晚上灭亡。工人阶级与资产阶级、农民阶级与地主阶级都是在历史上产生和发展起来的，都要在历史上消灭，但他们都有自己产生、发展和消灭的过程与规律。

社会主义初级阶段之所以存在阶级、阶级差别和社会阶层，从根本上说是由生产力落后造成的。恩格斯指出：“社会阶级的消灭是以这样一个历史发展阶段为前提的，在这个阶段上，不仅某个特定的统治阶级而且任何统治阶级的存在，从而阶级差别本身的存在，都将成为时代的错误，成为过时的现象。所以，社会阶级的消灭是以生产的高度发展阶段为前提的。”② 列宁进一步指出：“为了完全消灭阶级，不仅要推翻剥削者即地主和资本家，不仅要废除他们的所有制，而且要废除任何生产资料私有制，要消灭城乡之间、体力劳动者和脑力劳动者之间的差别。这是很长时期才能实现的事业。要完成这一事业，必须大大发展生产力。”③ 历史表明，一个生产力落后的国家，无产阶级能够首先夺取政权，然后发展生产力，并运用生产关系一定要适合生产力发展的规律，完成生产资料私有制的社会主义改造，消灭剥削制度和剥削阶级。但是要在生产力还没有得到充分发展的条件下，实现单一的生产资料公有制，消灭工农之间、城乡之间、体力劳动和脑力劳动之间的差别，消灭社会阶级、阶层的划分，则纯粹是一种空想。

---

① 《毛泽东选集》第四卷，人民出版社，1960 年版，第 1376 页。
② 《马克思恩格斯全集》第二十卷，人民出版社，1971 年版，第 307 页。
③ 《列宁选集》第四卷，人民出版社，1972 年版，第 11 页。

生产力是一切社会发展的决定力量。社会主义社会的产生和发展，剥削阶级的消灭，一切阶级、阶级差别和社会差别的消灭，都依赖于生产力的发展。只有当生产力获得充分的发展，社会物质产品极大丰富时，一部分人占有另一部分人的劳动的现象，就变成毫无意义的事了，从而造成剥削阶级和剥削者既不能存在又不能再产生的条件；只有当生产方获得充分的发展，社会物质产品极大丰富时，工农之间、城乡之间在所有制、劳动条件、生活水平等方面的差别，才会自然归于消失，工农两个阶级就不再存在；也只有当生产力获得充分的发展，伴随而来的教育科学文化水平极大提高时，脑力劳动和体力劳动的分工才会随之消失。这时，也只有这时，人类才能宣布，历史上出现的阶级划分现象已经永远消失了。而我们今天，距离这个完全消灭阶级和阶级差别的路程还很远。

1956 年，我国社会主义改造基本完成后，党的八大依据我国社会经济结构的变化，分析了我国社会阶级结构的变化，指出“官僚买办资产阶级已经在中国大陆上消灭了”①，“封建地主阶级，除个别地区以外，也已经消灭了”②，“无产阶级同资产阶级之间的矛盾已经基本上解决”③，“工人阶级已经成为国家的领导阶级”④，“广大的农民和其他个体劳动者，已经变为社会主义的集体劳动者”⑤，“知识界已经改变了原来的面貌，组成了一支为社会主义服务的队伍”⑥。八大的分析是正确的，但囿于当时的历史条件和对社会主义的认识，没有可能对社会主义初级阶段的阶级和阶层结构，作出理论概括。

八大后不久，党在指导思想上产生了“左”的错误。1957 年出现

---

① 《中国共产党第八次全国代表大会文件》，人民出版社，1956 年版，第 9 页。
② 《中国共产党第八次全国代表大会文件》，人民出版社，1956 年版，第 9 页。
③ 《中国共产党第八次全国代表大会文件》，人民出版社，1956 年版，第 81 页。
④ 《中国共产党第八次全国代表大会文件》，人民出版社，1956 年版，第 9 页。
⑤ 《中国共产党第八次全国代表大会文件》，人民出版社，1956 年版，第 9 页。
⑥ 《中国共产党第八次全国代表大会文件》，人民出版社，1956 年版，第 10 页。

了反右派斗争严重扩大化，同年 10 月，党的八届三中全会，重申我国社会的主要矛盾仍然是无产阶级同资产阶级的矛盾，这就从根本上否定了八大关于阶级结构变化的分析。1958 年党的八届二次会议的工作报告中，明确把我国社会的阶级结构概括为两个剥削阶级和两个劳动阶级。两个剥削阶级是：资产阶级右派、被打倒了的地主买办阶级和其他反动派；民族资产阶级和它的知识分子。两个劳动阶级是：工人阶级、农民和其他原先的个体劳动者①。这个理论概括中提出的两个剥削阶级的概念，完全地、具体地否认了八大确认的剥削阶级在我国大陆已经消灭的结论，不仅认为资产阶级作为阶级在我国大陆还没有消灭，而且被打倒了的地主买办阶级仍然作为剥削阶级而存在，资产阶级右派、知识分子也作为剥削阶级而存在。显然，这与马克思主义关于阶级划分的理论和社会主义的理论相违背，不符合我国的实际情况，因而是不正确的。这个理论概括，包含这样一个命题，即我国社会主义改造基本完成，已经进入社会主义社会，但剥削阶级作为阶级仍然存在，阶级矛盾仍然是社会的主要矛盾。这个命题是自相矛盾的。然而，它为后来提出的“以阶级斗争为纲”的方针，“年年讲、月月讲、天天讲”阶级斗争的路线和“一个阶级推翻一个阶级”的“文化大革命”，提供了错误的论据，使我国社会主义现代化建设事业遭受严重挫折。

历史经验表明，党在社会主义初级阶段的路线、方针、政策正确与否，同对这个阶段的阶级、阶层的分析、概括正确与否有密切关系。我国社会主义改造基本完成后的 20 年间，之所以屡犯“左”的错误，搞阶级斗争扩大化，始终没有把工作着重点转移到社会主义现代化建设上来，其原因就在于对社会主义初级阶段阶级关系、主要矛盾的变化，缺乏科学的分析与估量；对初级阶段的社会阶级、阶层结构，缺乏认真的研究，未能作出科学的理论概括。在新的历史时期，要保证我国社会主

① 刘少奇：《中国共产党中央委员会向第八届全国代表大会第二次会议的工作报告》，《人民日报》，1958 年 5 月 27 日。

义现代化建设事业排除“左”、右两种错误思想的干扰，顺利向前发展，就必须重新研究社会主义初级阶段的阶级和阶层问题。三中全会以来党中央采取的一系列拨乱反正的措施，纠正“左”的错误，为我们重新研究初级阶段的阶级和阶层问题创造了良好的社会环境；社会主义改革特别是经济体制改革的深入发展，则为我们重新研究初级阶段的阶级和阶层问题提供了丰富的实践经验。这些，都为我们今天研究社会主义初级阶段的阶级、阶层问题提供了良好的条件。

重新研究初级阶段的阶级和阶层，并不是要在全社会范围内重新划分阶级和阶层，而是为了研究剥削阶级作为阶级消灭后，社会各阶级、阶层的新变动、新分化、新组合，了解各阶级、阶层的切身利益和要求，把握整个初级阶段各阶级、阶层的地位、作用、相互关系和它们的发展趋势，从而为党和国家制定正确的路线、方针、政策和社会发展战略，提供客观的依据，正确处理各阶级、阶层和社会群体之间的利益矛盾，充分发挥全体社会成员的积极性和创造性，为建设富强、民主、文明的社会主义现代化强国而共同努力。

2. *研究初级阶段阶级和阶层的方法*

在社会主义初级阶段，存在社会阶级和阶层，是一个客观事实。我们应当用什么方法去研究和辨别社会各阶级和阶层呢？

第一，从社会生产力的状况、生产资料的所有制形式和劳动分工去研究。

阶级和阶层都不是个别人，也不是几个人、几十个人，而是一个社会集团，一个群体。它的存在和发展，是同生产发展的一定历史阶段相联系的。恩格斯说过：“社会阶级在任何时候都是生产关系和交换关系的产物，一句话，都是自己时代的经济关系的产物。”① 列宁进一步指出：“阶级差别的基本标志，就是它们在社会生产中所处的地位，因而

① 《马克思恩格斯全集》第二十卷，人民出版社，1971年版，第29页。

也就是它们对生产资料的关系。”① 按照这些论述，阶级和阶级差别是由生产关系主要是由生产资料所有制的形式所决定。而生产资料所有制的形式又决定于生产力的状况。因此，我们研究社会主义初级阶段的阶级和阶层，必须研究我国现阶段的生产力状况和与之相适应的所有制形式。如果离开生产力状况，离开生产资料所有制形式来研究，就不可能得出科学的结论。

过去，在研究、辨别初级阶段的阶级和阶层问题上，有两种偏向：一种偏向是脱离生产资料的所有制形式，单独从政治思想上划分社会阶级。在我国社会主义改造基本完成后，还存在“两个剥削阶级”的结论，就是这样作出的。固然，任何阶级除了形成为阶级的经济关系之外，还必然产生相适应的政治观点和意识形态。一个阶级的力量，不仅表现在经济方面，而且表现在政治方面和思想方面。因此，工人阶级政党在分析社会阶级时，应以分析经济为基础，同时结合分析它的政治态度和意识形态。只有这样，才能对阶级有全面、完整的认识，从而制定正确的政策。但是，不能把政治态度和思想意识作为划分阶级的标准。阶级是同生产资料所有制相联系的客观存在的经济实体，如果离开经济关系，离开生产资料所有制的形式，用政治、思想去划分阶级，势必使阶级失去确定的内容，陷入历史唯心论。另一种偏向是脱离社会生产力的状况，孤立地研究生产资料所有制结构。在“盲目求纯”、所有制结构日益单一化的情况下，这种研究，必然会把初级阶段阶级结构简单化（如只存在工人阶级、农民阶级和知识分子），甚至认为可以很快消灭一切阶级和阶层，进入无阶级、无阶级差别的境界。显然，脱离生产力的状况，用行政手段建立的“纯粹”的社会主义公有经济，只能引起生产力的破坏。而同生产力结构不相适应的所有制结构，终究是要发生变革的。因此，要科学研究和正确回答初级阶段的阶级和阶层问题，就必须

① 《列宁全集》第六卷，人民出版社，1959 年版，第 233 页。

从我国的生产力状况出发，进而研究同生产力结构相适应的所有制形式。

研究初级阶段的阶级和阶层，不仅要研究生产力状况及与之相适应的所有制形式，而且要研究与生产力状况相适应的社会劳动分工。由于初级阶段工人阶级和农民阶级都是同社会主义公有制相联系的，它们在所有制上的差别，只是公有化程度上的差别，而且这种差别是相对的。因此，工人阶级和农民阶级的差别，越来越突出地表现在工业和农业的社会劳动分工、它们在劳动组织中的作用以及劳动方式、分配形式等方面。工人、农民同知识分子的差别，也是它们社会劳动分工的不同。至于工人、农民、知识分子同个体劳动者、私营企业主的差别，主要则是生产资料所有制的不同。阶层通常是指同一个阶级内部由于所处经济地位不同而分成的若干层次。这个传统的阶层概念，对初级阶段阶级、阶层内部的分层还是适用的，但适用的范围大大缩小了。初级阶段阶级、阶层内部的分层需要多角度去分析，主要应从阶级、阶层内部的劳动分工（包括工作部门、职业、工种等）去分析。总之，社会劳动分工是初级阶段区分阶级、阶层以及它们内部分层的重要依据。

第二，从宏观和微观两方面去研究。

从宏观上研究阶级和阶层，是指研究同整个社会所有制结构和社会劳动分工相适应的社会阶层。在我国现阶段，存在以公有制为主体的多种所有制形式和工业与农业、脑力劳动与体力劳动的社会劳动分工。与此相适应，我国存在工人和农民两个基本阶级，一个特殊的社会阶层——知识分子，两个非基本的社会阶层——个体劳动者与私营企业主。工人阶级主要是同全民所有制相联系，同时有相当数量的工人是同集体所有制、合作经济相联系，也有一部分工人是同私营经济、中外合资企业和合作经营企业以及外商独资企业相联系。知识分子作为工人阶级的一部分，也存在上述几种情况。农民阶级主要是同集体所有制相联系，同时也有一部分农民是同合作经济相联系。个体劳动者是同个体经济相联系。私营企业主是同私营经济相联系。个体劳动者和私营企业主也有同合作经济相联系的。

从微观上研究阶级和阶层，是指研究社会阶级和社会阶层的内部结构。在初级阶段，工人阶级、农民阶级内部的阶层日益增多，个体劳动者、私营企业主阶层内部也还存在阶层划分。研究初级阶段的阶级和阶层，不仅要从宏观上研究，而且要重视微观上的研究，要多视角、多方面去剖析社会阶级和社会阶层内部的分层。只有这样，才能深入认识社会各阶级、各阶层，了解它们的演变规律，协调各阶层的相互关系，充分调动全体社会成员建设社会主义的积极性。

有人认为，个体劳动者、私营企业主是两个不同的阶级，而不是两个社会阶层。这种看法是值得怀疑的。因为我国社会主义改造早已基本完成，现在的个体劳动者、私营企业主，不同于旧社会和“过渡时期”的个体劳动者和私人资本家。它存在的社会经济政治条件决定了他们在初级阶段处于一种特殊的地位，但不可能形成单独的两个阶级。其一，阶级通常是一些大的社会集团，而个体劳动者、私营企业主的人数甚少。虽然他们在整个初级阶段都将存在下去，并有较快的增长，但在11亿人口的比例中仍然将是较小的；其二，阶级通常是较为独立的社会集团，而个体劳动者、私营企业主有较大的依附性。他们依附于政府和公有经济；其三，阶级通常是更为稳定的社会集团，而个体劳动者、私企业主的稳定性差，流动性大，其成员处于变化之中。因此，现在看来，个体劳动者、私营企业主还只能作为两个社会阶层而存在。他们也不是社会阶级内部的阶层，而是同社会阶级联系、独立于社会阶级之外，同社会阶级并列的两个非基本的社会阶层。

第三，从动态中去研究。

社会主义初级阶段，是逐步摆脱贫穷，摆脱落后的阶段；是由农业人口占多数的手工劳动为基础的农业国，逐步变为非农产业人口占多数的现代化工业国的阶段；是由自然经济平自然经济占很大比重，变为商品经济高度发达的阶段，在这个阶段，社会生产力状况、所有制结构、社会阶级、阶层，都处在改革、调整和变动之中。我们要把握整个初级阶段阶级、阶层的分野和演变，必须把它们放在动态中考察。

1956年我国社会主义改造基本完成后，进入社会主义初级阶段。由于社会主义改造过程中存在改变过快、要求过急等缺点，将一些不宜改变的个体经济和私营经济也改变了，致使社会主义公有制经济的比重过大，私营经济基本上被消灭，个体经济也所剩无几，同我国落后的、不平衡的、多层次的生产力很不适应。后来，由于“左”倾错误的影响，脱离生产力的发展，抽象谈论社会主义，认为所有制形式越大、越公、越纯粹，就越“先进”、越是社会主义。因而在实践中，只重视发展全民所有制经济，忽视发展集体所有制经济，排斥个体经济和其他非公有经济，搞“穷过渡”，形成朝单一的全民所有制方向发展的格局，同多层次的生产力结构的矛盾尖锐，我国社会的阶级结构也朝单一化方向发展。党的十一届三中全会以来，我国进行了经济体制改革，破除了所有制越大、越公、越纯粹、越“先进”的旧观念，树立了生产力的性质和水平决定所有制结构的新观念，创造了以公有制为主体的多种多样的所有制形式。目前我国不仅存在全民所有制经济和集体所有制经济，而且还存在城乡合作经济、个体经济、私营经济以及中外合资企业、合作经营企业和外商独资企业，使得我国所有制结构纷繁复杂，丰富多彩，由单一化朝多元化的方向发展，我国社会阶级结构也随之发生了相应的变化。毫无疑问，随着经济体制改革的深入，开放沿海城市和在经济特区采取特殊的政策后，特别是实现“一国两制”后，我国的所有制形式、经营方式、劳动分工将更加多样化，社会阶级和阶层还会出现新的变化。

3. *初级阶段阶级和阶层分析*

为了正确认识社会主义初级阶段阶级、阶层结构，必须对这个阶段各阶级、阶层的地位和作用以及内部分层逐一进行分析。

（1）工人阶级。

在社会主义初级阶段，工人阶级是指主要同生产资料公有制相联系的，在企业事业或机关团体从事体力或脑力劳动的，以工资的形式获得主要生活来源的劳动阶级。它包括产业工人、知识分子、管理人员三个阶层。产业工人阶层是工人阶级的主体。从产业结构来看，可分为第一产业工人、第二产业工人和第三产业工人，其中第一产业工人是少数，第二产业工人占多数，第三产业工人也有相当数量并有较快增长的势头；从企业的分类来看，可分为国营企业的工人，乡镇企业的工人，合作企业的工人，私营企业和“三资”企业的工人，其中国营企业的工人占多数，乡镇企业的工人有相当数量并日益发展壮大，是我国工人阶级中一支充满生机活力的队伍，私营企业和“三资”企业的工人，目前人数都不多，但会有较快的增长。初级阶段的知识分子已经成为工人阶级的一部分，它作为一个统一的阶层加入工人阶级队伍，成为工人阶级内部的一个最有文化素养的阶层。从他们的专业技术职务来看，可分为高级知识分子、中级知识分子和初级知识分子；从他们的工作来看，可分为科技人员、教学人员、医务人员等。管理人员也是工人阶级的一部分，是工人阶级内部的一个阶层。在社会主义初级阶段，不可能由全体人民直接行使国家和社会事务的管理权，而需要一批具有较高思想文化素养的、经过专门训练和实际工作锻炼的人，代表工人阶级和全体人民从事这种管理。管理人员也可以进一步分层，从他们的职务和级别来看，可分为高级、中级和一般管理人员；从他们的工作来看，可分为党、政、军、企业、事业等方面的管理，包括国家公务员、企业家等阶层。可见，工人阶级的内部结构、分层日益复杂化和多样化。在社会主义初级阶段，工人阶级仍然是最先进、最富有组织纪律性和最有前途的阶级。它同社会化的大生产相联系，是最先进的生产力的代表，并且是我国占统治地位的社会主义生产关系的代表，是社会主义生产方式的体现者；它的队伍随着社会主义现代化建设的发展愈来愈壮大，将逐步超过农业人口，占全国人口的多数；它有自己的政党——中国共产党的指引和培育，在改造客观世界的同时，思想觉悟、组织程度和文化科学技术水平也不断提高。因此，在社会主义初级阶段，工人阶级不仅是国家和社会的领导力量，而且是社会主义现代化建设和改革的主导力量。

（2）农民阶级。

在社会主义初级阶段，农民阶级是指主要同集体所有制相联系的、在农村主要从事种植业、养殖业生产的劳动阶级。新中国成立后，我国农民已由被剥削、被压迫者变为社会主义国家的主人，经过社会主义改造，又由小私有者变为社会主义集体农民。党的十一届三中全会以来，我国农村率先进行了经济体制改革，改变了在农业合作化基础上逐步形成的“统一经营、集体劳动和统一分配”的集体经济模式，创造了以联产承包责任制为中心内容的集体经济管理体制。这就调动了亿万农民的积极性和创造性，促进了我国农业生产大幅度上升。联产承包责任制，是以家庭经营为主要形式的，但这种家庭经营不同于小农经济中的家庭经营。从事这种家庭经营的农民，也不同于个体农民。因为土地等生产资料是国家所有或集体所有的，农民不能买卖土地。同时，家庭经营的千家万户不是一个个自我封闭的孤立的点，而是与公有经济所建立的社会服务体系发生了密切联系，是作为农村集体经济这一网络型体系的经济细胞而存在的。联产承包责任制除了它的主要形式——家庭经营之外，还出现了农户合作经营，农、工、商经济联合体等形式。看来，家庭经营、合作经营、经济联合体三者并存，是农村集体经济发展的必然趋势。可见初级阶段的集体农民，可分为家庭经营中的农民、合作经营中的农民以及经济联合体中的农民。由于推行联产承包责任制，农业劳动生产率的提高，农村商品经济的发展，农村产业结构发生了巨大的变化。一批批劳动力从第一产业向第二产业、第三产业转移。因此，从产业结构来看，我国集体农民可分为从事农业的农民和正在向工人转化的农民（指边缘阶层农民——工人）。在从事农业劳动的农民中还涌现出一批专业户。至于常年离开土地到乡镇企业做工或在流通领域和服务行业中工作的农民，则已经转化为工人了。随着我国农村经济体制改革的深入，农村经济向社会化、商品化、现代化发展，农民阶级必将进一步分化。

在社会主义初级阶段，农民阶级仍然是工人阶级最可靠的同盟军。尽管农民阶级队伍的人数不断减少，但至今在我国劳动力结构中仍占大多数。农民的状况如何，对社会主义建设事业关系重大。农民是我国社会主义建设和改革的一支重要方面军。工人阶级只有不断巩固同农民的联盟，充分发挥农民的积极性，才能领导社会主义现代化建设取得成功。工人阶级政党必须制定正确的农村政策，充分关心农民的物质利益，切实保障农民的民主权利，同时加强对农民的教育和引导，才能结成牢固的工农联盟。

（3）知识分子。

在社会主义初级阶段，知识分子是指主要同社会主义公有制相联系的，在文化、教育、科技、卫生部门、物质生产部门和社会管理部门专门或主要从事脑力劳动的特殊社会阶层。知识分子从来不是一个独立的阶级，也不是一个统一的社会阶层，而是附属于不同阶级的特殊社会阶层。在旧社会，各阶级都有自己的知识分子。经过“过渡时期”，进入社会主义初级阶段以后，从旧社会过来的知识分子，绝大多数积极为社会主义服务；同时新社会培养出来了一大批知识分子。从总体上，从取得生活来源的方法和为谁服务来说，我国知识分子已经成为工人阶级的一部分，成为工人阶级内部一个新的阶层。但是，由于知识分子特殊的劳动方式和社会功能，知识分子又是社会中一个相对独立的特殊社会阶层，也就是说，初级阶段的知识分子，和工人、农民一样，是社会主义建设的依靠力量。知识分子掌握科学文化知识，是社会主义建设所绝对必需的智力因素。无论物质文明建设、精神文明建设，还是民主法制建设，知识分子都具有特殊重要的作用。不依靠知识分子，社会主义现代化建设就不可能获得成功。工人阶级政党一定要造成尊重知识和知识分子的社会风气，反对把知识分子看成“异己力量”的错误倾向，提高知识分子的政治地位，改善知识分子的工作条件和生活待遇。知识分子也一定要为社会主义现代化建设事业多作贡献。

（4）个体劳动者。

在社会主义初级阶段，个体劳动者是指占有少量生产资料，主要依靠自己（或家庭）劳动、独立从事生产经营的劳动者阶层。它包括城乡个体手工业（或小型工业）、商业、饮食业、服务业、修理业、交通运输业、房屋修缮业以及各种专业户（非承包户）等。个体劳动者是十一届三中全会以来，随着个体经济的恢复和发展而产生的一个新的社会阶层。个体劳动者还是小私有者，但他们与旧式小私有者有着显著的不同。首先，个体劳动者依附于社会主义国家和公有经济。他们所需要的设备、工具和原材料等，主要由公有经济提供。他们的产品与消费者直接见面，也有相当部分靠国家或集体商业收购，他们的合法利益受到国家的法律和政策的保护。离开了国家和公有经济的扶持，个体经济就难以存在和发展。其次，个体劳动者是社会主义现代化建设的一支不可缺少的社会力量。他们经营的个体经济，是对社会主义公有经济有益的和必要的补充。它在活跃城乡经济，方便人民的生活，解决劳动就业，发展社会主义商品生产等方面，有着不可替代的作用。再次，个体劳动者可以避免旧式小私有者的前途和命运。由于我国社会主义改造的胜利，根本改变了个体经济存在和发展的原有的社会经济政治条件。个体劳动者不会走上旧式小私有者那种绝大多数贫困、破产，极少数人上升为资本家的两极分化的道路。

当然，个体劳动者还是小私有者，具有自私性和自发性。他们在处理自己与国家和消费者的关系时，常有损害国家和消费者利益的行动，如偷税逃税、掺假蒙骗、哄抬物价、投机倒把等违法行为。因此，我们必须完善工商行政管理制度，加强对个体劳动者的教育、监督和管理。

既要保护其合法经营和正当收入，又要禁止其非法经营和违法行为，引导他们走劳动致富的道路。

（5）私营企业主。

在社会主义初级阶段，私营企业主是指占有较多的生产资料，主要依靠雇工劳动，自担风险，自享盈利的社会阶层。私营企业主是三中全会以来，随着私营经济的出现和发展而形成的一个新的社会阶层。它是初级阶段生产力和商品经济发展的必然产物。私营经济是存在雇佣劳动关系的经济成分。它在占有生产资料、雇佣工人劳动取得利润等方面与资本主义企业是相同的，但它与资本主义企业又有明显的区别。首先，私营企业主同国家和公有经济有着紧密的联系，并受国家和公有经济的制约和影响。一方面，它是靠国家和公有经济的支持发展起来的；另一方面，国家和公有经济通过有关政策和法律、税收调节等手段，对他们进行引导、监督和管理。私营经济不能自成体系，只是一种附属经济成分。其次，私营企业主是社会主义现代化建设所需要的一支社会力量。私营经济一定程度的发展有利于促进生产，活跃市场，扩大劳动就业，满足人民多方面的生活需要。私营企业的纯收入相当大的一部分，通过税收，直接转变为国家财政收入成为社会主义建设的基金。私营经济也是对公有经济的必要的有益的补充。再次，私营企业主的雇工经营不同于资本主义企业的雇工经营。无疑，私营企业主与雇工的关系是一种雇佣关系，雇主与雇工存在着剥削和被剥削的关系。但私营企业的剥削，受到国家政策、法律的限制和公有经济的制约，雇工也并非是一无所有而被迫出卖劳动力者，而是为了获得更高的劳动报酬，提高自己的经济地位。雇主与雇工政治上都是国家的主人，他们之间的矛盾一般是人民内部的矛盾。

私营经济作为一种资本主义性质的经济具有两面性。它既有利于社会主义经济发展的积极作用，又有不利于社会主义经济发展的消极作用；与此相适应，私营企业主既有拥护社会主义和改革开放政策，为社会主义建设作贡献的一面，又有资本主义倾向，以趋利为目的，剥削工人并造成社会成员之间的分配不公的一面。所以，我们应当采取兴利抑弊的方针，既使私营企业主有利可图，以调动其经营的积极性，又要加以限制，依照一定的比例税率征收个人收入调节税，限制其个人过高消费；既要保护私营企业主的正当经营和合法收入，又要加强引导、监督和管理，坚决取缔非法经营和非法收入，严厉制裁以非法手段牟取暴利者。我们的政策是把私营经济作为公有经济的补充而允许其存在和发展，绝不允许其“越位”，以免导致形成一个新的资产阶级。

综上所述，在社会主义初级阶段，工人阶级、农民阶级是社会的两个基本阶级，占人口的绝大多数，他们构成劳动者的主体；知识分子是工人阶级的一部分，由于劳动方式和社会功能的不同，它又是一个相对独立的特殊社会阶层；城乡个体劳动者和私营企业主是两个非基本的社会阶层。在阶级社会里，社会基本阶级是基于经济利益根本对立，而成为互相对抗的阶级，他们的关系是剥削与被剥削的关系，表现为激烈的阶级斗争。在社会主义初级阶段的工人（包括知识分子）和农民两个基本阶级，是两个友好的劳动阶级。尽管他们之间还存在阶级差别，还有这样或那样的矛盾，但不是剥削和被剥削的关系，没有根本的利害冲突，他们的关系不表现为阶级斗争。我国个体劳动者、私营企业主同工人、农民和知识分子的矛盾，也是人民内部的矛盾，一般情况下，也不表现为阶级斗争。只有极少数反对和破坏社会主义事业的各种敌对分子、反社会分子才是我们的敌人。现阶段的阶级斗争，主要表现为广大人民同极少数敌对分子、反社会分子的斗争。

（二）社会主义初级阶段的阶级斗争

1. 初级阶段还存在阶级斗争的原因

在社会主义初级阶段，剥削阶级作为阶级已经消灭，阶级斗争不再是社会的主要矛盾，但由于国内因素和国际的影响，阶级斗争作为一种社会现象还将在我国一定范围内长期存在。其主要原因是：

第一，历史上的剥削制度和剥削阶级遗留下来的影响不可能在短时期内消除。我国的社会主义制度，是在半殖民地半封建社会的基地上，经过七年由新民主主义到社会主义的转变时期而建立的。历史上剥削制度和剥削阶级在各方面的影响还很深，不可能在短时期内清除干净。正如列宁所说："旧社会灭亡的时候，它的死尸是不能装进棺材、埋入坟墓的。它在我们中间腐烂发臭并且毒害我们。"[①] 列宁在这里所说的旧社会的"死尸"，就是指的剥削制度和剥削阶级的影响，特别是指封建主义、资本主义在意识形态方面的遗毒。在这些遗毒的毒害下，社会主义社会中的某些成员，就有可能发生腐化变质的现象，发生反社会主义行为。事实上，我国社会中许多敌对分子、反社会分子，正是人民内部中不坚定分子受到这些遗毒的毒害演变而成的。

第二，在当前现实经济、政治、文化条件下，还不可能杜绝极少数反革命分子、严重刑事犯罪分子和严重经济犯罪分子的产生。阶级斗争作为一种社会历史现象，不是从来就有的，也不是永远存在的。阶级和阶级斗争的存在"仅仅同生产发展的一定历史阶段相联系"[②]。历史表明，一个生产力落后的国家，无产阶级能够首先夺取政权，然后发展生产力，并运用生产关系一定要适合生产力发展的规律，基本上完成生产资料私有制的社会主义改造，消灭剥削制度和剥削阶级。但要在生产力还没有得到充分发展的条件下，完全消灭各种敌对分子、反社会分子，消灭阶级斗争，则是不可能的。我国现阶段生产力水平还比较低，又极不平衡，这就决定必须坚持以公有制为主体发展多种经济成分。我国社会的个体经济、私营经济是对公有经济有益的、必要的补充，但它本身是一种私有经济，不可避免地存在自发倾向。我国必须大力发展社会主义商品经济。社会主义商品经济同资本主义商品经济是有本质不同的，但毕竟也是一种商品经济，仍然受一般商品经济规律的支配和制约，从

① 《列宁全集》第二十七卷，人民出版社，1959 年版，第 407 页。
② 《马克思恩格斯全集》第二十八卷，人民出版社，1973 年版，第 509 页。

商品经济中产生的：商品拜物教、货币拜物教对人的腐蚀作用仍然顽强地表现出来。我国社会的物质财富还不丰富，社会产品的总供给与总需求的矛盾还很突出，加上分配领域又存在分配不公的问题，这就难以防止某些人进行行贿、受贿、贪污盗窃、投机倒把的活动。同时，我国社会主义政治制度还不完善，法制还不健全，社会上不安定的因素甚多。建设高度民主、完备法制所必需的一系列经济文化条件很不充，封建主义、资本主义腐朽思想经常侵袭党的干部和国家公务员队伍。我国的科学、教育、文化还不发达，文盲半文盲占全国总人口15%以上，思想理论阵地和文艺阵地还缺少具有说服力和吸引力的优质的精神产品。在这种情况下，封建迷信，特权观念，家长制作风，资产阶级的政治观、价值观以及资本主义腐朽的生活方式，就会乘虚而入。正是由于上述经济的、政治的、文化的种种因素的影响，我们的社会主义社会就难以防止某些社会成员腐化变质，不可能杜绝极少数敌对分子和反社会分子的产生。

第三，海外还有对我国的社会主义制度进行破坏活动的政治势力和集团。在海外，我们的广大海外同胞、海外侨胞包括港、澳、台地区的同胞，绝大多数人都是爱国的，希望祖国早日统一，并且已经和正在为祖国的统一和繁荣富强作贡献。但是海外也有少数反动分子集结成为一种政治势力和集团，通过各种方式，寻找各种机会，对中国的社会主义制度和社会主义建设进行破坏活动。所以，这一方面的阶级斗争是非常明显和尖锐地存在着的。同时，根据党的“一国两制”的方针，在香港、澳门和台湾回归祖国统一大业完成以后，由于这一部分领土上还保留着剥削制度和剥削阶级，因而也还可能存在对大陆社会主义制度进行破坏的政治势力和集团，我国内部的阶级斗争自然也不会停止。

第四，我国还处于复杂的国际环境中。国际上存在着帝国主义、资本主义剥削制度，存在着敌视我国社会主义制度的势力。国内的阶级斗争同国际的阶级斗争是不能分开的，国际范围的阶级斗争，不可避免地要反映到社会主义国家内部来。社会主义制度和帝国主义、资本主义制度是两种根本不同的社会制度，它们之间的对立和斗争自从社会主义制度建立之日起，便一直存在着。20 世纪 70 年代以来，国际形势和国际政治格局日益明显地发生了重大变化，和平与发展逐步成为当代世界的主题。但是，两种制度的对立和斗争并没有因此而消失，帝国主义颠覆和消灭社会主义国家的既定战略也没有因此而改变。他们在用武力干涉这一手消灭不了社会主义国家之后，就把重点放在对社会主义国家推行“和平演变”的战略上，用他们的话来说，就是要“打一场没有硝烟的世界大战”。帝国主义和国际敌对势力正在并将长期对我国进行渗透、颠覆和和平演变活动。同时，国内极少数搞资产阶级自由化的人，又充当国际敌对势力推行“和平演变”战略。因此，渗透与反渗透、颠覆与反颠覆、和平演变与反和平演变的阶级斗争，是很长期的。

总之，由于上述国内因素和国际的影响，阶级斗争还将在我国社会的一定范围内长期存在，在某种条件下还有可能激化。这种斗争集中表现为资产阶级自由化同四项基本原则的对立，斗争的核心依然是国家政权问题。

2. 初级阶段阶级斗争的特点

我国社会主义初级阶段的阶级斗争，不同于历史上的阶级斗争，正如邓小平所指出的：“是一种特殊形式的阶级斗争，或者说是历史上的阶级斗争在社会主义条件下的特殊形式的遗留。”① 其主要特点是：

第一，阶级斗争的对象已不是完整的剥削阶级，而是极少数敌对分子、严重危害社会的反社会分子。在人类历史上阶级社会的阶级斗争，都是被剥削阶级同剥削阶级之间的阶级斗争，是完整的阶级对阶级的斗争。我国从新民主主义到社会主义的转变时期，资产阶级虽然在政治上不占统治地位，但由于他们还占有生产资料，还是作为一个完整的阶级

① 《三中全会以来重要文献选编》上，人民出版社，1982 年版，第 92 页。

而存在，所以那时工人阶级同资产阶级的斗争，仍然属于完整形态的阶级斗争。在我国生产资料私有制的社会主义改造基本完成以后，资产阶级和其他剥削阶级已经被消灭了，但社会上还存在形形色色的敌对分子、反社会分子从经济上、政治上、思想文化上、社会生活上进行蓄意破坏和推翻社会主义制度的活动，因而阶级斗争并没有结束。但是这种阶级斗争，主要表现为人民同极少数敌对分子、反社会分子的斗争，是一种残余形态的阶级斗争。

各种敌对分子、反社会分子，包括旧的剥削阶级残余分子，反革命分子，贪污盗窃、投机倒把的新剥削分子，蜕化变质分子，严重破坏社会秩序的刑事犯罪分子以及一些受国内外反动势力支持和收买的坚持资产阶级自由化立场的反动分子等等。这些形形色色的反社会主义分子，不是作为一个完整的剥削阶级存在和活动的，也不可能形成一个公开的完整的剥削阶级。但他们都代表着国内外敌对势力的愿望，反对四项基本原则，破坏安定团结，破坏社会主义建设，因而全体人民包括工人、农民、知识分子等同他们存在着根本的利害冲突。它们之间的斗争，仍然是一种阶级斗争。不过，这种阶级斗争，不是原来意义上的完整的阶级对阶级的斗争，而是一种残余形态的特殊的阶级斗争。

第二，阶级斗争不再是社会的主要矛盾，只是在一定范围内存在。在历史上一切阶级社会里，阶级矛盾始终是社会的主要矛盾，在整个社会生活中处于支配地位，阶级斗争成为历史发展的直接动力。我国由新民主主义到社会主义的转变时期，社会的主要矛盾仍然是阶级矛盾即工人阶级同资产阶级的矛盾，阶级斗争仍然在我国社会生活中处于支配地位。但到了社会主义初级阶段，由于剥削阶级作为阶级已经消灭，阶级矛盾不再是社会的主要矛盾，而转化为次要矛盾，阶级斗争不再在社会生活中处于支配地位，而退居为服从地位。社会的主要矛盾已经是人民日益增长的物质文化需要同落后的社会生产之间的矛盾。阶级斗争要服从于和服务于这个主要矛盾的解决。

由于阶级斗争的地位发生了变化，已不再是社会生活的主要矛盾，社会上大多数矛盾都不具有阶级斗争的性质，所以阶级斗争只是在一定范围内存在。所谓“一定范围”，主要是指“极少数敌对分子、反社会分子”这个范围。由于敌对分子、反社会分子的破坏活动，渗透到经济、政治、思想文化和社会生活各个领域，因而一定范围的阶级斗争，存在于社会生活的各个领域。我们不能对一定范围的阶级斗争作机械的理解，认为只有在某一范围内才存在着阶级斗争，在某一范围之外就是真空地带。

第三，阶级斗争不能采取大规模的急风暴雨式的群众斗争的方式，主要应运用法制武器打击敌对分子、反社会分子。历史上阶级社会的阶级斗争，是被剥削阶级和剥削阶级之间围绕社会经济制度和政治制度的根本变革而发生的生死搏斗。这种阶级斗争，必然要采取大规模的急风暴雨式的群众阶级斗争方式。我国由新民主主义到社会主义的转变时期，我们对资本主义工商业实行和平改造的方针。尽管如此，社会主义改造与反改造的斗争，还是一场严重的阶级斗争，仍然采取了大规模的急风暴雨式的群众阶级斗争方式。随着生产资料私有制社会主义改造的基本完成，剥削阶级的被消灭，阶级力量对比发生了根本的变化。在社会主义初级阶段，我们同极少数敌对分子、反社会分子的斗争，不需要沿用历史上那种大规模的急风暴雨式的群众斗争方式，而应当充分发挥人民民主专政国家机关的作用，运用社会主义法制这个武器，打击敌人的破坏活动。极少数敌对分子、反社会分子在什么地方、什么领域内进行破坏活动，我们就按照宪法和法律程序，在什么地方、什么领域内予以解决。敌对分子出现多少，我们就依法制裁多少。这样做，才能准确地打击敌人，有效地保护人民，维护社会主义现代化建设事业的发展所需要的安定团结的政治局面。

第四，阶级斗争总的发展趋势是逐步缩小、减弱、缓和，但在某种条件下还有可能激化。在一切阶级社会里，阶级斗争都是高一阵、低一阵波浪式向前发展的，社会主义时期的阶级斗争也是这样。所不同的是阶级斗争总的发展趋势变化了。历史上阶级社会的阶级斗争，是在高一阵、低一阵的曲折发展过程中日益尖锐化的，总的趋势是越来越激烈，直到某种阶级矛盾的解决。而在社会主义时期，随着社会主义事业的发展，人民民主专政国家政权的巩固，各种敌对分子、反社会分子的数量和力量将是逐步削弱的，阶级斗争总的发展趋势是逐步走向缓和，直到最后完全熄灭。但是，阶级斗争总的发展趋势走向缓和，并不是直线下降，而是时起时伏的，在某种条件下还有可能激化，甚至激化到暴力冲突的程度。这里说的“某种条件”，是由国内与国外、主观与客观诸因素造成的。一般说来，在下列三种情况下，有可能形成阶级斗争的激化。一是由于我们工作中发生失误而又未能及时解决，国内外敌对势力利用我们的失误和暂时困难，挑拨党、政府和人民的关系，制造谣言，造成一场“政治地震”；二是国内存在着民族差别和民族矛盾，国内外敌对势力利用和扩大民族之间的矛盾，利用少数民族的宗教感情，制造民族地区的动乱；三是国际环境发生急剧变化，包括外敌大规模入侵，国际共运中发生异常事件，都可能引起阶级斗争的激化。

第五，国内阶级斗争往往是同国际范围的斗争紧密联系的，同和平演变与反和平演变的斗争结合在一起的。我国国内的敌对势力要想在中国颠覆人民民主专政的国家政权，推翻社会主义制度，就必然要到国外的反动势力那里寻找支持和靠山；而国外的反动势力要想在中国推行“和平演变”的战略和进行种种破坏活动，也必然要到大陆寻找他们的同伙和代理人。和平演变与反和平演变是社会主义和资本主义两种制度斗争的重要形式，是一场长期、复杂、尖锐的阶级斗争。国外敌对势力总是支持、收买国内所谓“持不同政见者”，以达到“不战而胜”的目的；而国内那些“持不同政见者”，又总是充当国外敌对势力推行“和平演变”战略的内应。这就使得国内外敌对势力密切配合，相互勾结，紧紧联系在一起。

3. 正确处理一定范围内的阶级斗争

在社会主义初级阶段，阶级斗争还将在一定范围内存在，这是一个客观现实。正确处理这种阶级斗争，对于巩固人民民主专政，保障社会主义现代化建设的顺利进行，具有重大的意义。怎样才能正确处理一定范围的阶级斗争呢?

第一，严格区分和正确处理两类不同性质的矛盾。为了正确进行一定范围的阶级斗争，必须严格区分和正确处理敌我之间和人民内部之间两类不同性质的矛盾。矛盾性质不同，处理方法也不相同。在我国现阶段，敌我矛盾是指人民同极少数敌对分子、反社会分子之间的矛盾。这种矛盾，是矛盾双方在根本利益对立和冲突基础上的矛盾，是对抗性的矛盾，是属于阶级斗争的范围，要用专政的方法去解决。人民内部矛盾包括工人内部、农民内部、知识分子内部的矛盾，工人、农民、知识分子相互之间的矛盾，工人、农民、知识分子同个体劳动者、私营企业主的矛盾，以及这些矛盾在社会的经济、政治、文化和社会生活领域的表现等等。这种矛盾，一般说来，是在人民利益根本一致基础上的矛盾，是非对抗性的矛盾，不属于阶级斗争的范围。但是，人民内部矛盾又有几种不同的情况：一是人民内部矛盾中大多数不带有阶级斗争的性质。如经济领域的国家、集体、个人三者之间的矛盾，生产与需要的矛盾，积累与消费的矛盾，政治领域的领导与群众的矛盾，民主与集中的矛盾，科学艺术领域的不同学派和不同风格的矛盾，以及思想方法和工作方法方面的正确与错误、先进与落后、全面与片面的矛盾等；二是人民内部矛盾中存在的阶级斗争的反映，如人民内部因受封建主义、资本主义腐朽思想的影响而产生的矛盾；三是人民内部矛盾中存在少量的带有阶级斗争性质的矛盾，如私营企业和“三资”企业的劳资矛盾。对于人民内部的矛盾，只能用民主的方法，发展经济、政治、文化的方法，批评与自我批评的方法去解决。例如人民内部受到封建主义、资本主义思想的影响，用批评与自我批评的方法去解决；生产与需要的矛盾，用发展生产的方法去解决；领导与群众的矛盾，用发展社会主义民主的方法去解决；科学上不同学派和艺术上不同风格的矛盾，用“百花齐放，百家争鸣”的方针去解决；等等。在社会主义条件下，敌我矛盾是极少数，大量存在的是人民内部矛盾，而人民内部矛盾中，大量存在的又是不带有阶级斗争性质的矛盾。同时，敌我矛盾与人民内部矛盾、阶级矛盾与非阶级矛盾、党内矛盾与党外矛盾、国内矛盾与国际矛盾又往往交织在一起。因此，我们必须十分谨慎地区别敌我矛盾和人民内部矛盾，区别人民内部矛盾几种不同的情况，并分别采取不同的方法进行处理。

第二，坚持人民民主专政国家的专政职能。我国人民民主专政的国家政权，从它诞生之日起，就包括人民民主和对敌人专政两方面的职能。正如毛泽东所指出的：“对人民内部的民主方面和对反动派的专政方面，互相结合起来，就是人民民主专政。”[①] 在我国社会主义改造基本完成、社会主义制度基本确立之后，民主的范围进一步扩大，专政的范围则相对缩小。但是，人民民主专政仍然包括民主和专政两方面的职能。它是大多数人民的民主和对极少数敌对分子、严重危害社会的反社会分子专政的结合。大多数人民的民主是对敌人专政的基础，只有充分保障大多数人民的民主权利，才能形成强大的阶级统治力量，对敌人实行有效的专政，对违法犯罪分子实行有力的制裁；而对极少数敌对分子、反社会分子的专政则是对大多数人民的民主的保障，只有坚持对敌人的专政，毫不手软地稳、准、狠打击一小撮敌人，才能保障大多数人民享受充分的民主权利。所以，人民民主专政国家政权的民主和专政两方面的职能，不可分割，不能偏废，必须互相结合起来。党的十一届三中全会以来，党中央纠正了以阶级斗争为纲，造成阶级斗争扩大化的错误，强调发展社会主义民主，这是完全正确的、必要的。但是这些年来，由于资产阶级自由化的影响，有的人只讲民主，讳言专政，似乎敌对势力不存在了，专政的对象没有了。这是非常错误的、有害的。事实表明，我国现阶段的社会主义社会，还不能完全消灭形形色色敌对分子、反社会分子存在和重新产生的条件，各种敌对分子、反社会分子还将在我国社会中长期存在并进行反对社会主义制度和破坏社会主义建设的活动。因此，人民民主专政的国家政权的专政职能决不能削弱。

坚持社会主义国家政权的专政职能，必须加强人民军队和审判机关、检察机关、公安机关、安全机关的建设，必须高度重视隐蔽战线的斗争，切实加强和认真做好反渗透、反颠覆、反和平演变的工作，及时有效地挫败国内外敌对势力的阴谋。尤其需要牢记的是，没有一支人民的军队，便没有人民的一切。夺取政权是这样，巩固政权也是这样；在革命时期是这样，在社会主义建设时期也是这样。毛泽东说："从马克思主义关于国家学说的观点看来，军队是国家政权的主要成分。谁想夺取国家政权，并想保持它，谁就应有强大的军队。"① 人民军队是人民民主专政的坚强柱石，是社会主义祖国的钢铁长城。没有人民的军队，便没有人民政权的建立和巩固；没有人民的军队，就不能保持社会的稳定和保障社会主义现代化建设事业的顺利进行。加强人民军队的建设，首先是加强思想政治建设，保证军队在政治上永远合格，保证军队置于党的绝对领导之下，使军队永远忠于党，忠于国家，忠于人民。军队在加强革命化的同时，还必须加强现代化、正规化建设，全面提高战斗力，更好地发挥其维护国家利益、国家安全的作用。

第三，既反对阶级斗争扩大化，又反对阶级斗争熄灭论。要正确处理我国现阶段的阶级斗争，必须对我国社会的阶级斗争，进行实事求是的恰如其分的科学分析与估量，既不应该夸大，也不应该缩小，既反对阶级斗争扩大化，又反对阶级斗争熄灭论。1956 年，我国社会主义改造基本完成以后，党的八大和 1957 年毛泽东发表的《关于正确处理人民内部矛盾的问题》一书，对于我国阶级关系的变化做了正确的分析，指出我国的剥削阶级已经基本消灭，阶级矛盾不再是社会的主要矛盾，

① 《毛泽东选集》，人民出版社，1952 年版，第 512 页。

革命时期大规模的急风暴雨式的群众阶级斗争已经基本结束，等等。但后来这个正确思想没有坚持，日益夸大了我国社会中的阶级斗争，犯了阶级斗争扩大化的错误。1957 年的反右派斗争严重扩大了打击面。同年 10 月党的八届三中全会上又把工人阶级和资产阶级的矛盾说成是我国社会的主要矛盾。1959 年的庐山会议错误地发动了反对所谓右倾机会主义的斗争，把党内不同的意见分歧看成是两个对抗阶级斗争的继续。1962 年 9 月党的八届十中全会，提出了社会主义整个历史阶段搞阶级斗争的基本路线。1964 年的社会主义教育运动中，提出了“以阶级斗争为纲”的错误口号。1966 年发动了“一个阶级推翻一个阶级”的“文化大革命”。这样，就使阶级斗争扩大化的错误越来越严重，许多老一辈无产阶级革命家、广大干部和知识分子受到打击和迫害，给党、国家和人民带来巨大的灾难。党的十一届三中全会以来，党中央认真吸取历史经验，公开地承认、揭露和纠正我们党所犯的阶级斗争扩大化的错误，这是非常正确的。今后，我们还要防止重犯类似的错误。但是近年来，随着全党全国工作重心转移到经济建设上来，随着改革开放的不断发展，一些人的阶级斗争观念淡漠了，把客观上存在的一定范围的阶级斗争，主观地加以缩小，不承认某些阶级斗争的现象，甚至看不见我国社会中还存在阶级斗争的事实，认为阶级斗争没有对象了，这也是错误的，其结果，必然导致阶级斗争熄灭论。应该清醒地看到，在我们的社会主义社会，阶级斗争并没有熄灭，而是在一定范围内长期存在，在某种条件下还有可能重新激化起来。如果认为阶级斗争已经熄灭，那就会在复杂的阶级斗争现实面前，麻痹大意，丧失警惕，甚至被敌人所利用，给社会主义事业造成严重的损失。所以，我们必须既反对阶级斗争扩大化，又反对阶级斗争熄灭论。

（原载于《中国社会主义 10 论》，暨南大学出版社 1991 年版）

二、马克思阶级斗争理论在我国社会主义实践中的新发展

恩格斯在谈到马克思和他的理论时曾经多次说过：“我们的理论是

发展的理论，而不是必须背得烂熟并机械地加以重复的教条。”① 马克思逝世一百年的历史证明，马克思全部理论都不是凝固的、一成不变的，而是随着实践的发展而不断发展的。马克思主义的生命力也就在于它是同革命实践密切结合的、不断发展的，如果它脱离革命实践，“停止了，老是那么一套，它就没有生命了”②。

马克思的阶级斗争理论，是马克思主义的基本原理之一。它同马克思主义其他原理一样，是发展的理论。自从马克思、恩格斯创立无产阶级的阶级斗争理论以来，列宁、斯大林和毛泽东同志都在不同的历史条件下，总结无产阶级运动的新鲜经验，发展了这个理论。各国党内马克思主义者，也都对于这个理论作出了自己的贡献。在纪念马克思逝世一百周年的今天，我们看到，马克思的阶级斗争理论又在我国社会主义条件下，得到新证实、新发展和新胜利。

（一）

马克思生活在资本主义社会。他研究阶级斗争的着重点，是研究资本主义社会无产阶级反对资产阶级的斗争。早在《共产党宣言》中，马克思、恩格斯就对他们的阶级斗争理论做了全面的论述，特别是论述了资本主义社会阶级斗争的规律、特点、作用，无产阶级反对资产阶级斗争的发展阶段和斗争形式等一系列问题，为无产阶级推翻资本主义制度，夺取政权，制定了正确的理论和策略。1879 年，当德国党内“苏黎世三人团”公开反对无产阶级进行阶级斗争时，马克思、恩格斯立即给德国党领导人写了《通告信》郑重宣布：“将近四十年来，我们都非常重视阶级斗争，认为它是历史的直接动力，特别是重视资产阶级和无产阶级之间的阶级斗争，认为它是现代社会变革的巨大杠杆。”③

无产阶级夺取政权以后，阶级斗争并没有结束。但是，马克思由于

---

① 《马克思恩格斯全集》第三十六卷，人民出版社，1975 年版，第 584 页。
② 《毛泽东著作选读（甲种本）》，人民出版社，1965 年版，第 379 页。
③ 《马克思恩格斯全集》第十九卷，人民出版社，1963 年版，第 189 页。

受到所处的历史条件的限制，没有可能对这个时期的阶级斗争进行更多的研究，只是根据巴黎公社存在一个短暂时期的实践经验，作了一般性的原则性的论述。他指出“公社并不取消阶级斗争，工人阶级正是通过阶级斗争致力于消灭一切阶级，从而消灭一切阶级统治”①，并预见到在无产阶级专政条件下，还“必须经历阶级斗争的几个不同阶段”②。(《马克思恩格斯选集》第2卷，第416页）马克思这些论述，对于我们正确认识从资本主义到社会主义过渡时期的阶级斗争，乃至当今社会主义社会还存在的阶级斗争，都是很有价值的。

在无产阶级夺取政权、经过“过渡时期”进入共产主义的第一阶段即社会主义社会以后，还有没有阶级斗争？这个问题，马克思没有实践经验，也没有正面论述过。但是，我们从马克思、恩格斯关于未来社会的设想中，可以看出，他们是不承认社会主义社会还存在阶级斗争的。

马克思、恩格斯所设想的社会主义社会，是从发达的资本主义社会脱胎出来的，还带有旧社会的痕迹，但在那里，生产力高度发达，生产资料归全社会所有，个人消费品实行“各尽所能，按劳分配”，没有商品生产和货币交换，消灭了“个人和其他一切人之间的敌对现象”③，不存在任何阶级、阶级差别，“每个人都像其他人一样只是劳动者”④。显然，这样的社会，是不存在各种反社会主义的敌对分子的，因而不存在阶级斗争。同时，马克思、恩格斯对于社会主义社会的设想，完全撇开了国际条件。他们认为，社会主义革命必须在一切或者至少在英国、美国、法国、德国等发达的资本主义国家内同时发生，才能取得胜利，而胜利了的国家，“经过长久的阵痛”建立的社会主义社会，将不再存在资本主义的威胁。这就是说，马克思、恩格斯设想社会主义社会没有阶级斗争存在，是以国内消灭了各种敌对分子，国外消除了资本主义威

① 《马克思恩格斯全集》第十七卷，人民出版社，1963年版，第593页。
② 《马克思恩格斯全集》第十七卷，人民出版社，1963年版，第594页。
③ 《马克思恩格斯全集》第二卷，人民出版社，1957年版，第608页。
④ 《马克思恩格斯全集》第十九卷，人民出版社，1963年版，第22页。

胁为依据的。可是，当代进入社会主义社会的国家，都不具备这种国内和国际条件。中国共产党十一届六中全会通过的《关于建国以来党的若干历史问题的决议》指出，我们现阶段的社会主义社会，“由于国内的因素和国际的影响，阶级斗争还将在一定范围内长期存在”①。这个新结论，正是马克思的阶级斗争理论“结合具体情况并根据现存条件加以阐明和发挥”②。

马克思科学地阐明了阶级斗争产生、发展和消灭的条件。阶级斗争作为一种社会历史现象，它不是从来就有的，也不是永远存在的。阶级和阶级斗争的存在“仅仅同生产发展的一定历史阶段相联系”③。当社会生产有了一定的发展而又发展不足时，就出现了一部分人占有另一部分人劳动的现象，产生了剥削者和被剥削者，产生了阶级斗争。而当社会生产达到高度发展时。一部分人占有另一部分人劳动就变成毫无意义的事情，也就彻底铲除了剥削和剥削分子存在的土壤。在我们现阶段的社会主义社会，之所以还存在形形色色的敌对分子，还存在阶级斗争，归根到底，是由生产力落后造成的。历史表明，一个生产力落后的国家，无产阶级能够首先夺取政权，然后发展生产力，并运用生产关系一定要适合生产力发展的规律，完成生产资料私有制的社会主义改造，消灭剥削阶级和剥削制度，但要在生产力还没有得到充分发展的条件下，消灭形形色色的敌对分子，消灭阶级斗争，则是不可能的。在我国，正因为生产力水平较低，又极不平衡，所以，在很长的时期内还需要在坚持国营经济主导地位的前提下发展多种经济形式。不仅存在劳动群众集体经济，而且允许城乡劳动者个体经济在国家规定的范围内存在和适当的发展。社会主义社会的个体经济，是对公有经济的必要的、有益的补充，但它不可避免地存在某种自发倾向。我们的社会主义社会还存在商

① 《中国共产党中央委员会关于建国以来党的若干历史问题的决议》，人民出版社，1981年版，第56页。

② 《马克思恩格斯全集》第二十七卷，人民出版社，1972年版，第433页。

③ 《马克思恩格斯全集》第二十八卷，人民出版社，1973年版，第509页。

品生产、货币流通。社会主义社会的商品货币关系同资本主义社会的商品货币关系是有本质区别的，它本身不会产生资本主义，但有商品货币就有市场，这就给剥削分子进行走私贩私、投机倒把活动提供了条件。我国现阶段，社会物质财富还不丰富，不能充分满足全体社会成员的需要。在这种情况下，也就难以防止某些人进行行贿受贿、损公肥私、贪污盗窃的活动。同时，我国的社会主义制度还不完善，还存在不少漏洞和薄弱环节。这些漏洞和薄弱环节，在一定条件下，就成为各种敌对分子滋生和活动的缝隙。

我国的社会主义制度，是在半殖民地半封建社会的基础上，经过七年由新民主主义到社会主义的转变时期而建立的。历史上的剥削制度和剥削阶级在各方面的遗毒还很深，不可能短时期内清除干净。

我们祖国的统一大业还没有最后完成，台湾、港澳还没有回归祖国，在那里，剥削制度和剥削阶级还存在，并对祖国大陆产生各种影响。在祖国统一大业完成以后，根据党的方针，也不改变那里的社会制度，就是说，资产阶级仍然存在。既然我们的社会主义国家还有一部分领土保留着剥削制度和剥削阶级，阶级斗争自然不会停止。

我国还处于复杂的国际环境中。国际上资本主义势力以及某些敌视我国社会主义事业的势力必然要采取各种方式，对我国进行侵蚀和破坏。他们可能进行赤裸裸的武装侵略，他们还要到我国从事间谍活动，他们也会在我国内部寻找他们的同伙，与之相勾结进行捣乱，他们还要通过各种渠道传播资产阶级思想和生活方式，污染社会风气，腐蚀某些意志薄弱者，使他们走上犯罪的道路。

由于上述国内因素和国际影响，我国社会主义社会目前的发展阶段，还不能完全消灭极少数剥削分子和其他敌对分子存在和重新产生的条件，各种敌对分子还会在我国社会中长期存在。这些敌对分子，已经失去了剥削阶级赖以存在的那种经济、政治和社会基础，他们根本不是一个完整的剥削阶级，也不可能重新形成一个公开的完整的剥削阶级，而只能作为剥削阶级的残余而存在。但是，他们集中反映了国内外敌对势力的愿望，进行着破坏社会主义事业的罪恶活动。广大人民同他们的利益，是根本对立的，同他们的斗争，是历史上被剥削者与剥削者之间的阶级斗争的遗留和继续，是一种残余形态的阶级斗争。只要各种敌对分子还存在，社会主义社会内部这种阶级斗争，就不会熄灭。

（二）

在剥削制度和剥削阶级已经消灭的社会主义社会，阶级斗争的存在是一个客观事实。正确认识和估量社会主义社会的阶级斗争，是马克思主义在今天面临的一项重要任务。

1936 年斯大林在《关于苏联宪法草案》的报告中，从苏联消灭了生产资料私有制的事实出发，分析了苏联社会阶级结构的变化，宣布苏联“所有的剥削阶级都消灭了”①。这个结论，是正确的。但是，斯大林没有同时指出苏联还存在剥削阶级残余，还存在残余形态的阶级斗争。1937 年斯大林在《论党的工作缺点和消灭托洛茨基两面派及其他两面派的办法》的报告中，承认苏联还存在“被击溃了的剥削阶级残余”②，还存在阶级斗争，但他又把剥削阶级残余分子简单地归结为受国外敌人支持和派遣的间谍、杀人凶手和暗害分子，并提出：“我们的进展愈大，胜利愈多，被击溃了的剥削阶级残余也会愈加凶恶，他们愈要采用更尖锐的斗争形式。”③ 这个结论，把社会主义社会的阶级斗争估计得过于严重，而且认为阶级斗争日益尖锐化，结果导致苏联肃反严重扩大化，冤枉了许多忠诚的共产主义者和善良的公民，使苏维埃政权受到削弱。1956 年我们党的八大和 1957 年毛泽东同志发表的《关于正确处理人民内部矛盾的问题》的讲话中，对于我国社会主义改造基本完成以后阶级关系的变化，作出了正确的分析，指出地主阶级除个别地区

① 《斯大林文选（1934—1952）》（上），人民出版社，1962 年版，第 85 页。
② 《斯大林文选（1934—1952）》（上），人民出版社，1962 年版，第 129 页。
③ 《斯大林文选（1934—1952）》（上），人民出版社，1962 年版，第 129 页。

以外已经消灭，“无产阶级同资产阶级之间的矛盾已经基本上解决”①，“革命时期的大规模的急风暴雨式的群众阶级斗争基本结束”②。但后来由于种种原因，我们党在指导思想上夸大了我国社会确实存在的阶级斗争，提出并实行“以阶级斗争为纲”的方针，终于酿成“文化大革命”这样的历史悲剧，导致阶级斗争的严重扩大化，给党、国家和人民带来巨大的灾难。

中国共产党十一届三中全会以来，党中央认真总结了历史的经验，对于社会主义社会阶级斗争的实际情况，作出了科学的分析和估量。“在剥削阶级作为阶级消灭以后，阶级斗争已经不是主要矛盾。由于国内的因素和国际的影响，阶级斗争还将在一定范围内长期存在，在某种条件下还有可能激化。既要反对把阶级斗争扩大化的观点，又要反对认为阶级斗争已经熄灭的观点。”③ 这个理论概括，把马克思主义的阶级斗争理论大大向前推进了。

“阶级斗争已经不是主要矛盾。”④ 在历史上的一切阶级社会里，阶级矛盾始终是社会的主要矛盾，在整个社会生活中处于支配地位，成为历史发展的直接动力。因此，马克思、恩格斯指出自从原始社会解体以来，“至今所有一切社会的历史都是阶级斗争的历史”⑤。在社会主义社会里，社会主要矛盾发生了变化。由于剥削阶级作为阶级已经消灭，阶级矛盾不再是主要矛盾，而转化为次要矛盾。阶级斗争不再在社会中处于支配地位，而退居为服从地位。社会主义社会的主要矛盾，是人民日益增长的物质文化需要同落后的社会生产之间的矛盾。阶级斗争要从属于这个主要矛盾，也就是说，阶级斗争要围绕着社会主义现代化建设展开，并为社会主义现代化建设事业的发展服务。

---

① 《学习“八大”文件参考资料》，吉林人民出版社，1956年版，第54页。
② 《毛泽东著作选读（甲种本）》，人民出版社，1965年版，第379页。
③ 《三中全会以来重要文献选编》下，人民出版社，1982年版，第841页。
④ 《三中全会以来重要文献选编》下，人民出版社，1982年版，第841页。
⑤ 《马克思恩格斯全集》第四卷，人民出版社，1958年版，第465页。

“阶级斗争还将在一定范围内长期存在。”① 历史上的阶级斗争，是“被剥削阶级和剥削阶级之间、被统治阶级和统治阶级之间”② 的斗争，是阶级对阶级的斗争。这种阶级斗争，是两个基本阶级围绕社会经济制度、政治制度的根本变革而展开的阶级对抗，必然要采用大规模的急风暴雨式的斗争方式，在全社会范围内进行。社会主义社会的阶级斗争不同了，它的对象不再是完整的剥削阶级，而是极少数敌对分子。阶级斗争“主要表现为人民同这些敌对分子的斗争”③。这种阶级斗争，不需要也不应当沿用历史上那种大规模的急风暴雨式的斗争方式，而应该严格遵循社会主义法制的原则，按照法律程序在阶级斗争存在的一定范围内进行。所谓“一定范围”，主要是指“极少数敌对分子”这个范围。由于敌对分子的破坏活动，渗透到经济、政治、思想文化和社会生活各个领域，所以，一定范围的阶级斗争，存在于社会的各个领域。我国社会主义社会的阶级斗争，除了主要表现为同极少数敌对分子的斗争以外，还表现为同台湾等地剥削阶级和国际上敌对势力的斗争。我国社会主义社会人民内部是不存在阶级斗争的。从阶级斗争的科学含义来看，一是被剥削阶级和剥削阶级之间的斗争，即完整形态的阶级斗争，这是马克思、列宁所讲的阶级斗争，是阶级斗争的第一种含义；二是人民同极少数敌对分子之间的斗争，即残余形态的阶级斗争，这是我们党对马克思主义阶级斗争理论的发展，是阶级斗争的第二种含义。在社会主义社会里，剥削阶级消灭了，人民内部再也不存在被剥削阶级同剥削阶级之间的阶级斗争了，而残余形态的阶级斗争，又是属于敌我之间的阶级斗争。所以上述两种含义的阶级斗争，都不存在于人民内部，社会主义社会“人民”这个概念，主要是指社会主义社会的工人、农民和知识分子。尽管他们之间还存在这样或那样的矛盾，但他们之间不是被剥削和

① 《三中全会以来重要文献选编》下，人民出版社，1982 年版，第 841 页。
② 《马克思恩格斯全集》第二十一卷，人民出版社，1965 年版，第 3 页。
③ 胡耀邦：《全面开创社会主义现代化建设的新局面——在中国共产党第十二次全国代表大会上的报告》，人民出版社，1982 年版，第 42 页。

剥削的关系，不存在根本的利害冲突，建设社会主义是他们的共同利益。因此，这种人民内部矛盾，不取阶级斗争形态。至于人民内部中极少数人蜕变为新剥削分子和其他敌对分子，当然不属于人民内部的范围，我们同他们的斗争，是敌我之间的阶级斗争。但是，社会主义社会人民内部还存在阶级斗争的反映或者说还存在带有阶级斗争性质的矛盾，我们必须坚持用马克思主义的阶级观点去认识和处理这些社会矛盾和社会现象。

"在某种条件下还有可能激化。"① 马克思、恩格斯曾经指出，资本主义社会无产阶级的斗争，经历从自发斗争到自觉斗争，从经济斗争到政治斗争，最后通过暴力夺取政权。这就是说，资本主义社会阶级斗争的总趋势是越来越激化，但是这种激化，并不是直线上升的，而是在波浪起伏中日益激化的。社会主义社会阶级斗争的总趋势是向缓和的方向发展的，直至最后熄灭。因为随着社会主义事业的发展，各种敌对分子的数量将是逐渐减少的，力量将是逐渐削弱的。但这种缓和，也不是直线下降的，而是时起时伏，在某种条件下还有可能激化。这里说的"某种条件"，是一个原则性的灵活性的提法。究竟阶级斗争在什么条件下激化呢？这需要根据当时国际和国内、主观和客观的具体情况，进行具体分析。

"既要反对把阶级斗争扩大化的观点，又要反对认为阶级斗争已经熄灭的观点。"② 所谓阶级斗争扩大化的观点，就是把已经处于次要矛盾地位的阶级斗争当成主要矛盾，鼓吹天天、月月、年年讲阶级斗争，处处、事事、时时讲阶级斗争。这种观点是不符合实际的。在我国社会中大多数矛盾都不属于阶级斗争的范畴，只有一小部分矛盾是属于阶级斗争或阶级斗争性质的矛盾。我们绝不能到处乱贴"阶级斗争"的标

① 胡耀邦：《全面开创社会主义现代化建设的新局面——在中国共产党第十二次全国代表大会上的报告》，人民出版社，1982年版，第42页。

② 《三中全会以来重要文献选编》下，人民出版社，1982年版，第841页。

签，任意扩大阶级斗争的范围，重犯阶级斗争扩大化的错误。所谓阶级斗争已经熄灭的观点，就是不承认或者看不见我国社会存在的一定范围的阶级斗争。这种观点也是不符合实际的。我国社会阶级斗争并没有熄灭，当前打击经济领域中的严重犯罪活动，就是阶级斗争的一个重要表现。

我们党关于社会主义社会阶级斗争的科学分析和估量，具有重大的理论意义和实践意义。它将保证我们沿着马克思主义的轨道，妥善地处理社会主义社会中的阶级斗争问题，巩固人民民主专政，发展安定团结的政治局面，开创社会主义现代化建设的新局面。

（三）

马克思在谈到他的阶级斗争理论时，是把阶级斗争同无产阶级专政紧密联系在一起的。他指出“阶级斗争必然要导致无产阶级专政”①，而无产阶级专政则是“达到消灭一切阶级和进入无阶级社会的过渡”②。这就是说，阶级斗争同无产阶级专政是不可分割的。一方面，资本主义社会无产阶级反对资产阶级的斗争，必然要发展为无产阶级夺取政权的斗争，导致无产阶级专政的建立；另一方面，无产阶级专政的历史任务是要消灭一切阶级和阶级斗争，一旦社会上阶级和阶级斗争不再存在了，无产阶级专政也就自然归于消失。因此，在马克思看来，无产阶级革命胜利后建立的无产阶级专政，是同阶级斗争相联系而存在的。

马克思所设想的共产主义社会的第一阶段即社会主义社会不存在阶级斗争，当然也就不存在无产阶级专政了。马克思认为，无产阶级专政是从资主本义到共产主义社会第一阶段的过渡时期的政权。他说：“在资本主义社会和共产主义社会之间，有一个从前者变为后者的革命转变时期。同这个时期相适应的也有一个政治上的过渡时期，这个时期的国

① 《马克思恩格斯全集》第二十八卷，人民出版社，1973 年版，第 509 页。

② 《马克思恩格斯全集》第二十八卷，人民出版社，1973 年版，第 509 页。

家只能是无产阶级的革命专政。”① 马克思在这里讲的共产主义社会，是包括它的第一阶段和高级阶段的整个社会形态的。政治上的过渡时期即无产阶级专政时期，实际上是指从资本主义到共产主义社会第一阶段这一时期。正如列宁所作的解释，“马克思说，无产阶级专政的整个时期是从资本主义到社会主义的过渡时期”②。过渡时期结束了，无产阶级专政时期也就随之结束。

列宁坚持和发挥了马克思的观点。他说：“只有承认阶级斗争、同时也承认无产阶级专政的人，才是马克思主义者。”③ 并指出：“从资本主义到社会主义过渡时期即无产阶级专政时期。”④ 列宁设想的社会主义社会也不存在阶级斗争，因而也就没有无产阶级专政了，但他明确指出社会主义社会还需要有国家。他说“需要有国家来保卫生产资料公有制，来保卫劳动的平等和产品分配的平等”⑤，这个国家只是一个迫使人们遵守法权规范的机构，所以列宁称之为“没有资产阶级的资产阶级国家”⑥ 或“非政治国家”⑦。

斯大林根据他领导苏联建设社会主义的实践经验，明确提出社会主义社会需要保留“工人阶级专政”和全部国家机器，并批评当时苏联有人提出把国家“送进古物陈列所”，是“一种糊涂观念”⑧。这无疑是对马克思主义国家学说的发展。但由于斯大林不能正确估量社会主义社会的阶级斗争问题，因而也就不能正确处理无产阶级专政问题。1937 年斯大林提出剥削阶级的残余，随着社会主义事业的发展“愈加凶恶”，1939 年他又提出“彻底消灭了剥削阶级残余”⑨，并宣布工人阶级专政

① 《马克思恩格斯全集》第十九卷，人民出版社，1963 年版，第 31 页。
② 《列宁选集》第三卷，人民出版社，1972 年版，第 857 页。
③ 《列宁选集》第三卷，人民出版社，1972 年版，第 199 页。
④ 《列宁选集》第三卷，人民出版社，1972 年版，第 741 页。
⑤ 《列宁选集》第三卷，人民出版社，1972 年版，第 252 页。
⑥ 《列宁选集》第三卷，人民出版社，1972 年版，第 256 页。
⑦ 《列宁选集》第三卷，人民出版社，1972 年版，第 224 页。
⑧ 《斯大林文选（1934—1952）》（上），人民出版社，1962 年版，第 219 页。
⑨ 《斯大林文选（1934—1952）》（上），人民出版社，1962 年版，第 221 页。

的“矛头已经不是针对国内，而是针对国外去对付外部敌人了”①，国内“实行武力镇压的职能已经消失了，消亡了”②。事实证明，消灭剥削阶级残余是比消灭剥削阶级更为困难的任务，需要很长的时间，匆忙宣布国家对内职能的消失，是不正确的，也是办不到的。在实践上，斯大林则夸大无产阶级专政的专政职能，并把国内的敌对分子、反对派分子乃至思想上不同观点的人，都作为外国派遣的间谍分子加以镇压，使社会主义民主和法制遭到严重破坏。

我们党在十一届三中全会以后，从我国社会主义社会阶级斗争的实际情况出发，把坚持人民民主专政作为四项基本原则之一。人民民主专政实质上是无产阶级专政，是适合我国国情和革命传统的一种无产阶级专政的形式。我国现阶段的人民民主专政，既不同于马、列的设想，也不同于斯大林的结论，它不仅保留对外防御外部敌人侵略的职能，而且还要保持它对内打击极少数敌对分子活动的职能和充分发挥它组织经济文化建设的职能，也不仅要保持它的专政职能，而且还要充分发挥它的民主职能。这就是说，在我们的社会主义社会，人民民主专政作为无产阶级专政的一种形式，它的各种职能，虽然发生了变化，有的减弱了，有的发展了，但都没有消失。

列宁曾经说：“马克思一贯坚持阶级斗争的学说，并把它贯彻到政权学说、国家学说之中。”③ 我国现阶段人民民主专政的政权，就是马克思主义阶级斗争学说在我国社会主义社会政治建设中的贯彻和应用。它是建立在对社会主义社会阶级斗争的科学估量上，同时它又是正确处理社会主义社会阶级斗争的有效工具。我们重视研究社会主义社会的阶级斗争，正是为了解决好现阶段的人民民主专政。胡耀邦同志在党的十二大的报告中指出：“正确认识和处理我国当前仍然存在的阶级斗争，

① 《斯大林文选（1934—1952）》（上），人民出版社，1962年版，第256页。
② 《斯大林文选（1934—1952）》（上），人民出版社，1962年版，第255页。
③ 《列宁选集》第三卷，人民出版社，1972年版，第191页。

是保障最广大人民的民主权利，对极少数敌对分子实行有效专政的一个关键。”[①] 而解决好现阶段的人民民主专政，又是为了完成消灭一切阶级和阶级斗争的历史任务。所以，我国人民民主专政同阶级斗争也是相互联系、同时并存的。

（原载于《科社研究》1983 年第 2 期）

三、社会成员结构分析：社会主义初级阶段社会阶级结构分析新范式

许：关于社会阶级结构的分析是科学社会主义的一项基本内容。最近，您提出社会成员结构分析的新提法，这是否意味着社会阶级结构分析的提法已经不适用了呢？您这样提出问题也许是出于“以阶级斗争为纲”被放弃后，人们普遍存在对谈论阶级问题逆反心理的原因吧！

李：并非如此。在社会主义初级阶段，社会阶级的存在，仍然是一个不容回避的客观事实。科学社会主义不应否定研究社会阶级结构的必要性和重要性。然而，在初级阶段中，社会阶级结构的问题不仅一般存在，而且更为深化了。有与阶级相关的阶层问题；有由于各个阶层人员之间互相渗透而产生的边缘阶层问题；还有社会群体、利益集团等等问题。所以，我们的研究工作不应停留在原有的社会阶级结构分析的水平上来继续进行这方面的探索。正因为社会阶级结构分析的概念涵盖不了除阶级之外的社会阶层、利益集团等问题，因而我主张使用社会成员结构分析的新概念，以便容纳更多的新情况、新现象。换句话说，社会成员结构分析并没有丢掉社会阶级结构分析，而只是扩充了它的研究容量。我们过去之所以屡犯“左”的错误，实行“以阶级斗争为纲”的方针，搞阶级斗争扩大化，并不是马克思主义的阶级结构分析所带来的，恰恰是由于对我国社会主义改造基本完成后阶级关系的变化、初级阶段

① 胡耀邦：《全面开创社会主义现代化建设的新局面——在中国共产党第十二次全国代表大会上的报告》，人民出版社，1982 年版，第 42 页。

的阶级结构缺乏科学的研究和实事求是的分析，也就是脱离了马克思主义阶级结构分析的轨道所造成的。在新的历史时期，要保证我国社会主义现代化建设事业排除“左”、右两种错误思想的干扰，顺利向前发展，就必须重新研究包括阶级问题在内的社会成员结构。如果以为研究社会成员结构，是为了回避阶级问题，这是误解。如果以为研究社会成员结构，又是为了搞阶级斗争，那也是不正确的，现阶段研究社会成员结构的目的则完全不在于此。

许：这样看来，您的社会成员结构分析包括三个内容：阶级、阶层、利益集团，是一种比社会阶级结构更为广泛的概念。您并且强调了两者在目的性方面的根本区别，何以见得呢？

李：可以作一下简单的参照对比。在革命年代，我们分析社会各阶级，的确是为了分清敌、我、友，解决依靠谁、团结谁、打击谁的问题，也就是为了正确地进行阶级斗争、夺取革命的胜利。而在社会主义初级阶段，社会成员结构同旧社会的阶级结构，具有根本不同的性质、特点和发展趋势。我们研究社会成员结构，是为了研究社会主义初级阶段的阶级、阶层和利益集团的结构，是为了研究剥削阶级消灭后劳动阶级、阶层的新变动、新分化、新组合，了解各阶级、阶层、利益集团的切身利益和要求，把握各阶级、阶层、利益集团的特点、作用及相互关系和演变规律，以期正确处理各阶级、阶层和利益集团之间的矛盾，充分发挥全体社会成员的积极性，为社会主义现代化建设服务。

许：既然社会成员结构分析的目的已完全不同于以往的社会阶级结构分析，这似乎意味着以往关于阶级分析的理论框架和原则、方法已经过时，完全用不上了。

李：我并不这样认为。马克思主义经典作家是社会阶级结构分析的大师，他们非常重视社会阶级和阶级结构问题。马克思、恩格斯、列宁正是从研究阶级社会特别是资本主义社会的阶级和阶级结构中，为科学社会主义奠定了基础，为无产阶级和劳动人民的革命斗争提供了正确的理论和策略。随着新技术革命的兴起，当代资本主义的新发展，发达资本主义国家的社会阶级结构确实发生了一些值得注意的变化，马克思、恩格斯和列宁关于资本主义、垄断资本主义国家阶级、阶级结构某些具体的结论和分析，已经不适用或不完全适用了，但是他们分析社会阶级、阶级结构的基本原则和方法，至今仍然是有效的。他们科学地阐明了阶级和阶级结构产生、发展和消灭的条件，认为“阶级的存在仅仅同生产发展的一定历史阶段相联系”①，“阶级的消灭是以生产的高度发展阶段为前提的”②，为了完全消灭阶级，“必须大大发展生产力”③。在社会主义初级阶段之所以还存在阶级、阶层、利益集团，从根本上说，是由我国生产力落后造成的。由于我国生产力比较落后，多层次、不平衡，决定了必然存在以公有制为主体的多种所有制形式和多种经营形式的社会经济结构，因而也必然存在一个区别于阶级社会的社会成员结构。马克思主义的社会阶级结构理论，是把划分阶级和分析阶级看成是既有联系又有区别的两件事。划分阶级只能以经济关系主要是所有制关系为依据，而分析阶级则要从分析阶级的经济地位出发，进而分析阶级的政治态度和思想状况。过去，我们在讨论阶级问题时，常常出现把阶级划分和阶级分析混为一谈的现象，以至争论不已。由于初级阶段不再重新划分阶级、阶层等，所以我们要着重进行阶级、阶层分析。概言之，我以为马克思主义经典作家关于社会阶级的存在，阶级的划分和分析的理论，是有生命力的。当然，我们也要看到，他们对社会阶级、阶级结构的分析是针对阶级对抗的社会而言的。在剥削阶级已经消灭的社会主义初级阶段，有的观点难免过时，如认为阶级是一个社会集团占有另一个社会集团的劳动的观点；有的观点的适用程度和范围已经减弱了，如生产资料所有制是阶级差别的基本标志的观点；而有的观点的作

---

① 《马克思恩格斯全集》第二十八卷，人民出版社，1973 年版，第 509 页。
② 《马克思恩格斯全集》第二十卷，人民出版社，1971 年版，第 307 页。
③ 《列宁选集》第四卷，人民出版社，1972 年版，第 11 页。

用则更加突出了，如分工是阶级存在和区分的基础的观点。顺便说一下，马克思、恩格斯关于阶级内部分层的思想特别有价值，譬如他们曾把无产阶级区分成产业无产阶级、商业无产阶级、脑力无产阶级等等，这对于今天我们对社会成员结构作分层分析，富有启发。

许：那么，依据马克思主义社会阶级结构分析的基本原则和方法，您认为现阶段我国社会成员结构是一种什么样的状况呢？

李：我想用这样一句话概括：基本的两个阶级格局，丰富的五层社会阶层结构，多元性的众多利益集团并存。这就是我关于社会主义初级阶段我国社会成员结构的“三方面说”。所谓两个阶级，就是指工人阶级和农民阶级这两个基本阶级；所谓五个社会阶层，就是指知识分子、管理者、个体劳动者、私营企业主、农民—工人这五个主要的社会阶层。至于利益集团，这是一个新问题，它是对以往我们仅仅将社会成员划分为阶级、阶层的进一步补充和发展。什么是利益集团呢？它是以某几个方面的共同利益（大致有政治共同利益、经济共同利益和文化共同利益这些方面）来界定的社会群体。从特定的意义来说，某一阶级、某一阶层，本身就是一个利益集团，但是这并不意味着利益集团就等同于阶级、阶层，否则就没有单独列出利益集团这个范畴的必要了。我所说的利益集团是有别于阶级、阶层利益，仅以共同利益为特征、标志的利益集团。它与阶级、阶层的区别在于：这种共同利益有时是包容几个阶级、阶层在内的大范围的利益；有时又只是某个阶级、某个阶层中某些成员的小范围的利益。例如，我国新时期的统一战线，它所形成的就是一个最大范围的利益集团。社会主义初级阶段的爱国统一战线，是由全体社会主义的劳动者、拥护社会主义的爱国者和拥护祖国统一的爱国者（包括台湾同胞和海外侨胞在内）组成的，因而它是一个囊括所有阶级、阶层，以振兴中华、统一祖国为共同利益而结成的一个利益集团。再如，特区利益集团，它是由生活在特区的那些社会阶层人员构成的，他们关注的是有关特区的一切共同问题。比方说，当中央制定了关于特区的某一政策、方针后，就会引起特区中的知识分子、管理者、个体劳动者和私营企业主等等各个社会阶层的强烈反应。还有，中小学教师利益集团。中小学教师无疑是属于知识分子阶层的，但是他们又能构成单独的利益集团，举例说当中央做了关于中小学教师提职提薪的政策规定时，就会引起他们比起同属知识分子阶层中其他成员的更为直接的、共同的目的。以上我只是简单枚举了几个利益集团的例子。这说明，只要以共同利益为尺度，我们就会发现我国社会存在许多不能为阶级、阶层所包含的利益集团。在这个问题上，我们还存在误区。因此，在今后的社会成员结构分析中，它是一个不可忽视的、非常细致的研究课题。

许：您分析得非常有道理，但是我觉得恐怕目前理论界对社会阶层的透视尚有许多不足之处，仍然是极不完善的，这方面的研究似乎更有迫切性。

李：的确是这样的。关于社会阶层的分析，是整个社会成员结构分析中的关键环节。目前，对社会阶层研究已构成我国理论界的热门话题。把握好社会阶层问题，才不至于使我们对阶级问题作抽象、浮泛的理解，也进一步为我们开展利益集团研究打下坚实的基础。所以，我倾向于当前应以社会阶层的研究为突破口来带动社会阶级和利益集团的研究。这是因为从它与社会阶级的关系来看，在初级阶段，阶级的存在将日益简单化，而阶级内部或与阶级相关的阶层划分则日益多样化、复杂化，不仅社会表层存在许多阶层，如产业工人、集体农民、知识分子、管理者、个体劳动者、私营企业主阶层等，而且社会的深层存在更多的社会阶层。如产业工人阶层可以进一步分成许多的层次。从产业结构来说，可分为第一产业工人、第二产业工人、第三产业工人；从企业的分类来说，可以分为国营企业的工人、乡镇企业的工人、合作企业的工人、私营企业和“三资”企业的工人；从科技水平和文化水平来说，可以分为熟练工人和低熟练、不熟练工人以及向知识分子转化的工人——知识分子边缘阶层等。集体农民这个阶层也是这样，传统的集体农民正处在大分化的过程中，从产业结构来说，可分为从事种植业、养殖业的农民和正在向工人转化的农民（指边缘阶层：农民、工人）；从经营方式来说，可分为家庭经营中的农民、合作经营中的农民、经济联合体中的农民；从科技水平来说，有各类专业户、各种能手和缺乏科学技术的农民。知识分子可分为高级知识分子、中级知识分子、初级知识分子等层次，亦可分为科技人员、教学人员、医务人员等层次。管理人员可分为高级管理人员、中级管理人员和一般管理人员等层次，亦可分为国家公务员、企业家等层次。由此可见，初级阶段阶层的分野极其丰富多彩。我们要多角度去分工，特别是要从劳动分工形成的各个职业集团去进行全方位的分析。只有作这样细化的深层分析，才能全面、深入认识我国社会主义初级阶段的阶级结构和发展趋向。再从它与利益集团的关系来看，前面我已经说过，利益集团表现为或大于阶级、阶层和或小于阶级、阶层的情况。因此，摸透了社会阶层的各部分，也就为打开利益集团之锁，寻找到一把钥匙。

许：中国正出现巨富现象，几十万元、百万元富翁的私有者不乏其人。在社会阶层分析中，争论的焦点集中在怎样看待私营企业主：他们是什么阶级属性？是否是一个剥削阶级？

李：私营企业主是同私营经济相联系的社会阶层，私营企业主的阶级属性取决于私营企业的性质。私营企业是党的十一届三中全会以来随着个体经济的恢复和发展而重新出现的，是初级阶段生产力和商品经济发展的必然产物。私营企业是存在雇佣劳动关系的企业，它在占有生产资料、以雇工劳动为基础和以追求利润为目的等方面，与资本主义企业是一致的，因而私营企业是一种资本主义经济，私营企业主也就是资产者了。但是，初级阶段的私营企业与资本主义社会的私营企业又有明显的不同。一是社会条件不同。初级阶段的私营经济，是在公有经济为主体的前提下和国家法律规定的范围内存在和发展的，它同占优势的公有经济相联系，并受公有经济的巨大影响和受人民民主专政国家的引导、监督和管理。二是社会作用不同。初级阶段的私营经济是公有经济必要的有益的补充，它的存在和发展，有利于促进生产，活跃市场，扩大劳动产业，更好地满足人民多方面的生活需要。三是企业主与雇工的关系不同。初级阶段的企业主与雇工都是社会主义社会的劳动者和国家的主人。他们是在自愿互利的条件下结合的，根本利益是一致的，他们的矛盾一般说来是人民内部矛盾。由此看来，私营企业是一种特殊的资本主义企业，私营企业者也就是特殊的资产者了。否认私营企业主是资产者或者把私营企业主同旧社会的资产者等同起来，都是不符合实际的。能否说私营企业主是一个新的资产阶级剥削阶级呢？现在看来，还不能得出这个结论。因为私营企业主人数甚多，预计他们在整个初级阶段都将存在并有较快的发展势头，但是在十亿人口的比例中仍将是很小的部分，不会形成一个大的社会集团。同时，在公有经济占主导地位和人民民主专政的条件下私营经济不能自成体系，只是一种附属经济成分。私营企业主依附性大，稳定性差，我认为，私营企业主作为新的资产者，将只会是一个社会阶层。

许：从总体上说，您认为我国社会成员结构中的各个部分，它们的主要特点、作用以及变动发展的趋势将是一种什么样的情况？

李：工农两个基本阶级占我国人口的绝大多数，他们构成劳动者的主体。他们在与之相联系的公有制的程度上，特别是社会劳动分工以及利益上还存在差别，因而还是两个相互区别的阶级。但是这样的阶级关系将日益淡化，它们之间的差别将日益缩小，它们内部的分层将日益繁多，并将导致阶级的解体。知识分子是指具有一定专业知识的脑力劳动者，他们是最敏感、最富有文化素养、在现代化建设中起着先锋骨干作用的阶层。知识分子阶层的增长会很快，它在社会主义建设中的作用也将愈来愈突出。在现代化大生产中，管理工作的好坏将直接影响劳动生产率的高低。因而，管理者阶层无疑居于核心地位。他们将由名副其实的“社会公仆”和“社会精英”所构成。农民—工人阶层是指兼有工农特点，处于由农民向工人过渡，乡村转化为城镇的一个过渡性边缘阶层，表现了农民和工人的融合趋势。总之，我认为目前我国的社会成员结构正处于由阶级向阶层发展的过程中，此种过程将会持续很长的一个阶段，呈现出各阶层稳定、扩大的状态。在这样的过程中，利益集团的结构不断孕育、发展。最终有一天使阶级、阶层结构过渡到利益集团结构。另外，考虑到“一国两制”的实行，香港、澳门和台湾回归统一的祖国，在一段时间内，还会增加剥削阶级、阶层和利益集团，但是，我国社会成员结构发展的总趋势是不可逆转的。

（原题为《多视角全方位地分析我国的社会成员结构——访李会滨教授》，原载于《社会主义研究》1989 年第 1 期）

第二章　关于经典著作的学习与思考

第一节　学习列宁主义相关论著——学习《国家与革命》第二章第三节的体会

毛泽东在学习理论、反修防修的重要指示中指出：社会主义社会还存在产生资本主义的土壤和条件，“林彪一类如上台，搞资本主义制度很容易”①。因此，号召我们“要多看点马列主义的书”②，提高识别真假马克思主义的能力，搞好防修返修斗争。

《国家与革命》是列宁在十月革命前夕写成的一部伟大的马克思主义著作。十月革命后，1918年12月《国家与革命》再版时，列宁“仅在第二章中增加了第三节”——《1852年马克思对问题的提法》。这一节，是对《国家与革命》的唯一补充，应当引起我们高度重视。列宁在这一节中，研究了马克思1852年致魏德迈的信里关于无产阶级专政理论的论述，总结了反对以考茨基为代表的第二国际修正主义斗争的经验，从理论和实践的结合上进一步阐明了无产阶级专政理论的极端重要性，彻底揭露了考茨基“口头上假意承认马克思主义而实际上卑鄙地背

① 《马克思 恩格斯 列宁论无产阶级专政》，人民出版社，1975年版，第2页。
② 《马克思 恩格斯 列宁论无产阶级专政》，人民出版社，1975年版，第2页。

弃马克思主义”① 的丑恶面目。认真学习这一节，对于我们学好无产阶级专政的理论，识别林彪一类人物，有着十分重要的意义。

在复杂的阶级斗争、路线斗争中，怎样去辨别真假马克思主义者呢？拿什么做标准呢？列宁说，“只有承认阶级斗争、同时也承认无产阶级专政的人，才是马克思主义者。马克思主义者同庸俗小资产者（以及大资产者）之间的最大区别就在这里。必须用这块试金石来测验是否真正了解和承认马克思主义。”② 列宁的这个结论，划清了马克思主义同修正主义、革命派同投降派的界限。它是对无产阶级专政理论的重大发展，为我们识别林彪一类提供了锐利武器。

列宁认为，马克思主义是重视阶级斗争的。马克思、恩格斯早在《共产党宣言》中就运用唯物主义历史观，阐述了阶级斗争的学说，指出从原始社会解体以来，“一切社会的历史都是阶级斗争的历史”③，一切社会的发展都是靠阶级斗争来推动的。作为一个马克思主义者，毫无疑问，应该承认阶级斗争，并同无产阶级和广大群众一起，积极投入到反对资产阶级和一切剥削阶级的斗争中去。那些自命为马克思主义者，而宣扬什么“阶级合作”“阶级斗争熄灭”的人，当然不是一个马克思主义者。马克思、恩格斯曾经公开声明，“将近四十年来，我们都非常重视阶级斗争，认为它是历史的直接动力，特别是重视资产阶级和无产阶级之间的阶级斗争，认为它是现代社会变革的巨大杠杆；所以我们决不能和那些想把这个阶级斗争从运动中勾销的人们一道走”④。但是，马克思、恩格斯是把阶级斗争同无产阶级专政紧密联系在一起的，正如列宁所指出的，“马克思一贯坚持阶级斗争的学说，并把它贯彻到政权学说、国家学说之中”⑤。在无产阶级夺取政权以前，马克思主义重视

① 列宁：《国家与革命》，人民出版社，1964 年版，第 28 页。
② 《列宁选集》第三卷，人民出版社，1972 年版，第 199 页。
③ 《马克思恩格斯全集》第四卷，人民出版社，1958 年版，第 465 页。
④ 《马克思恩格斯全集》第十九卷，人民出版社，1963 年版，第 189 页。
⑤ 《列宁选集》第三卷，人民出版社，1972 年版，第 191 页。

阶级斗争，是为了打碎资产阶级国家机器，建立无产阶级专政；在无产阶级夺取政权以后，马克思主义重视阶级斗争，是为了巩固无产阶级专政，消灭阶级，过渡到共产主义。就是说，搞阶级斗争是为无产阶级专政的建立、巩固和消亡服务的。因而，我们不能离开无产阶级专政来空谈阶级斗争，而必须把阶级斗争同无产阶级专政联系在一起。

无产阶级专政理论是马克思主义的精髓。马克思早在 1852 年谈到自己的学说时就明确指出："至于讲到我，无论是发现现代社会中有阶级存在或发现各阶级间的斗争，都不是我的功劳。在我以前很久，资产阶级的历史学家就已叙述过阶级斗争的历史发展，资产阶级的经济学家也已对各个阶级作过经济上的分析。我的新贡献就是证明了下列几点：(1）阶级的存在仅仅同生产发展的一定历史阶段相联系；(2）阶级斗争必然要导致无产阶级专政；(3）这个专政不过是达到消灭一切阶级和进入无阶级社会的过渡。"① 马克思的这一段话，用十分清晰明确的语言告诉我们，在马克思主义诞生以前，资产阶级学者就已经发现阶级的存在和各阶级间的斗争，马克思的学说同他们的学说的主要和根本区别在于，马克思揭露了阶级斗争的客观规律，预见到无产阶级反对资产阶级斗争的必然结局，从而提出了无产阶级对资产阶级全面专政的理论。根据马克思的这个观点，列宁得出结论，"马克思学说中的主要之点是阶级斗争。人们时常这样说，这样写。但这是不正确的"②。换句话说，马克思主义的主要之点是无产阶级的革命专政。所以，只有承认阶级斗争同时承认无产阶级专政的人，才算真正懂得马克思主义，而背叛无产阶级专政，也就完全背叛了马克思主义。为什么仅仅承认阶级斗争还不是一个马克思主义者呢？列宁进行了深刻的分析。第一，仅仅承认阶级斗争，还没有走出资产阶级思想和资产阶级政治圈子。18 世纪末和 19 世纪初，一些资产阶级学者，为了论证资本主义代替封建主义、资产阶

① 《马克思恩格斯全集》第二十八卷，人民出版社，1973 年版，第 509 页。
② 《列宁选集》第三卷，人民出版社，1972 年版，第 199 页。

级统治代替封建地主阶级统治的必然性和合理性，曾经提出了他们的阶级斗争学说。法国历史学家梯叶里、基佐、米涅等人叙述了第三等级反对封建势力之间阶级斗争的历史发展，指出 18 世纪末资产阶级革命是“这一场斗争的结局”。法国、英国经济学家杜尔哥、亚当·斯密、大卫·李嘉图等人也对现代社会“三大基本阶级”——工人阶级、资本家阶级、地主阶级进行了经济上的分析。但是，他们的阶级斗争学说是建筑在历史唯心论的基础上，是为资本主义制度服务的。他们不懂得阶级的真正起源和本质，不能揭示阶级斗争的规律，不了解阶级斗争同无产阶级专政的必然联系。他们把阶级斗争限制在资产阶级所能允许的范围内，却只承认资产阶级反对封建主的阶级斗争，不承认无产阶级反对资产阶级的斗争，尤其不承认无产阶级推翻资产阶级统治的暴力革命。谁要是仅仅承认阶级斗争，否定无产阶级专政，那他还没有走出资产阶级思想框框，还没有同资产阶级学者划清界限。第二，仅仅承认阶级斗争，用阶级斗争学说来限制马克思主义，就是割裂和歪曲马克思主义。马克思主义的阶级斗争学说与无产阶级专政学说是不能分割的。阶级斗争是无产阶级专政理论的基础，无产阶级专政是阶级斗争发展的必然结果。无产阶级反对资产阶级的阶级斗争，必然要导致无产阶级用暴力打碎资产阶级国家机器，建立无产阶级的革命专政，这是不以人们的意志为转移的。谁要是把承认阶级斗争的范围局限在资产阶级关系的领域以内，根本不去触动资本主义制度，就是说只搞经济斗争、议会斗争，反对政治斗争、暴力革命，那就限制、割裂和歪曲了马克思主义，把马克思主义变为资产阶级可以接受的东西。第三，仅仅承认阶级斗争，必然不承认在资本主义向共产主义过渡的时期，在推翻资产阶级并完全消灭资产阶级的时期有阶级斗争，取消无产阶级专政下继续革命，从而背弃无产阶级的伟大历史使命。由此可见，仅仅一般地承认阶级斗争，而不承认无产阶级专政，就彻底背叛了无产阶级，背叛了马克思主义。

无产阶级专政不是只在某些领域专政，而是要在一切领域里实行专政；无产阶级专政也不只是在某个阶段上是必要的，而是在由资本主义到共产主义之间的整整一个历史时期都是必要的。一句话，无产阶级要在一切领域、革命发展的一切阶段始终坚持对资产阶级的全面专政。列宁根据他领导无产阶级专政的革命实践，深刻论证了对无产阶级全面专政的历史必然性和必要性。他指出：在资本主义向共产主义过渡的时期，“必然是阶级斗争空前残酷、阶级斗争形式空前尖锐的时期”①。这是因为一方面，被推翻的地主资产阶级，不甘心于自己的失败。他们反抗的劲头，正由于他们的失败而增长了千百倍。他们为了夺回丧失的政权和生产资料，不顾一切地同无产阶级进行拼死的斗争。另一方面，由于社会主义社会中还存在滋生资本主义的土壤和条件，随着城乡资本主义的发展，新资产阶级分子还要产生出来。这些新产生的资产阶级分子，表现得比老资产阶级分子更为贪婪、更为凶狠。他们为了占有从未占有过的财富和取得政治上的统治，必然要用尽一切他们所能采取的手段。我们从林彪反党集团的罪恶活动中可以清楚地看到这一点。林彪反党集团不但代表了被打倒的地主资产阶级复辟的愿望，而且代表了社会主义社会中新资产阶级分子篡权的要求。他们向无产阶级的进攻达到很疯狂的程度，从经济上不择手段聚敛财富，到政治上、思想上抛出反党的政治纲领和理论纲领，直到策划反革命武装政变，充分说明了无产阶级专政下阶级斗争的残酷性和尖锐性。这种斗争的残酷性和尖锐性，表现在经济、政治和思想文化各个领域，并贯穿于社会主义的整个历史阶段。因此，无产阶级专政在一切领域、革命发展的一切阶段“都是必要的”。一个马克思主义者承认无产阶级专政就要承认对资产阶级的全面专政，坚持经济战线、政治战线和思想文化战线上的社会主义革命，逐步减少以至于最后削除产生资本主义的土壤和条件。反之，如果把无产阶级专政变得残缺不全，只在某些领域专政，不在一切领域专政，或者

① 《列宁选集》第三卷，人民出版社，1972 年版，第 200 页。

半路上停下来，只在某个阶段上专政，不在一切阶段专政，那就必然断送无数革命先烈用鲜血换来的胜利成果，使革命半途而废，那就是对马克思主义的背叛。

列宁关于区分真假马克思主义的著名论断，是针对以考茨基为代表的第二国际机会主义提出来的，是对考茨基和一切机会主义、投降主义本质的深刻揭露。考茨基曾经把自己装扮成“正统”的马克思主义者，口口声声宣传和捍卫马克思主义是他的“毕生责任”，甚至在第二国际彻底破产之后，还在那里赌咒发誓说他是“马克思主义者”。但是，只要我们用列宁提出的区分真假马克思主义的标准进行检验，就能剥去他的一切伪装，使他原形毕露。考茨基从来就不是一个真正的马克思主义者。在他前期写过的一些宣传马克思主义的小册子中，就只是抽象谈论什么“深刻的斗争”一类空话，对于马克思主义的精髓——无产阶级专政问题，则采取“回避问题、保持沉默、躲躲闪闪”的态度。当他“极端勉强”同伯恩斯坦“论战”时，竟然说什么，“关于无产阶级专政问题，我们可以十分放心地留待将来去解决”①。明明无产阶级夺取政权的历史任务已经提到日程上来，考茨基却要“留待将来去解决”，正如列宁所指出的，这不是反驳伯恩斯坦，而是说出了机会主义者的心里话，“因为机会主义者现在所需要的，恰恰是把关于无产阶级革命任务的一切根本问题都‘十分放心地留待将来去解决’”②。后来，考茨基又是如何“解决”无产阶级专政问题呢？1917 年，列宁领导俄国人民通过武装起义推翻了资产阶级统治，建立了无产阶级专政的社会主义国家。这时，考茨基大肆鼓吹“阶级斗争熄灭论”，胡说什么俄国“资本家和大地主因为受到剥夺而不再作为一个阶级存在”③，无产阶级专政不需要了。他借口俄国经济落后，反对经济战线上的社会主义革命，胡

---

① 《列宁选集》第三卷，人民出版社，1972 年版，第 263 页。

② 《列宁选集》第三卷，人民出版社，1972 年版，第 263 页。

③ 中共中央马克思 恩格斯 列宁 斯大林著作编译局资料室编：《考茨基言论》，生活·读书·新知三联书店，1966 年版，第 451 页。

说布尔什维克“不考虑俄国的落后状态，要把俄国革命按照社会主义路线进行”①，叫嚷“应当放弃国营企业”② 和“农业中的大生产”③。还攻击列宁在工资问题上所采取的限制资产阶级法权措施，与“经济要求是不相容的”④。他宣扬“抽象民主”“一般民主”，反对对敌人实行专政。胡说剥夺者是“少数”，“失去政权后，就会老老实实的服从无产阶级的多数”⑤，并攻击苏维埃政权镇压敌人的反抗是“专横”“残暴”“鄙视民主”，扬言要“保护少数”，使人人都平等地享有一切政治权利⑥。他还打着“新闻自由”“言论自由”的旗号，反对无产阶级在思想文化领域的专政，污蔑布尔什维克“把马克思主义变成国教”等等。由此可见，考茨基嘴里的“关于无产阶级专政问题，我们可以十分放心地留待将来去解决”⑦，就是要向资产阶级屈膝投降，把无产阶级专政化为乌有。在无产阶级夺取政权之前，抽象地承认阶级斗争，反对用暴力打碎资产阶级国家机器，维护资产阶级的统治。在无产阶级夺取政权之后，否认阶级和阶级斗争的存在，放弃对资产阶级的全面专政，为资本主义复辟准备条件。考茨基的叛徒嘴脸暴露无遗。同样，我们掌握了列宁关于区分真假马克思主义的标准，就能彻底撕开叛徒、卖国贼林彪“志壮坚信马列”的画皮，更清楚地看出他背叛马克思主义的狰狞面目。林彪同考茨基是一路货色。在中华人民共和国成立以前，林彪拼命鼓吹和推行右倾投降主义路线，极力反对武装夺取政权，千方百计维护国民党的

① ［德］考茨基著，骆静兰等译：《无产阶级专政》，生活·读书·新知三联书店，1958年版，第33页。

② 中共中央马克思 恩格斯 列宁 斯大林著作编译局资料室编：《考茨基言论》，生活·读书·新知三联书店，1966年版，第464页。

③ 中共中央马克思 恩格斯 列宁 斯大林著作编译局资料室编：《考茨基言论》，生活·读书·新知三联书店，1966年版，第440页。

④ 中共中央马克思 恩格斯 列宁 斯大林著作编译局资料室编：《考茨基言论》，生活·读书·新知三联书店，1966年版，第396页。

⑤ 《国家与革命》辅导材料，1972年版，第31页。

⑥ ［德］考茨基著，骆静兰等译：《无产阶级专政》，生活·读书·新知三联书店，1958年版，第74页。

⑦ 《列宁选集》第三卷，人民出版社，1972年版，第263页。

反动统治。抗日战争刚刚结束，林彪在东北大肆散布“和平”论调，胡说“要准备由武装斗争转变到非武装斗争的群众的与议会斗争，这就是目前东北形势的基本特点”①，不久，国民党发动了内战，给了林彪当头一棒。可是林彪仍然贼心不死，就在硝烟弥漫、战火纷飞的时刻，继续叫嚷“使东北与全国一齐走上和平民主的新阶段”。林彪如此狂热鼓吹“和平民主新阶段”，其目的就是要取消武装斗争，把人民武装力量拱手交给国民党反动派，去到国民党政府做官，搞所谓合法斗争、议会斗争，至于无产阶级专政，则“十分放心地留待将来去解决”。在毛主席领导全国人民打碎国民党反动派的国家机器、建立无产阶级专政以后，林彪又宣扬“阶级斗争熄灭论”，他胡说什么经过一次“文化大革命”就“把叛徒、特务、顽固不化的走资派、没有改造好的地、富、反、坏、右基本上一网打尽了，扫除了资本主义几百年、封建主义几千年的影响”，妄图取消无产阶级对资产阶级的全面专政，并在经济、政治和思想文化各个领域进行复辟资本主义的罪恶活动。在经济方面，林彪同考茨基一样，极力反对社会主义公有制。在我国基本上完成了生产资料所有制方面的社会主义改造之后，他公然叫嚷什么世界上各种生产关系中“看哪种能提高生产即用哪一种”，并指使人写了这样一段愚话：“国营不如集体，集体不如单干，单干不如黑户”，这就露骨地表明林彪要全盘改变社会主义公有制，复辟资本主义私有制。他还特别仇恨我国限制资产阶级法权的种种措施，拼命鼓吹“物质刺激”一类修正主义货色，妄图“刺激”人们去追求金钱，无限制地扩大等级差别，从而使新资产阶级暴发户——“黑户”遍地生长，瓦解社会主义的经济基础。在政治方面，林彪对于我国无产阶级专政恨得要死，他操着考茨基攻击苏维埃政权的腔调，一方面恶毒咒骂无产阶级专政是“独裁”“专制”“执秦始皇之法”；另一方面宣扬“抽象民主”“一般民主”，叫嚷要对地、

① 《批判林彪在东北解放战争时期的罪行》，辽宁人民出版社，1974年版，第6页。

富、反、坏、右，“一律给予政治上的解放”。在思想文化方面，林彪为了取消在思想文化领域对资产阶级专政，一面攻击马列主义离我们“太远”“过时”了，从根本上否定以马列主义、毛泽东思想为指导的社会主义意识形态；一面大肆宣扬孔孟之道，散布封、资、修的毒素，维护和扩大剥削阶级盘踞在思想文化领域的阵地。值得提到的是，考茨基也曾祭起孔老二这个亡灵，来污蔑苏维埃政权。他胡说什么，亚洲“诞生了孔子”这位“圣人”，所以不能以“亚洲式的社会主义”来形容苏维埃政权的“残暴”，而应该称呼苏维埃政权为“鞑靼式的社会主义”，即“暴虐的统治形式”。可见林彪同考茨基的心是相通的，他们为了开历史的倒车，都需要这个宣扬复辟、倒退、卖国的孔孟之道作为他们的精神武器。所有这一切，充分说明林彪为了推行修正主义路线，对内搞阶级投降主义，对外搞民族投降主义，既反对在一切领域对资产阶级专政，又反对在一切阶段对资产阶级专政，既在理论上恶意歪曲篡改无产阶级专政的学说，又在行动上千方百计把无产阶级专政蜕变为资产阶级专政。总之，林彪是对无产阶级专政的全面反动，是马克思主义的凶恶敌人。

当年，考茨基为了装扮成一个“正统”的马克思主义者，竭力把马克思主义的主要之点歪曲为只谈阶级斗争，而把无产阶级专政理论说成是马克思在一封信里偶然用过的“一个词”。同时他又把马克思主义的阶级斗争学说歪曲为“议会斗争”。明明马克思、恩格斯说的是无产阶级反对资产阶级的阶级斗争是“现代社会变革的巨大杠杆”，考茨基却说议会斗争“是使无产阶级上升，摆脱经济的、社会的和精神的屈辱地位的最有力杠杆”①，以此招摇撞骗，欺世盗名。今天的情况不同。随着马克思主义、列宁主义，毛泽东思想日益深入人心，随着无产阶级专政取得一个又一个的胜利，资产阶级及其代表人物也会装作承认无产阶

① ［德］考茨基，陈冬野译：《爱尔福特纲领解说》，生活·读书·新知三联书店，1963年版，第175页。

级专政的样子，甚至打着无产阶级专政的旗号，干着颠覆无产阶级专政的勾当。林彪就是这样。他表面上"顺"着无产阶级，喊着"念念不忘无产阶级专政"，骨子里却是念念不忘推翻无产阶级专政。林彪这种反革命两面派手法，反映了社会主义者中新产生的资产阶级分子的政治特点。我们必须研究他们的策略，听其言，观其行，不要被他们表面现象所迷惑，要善于识别穿上"漂亮服装"的林彪一类人物。

现在，林彪已经彻底垮台了，但产生林彪一类的社会基础还存在，马克思主义同机会主义围绕无产阶级专政问题的斗争还在继续。我们一定要"多看点马列主义的书"①，认真学好无产阶级专政理论，牢牢掌握列宁关于区分真假马克思主义的标准，及时地识别林彪一类并且战胜他们，保证我们的国家永远沿着马克思主义、列宁主义、毛泽东思想所指引的道路胜利前进！

（原题为《识别林彪一类的锐利武器——学习〈国家与革命〉第二章第三节的体会》，原载于《华中师院学报（哲学社会科学版）》1975年第4期）

第二节　学习毛泽东思想相关论著——《论人民民主专政》

中共中央《关于建国以来党的若干历史问题的决议》在谈到毛泽东对唯物辩证法的贡献时写道："毛泽东同志阐述和发挥了马克思主义辩证法的核心——对立统一规律。他指出不仅要研究客观事物的矛盾的普遍性，尤其重要的是要研究它的特殊性，对于不同性质的矛盾，要用不同的方法去解决。因此，不能把辩证法看作是可以死背硬套的公式，而必须把它同实践、同调查研究密切结合，加以灵活运用。"② 新中国诞

① 《马克思　恩格斯　列宁论无产阶级专政》，人民出版社，1975年版，第2页。

② 《中国共产党中央委员会关于建国以来党的若干历史问题的决议》，人民出版社，1981年版，第48页。

生前夜，毛泽东发表的《论人民民主专政》一文，就是一篇“灵活运用”辩证法的关于国家学说的重要著作。这篇著作，把唯物辩证法同马克思主义国家学说和我国具体实践密切结合起来，第一次全面论述了关于人民民主专政的学说，为全国胜利后国家政权建设奠定了理论基础。它提供了在政权建设工作中运用唯物辩证法阐述和发展马克思主义国家学说的光辉范例。

一、资产阶级的共和国，外国有过的，中国不能有

在世界近代史上，西方许多国家都经过资产阶级革命，推翻了封建专制制度，建立了资产阶级共和国，走上了资本主义的发展道路。半殖民地半封建的旧中国，能不能建立资产阶级共和国呢？毛泽东把矛盾的特殊性与普遍性相联结的辩证法思想，运用于研究近代中国一百多年来的历史发展，得出结论：“资产阶级的共和国，外国有过的，中国不能有”①，“总结我们的经验，集中到一点，就是工人阶级（经过共产党）领导的以工农联盟为基础的人民民主专政”②。

为什么旧中国不可能建立资产阶级共和国呢？其外部原因是帝国主义的侵略。从1840年鸦片战争起，封建的中国被外国资本主义势力强行抛出历史发展的正常轨道，逐步沦为半殖民地半封建社会。资本主义各国把中国看作是一块肥肉，谁都在啄食它。特别是资本主义发展到帝国主义阶段以后，更加紧了对中国的掠夺和控制。抗日战争前，帝国主义垄断了中国现代工业和运输业的70%以上，其中包括钢铁工业和石油工业的95%，采煤和电力工业的75%，纺织工业的60%，食品工业的一半左右，并且控制了中国几乎全部的铁路、航空、海洋运输和2/3的内河航运以及金融、保险和对外贸易。帝国主义不仅控制着中国的经济命脉，从中国人民身上榨取惊人的利润，阻碍中国民族资本主义的发

① 《毛泽东选集》第四卷，人民出版社，1960年版，第1360页。
② 《毛泽东选集》第四卷，人民出版社，1960年版，第1369页。

展，而且勾结中国的封建势力，控制中国的政权，镇压中国人民的革命斗争。帝国主义列强侵入、控制中国的目的，是要使中国永远成为它们的殖民地和半殖民地，不容许中国获得独立，走西方资本主义发展的老路。因此，从1840年鸦片战争到1919年五四运动的近80年间，我国许多先进人物如康有为、严复、孙中山等人，曾先后拜西方为师，梦寐以求在中国建立资产阶级共和国，但结果“先生老是侵略学生”①，“理想总是不能实现”②，其内部原因是中国民族资产阶级的软弱性。中国民族资产阶级是半殖民地半封建社会的资产阶级，不同于18世纪西方的资产阶级。它从诞生的那一天起，就处于帝国主义、封建主义的压制和摧残之下，经济上政治上异常软弱，没有形成为一个强大的阶级力量。一方面，它受到帝国主义的压迫、封建主义的束缚，具有一定时期一定程度的革命性；另一方面，它同帝国主义、封建主义又有千丝万缕的联系，即使在革命高潮时，也不愿意同帝国主义完全决裂，更不能割断同农村中的封建地主的联系，具有对于革命敌人的妥协性。因此，这个阶级及其政治代表人物不可能提出一个彻底的反帝、反封建的革命纲领，“缺乏足够的勇气，并且有不少人害怕民众”③。这就决定了它无力领导中国反帝、反封建的资产阶级革命取得成功。1911年，中国民族资产阶级领导了具有伟大历史意义的辛亥革命，建立了中国历史上第一个资产阶级共和国。但这个共和国只是昙花一现，旋即被帝国主义豢养的走狗——大地主大买办阶级的总代表袁世凯扼杀在摇篮里。事实证明，中国人民反帝、反封建的革命任务，只有无产阶级领导的、人民大众的新民主主义革命才能完成。而新民主主义革命的胜利，就必然导致人民民主专政的共和国的诞生。所以，资产阶级共和国在中国，是没有立足之地的。

① 《毛泽东选集》第四卷，人民出版社，1960年版，第1359页。
② 《毛泽东选集》第四卷，人民出版社，1960年版，第1359页。
③ 《毛泽东选集》第四卷，人民出版社，1960年版，第1368页。

中国民族资产阶级虽然无力建立一个资产阶级共和国，但它要在中国建立资产阶级共和国的幻想是始终存在的，而且这种幻想，在我们党领导的新民主主义革命时期也一再表现出来。在北伐战争期间，民族资产阶级就企图在这个战争胜利的基础上，建立资产阶级专政。毛泽东在《中国社会各阶级的分析》中进行了驳斥，指出“这个阶级的企图——实现民族资产阶级统治的国家，是完全行不通的”①。不久，蒋介石发动“四一二”反革命政变，建立了新的独裁、卖国的大地主大资产阶级的专政，宣告了民族资产阶级的幻想的破灭。当中国革命即将取得全国胜利的时候，民族资产阶级的代表人物又极力鼓吹所谓“第三条道路”，即建立资产阶级专政。毛泽东在《论人民民主专政》中作了严厉批判，指出“中国人不是倒向帝国主义一边，就是倒向社会主义一边，绝无例外。骑墙是不行的，第三条道路是没有的”②。1949年，中国建立了以工人阶级为领导的、以工农联盟为基础的人民民主专政国家，走上了社会主义的道路，宣告了民族资产阶级的幻想的彻底破灭。毛泽东在谈到中国历史发展的这种必然结果时写道：“就是这样，西方资产阶级的文明，资产阶级的民主主义，资产阶级共和国的方案，在中国人民的心目中，一齐破了产。资产阶级的民主主义让位给工人阶级领导的人民民主主义，资产阶级共和国让位给人民共和国。”③

二、民主与专政的辩证关系

毛泽东运用对立统一规律解释了人民民主专政的科学概念，阐明了民主和专政的辩证关系。他指出：“对人民内部的民主方面和对反动派的专政方面，互相结合起来，就是人民民主专政。”④ 这就是说，人民民主专政是对人民的民主方面和对敌人的专政方面的对立统一。一方

① 《毛泽东选集》第一卷，人民出版社，1952年版，第4页。
② 《毛泽东选集》第四卷，人民出版社，1960年版，第1362页。
③ 《毛泽东选集》第四卷，人民出版社，1960年版，第1360页。
④ 《毛泽东选集》第四卷，人民出版社，1960年版，第1364页。

面，民主和专政两个方面是对立的。它们之间有着严格的区别，不能混淆和颠倒。民主的对象包括全体人民，专政的对象只是少数阶级敌人。专政不适用于人民内部，民主也不能扩大到阶级敌人。否则，人民民主专政就会失去它本来的含义。另一方面，民主和专政两个方面是统一的。它们双方互相依存，共处于人民民主专政政权的统一体中。在人民内部实行民主，就意味着对敌人实行专政；反过来说，对敌人实行专政，也就意味着在人民内部实行民主。没有民主就无所谓专政，没有专政也就无所谓民主，双方各以对方作为自己存在的前提。民主和专政两个方面又是互相促进的。人民民主是对敌人专政的基础，只有充分发扬人民民主，才能形成强大的阶级统治力量，对敌人实行有效的专政；而对敌人专政则是人民民主的保障，也只有对敌人实行强有力的专政，才能保障人民享受充分的民主权利。因此，民主和专政两个方面，不可分割，不能偏废，必须互相结合起来。

毛泽东关于对人民内部的民主方面和对敌人的专政方面互相结合起来的论述，从哲学的高度阐明了我国人民民主政权的性质、内容和职能，揭示了它的巩固和发展的规律，丰富了马列主义的无产阶级专政学说。无产阶级专政的历史表明，坚持把民主和专政两个方面互相结合起来，无产阶级专政就巩固、发展；反之，无产阶级专政就必然要受到削弱和破坏。巴黎公社作为人类历史上第一个无产阶级政权，它本身包括对人民的民主和对敌人的专政两个方面，但这个政权未能正确处理民主和专政的关系。它强调民主，对残暴的敌人表现了过分的宽大，没有充分利用政权镇压反革命的破坏活动，因而这个政权是不稳固的。公社成立不久，马克思就预料到它不可避免的失败，并且说："如果他们将来战败了，那只能归咎于他们的'仁慈'。"① 十月革命后诞生的苏维埃政权，是新型民主和新型专政相结合的政权。但后来，它在肃反中犯了扩

① 《马克思恩格斯全集》第三十三卷，人民出版社，1973 年版，第 207 页。

大化的错误，冤枉了许多忠诚的共产主义者和善良的公民，破坏了社会主义民主和法制，导致苏维埃政权的严重削弱。我国人民民主专政建立后，曾经较好地把对人民的民主和对敌人的专政互相结合起来，迅速得到巩固和发展，保障了社会主义革命和建设事业的顺利进行。但在我国生产资料私有制的社会主义改造基本完成、剥削阶级作为阶级消灭之后，它忽视了发扬和扩大人民民主，更没有把民主制度化、法律化，而过分强调阶级斗争，致使混淆了敌我，扩大了打击面。这种错误，在"文化大革命"期间，发展到非常严重的程度。林彪、"四人帮"乘机鼓吹"全面专政"，乱树专政对象，乱用专政手段，残酷打击、迫害广大干部和群众，结果人民民主遭到严重践踏，专政的性质和内容也发生改变，我国人民民主专政的民主和专政两个方面都受到极大的破坏。粉碎"四人帮"后，特别是党的十一届三中全会以来，我们党认真总结了人民民主专政的历史经验，重申坚持人民民主专政的民主和专政两方面的政治职能，并逐步推行政治制度的改革，从而使我国人民民主专政又重新走上了健全发展的道路。

从毛泽东关于人民民主专政的学说和三十多年的实践来看，人民民主专政怎样才能把对人民的民主方面和对敌人的专政方面互相结合起来呢？

首先，要严格区分和正确处理敌我矛盾和人民内部矛盾。毛泽东关于两类社会矛盾的学说，是马克思主义发展史上的新创造，也是人民民主专政学说的重要组成部分。它为人民民主专政正确实行民主和专政两方面的结合，奠定了科学基础。为了分清两类不同性质的矛盾，毛泽东对人民和敌人的概念，作了历史的、阶级的分析，指出："人民这个概念在不同的国家和各个国家的不同的历史时期，有着不同的内容。"①在我国，人民民主专政建立的初期，人民包括工人阶级、农民阶级、小

① 毛泽东：《关于正确处理人民内部矛盾的问题》，人民出版社，1964年版，第1页。

资产阶级和民族资产阶级，而敌人则是指帝国主义的走狗，即地主阶级、官僚资产阶级以及代表这些阶级的国民党反动派。可见，我国人民民主专政从它诞生时起，民主的范围就十分广泛。在马列的无产阶级专政思想中，资产阶级是专政对象，而毛泽东从我国的国情出发，把中国资产阶级分为官僚资产阶级和民族资产阶级两部分。官僚资产阶级是人民民主政权的专政对象，民族资产阶级则是人民民主政权的民主对象。事实证明，我们把民族资产阶级同工人阶级的矛盾当作人民内部矛盾来处理，这对于用和平方式完成对民族资产阶级的物和人的改造，即变资本主义私有制为社会主义公有制、变剥削者为劳动者，是十分有利的。这是无产阶级专政史上的一个创举。在剥削阶级作为阶级消灭以后，人民的范围进一步扩大，敌人的范围又进一步缩小。在现阶段，一切社会主义的劳动者和拥护社会主义的爱国者，都属于人民的范围，而敌人只是极少数剥削阶级残余分子。我们只有从不同的国家和各个国家的不同历史时期去把握人民和敌人的概念，才能分清两类不同性质的矛盾，准确地规定民主和专政的对象。不同性质的矛盾，要用不同的方法去解决，这是辩证法的基本要求。对于敌我矛盾，必须采用专政的方法去解决。但专政的方法并不等于镇压。毛泽东说："对于反动阶级和反动派的人们，在他们的政权被推翻以后，只要他们不造反，不破坏，不捣乱，也给土地，给工作，让他们活下去，让他们在劳动中改造自己，成为新人。"① 我们这样做，表现了无产阶级改造社会，改造人类的伟大胸怀。它促使反动阶级和反动派中许多人认真改造，重新做人，有利于化消极因素为积极因素，有利于人民民主专政的巩固。对于人民内部矛盾，必须采用民主的方法去解决。所谓民主的方法，就是讨论的方法、批评的方法、说服教育的方法，而不是强制的、压服的方法，人民自己的国家，绝对不能把专政的方法用于人民内部，人民不能自己对自己专

① 《毛泽东选集》第四卷，人民出版社，1960 年版，第 1365～1366 页。

政。在人民民主专政下面，我们坚持采用民主和专政两种不同的方法，来解决两类不同性质的矛盾，也就保证了民主和专政两方面的正确结合。

其次，要正确估量社会阶级关系和阶级斗争状况。无产阶级取得政权以后，随着社会主义革命和社会主义建设事业的发展，阶级关系和阶级斗争状况将不断发生变化。人民民主专政作为工人阶级手里进行阶级斗争的工具，必须经常地对阶级关系和阶级斗争状况的变化作出客观的、符合实际的估量。我国社会由新民主主义到社会主义的转变时期，人民民主专政所以能够正确处理民主和专政的关系，其原因就在于我们党和毛泽东对于这个时期的阶级结构、主要矛盾和阶级斗争，有了清醒的认识。我国生产资料私有制社会主义改造基本完成以后，社会阶级关系和阶级斗争状况发生了深刻的变化。党的八大和毛泽东曾经对于这个变化作了科学的分析，可是后来却重申无产阶级和资产阶级的矛盾是我国社会的主要矛盾，提出“以阶级斗争为纲”的错误方针，不停顿地开展政治运动，结果把许多人民内部矛盾当作敌我矛盾来处理，导致了阶级斗争扩大化，破坏了人民民主专政的民主方面和专政方面的正确结合。党的十一届三中全会以来，我们党重新确认剥削阶级作为阶级已经消灭，但阶级斗争还将在一定范围内长期存在；我国社会的主要矛盾不是阶级矛盾，而是人民日益增长的物质文化需要同落后的社会生产之间的矛盾；既要反对阶级斗争扩大化的观点，又要反对阶级斗争已经熄灭的观点。这就为人民民主专政把民主和专政两方面互相结合起来，创造了政治前提。

再次，要健全社会主义法制。社会主义法制是保护人民民主，打击阶级敌人的有力武器。为了保证民主和专政两方面的结合不受到破坏，必须制定体现工人阶级和广大人民意志的宪法和贯彻宪法的一系列法律，并且使宪法和法律具有至高无上的权威，成为任何人都必须严格遵守的不可侵犯的力量。一方面，用法律条文把社会主义民主的内容固定下来，使民主法律化、制度化，保障人民的民主权利不受侵犯；另一方面，按照法律和法律程序，打击各种敌对分子的破坏活动。敌对分子在什么地方、什么范围内进行破坏活动，我们就按照法律和法律程序，在什么地方、什么范围内予以制裁。实践证明，人民民主政权，只有依法办事，才能正确、有效地实行对人民的民主和对敌人的专政。

三、加强人民民主专政，正是为它的消亡创设条件

唯物辩证法是最完整深刻而无片面性弊病的关于发展的学说，它不承认任何永恒不变的事物存在，“在对现存事物的肯定的理解中同时包含对现存事物的否定的理解，即对现存事物的必然灭亡的理解”①。正是从这种发展观出发，毛泽东不仅论证了人民民主专政产生、发展的历史必然性，而且指出了人民民主专政消亡的历史必然性。他说：“全世界共产主义者比资产阶级高明，他们懂得事物的生存和发展的规律，他们懂得辩证法，他们看得远些。”②“阶级消灭了，作为阶级斗争的工具的一切东西，政党和国家机器，将因其丧失作用，没有需要，逐步地衰亡下去，完结自己的历史使命，而走到更高级的人类社会。”③毛泽东在这里阐发了恩格斯关于“国家不是‘被废除’的，它是自行消亡”④的著名论断，强调人民民主专政消亡的自发性和渐进性，指明了中国和人类灿烂的远景。

工人阶级掌握政权以后，能不能够立刻消亡国家呢？绝对不能。十月革命后，俄国有人提出“消亡”无产阶级专政的谬见，列宁批评说：在无产阶级专政刚刚建立就侈谈“消亡”，这等于“混淆人的生的‘过程’和死的‘过程’”⑤。我国人民民主专政即将在全国范围内建立的时

① 《马克思恩格斯全集》第二十三卷，人民出版社，1972年版，第24页。
② 《毛泽东选集》第四卷，人民出版社，1960年版，第1357～1358页。
③ 《毛泽东选集》第四卷，人民出版社，1960年版，第1357页。
④ 《马克思恩格斯全集》第二十卷，人民出版社，1971年版，第306页。
⑤ 列宁：《对布哈林“过渡时期的经济”一书的评论》，人民出版社，1958年版，第40页。

候，也有人问："你们不是要消灭国家权力吗?"① 毛泽东针对这个问题做了明确的回答："我们要，但是我们现在还不要，我们现在还不能要。"② 毛泽东认为，在国外存在帝国主义和剥削制度、国内存在阶级和阶级斗争的情况下，人民民主专政不能消亡，而且在一定时期还应该加强，而加强人民民主专政的本身，正是为着它将来的消亡创造条件。这是因为，国家的消亡是同阶级的消灭联系在一起的。只有加强人民民主专政，使它不断地巩固和完善，才能完成无产阶级专政的各项历史任务，使我国"稳步地由农业国进到工业国，由新民主主义社会进到社会主义社会和共产主义社会，消灭阶级和实现大同"③。因此，人民民主专政的加强与消亡，不是不相容的，而是辩证的统一。

工人阶级领导全体人民消灭了剥削阶级、建立了社会主义制度以后，能不能消亡或者削弱国家呢？根据社会主义在今天的实践，也不能。四十多年前，苏联宣布消灭了剥削阶级、进入社会主义社会时，有人提出要把"这个国家废物全部扔掉"或者说"送进古物陈列所"。斯大林指出这是"一种糊涂观念"④。他认为，国家消亡不能脱离国际条件，只要帝国主义还存在，社会主义国家就不能消亡，只是"国内实行武力镇压的职能已经消失了，消亡了，因为剥削制度已被消灭，剥削者已不存在，再没有什么人需要镇压了"⑤。斯大林坚持在社会主义社会"保留"工人阶级专政⑥，无疑是对马克思主义国家学说的发展，但他在国内还存在阶级斗争的情况下，匆忙宣布国家对内专政职能的消失，是不符合实际的，也是办不到的。同时，斯大林在研究国家对内职能的变化时，只把国家的发展同专政联系在一起，而没有把国家的发展同民

---

① 《毛泽东选集》第四卷，人民出版社，1960年版，第1364页。
② 《毛泽东选集》第四卷，人民出版社，1960年版，第1364～1365页。
③ 《毛泽东选集》第四卷，人民出版社，1960年版，第1365页。
④ 斯大林：《列宁主义问题》，人民出版社，1964年版，第699页。
⑤ 斯大林：《列宁主义问题》，人民出版社，1964年版，第705页。
⑥ 斯大林：《列宁主义问题》，人民出版社，1964年版，第616页。

主联系在一起，以致忽视社会主义国家民主的发展，结果国家不仅不能消亡，反而招来严重的后果：国家权力过分集中，官僚主义恶性发展，社会主义法制遭到破坏。鉴于国际国内无产阶级专政的历史经验，我们党重申坚持人民民主专政即无产阶级专政，这比斯大林提出的“保留”工人阶级专政更加明确、完整和符合我国的国情。坚持人民民主专政，不仅要坚持它的对外职能，而且还要坚持它的对内职能。尽管我国剥削阶级作为阶级已经消灭，总的说来，人民民主专政镇压敌人反抗的任务，会逐渐减少。但是，由于国内的因素和国际的影响，我国社会的阶级斗争还将在一定范围内长期存在，在某种条件下还有可能激化。因此，人民民主专政的对内专政职能也要随之长期存在，万万消亡不得的。而坚持对敌人的专政，打击他们的破坏活动，并把他们中的多数改造成为新人，进而消灭剥削阶级的残余势力，又是国家消亡所必需的。坚持人民民主专政，不仅要坚持它的专政方面的职能，而且要坚持和发展它的民主方面的职能。社会主义国家是人民当家作主的国家，随着社会主义事业的发展，要不断扩大人民的民主权利，逐步建设高度民主的政治制度。民主愈充分、愈完全，国家也就愈接近消亡。坚持人民民主专政，还包括充分发挥它的组织经济文化建设的职能，尽快地把我国建设成为社会主义现代化强国。实现四个现代化，是现阶段我国人民的中心任务，人民民主专政作为组织经济文化建设的职能，不仅不可消亡，而且必须大大加强。也只有这样，使我国生产力获得高度发展，人民民主专政才能彻底完成消灭阶级的任务，完结自己的历史使命而自然地归于消灭。由此可见，我们坚持人民民主专政，执行它的各项职能，恰恰是它将来消亡的条件。毛泽东指出：“我们和资产阶级政党相反。他们怕说阶级的消灭，国家权力的消灭和党的消灭。我们则公开声明，恰是为着促使这些东西的消灭而创设条件，而努力奋斗。共产党的领导和人民专政的国家权力，就是这样的条件。”① 这正是无产阶级国家政权发

① 《毛泽东选集》第四卷，人民出版社，1960年版，第1357页。

展的辩证法。

毛泽东的《论人民民主专政》一文所包含的辩证法思想，是十分丰富的。本文只是就其中的三个问题，谈了自己的学习心得。毫无疑义，认真研究该文中辩证法思想在国家学说中的创造性运用，对于我们完善人民民主专政的国家制度，搞好政权建设，是十分必要的。

写于1982年7月

（原题为《唯物辩证法在国家学说中的运用和发展——读〈论人民民主专政〉》，原载于《社会主义文集》，湖北人民出版社2004年版）

第三节 学习邓小平理论相关论著——读《邓小平文选》第三卷

《邓小平文选》第三卷，编入的是1982—1992年间邓小平的主要著作。这10年，国际局势发生了剧烈变动。由于东欧剧变特别是苏联解体和演变，世界社会主义事业遇到严重挫折，社会主义运动处于新的低潮。在《邓小平文选》第三卷中，邓小平运用辩证唯物主义与历史唯物主义的世界观和方法论，科学地总结了世界社会主义运动的历史经验，分析了苏东演变后国际格局的大变动和社会主义运动的新形势，制定了新的国际战略，并回答了人们思想上普遍存在的疑虑和困惑。邓小平高瞻远瞩地指出："一些国家出现严重曲折，社会主义好像被削弱了，但人民经受锻炼，从中吸收教训，将促使社会主义向着更加健康的方向发展。"① 学习《邓小平文选》第三卷，使我们深刻认识到，当代社会主义运动遭受挫折，只是历史长河中的暂时现象，社会主义必将从低谷中奋起，逐步走上复兴之路。

---

① 《邓小平文选》第三卷，人民出版社，1993年版，第383页。

一、哪有这回事

苏东演变后，如何认识马克思主义、社会主义，是一个重大的现实问题。有人认为，社会主义在苏东的失败，就是马克思主义的失败、社会主义的失败。邓小平批评了这种错误观点。他说："我坚信，世界上赞成马克思主义的人会多起来的，因为马克思主义是科学。它运用历史唯物主义揭示了人类社会发展的规律。"① 又说：一些社会主义国家出现了严重的曲折，但"不要认为马克思主义就消失了，没用了，失败了。哪有这回事！"②

马克思主义是科学。马克思主义以前的思想家，用人们的思想动机来解释历史变动的最终原因，于是历史就成了一幅杂乱无章的由偶然事件堆积的图画。马克思、恩格斯则从物质资料生产方式中寻找社会发展的最终原因，发现唯物主义历史观。从此，"人们过去对于历史和政治所持的极其混乱和武断的见解，为一种极其完整严密的科学理论所代替"③。这一科学理论告诉我们，社会的发展首先是生产力的发展，生产力发展到一定阶段，旧的生产关系便不能同它相适应了，于是人们便要改变旧的生产关系，当生产关系即经济基础变革后，上层建筑也要随之发生变革。人类社会就是这样从低级社会形态向高级社会形态发展的。因此，生产力是一切社会发展的最终决定力量，生产关系一定要适应生产力的性质和水平是人类社会发展的根本规律。在资本主义社会里，生产力与生产关系的矛盾，直接体现为生产社会化与资本主义私人占有之间的矛盾。资本主义生产力是社会化的生产力，具有无限扩大的趋势，它与资本主义私人占有之间的矛盾日益尖锐。用生产资料公有制代替生产资料私有制，用社会主义代替资本主义，是现代生产力发展的

---

① 《邓小平文选》第三卷，人民出版社，1993年版，第382页。
② 《邓小平文选》第三卷，人民出版社，1993年版，第383页。
③ 《列宁选集》第二卷，人民出版社，1972年版，第443页。

客观要求，是生产关系一定要适应生产力的性质和水平的根本规律作用的必然结果。

苏联东欧社会主义的失败，是历史前进中暂时的曲折。它没有否定马克思主义历史唯物论，也没有改变历史发展的方向。人类历史的发展是前进性与曲折性的统一。人类社会发展的基本趋势是前进和上升运动，但这种前进和上升并不是直线的，而是波浪起伏式前进、螺旋式上升的。人类社会每一个进步，社会主义制度每一次变革，无不经历曲折反复的斗争。正如邓小平所指出的，“封建社会代替奴隶社会，资本主义代替封建主义，社会主义经历一个长过程发展后必然代替资本主义。这是社会历史发展不可逆转的总趋势，但道路是曲折的”①。曲折性是人类社会发展过程中的客观现象。“把世界历史设想成一帆风顺的向前发展，不会有时向后作巨大的跳跃，那是不辩证的，不科学的，在理论上是不正确的。”历史上，资本主义代替封建主义的几百年间曾几经曲折，发生许多次王朝复辟。从一定意义上说，一些社会主义国家出现曲折甚至倒退，也是难以完全避免的规律性现象，但这种曲折和倒退本身，又孕育着进一步更大发展的条件。历史向我们展示了这样一个发展过程：社会主义运动每前进一步，都是在曲折中实现的，每一次大的曲折之后，都伴随着社会主义发展的一次大的飞跃。我们相信，经过苏东演变这次严峻考验的社会主义，必将走上健康发展的道路。那种认为苏东演变后，马克思主义及社会主义就“消失了、没用了、失败了”，无疑是短视之见。

东欧演变并没有消除资本主义固有的矛盾，改变资本主义的历史命运。二战后四十多年来，资本主义发达国家由于新技术革命和对生产关系的局部调整，使生产力有了很大的发展，但它没有也不可能消除资本主义的基本矛盾，因而资本主义经济危机和衰退不可避免。20 世纪 80

---

① 《邓小平文选》第三卷，人民出版社，1993 年版，第 382～383 页。

年代末 90 年代初，正当资本主义国家出现战后以来最为严重的经济衰退时，发生了东欧剧变、苏联解体。西方国家曾经欣喜若狂，指望苏东演变有助于缓解资本主义矛盾，能使它们尽快地摆脱困境，结果落空了。西方国家这次经济衰退，其持续时间之长、生产下降幅度之大，经济回升之乏力，出乎大多数西方学者的预料。直到 1993 年，欧洲许多国家经济增长率仍为负增长，其中德国－0.9％，法国－0.7％，意大利－0.2％，瑞典－2％。其他西方国家为低速增长，美国 2.6％，英国 1.8％，日本 1％。1994 年以来，西方国家相继走出经济衰退，步入新的发展周期。但由于资本主义基本矛盾的不可克服，新的危机的到来也是为期不远的。当前，由于两极格局结束，西方国家内部凝聚力骤减，矛盾突出。美、日、欧之间都在加紧调整内外政策和相互关系，争夺它们在未来世界格局的最佳位置，构筑有利于自己的经济、政治和安全秩序。俄罗斯同美国和其他西方国家之间旧的矛盾未完全消除、新的争斗日益加剧。同时，不发达国家同发达国家之间的矛盾、西方国家内部劳资矛盾依然存在和发展。在事实面前，西方学者也承认，“马克思不朽的历史唯物主义似乎保持了惊人的魅力”，“马克思所描述的资本主义的那些矛盾仍然存在”。

二、要善于总结经验

在《邓小平文选》第三卷中，邓小平的许多重要讲话和谈话，科学总结了当代社会主义运动的历史经验，特别是社会主义国家现代化建设的历史经验。虽然这些讲话谈话，不都是针对东欧剧变讲的，但它反映了社会主义事业兴衰成败的一般规律，因而也就有助于我们深刻认识东欧剧变的原因和历史教训。

（1）“在社会主义国家，一个真正的马克思主义政党在执政以后，一定要致力于发展生产力，并在这个基础上逐步提高人民的生活水平。”① 苏

① 《邓小平文选》第三卷，人民出版社，1993 年版，第 28 页。

联社会主义70年中，前40年经济发展很快，取得了成功；后30年则出现经济停滞和衰退。从60年代起，苏联经济增长势头开始减慢，进入70年代，经济增长呈下降的趋势，到80年代第十个五年计划（1981—1985年）期间，国民生产总值的年增长率分别为5.1%、3.1%、2.2%、1.3%、0.9%，经济发展实际上处于停滞状态。这主要是体制上的原因，也有发展战略上的失误。苏联从20年代到80年代，始终把重工业尤其是军事工业放在优先发展的地位，忽视轻工业和农业的发展。据80年代初的统计材料，苏联工业投资85%以上用于重工业和军事工业。如果说在二三十年代严峻的国际环境下，采取这种服务于军事化经济发展战略是必要的话，那么到了60年代以后和平与发展逐渐上升为世界主题的历史条件下，再实行这种发展战略就铸成大错了。结果苏联军事力量空前膨胀，成为军事上的超级大国，然而整个国民经济畸形发展，形成重重工业、轻轻工业和农业以及忽视人民消费的不合理经济结构，造成工农业之间、生产资料与消费资料之间、积累与消费之间比例长期严重失调，人民生活水平下降。苏联社会主义由此失去吸引力、凝聚力和竞争力。

（2）“不改革就没有出路。”① 十月革命后，列宁开始探索俄国建设社会主义的道路。1921年春，列宁制定新经济政策，提出了许多有价值的思想、政策和措施，但列宁逝世后不久，斯大林便宣布结束新经济政策。在斯大林的领导下，到了30年代，苏联已形成了高度集中的计划经济体制，以及相适应的高度集权的政治体制。这种体制，是在当时特殊的国际环境下形成的，曾起过重要的历史作用。它有利于苏联集中人力、物力、财力高速度实现社会主义工业化，在经济上迅速赶上和超过许多资本主义发达国家，并为苏联在第二次世界大战中取得反法西斯战争的胜利提供了重要的物质保证。但随着二战结束后国际形势的变

① 《邓小平文选》第三卷，人民出版社，1993年版，第237页。

化，新技术革命的兴起，这种体制日益僵化。东欧社会主义国家在建国初期都照搬了苏联的经济政治体制，也起过积极作用，但发挥积极作用的时间很短。在这种体制下，苏东国家整个经济活动，都纳入指令性计划的轨道，而国家计划的实施，主要靠自上而下的行政措施来保证，排斥市场机制，否定价值规律和经济杠杆的作用，使国家经济生活失去活力和效益。苏东国家政治生活中权力过分集中，个人迷信、个人专断盛行，官僚主义严重，民主和法制遭到破坏。苏联肃反严重扩大化，民族关系、矛盾处理不当而引发的政治、社会等问题，都同这种集权体制有着直接的关系。所以，改革传统的僵化的体制，建立充满生机与活力的社会主义体制，是社会主义自身存在和发展的需要，是 20 世纪社会主义历史进程中提出的迫切任务，不改革是没有出路的。苏东演变，并非是改革造成的，而是由于改革的指导思想、方针政策和步骤失误并导致"改向"所致。事实说明，社会主义国家不改革是一条死路，如果改革发生"改向"也是一条死路。

（3）"革命和建设都要走自己的路。"① 苏东社会主义的失败同教条主义有着历史联系。教条主义主要表现在：一是把马克思主义书本当教条。长时期以来，苏东国家在建设社会主义的过程中，不是坚持马克思主义为指导，从本国的实际出发，运用马克思主义的基本原则和基本方法，探索解决所面临的新问题，而是脱离实际生活，从"本本"出发，把马克思主义创始人关于未来社会的某些设想如实行单一公有制、计划经济、取消商品货币和市场经济等，当成社会主义万古不变的教条加以固守，使本国社会主义建设事业屡遭挫折。二是照搬别国的模式。苏联领导人把苏联模式绝对化、神圣化，当作标准的社会主义模式，向社会主义各国推广，并把它作为区分真假马克思主义、真假社会主义的分水岭。东欧各国领导人则长期屈从于苏联的压力，不顾本国国情、传统和

① 《邓小平文选》第三卷，人民出版社，1993 年版，第 94 页。

民意，生搬硬套苏联模式。苏联和东欧社会主义，就是被这种僵化模式窒息而亡的。有人说教条主义害了社会主义，并不为过，而是事实。苏东国家社会主义要说“失败”的话，那绝不是马克思主义、社会主义的失败，而只能是教条主义、苏联模式的失败。邓小平在谈到这个问题的历史经验时指出：“我们历来主张世界各国共产党根据自己的特点去继承和发展马克思主义，离开自己国家的实际谈马克思主义，没有意义。”① 又说：“每个国家的基础不同，历史不同，所处的环境不同，左邻右舍不同，还有其他许多不同。别人的经验可以参考，但是不能照搬。”②“照抄照搬别国经验、别国模式，从来不能得到成功。”③

（4）“关键是我们共产党内部要搞好。”④ 苏东演变的原因是多方面的，但关键还是执政的共产党内部出了问题。邓小平早就说：“一个国家的革命，核心问题是党。有了一个好党才能引导革命走向胜利。革命胜利后，搞社会主义也要靠一个好党，否则胜利就靠不住。”⑤ 苏共曾经是一个好党，有着光荣的历史，受到人民的拥护和爱戴，但后来逐渐蜕变，丧失了工人阶级先锋队的性质，失去人民的支持。苏联演变，有内因和外因，主要是内因，而内因关键又在共产党内部。苏联演变，实际上是从共产党内部演变开始，而苏共演变又是从党和国家一部分干部特别是高层领导人的演变开始。苏共主要领导人，长期不抓党的思想、组织和作风建设，削弱以至取消党的领导作用，致使党内思想混乱，组织涣散，腐败成风。有人认为，苏联在勃列日涅夫时期，已经形成了一个官僚特权阶层，到戈尔巴乔夫时期又有发展。这个特权阶层主要是由党和政府中的官僚构成。他们利用手中的权力，侵吞国家资财，贪污受

① 《邓小平文选》第三卷，人民出版社，1993年版，第191页。

② 《邓小平文选》第三卷，人民出版社，1993年版，第265页。

③ 《邓小平文选》第三卷，人民出版社，1993年版，第2页。

④ 《邓小平文选》第三卷，人民出版社，1993年版，第381页。

⑤ 中共中央统一战线工作部中共中央文献研究室编：《邓小平论统一战线》，中央文献出版社，1991年版，第123页。

贿，结党营私，腐化堕落，同广大党员、群众处于对立的地位。尽管苏共党内许多党员对于腐败现象进行过揭发和斗争，但由于缺乏有效的监督机制，腐败现象不仅得不到遏制，反而在社会上广泛蔓延。结果，1991年“8·19”事件后，苏共顷刻瓦解，西方反共势力“不战而胜”。

恩格斯说：“伟大的阶级，正如伟大的民族一样，无论从哪方面学习都不如从自己所犯错误的后果中学习来得快。”① 苏东演变的历史教训，将从反面教育共产党人和广大人民，引起坚持社会主义道路的国家的警醒。

三、把中国的事情做得更好

面对东欧剧变，苏联解体，世界动荡不安，邓小平提出我们的战略方针是：立足于“把中国的事情做得更好”②。他反复告诫我们：不管国际风云如何变幻，“埋头实干，做好一件事，我们自己的事”③。又说：“综观全局，不管怎么变化，我们要真正扎扎实实地抓好这十年建设，不要耽搁。这十年时间能够实现第二个翻番，就是我们最了不起的胜利。”④“只要中国社会主义不倒，社会主义在世界将始终站得住。”⑤

“把中国的事情做得更好”，是时代的要求。“十年内乱”结束后，邓小平根据对国际形势的长期观察、分析和研究，得出了在较长时间内有可能避免世界大战的新结论，进而提出和平与发展是当今世界两大主题的科学论断。20世纪上半个世纪，资本主义世界处于激烈的动荡之中，经历了两次世界大战，战争引起革命，战争与革命相互交织构成时代的主题；而下半个世纪以来，战争与革命的因素逐渐减弱，到了70年代后期，和平与发展已上升为时代的主题。由于时代主题的转换，国际

---

①《马克思恩格斯全集》第二十二卷，人民出版社，1965年版，第381页。
②《邓小平文选》第三卷，人民出版社，1993年版，第324页。
③《邓小平文选》第三卷，人民出版社，1993年版，第321页。
④《邓小平文选》第三卷，人民出版社，1993年版，第354页。
⑤《邓小平文选》第三卷，人民出版社，1993年版，第346页。

竞争的重点已从军事、政治领域转向以科技、经济实力为基础的综合国力的较量。在这种新的历史条件下，社会主义国家必须制定新的国际战略，从立足于准备打仗转到一心一意搞好本国的建设。只有把立足点转到社会主义现代化建设上来，努力建设社会主义物质文明和精神文明，发展社会主义民主政治，不断提高综合国力和人民生活水平，建设比资本主义优越的社会主义，社会主义才能立于不败之地。

中国是一个东方大国，有近十二亿人口、五千四百多万党员。把中国的事情办好，使中国的社会主义真正发展起来，将会对世界社会主义运动产生重大而深远的影响。中国社会主义事业的振兴，必将引起世界社会主义运动的复兴。鸦片战争以来的中国历史证明，社会主义是中国人民唯一正确的选择。只有社会主义才能救中国，只有社会主义才能发展中国。如果中国不坚持社会主义，正如邓小平多次说过的，中国人民的温饱问题都不可能解决，更谈不上中国的现代化建设和在世界格局中的地位。事实是，中国“只有社会主义，才能有凝聚力，才能解决大家的困难，才能避免两极分化，逐步实现共同富裕”①。中国在世界格局的多极中，才能拥有“怎么样也算一极”② 的地位。但是，中国要坚持社会主义，又必须使中国真正发展起来。否则，中国的社会主义也站不住脚。邓小平明确指出：“中国能不能顶住霸权主义、强权政治的压力，坚持我们的社会主义制度，关键就看能不能争得较快的增长速度，实现我们的发展战略。”③ 所以，抓住时机，发展自己，实现我国“三步走”的现代化战略，直接关系着中国社会主义的前途，也影响到人类的未来。

西方有些人曾预言，东欧社会主义演变之后是苏联，苏联社会主义演变之后是中国。然而，事实使他们指望中国演变的幻想破灭了。他们

---

① 《邓小平文选》第三卷，人民出版社，1993 年版，第 357 页。
② 《邓小平文选》第三卷，人民出版社，1993 年版，第 353 页。
③ 《邓小平文选》第三卷，人民出版社，1993 年版，第 356 页。

不懂得，中国的社会主义既不同于东欧，也不同于苏联。邓小平说："中国搞社会主义，是谁也动摇不了的。我们搞的是有中国特色的社会主义，是不断发展社会生产力的社会主义，是主张和平的社会主义。"[①]这种社会主义，切合中国的实际，扎根于人民群众之中，显示了强大的生命力。正因为这样，在国际风云急剧变幻的情况下，我们经受了严峻的考验，稳住了阵脚，进一步巩固了我国的社会主义阵地，给全世界共产党人、社会主义者、广大人民增强了社会主义事业的信心、勇气和力量。也正因为这样，中国的改革开放和现代化建设取得了举世瞩目的成就。党的十一届三中全会以来，我国国民经济发展很快。80 年代，国民生产总值平均每年保持 9%的增长速度。进入 90 年代，国民生产总值的增长速度 1991 年为 7%，1992 年为 13%，1993 年为 13.4%。1994 年以来又出现快速、健康发展的好势头。据中国社会科学院最近一项研究报告称：我国经济已经进入黄金时期，整个 90 年代国民生产总值平均每年仍将保持 9%的增长速度。这样，我国第二步发展战略可以胜利实现，到下个世纪中叶，一定能够达到第三步发展战略目标，即人均国民生产总值达到中等发达国家水平，人民生活比较富裕，基本实现现代化。邓小平认为："中国要真正按计划实现第二个翻番，这也就是社会主义的一个成功。到下个世纪五十年，如果我们基本上实现现代化，那就可以进一步断言社会主义成功。"[②] 中国社会主义的成功，"这不但是给占世界总人口四分之三的第三世界走出了一条路，更重要的是向人类表明，社会主义是必由之路，社会主义优于资本主义"[③]。可以预测，到下个世纪中叶，一个富强、民主、文明的现代化的中国，将屹立在世界的东方。社会主义对于资本主义的优越性，将展现在世界人民的面前。社会主义将更加具有吸引力、凝聚力、竞争力和号召力。到那个时候，

① 《邓小平文选》第三卷，人民出版社，1993 年版，第 328 页。
② 《邓小平文选》第三卷，人民出版社，1993 年版，第 320 页。
③ 《邓小平文选》第三卷，人民出版社，1993 年版，第 225 页。

世界上特别是第三世界中将会有越来越多的民族和国家走向社会主义。

四、我们对社会主义的前途充满信心

在人类即将告别 20 世纪、跨入 21 世纪之际，世界社会主义运动仍然处在低潮中，但我们坚信，社会主义运动必将从低潮再度走向高潮。

社会主义是理论、运动和制度的统一。没有马克思主义理论，就不会有社会主义运动；没有马克思主义指导下的社会主义运动，就不可能建立社会主义制度。从这个意义上说，坚持和发展马克思主义，对于社会主义运动的发展和胜利具有决定性作用。

19 世纪末 20 世纪初，世界资本主义发展到帝国主义阶段，无产阶级革命已经提到历史的议事日程。就在这时，世界社会主义运动开始转入低潮。1895 年，恩格斯逝世后，德国社会民主党人伯恩施坦借口时代的变化，公开修正马克思主义的基本原理，造成第二国际内部机会主义思潮泛滥。1914 年第一次世界大战爆发，第二国际大多数党的领袖，公然站在本国政府立场，支持帝国主义战争，标志第二国际破产，世界社会主义运动陷入严重的危机之中。在这历史的关键时刻，以列宁为代表的马克思主义者，同伯恩施坦为代表的修正主义进行了坚决的斗争，捍卫了马克思主义；同时在斗争实践中，列宁把马克思主义的基本原理同帝国主义时代和俄国革命实际相结合，创立了马克思主义的帝国主义论，并提出社会主义革命可以在一国或数国首先胜利的新结论，把马克思主义推进到一个新阶段——列宁主义阶段。正是在列宁主义旗帜下，俄国取得十月革命的伟大胜利，开辟了人类历史的新纪元。在十月革命的影响和共产国际的推动下，各国共产党相继成立，欧洲、亚洲无产阶级革命和民族解放运动蓬勃发展。世界社会主义运动出现空前的高潮。这个历史事实说明，在社会主义运动的低潮时期，坚持和发展马克思主义，是社会主义运动复兴的前提条件。它将指引社会主义运动走出低谷，步入高潮。

在世界社会主义运动新的低潮时期，邓小平把马克思主义的基本原理同当代中国实际与时代特征相结合，创立了建设有中国特色社会主义理论。这个理论，比较系统地回答了什么是社会主义，如何建设和发展社会主义一系列当代社会主义实践中迫切需要解决的基本理论问题，用新的思想、观点坚持和发展了马克思主义。这个理论，内容丰富，博大精深，包括社会主义发展道路论、社会主义发展阶段论、社会主义本质论、社会主义改革论、社会主义市场经济论以及时代主题论等富有独创性的理论。它反映了社会主义发展和胜利的内在规律，不仅指引中国社会主义事业取得成功，而且将促进世界社会主义运动的复兴。

当前，世界社会主义运动的形势，同几年前相比较，已经发生了变化。社会主义在经历空前挫折之后，大多数共产党特别是第三世界国家的共产党，已克服了东欧剧变造成的内部危机，基本稳住了阵脚，有些国家共产党的力量还有发展。各国共产党都注重从苏联、东欧社会主义的失败中认真吸取经验教训，并及时调整政策和策略，强调从本国的实际出发，独立自主地探索本国革命和建设的道路。

一些执政的共产党，顶住了国际上的压力，坚持改革开放，正在摆脱苏联模式的束缚，致力于发展本国的经济并取得了成就；许多非执政的共产党，努力克服教条主义、宗派主义的错误倾向，根据国际形势的新变化，对党的理论、纲领、战略和策略等根本问题进行调整和创新，探索适合本国国情和时代特征的社会主义发展道路；苏联、东欧国家许多共产党人、社会主义者也在进行反思、总结亡党亡国的沉痛教训，决心抛弃传统的社会主义模式，恢复与重建社会主义。尽管当前执政的与非执政的共产党面临的形势仍然很严峻，世界社会主义运动的复兴绝非短时期的事情，但“我们对社会主义的前途充满信心”①。

写于 1994 年 10 月

（原题为《社会主义必将从低谷走上复兴之路——读〈邓小平文选〉第三卷》，原载于《社会主义文集》，湖北人民出版社 2004 年版）

① 《邓小平文选》第三卷，人民出版社，1993 年版，第 321 页。

第三章 社会主义理论著作的学习与评介

第一节 《邓小平理论和唯物史观》评介

郭大俊博士的新著《邓小平理论和唯物史观》一书，由南海出版公司出版。该书从唯物史观的角度深入研究了邓小平理论和马克思主义的关系，说明邓小平既继承了唯物史观的基本观点和基本方法，恢复了被林彪、“四人帮”肢解了的科学体系，又在运用唯物史观解决中国现代化建设新课题的同时，在研究重点、研究方法和基本观点上实现了新的突破。

全书30万字，分为五章，主要对如下几个问题进行了探讨。

第一，关于解放思想、实事求是问题。该书认为，解放思想、实事求是是唯物史观的集中体现。解放思想的深层内涵是呼唤民族主体意识的觉醒，调动人的主体积极性和创造性。解放思想和实事求是不是绝对对立的，也非绝对同一的，而是辩证统一的，解放思想是坚持实事求是的思想前提，同时，产生真实结果的解放思想也必须以实事求是为指南。解放思想、实事求是作为党的思想路线经历了一个形成、逐步完善和丰富发展的过程，党的三代领导集体都为党的思想路线写下了灿烂的篇章。邓小平对思想路线的丰富和发展主要表现在：确立了解放思想、实事求是在毛泽东思想中的地位，第一次把实事求是概括为毛泽东思想的精髓；根据他所处的历史条件，强调解放思想的重要作用，认为解放思想是指在马克思主义指导下打破习惯势力和主观偏见的束缚，研究新情况，解决新问题；明确地把实践是检验真理的标准纳入党的思想路线，作为思想路线的一个重要组成部分；精辟地论述解放思想和实事求是的关系等。

第二，关于社会实践观问题。该书提出，社会实践观的确立是唯物史观实现历史观变革的实质之所在。由于这一变革，使马克思、恩格斯获得了关于人的本质的合理认识，使他们提出了实践唯物主义范畴，力图建立一种着眼于人类社会实践发展考察人的人学理论，使他们正确地解决了社会存在和社会意识的关系问题，发现了人类社会发展的一般运动规律，创立了唯物史观；使他们发现了阶级斗争规律，深刻地论述了资本主义灭亡和社会主义胜利的不可避免性，阐明了无产阶级革命的理论。社会实践观也是邓小平社会历史观的逻辑起点。在新的历史条件下，邓小平结合当代实践发展的新特点，对实践问题展开了新的论述，从而发展了马克思主义实践观。邓小平社会实践观的新视域主要体现在：强调实践的创造性，重视实践的科学技术含量，突出发展实践的重要地位，注重实践的开放性和实效性。

第三，关于社会发展问题。该书把马克思主义社会发展理论分为两个层面：本质层面的社会发展理论和运行层面的社会发展理论。前者主要研究人们思想动机背后隐藏着的物质动因，揭示社会发展的一般运动规律；后者主要研究如何加速社会发展的问题，揭示社会发展的具体运动规律。马克思、恩格斯侧重于研究本质层面的问题，邓小平侧重于研究运行层面的问题。邓小平对唯物史观的重要贡献之一就在于，能够与时俱进，适应时代主题的变化，将研究领域由本质层面向运行层面拓展，提出了指导中国现代化建设的具体方略。例如，关于社会的可持续发展的论述就是如此。如何实现社会的可持续发展呢？邓小平指出：首先，要重视质量和效益，把提高产品质量和经济效益与发展速度统一起来；其次，要重视科技教育，把发展科技和教育看作可持续发展的关键；再次，要控制人口生产，提高人口素质；复次，要加强环境保护，实行资源的永续利用；另外，要全面规划，有计划、有步骤地推进现代化事业的发展。这样的理论既有宏观上指导意义，又有很强的针对性，易于操作，能够直接指导人们的实践活动。

第四，关于唯物史观的形成和发展问题。该书对唯物史观形成和发展史研究中的一些前沿问题或一些有争议的问题进行了探讨，提出了独到见解。如，一般认为，现行辩证唯物主义和历史唯物主义体系始于斯大林的《论辩证唯物主义和历史唯物主义》。作者不同意这种说法，认为，它起源于恩格斯的有关著作，恩格斯不仅几乎提出了这一名称，而且阐述了与该名称相符合的实质和内容，提出了该体系的基本框架和基本原理。因此，现行的这一体系是符合恩格斯的文本思想的。又如，关于唯物史观和哲学的走向问题，作者提出：唯物史观应当面向未来，只有面向未来，才能较好地面向现实。唯物史观和哲学不应当一味地沉思过去，而应当展望未来；不应当只知查询历史，而应当创造新价值；不应当跟着时代潮流走，而应当领着时代潮流走。唯物史观和哲学不仅有面向未来的必要性，而且有面向未来的可能性和可行性。

第五，关于精神文明问题。该书没有泛泛地讨论精神文明的一般性问题，而是主要研究了有关精神文明建设的几个个别问题。如对邓小平和列宁教育思想的比较研究，对邓小平和列宁关于知识分子问题理论的比较研究，阐述教育和知识分子在精神文明建设中的重要作用；又如，结合道德建设实际，对社会主义道德范畴方法论意义的探讨，指出社会主义道德范畴的提出，实现了社会主义道德理想和社会主义道德实践的统一，实现了社会主义道德一般和道德个别的统一。

纵览全书，有三大特点给人的印象极深。

第一，深厚的历史感。虽然该书是一部理论著作，但在论述理论观点时，往往能够史论结合，让历史事实说话，特别是在解析经典作家的思想时，总是注重分析第一手材料，总是把某一观点放到具体的历史环境中联系上下文去把握，而没有望文生义，更没有从现有的观点出发去进行逻辑上的演绎。例如，我们过去总以为自由是对必然的认识这个命题最初是由恩格斯提出来的，教科书上也这样讲，而该书的作者经过认真地研读恩格斯的原著和哲学史著作后提出，这句话是恩格斯转述黑格尔对自由的看法，并非他本人的观点。根据这一提示，笔者查阅了恩格斯的有关著作，其原话确实是这样的：在黑格尔看来，自由是对必然的认识。举此例，作者治学之严谨可见一斑。这是一种老老实实的态度，一种实事求是的态度。唯有如此，才能获得真理性的认识，才能反映历史的真实情况。唯物史观的研究更应如此。理论观点只有建立在具体地分析历史材料的基础上，只有当它具有深厚的历史感时，才能说服人，才不至于以讹传讹。

第二，强烈的现实感。唯物史观虽然是一种离现实生活比较远的社会历史哲学，但它又不能脱离现实，而且只有关注现实，才能发挥应有的作用，才能体现其不同于旧哲学的本质特点。该书继承了唯物史观的这一传统，密切联系实际，关注现实，力求为现实社会的发展服务，表现了一个理论工作者的社会责任感。例如，关于企业主体意识的论述、关于加强法治意识的论述、关于社会物质生活条件和第三产业关系的论述等就和现实生活联系得非常紧密。党的十四届三中全会通过《中共中央关于建立社会主义市场经济体制若干问题的决定》之后，该书作者就撰文指出，建立现代企业制度离不开塑造现代企业精神，而企业精神的核心内容是企业主体意识。因此，加强企业主体意识诸如自主意识、竞争意识、创新意识、自由意识等，对于促进建立现代企业制度，培养和提高企业人员的素质，具有重要意义。这样的研究风格，贴近现实，具有浓厚的生活气息，必将受到实际工作者的欢迎。

第三，独到的学术见解。一是有独到的研究视角。该书把马克思创立的唯物史观当作社会存在论来研究，认为马克思关注的是社会的本质是什么以及社会怎样存在和以什么形态存在更符合人的价值目标的问题；而认为邓小平在继承马克思唯物史观的基础上，主要关注的是社会发展问题，关注如何发展社会主义、如何发展中国的问题，关注传统农业社会如何向现代工业社会转变的问题。二是有独到的学术观点。例如，人们常常援引马克思关于人的本质是一切社会关系总和的论断，把人的本质归结为人的社会属性。该书认为，这是一种误解，误把人的属性当成了人的本质。人的本质即人所具有的内在规定性，而人的属性往往是同神性、兽性等非人性相对而言的；人的本质决定人的属性，而人的属性又表现人的本质。因而，人的本质就是主观见之于客观的实践活动。实践不仅创造了人，使人获得质的规定性，而且锻造并决定了人的各种属性，使人性越来越远离动物性。费尔巴哈由于不了解实践活动的意义，因而看不到人的社会性。针对费尔巴哈这一缺陷，马克思提出了上述论断。马克思这一论断提出了一个重要的方法论原则，即应当从人的实践活动上去理解各种社会关系，理解人的属性，从而把握人的本质。

（原载于《马克思主义研究》2004 年第 4 期）

第二节　统战理论研究的新成果——评《邓小平新时期统一战线思想研究》

马克思主义的统一战线理论，是关于工人阶级自身团结统一和争取广大同盟军的理论和政策，是科学社会主义的重要内容。工人阶级及其政党在实现伟大历史使命的长途中，为了完成一定历史时期的战略任务，必须实现自身队伍的统一，并同其他阶级、阶层、党派、社会团体和一切可能团结的力量结成联盟。这是无产阶级革命和社会主义建设事业取得成功的基本条件之一。

马克思主义统一战线理论是与时俱进、不断发展的。马克思、恩格斯早在《共产党宣言》中就提出建立统一战线的基本思想；在资本主义进入帝国主义阶段以后，列宁总结俄国和国际无产阶级革命斗争的历史经验，继承和发展了马克思、恩格斯关于统一战线的理论；毛泽东在领导中国革命和建设的过程中，把马列主义统一战线的思想创造性地应用于中国的具体环境，逐渐总结出一套适合中国国情的统一战线理论和政策。在我国社会主义新时期，邓小平从当代中国变化的实际和新的时代特征出发，总结我国社会主义建设的经验教训，创造性地提出建立和发展最广泛爱国统一战线的系统理论和政策。邓小平新时期统一战线思想，是邓小平建设有中国特色社会主义理论的重要组成部分，是对马克思、恩格斯、列宁，特别是毛泽东统一战线理论的继承、发展和创新。深入学习和研究邓小平新时期统一战线思想，对于完整准确地把握邓小平理论体系，不断巩固和发展最广泛的爱国统一战线，完成党在新时期的战略任务，实现中华民族的伟大复兴，具有重要的理论和实践意义。

李俊同志撰写的《邓小平新时期统一战线思想研究》一书，是一部研究邓小平新时期统一战线思想的专门著作。该书以马克思主义关于统一战线理论为指导，以《邓小平文选》和中共中央十一届三中全会以来重要文献为依据，从历史、理论、现实的结合上，对邓小平新时期统一战线思想进行了全面、系统、深入的探讨，是具有理论深度和新意的学术成果。

该书视野宽广。作者把邓小平新时期统一战线思想放到当今时代发展、世界格局变化的国际大背景下考察，放到中国社会主义建设的历史进程中考察，特别是放到建设有中国特色社会主义实践中考察，从国际国内大局的变动和党在新时期伟大而艰巨战略任务的高度，阐明邓小平对国际国内统一战线战略的重新调整和提出建立最广泛爱国统一战线的理论和政策，凸显了邓小平统一战线思想的时代性、实践性、科学性。

该书体系新颖。作者不是照搬已有研究统一战线论著的理论体系，而是另辟蹊径，用形成论、范围论、国际统一战线论、制度论、民族和宗教论、作用论等六论，来概括邓小平新时期统一战线思想的理论体系。这六论，既涵盖邓小平新时期统一战线思想的基本内容，又体现邓小平统一战线思想的理论特色，给人以清新、简明之感，有利于人们把握邓小平新时期统一战线思想体系和丰富的内涵。

该书论证深入。作者对邓小平统一战线许多重要思想的研究，都不是泛泛而谈，浅尝辄止，而是进行了相当细致、具体、深入的分析，具有较强的说服力。例如作者在邓小平新时期统一战线思想的“形成论”中，既论述了它形成的时代背景，又分析了它形成的现实依据；既论述了它形成的直接思想来源，又分析了它形成的哲学基础和历史文化传统；既论述了它形成的客观条件，又分析了它形成的主观条件和具体过程。而且作者的论述和分析有理论深度。例如作者从历史的合力论、历史主体的多种形态、矛盾的主要方面、实事求是的唯物主义观点和方法等方面，来认识和论证邓小平统一战线思想形成的哲学基础。像这样细化深化的分析和研究，给人留下清晰、深刻的印象。

该书锐意创新。作者力图对邓小平理论中统一战线思想，从一个新的角度进行整理和概括，提出自己的见解。例如在“制度论”中，作者认为统一战线的制度建设是邓小平统一战线思想最精华的部分之一；共产党领导的多党合作和政治协商制度是统一战线最基本的制度；“一国两制”也是统一战线一项基本制度。主张从基本制度、具体制度和规章制度三个方面加强统一战线的制度建设，使统一战线工作制度化、法律化。这些论述颇有新意，既符合邓小平理论，又具有实践指导作用。

总之，该书选题重要，角度新颖，观点正确，论证深入，具有创意，文字流畅，是一部学习、研究、宣传邓小平新时期统一战线思想的好书。

（原题为《统战理论研究的新成果——评〈邓小平新时期统一战线思想研究〉》，原载于《社会主义研究》2003 年第 3 期）

第三节　勇于探索　锐意创新——评《社会主义初级阶段的民族矛盾研究》

社会主义初级阶段的民族矛盾问题，是一项十分重要又异常艰难的研究课题。在我国社会主义初级阶段，虽然民族压迫、剥削制度已被消灭，但民族矛盾仍将长期存在，并对社会稳定和发展产生重大影响。能否正确认识和妥善处理种种民族矛盾，始终是关系国家统一、民族团结和现代化建设的大事。同时，初级阶段的民族矛盾又是一个错综复杂的难题。它时间跨度大，涉及面广，热点难点问题多，敏感性强。因此，研究初级阶段的民族矛盾问题，必须坚持马克思主义民族观和党的民族政策，勇于探索，与时俱进，开拓创新。唐鸣所著《社会主义初级阶段的民族矛盾研究》（中国社会科学出版社 2002 年版），一个突出的特点和优点就是体现了这种勇于探索、锐意创新的精神。

该著运用辩证唯物主义与历史唯物主义的观点和方法，对社会主义初级阶段的民族矛盾进行了较为全面系统的整体研究。它系统考察了初级阶段民族矛盾的基本性质、主要类型，深入分析了初级阶段民族矛盾产生的经济、政治、文化原因，探讨了初级阶段民族矛盾的一般特征和发展趋势，提出和论证了妥善处理初级阶段民族矛盾应遵循的基本原则和主要途径、措施等，初步建构了社会主义初级阶段民族矛盾问题的理论体系。在我国民族理论研究领域，已有成果甚丰，但对民族矛盾的研究特别是对初级阶段民族矛盾的研究却显得薄弱，迄今为止尚未见到有对初级阶段民族矛盾进行全面系统研究的专著问世。从这个角度上看，该著的研究具有开拓性。

该著内容丰富，不乏创新见解。譬如：作者在对民族矛盾概念作了较为细致分析的基础上，界定了社会主义初级阶段民族矛盾的内涵，指出初级阶段的民族矛盾与半殖民地半封建社会的民族矛盾和资本主义社会的民族矛盾有着本质的不同，与未来社会主义发达阶段的民族矛盾也有区别；作者论证了民族矛盾的原因体系，认为各个社会及其发展阶段民族矛盾的原因皆由根本原因、一般原因和具体原因三个层次的原因所构成，并对学术界有关的几种代表性观点进行了评述；作者立足现实，把初级阶段民族矛盾的主要经济原因概括为地区差距的存在和扩大、国土资源的占有和开发、经济体制的转轨和变型，主要政治原因概括为国家权力的分享和分配、公共政策的制定和实施、敌对势力的干扰和破坏，主要文化思想原因概括为民族文化的差异和抵牾、民族主义的存在和影响；作者阐明了民族利益既包括民族的经济、政治利益，也包括民族的文化、精神利益，解决好民族矛盾，就要在社会不断发展的基础上，使各族人民不断获得切实的经济政治文化利益；作者还提出在社会经济发展过程中一般都有一个与经济“起飞”阶段相应的民族意识快速成长期的观点等等，都具有新意，有利于民族理论研究的深入，并对民族工作有一定的指导作用。

由于研究社会主义初级阶段民族矛盾问题，是一项异常复杂艰难的工作，应该说，在许多方面还知之不多，知之不深，甚至还有许多未知的盲区。该著的研究只是一种初步的有益的探索。它的体系、观点、内容将随着我国改革开放和现代化建设的发展和民族理论研究的深入，而得到修正、补充和完善。

（原载于《华中师范大学学报（人文社会科学版）》2002 年第 6 期）

第四节　一部厚重严谨的科学著作——评陶德麟教授主编的《社会稳定论》

陶德麟教授主编的《社会稳定论》，作为国家社会科学重大项目“保持我国政、社会稳定对策研究”的结项成果和国家社会科学“九五”规划重点图书之一，已由山东人民出版社出版（教育部、邓小平理论研究中心组编的大型丛书“有中国特色社会主义论丛”之一卷）。该书是近 20 位学者经过三年多时间潜心研究合作完成的，是一部厚重、严谨的科学著作。该书以邓小平理论为指导，抓住一个极其重要的主题——“在社会主义建设时期为什么需要社会稳定？我们需要什么样的社会稳定？怎样才能保持这样的社会稳定？”从理论、历史、现实和战略决策上进行全面、系统、深入的探讨，把社会稳定问题的研究提到了一个新高度、新水平。

第一，该书运用马克思主义哲学、经济学、政治学、历史学、社会学等多学科知识，对社会稳定问题进行综合研究，比较完整、准确、充分地论述和阐发了邓小平社会稳定的理论，正确回答了社会稳定的含义、社会稳定的基本内容、影响社会稳定的主要因素、社会稳定的实现机制等一系列基本问题。

什么是社会稳定？什么是邓小平讲的社会稳定？这是研究社会稳定时必须首先弄清楚的。该书作者对社会稳定的一般含义作了多方面多层次的分析，并在此基础上把邓小平讲的社会稳定界定为在社会主义根本制度范围内能够促进改革、加速发展的一种可控和有序状态或动态平衡。这个界定，既体现了一切社会、一切形式社会稳定的共同本质，又揭示了邓小平讲的社会稳定的特殊本质，表明邓小平讲的社会稳定，是与社会主义的改革和发展、与社会主义现代化的目标紧密联系的，它要求在社会稳定中推进改革、发展，又在改革、发展中实现社会稳定，这无疑抓住了邓小平社会稳定观的实质。作者还从社会系统的角度把社会稳定概括为政治局势的稳定、经济形势的稳定、思想情绪的稳定、社会秩序的稳定等四个方面，并具体、详细阐述了它们各自在社会稳定系统中的地位、作用及其互动关系，强调政治稳定处于核心地位，经济稳定则是整个社会稳定的最终基础，而社会其他方面的稳定均决定于政治、经济这两个基本方面的稳定。所有这些论述以及社会稳定其他许多问题的论述，均非简单重复已有的研究成果，而是包含着作者独到的理论分析和概括，给人以清新、彻底、透辟之感。

第二，该书站在历史发展的高度，把社会稳定问题置于世界和中国历史长河中，特别是置于世界和中国现代化进程中去研究，使人能够从历史事实和发展过程中把握社会稳定与社会发展、社会稳定与现代化的辩证关系。

对稳定在世界历史进程中的作用，该书作者着力考察了英法两国资本主义现代化的历程，这两个现代化先行国走向现代化的道路不同，但它们都是在资产阶级确立了政治统治之后，采取各种经济的、行政的、立法的乃至意识形态的手段协调和缓和国内各阶级和利益集团的矛盾，从而实现社会稳定的环境下推进工业化、现代化的。该书作者对中国历史进程中稳定的作用进行了系统的考察。中国自秦统一六国后，大一统的格局长期延存，统一始终是历史的大趋势，它为古代中国经济文化发展创造了有利条件；历史上的治世、盛世，无一不是在大一统的社会政治稳定环境中形成的。1840 年鸦片战争后，由于资本主义列强侵略和封建主义统治，中国内乱外患，兵连祸结。正是这种动荡不安的社会统治环境，使近代中国成为落伍者。这样，以史为鉴，可以使人深刻认识到社会稳定在我国改革开放和现代化建设中的作用。

第三，该书立足现实，对我国社会政治生活中与稳定密切相关的若干严重问题，从理论与实际的结合上进行了深入的探讨，并提出了正确处理这些问题与社会稳定关系的基本思路和对策。社会主义现代化是一个很长的历史过程，在这个过程中只有不断地解决实际生活中提出的问题才能保持社会稳定；社会科学工作者也只有着眼于现实问题的理论思考才能体现自身的价值。该书着重探讨了我国反腐倡廉，经济体制改革、可持续发展、国际环境与社会稳定问题。作者从反腐败斗争的特殊性、艰巨性和复杂性来论证反对腐败必须保持社会稳定；又从腐败破坏稳定的群众基础、经济基础、政治基础、社会基础来论证保持社会稳定必须反对腐败，并对新时期反腐败斗争的特点和规律作了有益的探索；作者分析了我国经济体制转型、社会利益结构变化对社会稳定的影响，强调在深化经济体制各项改革过程中实现社会稳定；作者揭示了可持续发展与社会稳定之间的有机联系，分析了影响我国可持续发展的几个主要问题，提出建立可持续发展的经济系统、自然资源系统、生态环境系统、社会系统和人力资源系统，以促进社会稳定；作者还分析了国际环境中对我国社会稳定的有利因素和不利因素，提出改善国际环境，促进我国社会稳定发展的对策，等等。上述问题的研究，都不是空泛抽象的议论，而是作者在掌握丰富、翔实的资料的基础上作出的深刻入里的分析和论证，具有较强的说服力和应用价值。

第四，该书在对社会稳定问题全面系统深入研究的基础上，提出和论证了保持社会稳定的四个战略问题：经济发展、民主立国、依法治国、文化建设。

该书研究的这四个战略问题，是实现社会长期稳定的系统工程。其中经济发展是政治稳定的物质基础，民主立国是政治稳定的大前提，依法治国是政治稳定的总方略，文化建设是政治稳定的先导。该书认为只有解决这四个战略问题，全面推进社会主义经济建设、民主建设、法制建设、思想文化建设，才能保持社会的稳定和国家的长治久安。

该书关于社会稳定问题的战略思考，是同党的基本理论、基本路线、基本纲领直接联系的，是实现社会稳定的大思路，它反映了社会主义社会发展的要求和前进的方向。该书提出，研究这四个战略问题，是为贯彻执行党的基本理论、基本路线、基本纲领服务的，以实现建设富强、民主、文明的社会主义现代化国家的目标。

综上所述，该书内容丰富，视野宽广，资料翔实，论证充分，结构严谨，是一部有分量、有深度、有建树的研究社会稳定的专著，具有重要的理论价值和很强的实践指导作用。

（原载于《理论月刊》2000 年第 5 期）

第五节　一部系统研究毛泽东反腐败思想的佳作——《毛泽东反腐败思想研究》评介

毛泽东思想作为被实践证明了的关于中国革命和建设的正确的理论原则和经验总结，它本身包含反对腐败的重要内容。毛泽东在领导中国革命和建设过程中，为防止和克服党和政权内的消极腐败现象，建设一个全心全意为人民服务的工人阶级政党和廉洁奉公的人民政权，进行了长期的探索，在实践中积累了丰富的经验，并形成了独具特色的反腐败思想。认真研究、继承毛泽东留下这份珍贵的财富，对指导当前的反腐败斗争仍具有重大的现实意义。但现在理论界对毛泽东反腐败思想的系统研究显得不够，可以说这是毛泽东思想研究的一个薄弱环节。因此，进一步加强对毛泽东反腐败思想的研究，是当前和今后理论研究的一个重要课题。王若素同志撰写的《毛泽东反腐败思想研究》一书的出版，无疑是对这个重要课题的研究作出了有益的贡献。该书具有许多显著的特点和优点。

一是系统性。该书系统地研究了毛泽东反腐败思想产生的来源、形成的过程、治腐的措施，对马列主义反腐败思想的重要贡献，以及邓小平对毛泽东反腐败思想的创新和发展。从该书中可以比较全面了解毛泽东反腐败的思想观点和实践活动，以及毛泽东反腐败思想的“承上”“启下”的历史贡献；也可以清楚地看出马列主义、毛泽东思想和邓小平理论，是一脉相承、不可分割的理论体系。

二是理论性。该书不是就事论事，而是站在较高的理论层次上，把毛泽东反腐败思想与马列反腐败思想和邓小平反腐败思想联系起来研究，对毛泽东在半个多世纪的中国革命和建设实践中形成的反腐败思想，进行认真的梳理、深入的挖掘和理论概括。如把毛泽东治腐方针和方法概括为“加强思想政治教育治腐”“实行民主治腐”“发动群众运动治腐”等方面，既符合历史实际，又给人留下清晰、深刻的印象。同时，对某些有争论的问题，作者也阐述了自己的看法。总起来看，该书具有探讨性和理论深度。

三是求实性。该书对毛泽东不同时期的反腐败思想，进行了历史的、全面的、实事求是的分析。它把总结经验与吸取教训相结合。一方面，对毛泽东反腐败的一系列科学论点和成功的经验作了较充分的论述和总结；另一方面，对毛泽东反腐败出现的一些失误和偏差及其原因作了较深入的分析和探讨。并注意从毛泽东的失误中寻找正确、合理的东西。这无疑是一种科学的态度。邓小平反腐败思想，正是在总结毛泽东反腐败正反两方面经验的基础上形成和发展起来的。

四是可读性。该书遵循理论与实际相结合的原则，把毛泽东反腐败思想放到中国革命和建设的“一定的历史范围内”来考察，放到中国改革开放 20 年的实践中来考察，体现了理论、历史、现实的有机统一。这不仅避免了空洞的说教，而且便于读者理解和掌握。加之该书条理清楚，逻辑严谨，语言通俗，深入浅出，符合认识发展规律，具有很强的可读性。

当然，这本书的个别提法还可以进一步斟酌；有些问题的阐述还欠充分。但总的来说，该书观点正确，分析深入，资料翔实，不乏独到见解，是一部系统研究毛泽东反腐败思想的力作，具有重要的学术价值和现实意义。

（原载于《社会主义研究》2000 年第 2 期）

第六节　研究冷战后世界大势与中国对外战略的一部力作

山东师范大学政法系李爱华为我所 1987 年毕业的研究生。多年来，他勤于思考，笔耕不辍，不断有好的科研成果问世。近年来，他又对冷战后世界大势的变化及中国对外战略的调整作了较系统、深入的研究，写出了《走出冷战：世界大势与中国对外战略》一书（济南出版社 1997 年 8 月版）。我读后很是高兴，感到该书值得一读，所以便写几点评论意见，以将该书推荐给大家。

（1）视野宽广、立意高远。该书把握住冷战后世界大势中统贯全局的重大变化，对其原因、态势、趋向、影响等进行了论析，为读者展示了一个风云激荡的全球大景观。又对中国为适应这些重大变化，而在对外战略上的重大调整作了着力阐述，使读者看到了一个东方大国正以自主自信自如的外交风范，自立于世界民族之林，不仅发展壮大了自己，也推进着世界和平与发展的历史进程。全书洋溢着一种大气、雄气、豪气，读之令人颇受鼓舞。

（2）标题清新、画龙点睛。全书分上、下两篇，上篇以“环球如此凉热”为题，论述冷战后世界大势的变幻，下篇以“中国自主沉浮”为题阐明中国对外战略的更新。两篇标题用语均源于毛泽东的诗词佳句，形象生动地概括出了所要论述的题意，而各章，各目的标题也都非常简明扼要，清新爽快，使人粗略一览，便得该书要领，油然而生一种即读为快的感觉。

（3）资料翔实、论述精细。该书在论述每一问题的时候，都不是泛泛而谈，而是广征博引，在汇集大量事例或数字材料的基础上，进行鞭辟入里的分析论述。做到了理论联系实际，世界联系中国，历史联系现实，现实联系未来。对某些新问题、敏感问题、有争议问题的分析、表述，也很严谨、适度，使每一章、每一问题读起来都感到有理有据。

（4）观点明确、新见迭出。作者在论述问题时总是先把基本观点挑明，而后加以详细阐述。即使对自己不同意的观点，也能直抒己见，毫不闪烁其词。在诸多问题的论述上，屡有自己的独到见解。如在上篇论述社会主义和资本主义两大制度的关系时，提出了两大制度之间经历了热战、冷战、和战三个阶段、三种形式的看法，并指出冷战后资本主义是在末路中蹒跚，而社会主义正在低谷中复兴。再如下篇最后一章，着力阐述了韬光养晦、有所作为是邓小平提出的冷战后我国对外关系的战略方针的核心内容，并论述了制定这一方针的客观依据，阐明了韬光养晦的主旨所在和有所作为的主要表现。

毋庸讳言，该书也还存在着一些不足，有些问题的阐述尚有待于进一步深化，个别提法作为一家之言还值得继续探讨。不过，瑕不掩瑜，该书仍可称是近年来国内研究冷战后国际关系问题的一部力作、佳作。

（原载于《社会主义研究》1998 年第 2 期）

第七节　一部探索邓小平理论形成与发展的力作

由湖北省社会科学院研究员荣开明主编、湖北人民出版社出版的《邓小平理论的形成和发展》一书，是湖北省建设有中国特色社会主义理论研究会首批推出的“邓小平理论研究丛书”的第一本。作者经过 3 年多时间，对邓小平生平事业史和《邓小平文选》以及有关文献资料进行了深入的学习和研究，从理论与实践的结合上，全面系统论述了邓小平建设有中国特色社会主义理论形成和发展的过程。这是一部探寻邓小平理论形成与发展的轨迹的学术专著，是我省在邓小平理论研究中做出的一项颇有价值的新成果。它具有许多鲜明的特点：

第一，史论结合。全书共 12 章，大体分为两个部分。第一部分（1—5 章）着重论述邓小平建设有中国特色社会主义理论的科学含义、主要内容、体系结构、历史地位、产生的社会历史条件，以及邓小平作为这一理论的创立者的个人特质等。第二部分（6—12 章）主要阐明邓小平建设有中国特色社会主义理论形成前中国共产党人对社会主义建设道路的艰辛探索，历史地、详细地论述了邓小平理论从准备和孕育，到产生、展开、成熟的四个发展阶段，以及党的十四大后邓小平理论的不断丰富和发展。全书坚持理论与历史的有机结合和统一，有力地阐明了邓小平理论为什么会产生以及怎样产生、它的由来和发展，展现了邓小平开辟社会主义建设新道路的巨大政治勇气和开拓马克思主义理论新境界的巨大理论勇气，读后给人留下清晰、深刻的印象。

第二，论证深入。该书对邓小平建设有中国特色社会主义理论的创立及其发展过程，作出了相当细腻、具体、深入的分析，并回答了学习、研究邓小平理论中许多重点、难点和讨论的问题，提出了自己的新鲜见解。作者不仅论述了邓小平理论产生的客观条件，而且分析了它的主观条件。认为邓小平之所以能够成为建设有中国特色社会主义理论的创立者，与他个人的经历、品格、胆识、才干等密切相关。特别是邓小平的“三落三起”的经历，作者进行了深入的挖掘，认为正是这促使他重新思考“什么是社会主义？”“如何建设社会主义？”等等重大问题。在邓小平理论形成的起点问题上，作者在概述了国内外学术界的“三种观点”“七种时间界定”[①] 后，经过甄别和研究，认为其起点是党的十一届三中全会，而不宜往前追溯或往后推移，并将邓小平理论的发展具

① 荣开明主编：《邓小平理论的形成和发展》，湖北人民出版社，1996 年版，第 122 页。

体过程划分为四个阶段：准备和孕育（党的八大到十一届三中全会）；开始产生、形成概念；逐步展开、形成轮廓；走向成熟，形成体系①。最后，还列出专章（第12章），着重论述党的十四大集中全党智慧，结合社会主义现代化建设面临的新情况、新问题，不断总结、推广人民群众在实践中创造的新经验，从而使邓小平理论不断得到新的丰富、完善和发展。在邓小平理论的特色问题上，作者从内容和品格两个方面作了独到的概括，既合乎客观实际，又给人以清新之感②。作者把邓小平理论的科学体系比喻为“一座高耸入云、富丽堂皇的当代中国马克思列宁主义理论大厦”，认为构成这座大厦的基本层次为“理论精髓”（核心层次）、“理论基石”（立论根据层次）、“理论主题”（基本理论层次）、“理论支柱”（实体层次），以及理论和实践的“中介层次”：路线、方针、政策。作者还从邓小平理论的形成和发展中，得出了四条历史启示：要正确处理理论与实践的关系，要正确处理坚持和发展的关系，要正确处理继承和创造的关系，要正确处理领导和群众的关系。这四条历史启示的概括，可以说是对邓小平理论发展的内在规律的探讨，能给人以启迪。

第三，视野开阔。基于这种认识，该书把邓小平建设有中国特色社会主义理论的产生、发展过程，放到整个世界大局和国际环境的大背景中来考察，放到中国社会主义事业的全局中来考察。作者比较充分地论证了邓小平建设有中国特色社会主义理论，是在和平与发展成为时代主题的历史条件下，在我国改革开放和社会主义现代化建设的实践过程中，在总结我国社会主义胜利和挫折的历史经验并借鉴其他社会主义国家兴衰成败历史经验的基础上，继承和发展毛泽东思想，科学地把握社会主义的本质，第一次比较系统地初步回答了中国这样经济文化比较落

---

① 荣开明主编：《邓小平理论的形成和发展》，湖北人民出版社，1996年版，第127～133页。

② 荣开明主编：《邓小平理论的形成和发展》，湖北人民出版社，1996年版，第80～93页。

后的国家，在无产阶级领导人民取得政权以后，如何建设社会主义、如何巩固和发展社会主义的一系列基本问题。作者认为邓小平理论的历史地位，从世界社会主义历史来看，它是“科学社会主义发展史上的第四次飞跃”①；从中国共产党历史来看，它是“马克思主义与中国实践相结合的第二次历史性飞跃”②。观点明确，言之成理，具有较强的说服力。

第四，可读性强。该书遵循历史与逻辑相统一的原则，纵横交错，展开论述了邓小平理论形成和发展的具体过程。全书结构完整，逻辑严密，观点阐释比较充分、彻底，论点论据层次分明。资料相当丰富，运用贴切合理。文字生动活泼，通俗易懂，深入浅出，符合认识发展规律，具有很强的可读性。

可见，该书是一本具有较高社会效益的专著。它的出版发行，对建设有中国特色社会主义理论的学习、宣传、研究的深入，对贯彻党的基本理论和基本路线，坚持走有中国特色的社会主义道路，具有现实意义。

（原载于《湖北社会科学》1997 年第 8 期）

第八节　一部理论教育的好教材——《中国特色社会主义理论论纲》评介

邓小平建设有中国特色社会主义理论，是马列主义、毛泽东思想在新的历史条件下的继承和发展，是当代中国的马克思主义，用这一科学理论武装全党，教育广大干部和人民，使它成为全党各项工作的根本指针，成为全国各族人民的强大精神支柱，是党的十四大提出的一项具有全局意义和长远意义的战略任务，也是党和国家赋予我们理论工作者的

① 荣开明主编：《邓小平理论的形成和发展》，湖北人民出版社，1996 年版，第 27 页。
② 荣开明主编：《邓小平理论的形成和发展》，湖北人民出版社，1996 年版，第 34 页。

义不容辞的历史重任。

编写建设有中国特色社会主义理论教育的教材，是落实党的十四大提出的任务，推进邓小平理论的学习研究和宣传深入发展的一项重要措施。近几年来，国内已有多部建设有中国特色社会主义理论教育的教材问世。最近，曾瑞芝、肖厚智主编的《中国特色社会主义理论论纲》（湖北省党校系统教材），已由湖北人民出版社出版。它是同类教材中较好的一本，具有许多显著的特点。

第一，该书围绕什么是社会主义，怎样建设社会主义这个首要的基本理论问题，建构了一新的严整而简明的教材体系。该书没有照搬照抄已有的同类教材体系，而是在对《邓小平文选》和党的十一届三中全会以来的重要文献以及中宣部统一印发的《邓小平同志建设有中国特色社会主义理论学习纲要》深入钻研的基础上，从党校系统干部学习理论的实际情况出发，建构了中国特色社会主义理论教育的教材结构与整体框架。它由导论和六章组成：第一章建设有中国特色社会主义理论的形成，第二章建设有中国特色社会主义的理论基石，第三章中国特色社会主义的基本目标，第四章建设有中国特色社会主义的基本路线，第五章建设有中国特色社会主义的基本条件，第六章中国特色社会主义的前途。这个体系结构，无疑比较清晰简明，有利于读者把握邓小平建设有中国特色社会主义理论体系。它不仅简明，而且比较系统严整，它涵盖了中国特色社会主义理论的一系列基本概念、范畴和基本原理，体现了这一理论的主要内容。同时，本书每章的内部结构，也都有着严密的逻辑结构，给人以整体感。例如，第三章论述中国特色社会主义的基本目标，包括“三步走”发展战略目标（第一节），建设有中国特色社会主义的经济、政治、文化的目标（第二、三、四节），以及“一国两制”、实现祖国统一的目标（第五节）；第五章论述建设有中国特色社会主义的基本条件，包括领导力量（第一节），依靠力量（第二、三、四节），国际条件（第五节）。这些章节逻辑结构，层次分明，比较全面完整。

第二，该书把学习与研究中国特色社会主义理论紧密结合起来，既具有系统性、整体性，又具有探讨性、学术性和针对性。该书不仅比较全面、系统、准确地阐述了中国特色社会主义的基本理论，而且研究、回答了干部理论学习中的重点、难点、疑点问题，具有相当的理论深度和较强的说服力。例如第一章，专门设立一节（第三节）论述邓小平同志为什么能够成为建设有中国特色社会主义理论的创立者？这是许多同类教材中未能展开分析的。作者通过考察邓小平的生平事业史，从他长期革命斗争实践经验、丰富的阅历、卓越的才能，彻底辩证唯物主义世界观和实事求是的科学态度以及创造性科学理性思维等方面，有力说明邓小平自身的基本条件是完成这一理论创立的决定性因素。又如第二章第二节“社会主义本质论”中，在阐述邓小平社会主义本质论所包含的三个方面的基本内容之后，进一步论证了社会主义本质、特征、模式之间的关系。这三者的关系，是人们感到难以说清楚的问题。作者认为，社会主义本质是社会主义概念中最深刻、最稳定、最高层次的核心内容；社会主义特征是社会主义本质在经济、政治、文化等方面体现，反映社会主义与其他社会制度的重大差别；社会主义模式则是社会主义本质和特征的具体表现形式，具有民族特色。这个阐释，立意新颖，言之成理，可谓一家之言。再如第三章，作者在论述邓小平关于允许和鼓励一部分地区、一部分人先富裕起来，逐步达到共同富裕的思想时，结合我国当前实际存在的问题和人们思想上的困惑，提出了对策意见，一是要妥善处理地区之间的不平衡发展问题；二是要正确认识并认真解决一部分人先富裕起来的过程中出现了某些社会成员之间收入差距过分悬殊的问题；三是调适社会心理，增强人们对收入差距相对拉大的承受能力，保持社会稳定，促进经济发展等，这些分析，有理有据，体现了理论研究为党和政府决策服务的方向。此外，第四章中关于改革、发展、稳定的关系的论述；第五章中关于社会主义建设依靠力量的论述；第六章中关于中国特色社会主义与共产主义内在联系的论述，都有理论深度，不乏独到见解。所以，可以说本书，既是一部理论教育的教材，又是一部学术著作。

第三，该书体现了邓小平的理论与马列主义、毛泽东思想的继承、坚持与发展、创新的统一。邓小平建设有中国特色社会主义理论同马列主义、毛泽东思想是一脉相承的，是统一而不可分割的科学体系。马列主义、毛泽东思想是邓小平的理论的直接思想来源，邓小平的理论是马列主义、毛泽东思想的继承和发展。那种认为邓小平的理论是对马克思主义基本原理、原则的简单“重合”，或者把它视为“异端”的观点，都是错误的。因此，编写建设有中国特色社会主义理论教育的教材，必须把邓小平的理论同马列主义、毛泽东思想有机地结合起来。本书的编著者正是这样做的。他们在论述社会主义发展道路、初级阶段、社会主义本质、社会主义改革开放、社会主义市场经济等基本理论时，都注重运用马克思主义的基本原理和基本方法，进行理论挖掘，力求弄清它们之间继承与发展的关系，从而加深人们对建设有中国特色社会主义理论的认识，提高贯彻执行党的基本理论和基本路线的自觉性。

由此可见，该书体系新颖、内容丰富、论述深入、逻辑严谨，是一部进行建设有中国特色社会主义理论教育的好教材。当然，编写中国特色社会主义理论教育的教材，尚处在尝试阶段，不可能尽善尽美。该书的体系、结构、内容，还需要根据干部理论教育实践的检验和理论学习、研究、宣传的深入，而加以修正、补充和完善。

（原载于《社会主义研究》1997 年第 1 期）

第九节　深入研究社会主义的本质和特征

古希腊时期的哲人曾提出认识论的一个重要命题：“认识自己。”中国的兵家孙子也说过，“知己知彼，百战不殆”。这些话都道出了认识自身的紧要。把社会主义作为理想和目标的人们，认识什么是社会主义，使自己所从事的伟大事业有明确的方向和道路，始终是一个重大、迫切的问题。尤其是在社会主义从理论变成现实之后，如果对社会主义的认识发生了偏差、失误，就必然造成社会主义事业的停滞和挫折；如果认识是正确的、科学的，就一定带来社会主义事业的发展和飞跃。

认识在被认识的对象还存在的时候就不会终结，因此，过去的认识、现在的认识、未来的认识，构成了认识不断深化的过程，追溯社会主义认识发展的长河，空想社会主义是在资本主义生产不发达的简单协作和工场手工业阶段认识社会主义的，带有虚幻的性质。马克思、恩格斯是在大机器工业狂飙突进的年代里认识社会主义的，使社会主义从空想变为科学。列宁、毛泽东是在经济文化落后的国度里认识社会主义的，开辟了通向社会主义的现实道路。但是，列宁在十月革命后就明确指出："要论述一下社会主义，我们还办不到，达到完备形式的社会主义会是个什么样子，这我们不知道，也无法说。"① 列宁认为，这个问题要由社会主义实践来解决，只有在社会主义实践的基础上，经过实践、认识、再实践、再认识的反复过程，才能弄清楚"社会主义会是个什么样子"。

中国人对社会主义的认识曾经出现过三次大潮。20 世纪初期和五四运动前后对社会主义的两次认识使马克思主义在中国得到传播，先进的知识分子坚定地选择了科学社会主义，中国的面貌为之一新。经过几十年的英勇奋斗，我国建立起了崭新的社会主义制度，取得了社会主义建设的巨大成就。然而，由于我们对迅速到来的新的社会主义制度和全国规模的社会主义建设事业，缺乏充分的思想准备和科学的研究，以及受苏联社会主义模式的影响，长时期以来，我们对社会主义的认识，停留在对马克思主义的某些原则、某些本本的教条式的理解上，停留在一些不科学的甚至扭曲的传统社会主义观念上，停留在超越社会主义初级

① 《列宁全集》第三十四卷，人民出版社，1985 年版，第 60～61 页。

阶段的不正确的思想上，在实践中发生了1958年“大跃进”、人民公社化运动，特别是“文化大革命”那样严重的内乱，使中国的社会一度陷入困境。正因为此，引发了1978年以来对社会主义的再认识。当代中国对社会主义的再认识，是在邓小平同志的倡导下进行的。党的十一届三中全会之后，邓小平同志多次指出，多少年来我们对什么是社会主义的认识不是完全清醒的。“社会主义是什么，我们并没有完全搞清楚。”① “如果说，我们总结的经验有很多条，那末很重要的一条经验就是：要搞清楚什么是社会主义，如何建设社会主义。”② “问题是什么是社会主义？社会主义的特点是什么？这一系列问题提出来要我们解决。”③ 邓小平同志以伟大无产阶级革命家开拓马克思主义新境界的巨大理论勇气和求实精神，在我国改革开放和社会主义现代化建设的实践过程中，对社会主义进行再认识，逐步形成了建设有中国特色社会主义理论，指出社会主义的本质是解放生产力，发展生产力，消灭剥削，消除两极分化，最终达到共同富裕。他还提出判断是否坚持社会主义的“三个有利于”的根本标准，从而准确地回答了什么是社会主义的问题，使我们走出了社会主义认识的误区。

作为科学社会主义的理论工作者，许耀桐所撰著的这本书，正是抓住什么是社会主义的重大课题，以邓小平的建设有中国特色社会主义理论为指导，以社会主义认识发展的历史和现实为线索，解放思想，实事求是，展开深入的研究，系统地论述了社会主义的本质和特征。我在读完这部书稿之后，对其所进行的理论探讨有了深刻的印象。

这本书全面考察了四百余年来社会主义思想发展的各个阶段上所包

---

① 邓小平：《建设有中国特色的社会主义》（增订本），人民出版社，1987年版，第115页。

② 邓小平：《建设有中国特色的社会主义》（增订本），人民出版社，1987年版，第103页。

③ 邓小平：《建设有中国特色的社会主义》（增订本），人民出版社，1987年版，第103页。

含的对社会主义基本特征的探讨。其中对空想社会主义者关于“特征”的看法，作者通过空想家的著作，做了细腻的分析，提供了极为翔实的材料。对于马克思恩格斯关于社会主义基本特征的观点，过去主要是按照马克思的《哥达纲领批判》加以概括的，而本书则从更多的马克思、恩格斯著作中去挖掘，使对马克思、恩格斯这方面思想的探讨更加系统化。此外据作者考证，在社会主义思想史上第一个提出社会主义特征问题的是莫尔，完整地提出“社会主义基本特征”的概念并说明这一概念含义的是恩格斯。这对于清晰地了解这一命题的来龙去脉，是很有益处的。

过去，在对社会主义的认识上，往往是把社会主义的本质和特征混在一起，不加区别。本书的研究则把社会主义的本质和特征区别开来，指出社会主义的本质是比特征更深层的东西，特征是本质的属性或要素；社会主义的本质决定和制约着特征，特征则从属和展示着本质；社会主义本质也不是社会主义诸特征简单相加之和，而是从诸特征中抽象概括出来的最重要的东西，因此既不能把社会主义本质与特征割裂开来，也不能把社会主义本质与特征混在一起。作者把社会主义本质与特征区别开来进行研究，层层深入，论证有力，言之有理，有独到见解，能给人以启迪。

怎样看待马克思、恩格斯对社会主义基本特征的预测和以后列宁以及当代邓小平同志论述之间的关系，无疑是个难题。作者在阐述这个问题时，首先论证了它们之间有着紧密的、内在的联系和共同点；其次阐明了它们之间的差别性及其原因。作者强调，既不能以马克思、恩格斯的设想来套现实社会主义，也不能以现实社会主义来随意否定马克思、恩格斯预测的科学性。我很赞成这种严谨的态度和正确的分析。

本书的研究贯穿着唯物辩证法的方法论。列宁指出：“无论在自然界或社会中，‘纯粹的’现象是没有而且也不可能有的——马克思的辩证法就是这样教导我们的，它向我们指出，纯粹这个概念本身就表明，人的认识由于没有彻底把握事物的全部复杂性而带有某种狭隘性和片面性。”① 以往，我们在理解社会主义的基本特征时，总把社会主义置于“纯粹”的位置上，要求社会主义的基本特征必须是纯而又纯的。其实，科学社会主义的创始人从来没有这样要求我们，而是我们忘记了他们的遗训。从这样的方法论出发，作者认为，以邓小平同志为代表的中国共产党人，在对社会主义的认识上，已经形成了“主体论”的思想体系。在社会生产力方面，强调现代工业的主导地位和科学技术的关键性作用，逐步改变生产力不平衡、多层次结构；在所有制和分配形式方面，坚持公有制和按劳分配为主体，同时积极发展多种经济成分和实行多种分配形式；在国家结构方面，坚持社会主义的主体地位，实行“一国两制”；在社会意识形态领域，坚持马克思主义的指导地位等。“主体论”揭示了社会主义的本质与特征的实现是一个相当长的发展过程，即从不太纯粹到比较纯粹的演进过程。

本书是国内出版较早的一部研究社会主义本质与特征问题的理论专著，是一部具有较高学术水平的探讨性著作。它的面世，对于深入研究邓小平关于社会主义本质的思想，深入研究建设有中国特色社会主义理论，是大有裨益的。

（本文系作者为许耀桐所著《社会主义的本质和特征》一书所写的序，原载于《学习与实践》1994 年第 2 期）

第十节　研究列宁学说的新视角

中国学术界对列宁学说和列宁的了解，从五四运动算起，已有 80 多年的历史。当前怎样才能推进对列宁和对列宁学说的研究，从而充分发掘列宁的思想遗产，为建设有中国特色社会主义的实践服务，是

---

① 《列宁选集》第二卷，人民出版社，1972 年版，第 642 页。

一个值得认真探讨的问题。俞良早新著《东方视域中的列宁学说》从一个新视角在东方的视域中研究列宁学说，开拓了研究列宁学说的新思路和新方法。该著提出，必须从东方的社会政治条件出发，看列宁政党学说的正确性。俄国、中国等东方国家，在旧的社会制度下，人民没有任何合法斗争的权利，他们的革命斗争面临着专制制度的残酷镇压，而且反动统治者往往以阴谋手段从内部瓦解革命运动。这就是东方人民进行革命斗争时面临的社会政治条件。在这种条件下，无产阶级的革命政党必须是秘密的党，是组织严密和权力集中的党，是思想上、行动上高度统一的党。列宁关于新型马克思主义政党的学说，正是要求建立这样的党。当时的和当前的西方社会主义者，或者对列宁的建党学说不理解，或者竭力反对这一学说。该著立足于东方国家革命前的社会政治条件，从分析这些条件入手，如它在论及列宁关于无产阶级政党必须组织严密和权力集中的观点时，在分析了东方的社会政治条件后写道："在上述社会政治条件下，无产阶级革命政党必须是组织严密、权力集中的党。道理在于，只有这样的党，才有统一的思想、统一的意志、统一的行动，才有战斗力。"① 该著提出，必须从东方的社会矛盾出发，看列宁关于东方革命特殊性学说的正确性。按照历史发展的一般规律，生产力决定生产关系，当资本主义制度下生产力得到充分发展并且生产关系严重束缚生产力发展时，才会发生社会主义革命。可是，东方国家的情况则不完全是这样。俄国、中国等国进行革命并走上社会主义道路时，生产力水平不高。列宁认为，这个事实体现出东方国家革命的特殊性。这种特殊性的具体内容是，东方国家虽然生产力水平不高，但它的社会矛盾极为复杂、深刻和尖锐，易于激化，容易产生革命，革命的攻击力量异常强大，无产阶级及其政党在革命形势到来时可以夺取政权和掌握政权，然后利用手中的政权发展生产力，创造实现社会主义的条件。俄国

① 俞良早：《东方视域中的列宁学说》，中共中央党校出版社，2001 年版，第 48 页。

历史上的孟什维克以及其他机会主义者，均反对列宁的这一学说。该著分析了东方国家的社会矛盾和革命条件，分析了东方国家在无产阶级专政条件下发展生产力的事实，论证了上述列宁关于东方革命特殊性的学说。如他在叙述了俄国比西方国家容易发生革命的事实后写道："列宁的这一看法，是十分正确的。"① 他在叙述了俄国、中国在无产阶级专政条件下生产力迅速得以发展的事实后写道："历史事实证明，列宁关于经济落后国家的无产阶级可以先夺取政权，然后利用这个政权创造实现社会主义的条件的理论观点，是十分正确的和科学的。"②

该著提出，必须从东方的生产力状况出发，看列宁经济建设学说的正确性。东方国家包括俄国、中国等，农民占全国人口的大多数，小生产在国民经济中占优势。无产阶级掌握政权以后，必须从这种状况出发，实行正确的经济政策。正确的经济政策，应该包括发展小农经济、实行国家资本主义、发展商业、把商业原则引入国有企业等内容。十月革命后特别是苏俄新经济政策时期，列宁关于经济建设的学说正是如此，在社会主义史上，一些思想"左"倾、教条和僵化的人，反对列宁的这一学说。科学地论证列宁的这一学说，对于我国改革开放，具有思想鼓舞和启迪作用。该著由深入分析东方国家生产力的状况入手，论证了列宁经济建设学说的正确性和科学性。如它在论证列宁关于苏俄必须发展小农经济时写道："发展小农经济，是俄国以及东方其他落后国家向社会主义过渡的正确途径。"③ 列宁说，在这样的国家里进行社会主义建设的一个重要条件，"就是掌握政权的无产阶级同小农之间达成妥协，即国家在各项政策上特别是在经济政策上充分照顾小农的利益。他的这个看法是科学的和正确的"④。该著提出必须从东方革命过程中的

---

① 俞良早：《东方视域中的列宁学说》，中共中央党校出版社，2001 年版，第 68 页。
② 俞良早：《东方视域中的列宁学说》，中共中央党校出版社，2001 年版，第 71 页。
③ 俞良早：《东方视域中的列宁学说》，中共中央党校出版社，2001 年版，第 93 页。
④ 俞良早：《东方视域中的列宁学说》，中共中央党校出版社，2001 年版，第 94 页。

现实情况，看列宁关于政权学说的正确性。列宁关于无产阶级政权的学说，包括无产阶级专政是“铁的政权”① “是不受任何法律约束的政权”② “是一个由若干齿轮组成的复杂体系”③ 等思想内容。西方过去的、现在的学者大多反对这一学说。我国当前有的理论工作者，由于未认真研究和领会列宁的这些思想而表示对其难以接受。《东方视域中的列宁学说》细致而准确地分析了列宁这些论断的含义，并且从东方国家革命过程中现实情况出发，论证了列宁的这些思想的正确性。如它在论证关于革命专政“是不受任何法律约束的”的政权时写道：“列宁的这一观点在于说明，革命专政不是按照某种法律程序产生的，而是通过革命暴力建立的。俄国无产阶级专政的建立，属于这种情况，证明了列宁观点的正确性。中国以及东方其他国家革命专政的建立也属于这种情况。”④ 它还写道：“列宁关于革命专政‘不受任何法律约束’的观点说明，在革命专政建立的初期，在对敌斗争的过程中，它不受任何法律的约束。他的这一观点的正确性，也为东方一些国家革命专政的实践所证实。”⑤ 意思是说在革命胜利初期，由于尚未建立起新的法律制度，无产阶级专政可不受法律的约束，由于国家处于非常时期以及这一时期阶级斗争的残酷性，无产阶级专政不应受法律的约束。上述该著的论述，具有独到见解和较强的逻辑力。

该著从东方的视角出发，研究列宁社会主义战略的发展过程，认为他逝世前夕形成了“东方社会主义战略”。1921 年以后，欧洲革命形势走向低潮，西方国家的革命被“推延”下去，可是东方各国的民族民主革命运动不断高涨。列宁看到了事实。他逝世前夕在《宁肯少些，但要

---

① 《列宁全集》第三十四卷，人民出版社，1985 年版，第 176 页。

② 《列宁选集》第三卷，人民出版社，1972 年版，第 623 页。

③ 《列宁选集》第四卷，人民出版社，1972 年版，第 404 页。

④ 俞良早：《东方视域中的列宁学说》，中共中央党校出版社，2001 年版，第 124～125 页。

⑤ 俞良早：《东方视域中的列宁学说》，中共中央党校出版社，2001 年版，第 125 页。

好些》中提出，苏维埃国家的国力能不能使它支持到西方资本主义发展到社会主义的那一天呢？它能不能避免同帝国主义国家在未来发生冲突呢？对于这些问题，他的回答是：斗争的结局归根到底取决于俄国、中国、印度等构成世界人口的大多数，由于这些国家的人民近几年以来迅速地卷入革命斗争之中，所以世界社会主义的最终胜利是完全和绝对有保证的。该著论述到此写道："这说明，列宁已经把苏维埃俄国的前途命运同印度、中国等东方国家人民的斗争联系在一起了，已经把俄国社会主义胜利的希望和世界社会主义胜利的希望寄托在东方大多数人的斗争之上了。列宁这一思想的提出，意味着他社会主义战略的转变：完全放弃了把俄国革命过程与西方国家的革命过程联系在一起并从西方寻求支持力量的战略，开始实行东方社会主义战略即寄希望于东方革命发展和促进东方革命运动发展的战略。"① 该著认为，列宁关于东方社会主义战略的内容是：东方物质条件较差的国家可以建立无产阶级政权并展开社会主义建设；世界社会主义胜利的希望在东方，即俄国、中国等东方人民的斗争将打击帝国主义，推动世界社会主义走向胜利。以上论述视角新，所以结论新，观点新。该著还从东方的视角出发，全面地研究列宁主义内容，就列宁主义的定义、列宁主义的精髓、列宁主义的科学体系，阐述了新的观点。它还研究了东方国家人民学习和研究列宁主义的过程，认为20世纪80年代以来，"东方列宁学"产生和逐渐成熟，"直接为共产党领导的社会主义实践服务，在中国为建设有中国特色社会主义的实践服务"②。这些研究过程及其观点，具有积极进步的意义。

（原载于《社会主义研究》2001年第5期）

---

① 俞良早：《东方视域中的列宁学说》，中共中央党校出版社，2001年版，第297～298页。

② 俞良早：《东方视域中的列宁学说》，中共中央党校出版社，2001年版，第468页。

第十一节　社会稳定理论研究——《国脉所系——现代化与稳定》一书评介

如何在加快现代化进程中保持社会稳定，在社会稳定的条件下顺利推进现代化建设，已成为一些政治家、思想家、理论家们研究的一个重大理论课题和实践课题。聂运林、李清泉著的《国脉所系——现代化与稳定》（福建人民出版社 1994 年 4 月版）一书，以邓小平同志关于改革、发展、稳定的辩证思想为指导，对我国社会主义现代化与社会稳定之间矛盾的产生、发展和解决作了颇具特色的系统论述。

作者运用辩证唯物主义和历史唯物主义的基本原理，总结中国社会主义现代化建设的经验教训，反思国际共产主义运动的历史，把社会稳定看成是社会政治发展的有序状态，包括社会发展的规律性、社会生活的有序性、政治更迭的连续性和守常性三个要素。稳定有旧质稳定和新质稳定之分。稳定与不稳定是社会矛盾运动的两种形态，既是相对的，又是绝对的。这种相对性与绝对性的辩证统一，构成了社会发展的波浪式运动。在现代化与社会稳定这对矛盾中，社会稳定是实现现代化的前提条件，现代化则对社会稳定有着决定性的影响。

我国社会主义现代化与西方国家相比，具有后发性和赶超性，因而在前进中某些矛盾和问题出现的频率、强度，都远远超过西方国家遇到的同类矛盾和问题。作者紧密结合我国改革开放和现代化建设的实际，特别是建立社会主义市场经济体制的实际，认为我国社会主义现代化建设从整体上加强了社会的稳定，也引发了某些领域非稳定因素的增发。作者认为，要妥善解决我国现代化与社会稳定之间的矛盾，保持国家长治久安，关键是要坚持邓小平建设有中国特色社会主义理论和党的基本路线不动摇，从社会动力机制和社会稳定机制两方面探讨社会稳定的良策。也就是说，既要抓住机遇、深化改革、扩大开放、加快发展，又要抓紧社会主义民主法制建设和精神文明建设，建立健全社会保障体制，保持稳定，从而把改革、发展、稳定有机结合起来。

（原载于《人民日报》1995年1月11日）